KNU 경북대학교 인문학술원 HK+사업단 **자료총서01**
INSTITUTE OF HUMANITIES STUDIES

한국목간총람
韓國木簡總覽

윤재석 편저

주류성

경북대학교
인문학술원
HK+사업단
자료총서

01

한국
목간
총람

발 간 처 | 경북대학교 인문학술원 HK+사업단
편 저 자 | 윤재석
저   자 | 윤용구, 이용현, 이동주
펴 낸 날 | 2022년 1월 31일
발 행 처 | 주류성출판사 www.juluesung.co.kr
서울특별시 서초구 강남대로 435 주류성빌딩 15층
TEL | 02-3481-1024(대표전화) · FAX | 02-3482-0656
e-mail | juluesung@daum.net

©경북대학교 인문학술원

이 저서는 2019년 대한민국 교육부와 한국연구재단의 지원을 받아 수행된 연구임
(NRF-2019S1A6A3A01055801).

ISBN 978-89-6246-464-1 94910
ISBN 978-89-6246-463-4 94910(세트)

* 이 책의 일부에는 함초롬체가 사용되었음.

한국목간총람
韓國木簡總覽

윤재석 편저

차 례

발간사

　인류가 문자 생활을 영위한 이래 기록물의 효용성은 단순히 인간의 의사소통과 감성 표현의 편의성 제공에만 머물지 않았다. 각종 지식과 정보의 생산·가공·유통에 기초한 인간의 사회적 존립을 가능케 하고, 축적된 인류사회의 경험과 기억의 전승 수단으로서 역사발전을 추동하는 원천으로 작용하였다. 이 과정에서 기록용 도구는 기록물의 제작과 보급의 정도를 질적 양적으로 결정하는 중요 인자로서, 특히 종이는 인류사회 발전의 창의와 혁신의 아이콘으로 작용하였다. 그러나 인류사에서 종이의 보편적 사용 기간이 약 1천 5백 년에 불과한 점에서 볼 때, 종이 사용 이전의 역사는 非紙質 문자 자료의 발굴과 연구에 의존할 수밖에 없다. 한국·중국·일본 등 동아시아지역에서 공통으로 발굴되는 목간을 비롯하여 이집트의 파피루스와 서양의 양피지 등은 종이 사용 이전 역사 연구의 필수 기록물임은 잘 알려진 사실이다.

　경북대 인문학술원에서 2019년 5월부터 7년간 수행하는 인문한국플러스(HK+) 지원사업의 연구 아젠다인 "동아시아 기록문화의 원류와 지적네트워크 연구"의 주요 연구 대상이 바로 非紙質 문자 자료 중 한국·중국·일본에서 발굴된 약 100만 매의 '木簡'이다. 이들 목간은 기록물 담당자 또는 연구자에 의해 가공과 윤색을 거치지 않은 1차 사료로서 당해 사회의 면면을 고스란히 간직하고 있다. 따라서 목간은 문헌자료가 전해주지 못하는 고대 동아시아의 각종 지식과 정보를 함축한 역사적 기억공간이자 이 지역의 역사와 문화적 동질성을 확인하는 터전이기도 하다. 그런 만큼 목간에 대한 연구는 고대 동아시아세계의 역사적 맥락을 재조명하는 중요한 계기가 될 것이다.

　지금까지의 목간 연구는 주로 문헌자료의 부족으로 인하여 연구가 미진하거나 오류로 밝혀진 각국의 역사를 재조명하는 '一國史' 연구의 보조적 역할을 하거나, 연구자 개인의 학문적 취향을 만족시키는 데 머문 경향이 없지 않았다. 그 결과 동아시아 삼국의 목간에 대한 상호 교차

연구가 미진할 뿐 아니라 목간을 매개로 형성된 고대 동아시아의 기록문화와 여기에 내재된 동아시아 역사에 대한 거시적이고 종합적 연구가 부족하였다. 이에 우리 HK+사업단에서는 목간을 단순히 일국사 연구의 재료로서만이 아니라 고대 동아시아 기록문화와 이를 바탕으로 형성·전개된 동아시아의 역사적 맥락을 再開하고자 한다. 그리고 기존의 개별 분산적 분과학문의 폐쇄적 연구를 탈피하기 위하여 목간학 전공자는 물론이고 역사학·고고학·어문학·고문자학·서지학·사전학 등이 전문연구자와 협업을 꾀하고자 하며, 이 과정에서 국제적 학술교류에 힘쓰고자 한다.

본서는 이러한 연구목표를 달성하기 위한 기초작업으로서, 1900년대 초반부터 지금까지 한중일 삼국에서 발굴된 모든 목간의 형태와 내용 및 출토 상황 등을 포함한 목간의 기본 정보를 망라하여 『한국목간총람』, 『중국목간총람』, 『일본목간총람』의 세 책에 수록하였다. 이를 통하여 동아시아 목간에 대한 유기적·통섭적 연구를 기대함과 동시에 소위 '동아시아목간학'의 토대가 구축되기를 희망한다. 아울러 본서가 학문후속세대와 일반인들에게 목간이라는 생소한 자료를 이해하는 길잡이가 되기를 바란다. 나아가 이러한 학문적 성과의 나눔이 고대 동아시아 세계가 공유한 역사적 경험과 상호 소통의 역량을 오늘날 동아시아세계의 소통과 상생의 에너지로 재현하는 중요한 계기가 되기를 희망한다.

짧은 기간임에도 불구하고 방대한 분량의 원고를 집필해주신 HK연구진에 감사를 드린다. 아울러 본서의 완성도를 높이기 위해 꼼꼼하게 감수와 조언을 아끼지 않으신 한중일 목간학계와 자료 정리 등의 궂은 일을 마다하지 않은 연구보조원들에게도 감사의 마음을 전한다. 그리고 본서의 출간을 포함한 경북대 인문학술원의 HK+연구사업을 지원하고 있는 한국연구재단과 본서의 출간을 흔쾌히 수락해주신 주류성 출판사에 고마움을 표한다.

윤재석
경북대학교 인문학술원장
HK+지원사업연구책임자
2022.1

서문

　이 책은 경북대학교 인문학술원 HK+사업단 '동아시아 기록문화의 원류와 지적 네트워그 연구'의 1단계 사업의 성과로 간행되는 동아시아 목간 총람중 한국 목간 편이다. 여기에 수록된 목간은 2021년 말까지 발굴과 사후조사 등을 통해 알려진 것들을 대상으로 했으며, 낙랑의 간독자료부터 백제와 신라(통일신라 포함), 고려와 조선시대 및 원대(신안선 목간)의 자료까지 포함하여 시대순과 국가별로 38개 유적에서 출토한 1,100여 점의 목간들을 대상으로 서술하였다.

　목간은 公私의 의지 혹은 정보 전달 등을 목적으로 나무조각[木片]에 문자를 기록한 것이다. 고대 동아시아지역에서 書寫재료로서 나무를 이용하는 방법은 중국에서 기원하였다. 중국에서는 竹簡·木簡을 비롯한 붓과 먹 등의 文房具類가 戰國時代의 유적에서 확인되고 있으며, 秦漢시대에 이르러 국가행정의 전반에 걸쳐서 광범위하게 사용되다가 이후 종이의 개량과 보급에 따라 점차 서사재료로서의 주도적 지위를 잃게 되었다. 이렇듯 나무를 서사재료로 이용한 문자문화의 전통은 매우 오래되었지만, 고대 한국의 문자 사용과 목간문화의 기원 및 전개는 아직까지 해명되지 않은 부분들이 많다.

　고대 한국에 중국의 간독문화가 본격적으로 유입된 계기는 前漢 武帝가 古朝鮮을 멸망시키고 한반도 서북부에 郡縣을 설치한 이후라고 생각된다. 樂浪을 비롯한 군현의 설치는 중국 내지에서와 같은 문서행정에 기반한 군현제적 지배를 관철시키겠다는 의지였으며, 처음 한사군을 설치할 때 군현의 屬吏를 遼東郡에서 충원하였다는 것은 군현 지배를 뒷받침하는 간독의 문서행정 시스템을 바로 도입하기 위해서였다. 평양의 채협총 출토 목간과, 정백동 364호분 출토 樂浪郡 戶口簿 木牘·『논어』編綴竹簡, 낙랑 유적에서 출토한 封泥와 印章, 문방구류 등의 문자유물의 존재는 이같은 의도가 현실에서 구현되었음을 의미한다.

낙랑군의 간독과 문자유물의 존재는 고대 한국에 중국의 간독문화가 그대로 유입되어 수용되었음을 의미하는 것으로 보이지만, 현재까지 알려진 한국의 목간자료에서 볼 때 중국 간독문화와 한국 목간문화 사이에는 커다란 차이가 존재하고 있다. 우선 한국 목간에서 죽간이 확인되지 않는다는 점을 들 수 있으며, 중국의 간독이 지배적인 서사재료로 사용되었던 시기와 한국의 고대 목간이 유행하던 시기의 차이를 지적할 수 있다. 나아가 한국의 목간과 중국의 간독은 형태나 내용적인 측면에서도 많은 차이를 보이고 있다. 이러한 현상은 한국의 목간문화가 중국의 간독문화를 수용하면서도 나름대로 변용시켜 소화하였음을 말해준다.

고구려는 중국 군현과의 직접 마주하며 교류하는 관계 속에서 성장하였기 때문에 언어와 문자를 통한 교류가 이른 시기부터 진행되었다. 기원전 82~75년경 貊人의 공격으로 蘇子河 방면으로 옮겨간 玄菟郡은 압록강 중상류 지역의 여러 집단들과 지속적인 관계를 유지하였는데, 주변 집단들은 현도군의 치소에 나아가 조복과 의책을 받았으며 고구려領(令)이 그 名籍을 주관하였다고 한다. 고구려는 漢 군현 세력과의 교류 속에서 한자를 사용하는 문서행정을 경험하였을 것이다. 초기의 문서행정은 사람이나 물품의 이름과 그 수량 및 날짜 정도를 표기할 수만 있어도 가능하다. 『魏書』 동이전 고구려조에 諸加들이 가신처럼 임명한 使者·皂衣先人의 이름을 모두 왕에게 보고하였다는 것도 초기 문서행정의 양상이었다고 생각되며, 이 과정에서 서사재료는 목간이 사용되었음은 분명하다. 이와 같은 흐름은 중국 군현이나 고구려와의 관계 속에서 성장해가던 백제 및 신라에서도 비슷한 양상으로 전개되었을 것이다. 이미 백제의 경우 漢城시대인 근초고왕대에 書記의 제도를 갖추어 나가기 시작했으며, 北魏에 보낸 蓋鹵王의 국서나 編戶小民의 기록에서 한성백제 후반기에는 이미 일정 수준의 행정적 문자문화를 향유하였던 것으로 보인다. 신라 또한 麻立干期 고구려와 밀접한 관계를 경험하면서 문자와 법령에 의한 국정운영을 목도했을 것이며 5~6세기 경주지역을 벗어나 새로운 지배영역을 확장하는 과정에서 문자를 활용하여 국가를 경영하게 되었다.

이 과정에서 종이도 쓰였을 것이지만, 행정 일선 현장에서의 주된 서사재료는 '목간'이었던 것으로 추정된다. 현재 알려진 백제와 신라의 목간 중 가장 이른 시기의 것은 6세기 능산리 목간(백제), 월성해자·성산산성 목간(신라) 등인데, 죽간은 전혀 확인되지 않는다.

지금까지 살펴본 것처럼 처음 중국의 간독문화가 유입된 한반도 서북부의 자연환경적 요인과 고대사회가 정치사회적으로 미성숙했던 환경은 죽간이 배제된 '목간'의 문화를 수용할 수밖에 없었으며, 이러한 현상은 한국 고대 목간문화의 기원적 특징이라고 지적해 두고 싶다. 결국 중국의 간독문화에서 죽간문화가 배제된 목간문화의 수용은 이후 고대 한국 목간문화의 흐름에서 중요한 의미가 있으며, 나아가 일본 목간문화의 기원과 전개에도 많은 영향을 주었을 것으로 생각된다.

　　특히 죽간이 배제된 목간의 문화는 고대 한국의 특징적인 단독간 문화로 발전하는데, 다면체와 원주형 목간은 한국 고대 목간의 특징이라 할 수 있다. 이들은 보다 많은 내용을 서사할 필요가 있는 문서 목간이나 장부·전표 등의 기록 목간 등에 사용되었다. 문서의 授受관계가 확인되는 문서와 기록류의 목간을 크게 문서 목간으로 분류할 수 있는데, 다면·원주형 목간은 주로 문서목간이 필요한 곳에서 사용되었다. 나아가 글자를 연습하기 위한 목적으로 쓰이기도 했으며, 다면 혹은 원주형 목간에 형태상의 변형을 더하여 주술 용도의 목간으로 사용하기도 했다.

　　현재까지 알려진 목간이 6세기 이후의 자료라는 점과, 이 시기는 종이가 이미 함께 사용되었던 紙木竝用期라는 관점에서 紙木竝用期에 접어들면서 그 이전 시기에 사용되던 편철간이 사라지고, 다면·원주형 목간이 편철간이나 종이의 대용으로 널리 사용되었다는 주장도 있다. 서사재료의 변화와 종이의 문서행정이 제도화되면서 목간의 정형화·규격화가 이루어지지 않은 채 다면·원주형 목간은 7세기 후반 이후 문서의 서사재료로서의 지위를 상실하면서 부차적인 서사재료로 활용되었다.

　　나아가 고대 한국의 다면·원주형 목간은 백제와 신라 목간에서도 미묘한 변화와 차이점이 확인되고 있다. 백제 목간은 6세기의 능산리 목간 단계에서는 다면·원주형 목간이 어느 정도 광범위하게 사용되었지만, 7세기 단계가 되면 특히 기록류의 문서 목간에서는 가늘고 긴 長方板形의 양면 목간이 다면·원주형 목간을 대체하고 있는 현상이 확인된다. 이 시기 백제의 문서 목간은 장방판형 목간의 사용이 어느 정도 규격화 및 정형화되어 다면·원주형 목간을 대체해 갔다. 궁남지 출토 서부후항 목간과 부여 쌍북리 출토 좌관대식기 목간이 이를 반영하는 대표적인 목간이라고 할 수 있다. 그러나 신라에서는 7세기에도 다면·원주형 목간이 문서목간의 다수를 차지하고 있는 점에서 백제의 목간과는 다른 양상을 보인다. 나아가 꼬리표 목간의 형태와 서사 기법에서도 약간의 차이가 확인된다. 백제의 꼬리표 목간은 글자를 쓰는 윗부분에 홈을 새기는 경향이 있었으나, 신라의 경우 주로 아래쪽에 홈을 새긴 꼬리표 목간이 대부분이다. 이러한 경향은 통일 이후가 되면 신라에서도 목간의 윗 부분에 홈을 새기는 방향으로 꼬리표가 주로 제작되었다. 또 7세기 백제 꼬리표 목간에는 아래위 모두 홈을 새기는 꼬리표 목간이 확인되기도 한다.

이같은 현상은 백제와 신라의 목간문화가 국가 간의 문자문화의 기원과 전개 과정에서의 차이와 특징이 반영된 것이다. 고대 한국의 목간문화는 중국 간독문화의 영향에서 출발하였지만 정치사회적·자연적 환경의 차이로 말미암아 고대 한국의 목간문화로 발전하게 되었으며, 그 내부적으로도 여러 가지 요인으로 말미암아 지역적·국가적 차이를 보이면서 전개되었음을 의미한다. 이러한 사실은 7세기 이후의 자료들이 알려지고 있는 고대 일본의 목간들과 비교했을 때 역사적으로 의미 있는 사실을 확인하게 된다. 일본 또한 한국과 마찬가지로 죽간은 확인되지 않는데, 이는 곧 고대 한국의 목간문화가 직접적으로 영향을 주었다. 나아가 고대 일본의 대표적인 문서 목간의 형태는 단책형이라고 불리는 얇은 장방판형 목간인데, 그 형태는 7세기 백제의 문서 목간과 매우 유사하다. 꼬리표 목간 또한 백제의 그것과 유사한 점들을 확인할 수 있는 점에서 고대 일본의 목간문화에 직접적인 영향을 주었던 것은 7세기 이후 백제의 목간문화였다.

이렇듯 고대 한국의 목간문화는 고대 중국에서 기원한 간독문화의 영향을 받으면서 독자적이며 특징적인 목간문화를 전개시켰으며, 고대 동아시아 지역 목간문화의 수용과 변용 및 전파의 문제를 고려할 때 매우 중요한 역사적 위상을 지닌다고 말할 수 있다.

고대 한국에서 7세기 중후반 이후 신라가 삼국의 통일을 완수하면서 목간의 시대는 종이의 시대로 점차 변모한다고 생각된다. 목간의 시대에서 종이의 시대로의 전환은 문서행정의 변화와 긴밀히 연관되어 있는데, 통일신라의 관제가 정비기를 거쳐 완성기에 도달하면서 문서행정상에도 일대 혁신이 이루어졌다. 이 사실은 통일 이후 675년(문무왕 15) 百司와 州郡에 銅印을 주조해 나누어 주었던 것에서 알 수 있다. 모든 관부와 지방의 주군에 이르기까지 印章을 나누어 주었다는 사실은 중앙과 지방행정 과정에서 종이문서에 捺印하는 정책의 시행을 의미하며, 이는 종이문서의 전국적인 사용을 의미하기 때문이다. 그러나 모든 문자생활의 현장에서 서사재료가 종이로 변화했던 것은 아니다. 경주 안압지·황남동 출토의 꼬리표와 기록 목간, 김해 출토 논어목간, 경주 전인용사지와 창녕 화왕산성 출토 呪術목간의 존재는 통일 이후에도 목간이 광범위하게 사용되었음을 알려주기 때문이다. 나아가 신라 下代인 眞聖女王 때의 居陀知설화에서도 목간은 등장하고 있다.

이러한 사실은 문서행정의 주요 영역에서는 서사재료가 목간에서 종이로 변모하였지만, 문자가 요구되는 다양한 장면에서는 각각의 용도에 걸맞는 서사재료의 특질이 고려되어 선택적으로 사용되었음을 의미한다. 최종적인 종이문서나 장부를 만들기 위한 중간 집계나 기록들, 물품의 이동·보관 등에서는 문자 기록의 내구성이 요구되는 목간이 이용되었고, 주술이나 의례의 이미지를 형상화할 때에도 목간이 주로 활용되었다.

목간은 고대 국가 내부적으로 문자의 사용이 시작되면서 주도적인 서사재료로 사용되다가, 7세기 이후 본격적인 종이의 문서행정이 전개되면서 서사재료의 주도적인 지위가 목간에서 종이로 공식화되었다. 그리고 목간은 나무라고 하는 재질상의 특징을 활용하는 용도로 점차 한정되어 갔다. 목간은 고대국가 전 시기에 걸쳐 문자문화의 중요한 서사재료로 활용되었으며, 종이의 시대에 이르러서도 그 재질상의 특징에 걸맞게 고대국가 내부적으로 다양한 장면에서 사용되면서 고대의 역사와 문화를 담아내는 역할을 했다.

한국 목간

부여 궁남지 출토 백제목간
(국립부여박물관 소장 : 사진 ⓒ국립부여문화재연구소)

부여 능산리사지 출토 백제목간
(국립부여박물관 소장 : 사진 ⓒ국립부여박물관)

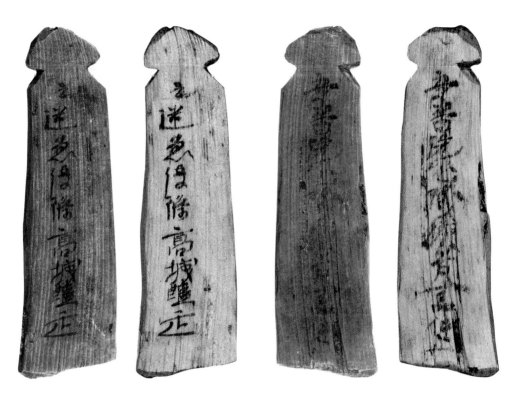

경주 월지(안압지) 출토 신라목간
(국립경주박물관 소장 : 사진 ⓒ국립경주박물관)

경주 월지(안압지) 출토 신라목간
(국립경주박물관 소장 : 사진 ⓒ국립경주박물관)

경주 월성해자 출토 신라목간
(국립경주문화재연구소 소장 : 사진 ⓒ국립경주문화재연구소·국립부여박물관)

함안 성산산성 출토 신라목간
(국립가야문화재연구소 소장 : 사진 ⓒ국립가야문화재연구소)

태안 해역 출수 고려 목간
(태안해양유물전시관 소장, 사진 제공 ⓒ국립해양문화재연구소)

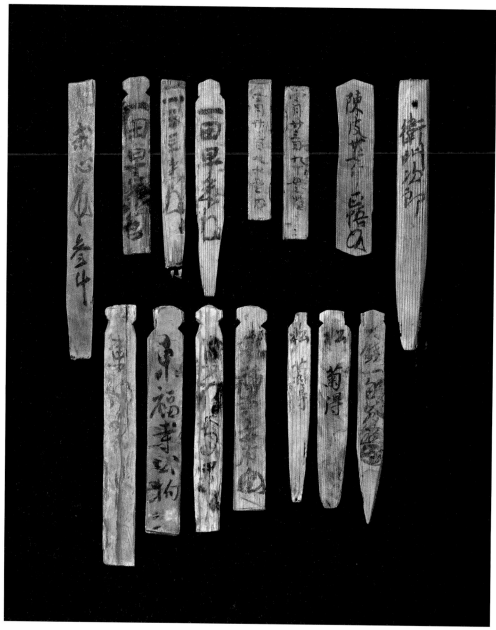

신안선 출수 목간
(국립중앙박물관·국립광주박물관·해양문화재연구소 소장 : 사진 ⓒ국립중앙박물관)

일러두기

1. 『한국목간총람』은 한반도에서 출토된 간독 및 목간을 대상으로 하였다. 낙랑한간은 시기 및 내용으로는 漢의 간독이며, 신아서 목가의 겨우 元에서 제작된 목간이지만 한반도에서 출토되었으므로 수록하였다.

2. 『한국목간총람』은 2021년 말까지 출토 및 공개·보고된 자료를 대상으로 하였다.

3. 『한국목간총람』은 시대순 등에 따라, Ⅰ. 낙랑, Ⅱ. 백제, Ⅲ. 신라, Ⅳ. 고려, Ⅴ. 조선, Ⅵ. 신안선의 장으로 분류하였다. 장 아래는 유적별로 정리하였다.

4. 유적별 서술 항목은 다음과 같이 하였다.

　　1) 유적명
　　2) 유적소재지
　　3) 유적유형
　　4) 목간점수/주요유물
　　5) 시대 및 시기
　　6) 발굴기관/발굴기간/보고서 간행
　　7) 소장기관
　　8) 유적 개요
　　9) 목간 개요
　　10) 참고문헌

5. 『한국목간총람』에서 사용하는 목간, 유구, 유적 등에 관한 정보는 관련 발굴보고서, 도록, 연구논고 등을 참작하여 최대한 객관적이고 확실한 정보를 제시하고자 하였다. 집필의 근거가 되는 참고자료들은 〈10)참고문헌〉에 수록하였다.

6. 『한국목간총람』에서 사용하는 판독문의 표기 기호는 다음과 같다.

·	목간의 면을 표시
V	목간의 상, 하단에 묶기 홈을 표시
◎	목간에 뚫려진 구멍
□	판독할 수 없는 글자
困	남은 획을 통해 전체 글자를 추독하거나, 앞뒤 문맥에 근거하여 '木'으로 추독한 것
[ ]	묵흔은 존재하나 글자 수를 알 수 없는 것
×	목간의 상하단에 파손을 표시
「 」	목간 상, 하단이 원형 그대로 남아 있음을 표시
『 』	異筆, 追記, 刻書

여백: 글자와 글자 사이 간격

7. 목간의 석독문 아래에 목간의 〈길이×너비×두께(㎝)〉의 수치를 표시하였다. 잔존길이나 너비 등이 경우는 +α으로 기재하였다. 樹種에 대한 정보가 있는 경우는 그 수치 다음에 기재하였다.

8. 목간 번호는 기존에 발간물, 혹 발행기관에 따라 서로 달라, 같은 목간을 두고 여러 개의 번호가 주어져 난립되어 있다. 이런 유적별로 일련 번호를 정리하였고, 각종 기존 번호를 해당 보고서를 기준으로 하고, 기타 각종 자료의 번호를 모두 망라하여 열거하였다.

9. 목간으로 보고되었지만 묵서가 없는 경우는 제외하는 것을 원칙으로 하였다. 다만 낙랑은 예외로 하였다.

10. 참고문헌의 제시는 관련 보고서를 필수로 하고 직접 관련연구 논고를 중심으로 정리하였다. 각 장별 참고문헌은 연대순 올림차를 원칙으로 하고, 같은 연대는 가나다 순으로 정열하였다. 말미 전체 참고문헌은 저자명 가나다순으로 정연하였다.

11. 용어와 관련하여, 기본적으로 각종 다양한 형태의 목간류, 죽간, 글자가 있는 목제품 등을 모두 "목간"이라 표기하였다. 다만 세부 서술에서 목간, 죽간, 목독 등으로 구분하여 기술하였다. 刀子로 목간 표면을 깎아낸 부스러기에 대한 이름으로 목간부스러기, 削屑, 削片 등의 용어가 동아시아에서 사용되고 있는데, 屑이란 한자는 국내에서는 거의 사용하지 않으므로 본서에서는 削片으로 표기해두었다.

12. 목간 넘버링에서는 시각적 편집의 편의를 위해 약칭을 사용하였다. 약칭은 다음과 같다.

창원 : 국립창원문화재연구소, 2004,『한국의 고대목간』
백제 : 국립부여박물관, 2008,『백제목간-소장품조사자료집』
암호 : 국립부여박물관, 국립가야문화재연구소, 2009,『나무 속 암호 목간』
자전 : 손환일 편, 2011,『목간자전』, 국립가야문화재연구소
가야 : 국립가야문화재연구소, 2017,『한국의 고대목간 Ⅱ』
보고서 : 각 유적별 해당 발굴보고서(상세는 각 유적별 참고문헌 참조)
※ 국립창원문화재연구소는 국립가야문화재연구소로 개명되었다.

이 외에 유적별로 그 유적에서만 사용된 자료를 부가하였다. 그에 대한 약칭은 유적별로 추가하였다.

13. 낙랑과 관련해서는 '낙랑'으로 표기한다. 다만 북한행정구역 같은 고유명사의 경우는 "락랑"(예 : 락랑구역)으로 표기했다. 낙랑 유적 관련 행정구역명의 한자는 다음과 같다.

석암동 石巖洞, 남정리南井里, 정백동貞柏洞

14. 본서의 원고 집필진과 자료작성자는 아래와 같다.

- 낙랑 : 윤용구
- 백제, 고려, 조선, 신안선 : 초고 이동주, 수정·개고 이용현
- 신라 : 초고 이경섭, 수정보완·개고 이용현
- 참고문헌 정리와 교열 : 곽명준　　도면제작 : 김세민, 오수문
　기타자료정리 : 전기헌　　　　　본서 책임총괄 : 이용현

15. 자료협조기관

·국립가야문화재연구소	·국립중앙박물관
·국립경주문화재연구소	·백제문화재연구원
·국립부여문화재연구소	·충남대학교 박물관
·국립해양문화재연구소	·충청문화재연구원
·국립경주박물관	·한백문화재연구원
·국립부여박물관	·화랑문화재연구원

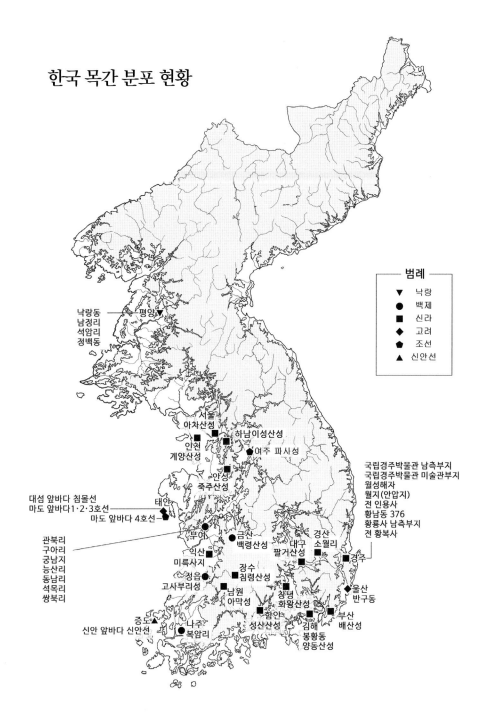

한국 목간 분포 현황

범례

▼ 낙랑
● 백제
■ 신라
◆ 고려
⬟ 조선
▲ 신안선

낙랑동
남정리
석암리
정백동
평양▼

서울
아차산성
하남이성산성
인천
계양산성
여주 파사성
안성
죽주산성

국립경주박물관 남측부지
국립경주박물관 미술관부지
월성해자
월지(안압지)
전 인용사
황남동 376
황룡사 남측부지
전 황복사

대섬 앞바다 침몰선
마도 앞바다1·2·3호선
마도 앞바다 4호선
태안

관북리
구아리
궁남지
능산리
동남리
석목리
쌍북리

부여
금산
백령산성
익산
미륵사지
경산
소월리
대구
팔거산성
경주
장수
침령산성
정읍
고사부리성
남원
아막성
창녕
화왕산성
울산
반구동
함안
성산산성
김해
봉황동
양동산성
부산
배산성

증도▲
신안 앞바다 신안선
나주
복암리

27

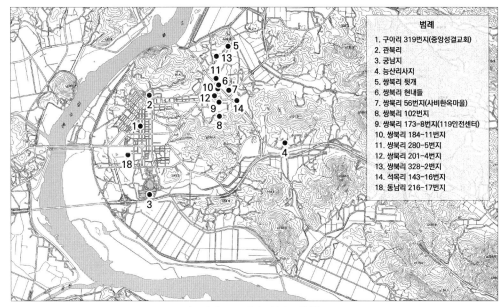

범례

1. 구아리 319번지(중앙성결교회)
2. 관북리
3. 궁남지
4. 능산리사지
5. 쌍북리 뒷개
6. 쌍북리 현내들
7. 쌍북리 56번지(사비한옥마을)
8. 쌍북리 102번지
9. 쌍북리 173-8번지(119안전센터)
10. 쌍북리 184-11번지
11. 쌍북리 280-5번지
12. 쌍북리 201-4번지
13. 쌍북리 328-2번지
14. 석목리 143-16번지
18. 동남리 216-17번지

〈부여 출토 목간 유적 분포 현황〉

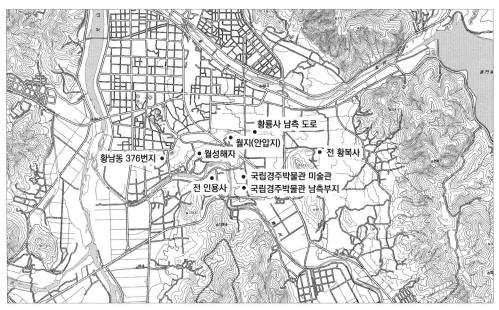

〈경주 출토 목간 유적 분포 현황〉

I

낙랑 樂浪

개요

한반도 서북지방 대동강유역의 平壤 일대를 중심으로 설치된 樂浪郡에서 출토된 목간은 중국 군현의 존속기간과 그 동안의 고고학적 조사 수량에 비하면 매우 소량이다. 1924년 석암리 194호 귀틀무덤에서 묵흔이 확인되지 않은 竹簡 1매를 시작으로 현재까지 5개 유적에서 목간 13점, 죽간 120여 매가 확인된다. 출토시기에 따라 정리하면 다음 표와 같다.

낙랑출토 목간 일람

유적명	출토시기	유구(형식)	연대	내용	성격
석암리 194호분	1924년	귀틀무덤(同穴合葬)	1세기	竹簡 1	미상
남정리 116호분 (彩篋塚)	1931년	귀틀무덤(橫口式木室)	2세기	木牘 1	名謁
정백동 3호분 (周古墓)	1963년	나무곽무덤(異穴合葬)	기원전 1세기 후반	木簡 3	미상
락랑동 1호분	1981년 ~1984년	귀틀무덤(同穴合葬)	1세기 전반	木簡 6	미상
정백동 364호분	1990년	나무곽무덤(單葬)	기원전 1세기 후반	木牘 3 竹簡 120	「樂浪郡戶口簿」(初元4年) 『論語』(先進·顔淵)

낙랑 출토 목간은 일제강점기 2개 유적, 해방 이후 북한에서 3개 유적이 발굴 조사되었다. 5개 유적 가운데 출토된 목간의 내용이 소개된 것은 2개 유적뿐이다. 1931년 조사된 南井里116號墳(일명 彩篋塚)에서 木牘 1점과 1990년 7월 정백동 364호 나무곽 무덤에서 출토된 목독 3점과 竹簡 120매가 그것이다.

확인된 낙랑출토의 목간과 죽간은 漢代 내지 출토의 간독과는 형태나 기재 방식에 있어서 큰 차이 없다. 목간의 내용은 목독의 名謁과 戶口簿, 그리고 죽간을 編綴한 서적으로 『論語』가 있다. 무덤의 형식과 목간의 출토 양상으로 본다면, 중국 長江유역의 이른바 '墓葬簡'의 전통을 따르고 있는 셈이다. 낙랑 출토 호구부 목간은 漢代 邊境地域의 문서행정에 의한 郡縣運營의 실상을, 그리고 논어죽간은 漢字文化의 보급을 알려주는 자료로서 주목된다.

이처럼 확인된 낙랑간독은 대부분 해방 이후 북한의 조사 자료이다. 특히 1980~90년대 초 낙랑고분 밀집지역으로 알려진 오봉산 일대에 이른바 통일거리 건설 사업 시 2,600여 기에 달하는 무덤이 발굴되면서 많은 자료가 출토된 것으로 알려져 있다. 목간 등 문자자료는 향후 증가할 것으로 기대된다.

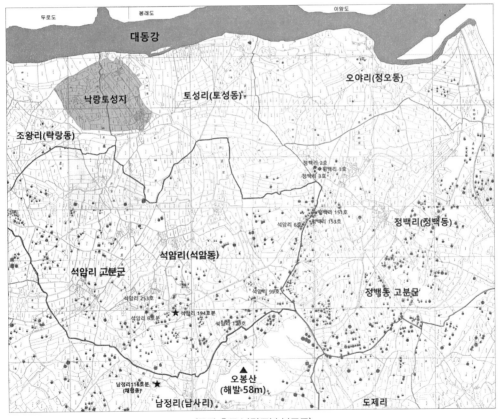

〈목간 출토 낙랑고분 분포도〉

(국립중앙박물관, 2018『平壤 石巖里 9號墳』33면, 도9 수정)

1. 평양 석암리 194호분 출토 죽간

1) 유적명 : 평양 석암리 194호분

2) 유적소재지 : 평양 락랑구역 석암동

3) 유적유형 : 분묘

4) 목간점수/주요유물 : 죽간1점/은반지, 옥환, 대모환, 관모편, 칠기

5) 시대 및 시기 : 전한/기원 1세기

6) 발굴기관/발굴기간/보고서 간행 : 조선고적연구회/1924/1974

7) 소장기관 : 국립중앙박물관

8) 유적 개요

平壤 石巖里 194호는 평양시 락랑구역 석암동(石岩洞)에 위치한 귀틀무덤 즉 木槨墳이다. 1924년 낙랑 유적을 관광자원화하기 위한 석암리 200호(乙墳), 194호(丙墳), 20호(丁墳), 52호 (戊墳)의 고분 4기를 조사하였다. 194호분에서는 명문이 적힌 칠기가 다수 출토되어 학계의 주목을 끌었다.

194호분은 비교적 소형으로 귀틀곽 내 부장공간을 가진 부부 同穴합장의 귀틀무덤이다. 목곽 내부에는 동남쪽 모서리에 3개의 목관이 연달아 남-북 방향으로 배치되어 있었고, 외부의 ㄴ자로 꺾인 형태의 부장공간을 활용하여 토기, 명문이 새겨진 칠기들 및 거마구 등이 부장되어 있었다. 2호 목관 중앙부에서는 은반지, 옥환, 대모환, 관모편, 칠기 칼집과 함께 죽간 1점이 출토되었다.

무덤들은 명문 칠기 및 거울 등에 따르면 기원 1세기경이다. 194호에서는 관 내부에서 출토된 죽간뿐만 아니라 다양한 명문이 새겨진 칠기 그릇, 벼루와 휴대용 벼루 케이스가 출토되었지만 연호가 새겨진 명문 칠기들에 가려져 중요성에 비해 주목받지 못해왔다.

9) 목간 개요

1924년 발굴된 평양 석암리 194호분 출토 관련 유물은 국립중앙박물관에 소장되어 있다.

2013년 1월 석암리 194호분 유물 가운데 죽간류 1점이 재조명되었다. 초기 발견 관련 기록에 따르면 다음과 같다. 제2호 목관 내부 좌측에서 죽간이 발견되었는데, 그 길이는 18.2㎝, 두께 0.2㎝다. 단면은 평평하고 전체의 약 1/3이 결실되었으며, 하단은 둥글게 남아 있다. 평평한 부분에는 구멍이 1개 뚫려 있고 전체적으로 칠이 되어 있었다.

　석암리 출토 죽간은 보고서에서는 외피 위에 칠이 되어 있었다고 기술되었는데, 현재 국립중앙박물관에서 소장되어 있던 죽간은 칠은 거의 박락된 상태로 군데군데 흔적만 남아 있었다. 상단에서 하단으로 내려오면서 점차 얇아지고 있으며, 전체의 1/4 정도가 유실되었다. 상단 중앙에 구멍이 확인되었고, 하단부의 둥글게 남아 있는 부분에도 구멍의 흔적이 일부 남아 있다. 적외선 사진 확인하였으나 마멸로 인해서인지 글자를 확인하기는 어려웠다. 다만 2~3곳에 끈을 묶었던 흔적이 확인되었다. 編綴簡은 표준 길이가 1척(漢代의 1척은 23㎝ 전후), 간의 폭은 1~2㎝로 정해져 있다. 이 죽간의 잔존 길이는 18.2㎝이지만 복원 길이는 23㎝여서 표준간의 크기와 일치한다. 이에 편철간 중 일부로 서적 내용을 보호하기 위한 마지막 뒤쪽 표지에 해당되는 간으로 추정하는 견해가 제기되었다. 한편 죽찰일 가능성도 함께 제기되었다.

10) 참고문헌

樂浪漢墓刊行委員會, 1974, 『樂浪漢墓』(第一冊)

안경숙, 2013, 「평양 석암리 194호 출토 죽간 고찰」 『목간과 문자』 10, 한국목간학회

윤선태, 2017, 「한자·한문의 사용과 지식인의 확대」 『신라 천년의 역사와 문화 연구총서 11 신라의 학문과 교육·과학·기술』, 경상북도 문화재 연구원

정인성, 2019, 「석암리194호분」 『한국고고학전문사전』, 국립문화재연구소

2. 평양 남정리 116호분 출토 목독

1) 유적명 : 평양 남정리 116호분(彩篋塚)

2) 유적소재지 : 평안 락랑구역 남정리

3) 유적유형 : 분묘

4) 목간점수/주요유물 : 목독 1점/서도용 刀子, 벼루 세트, 은제 鉸具, 帶鉤, 冠帽, 革踏

5) 시대 및 시기 : 후한/기원 2세기 전후

6) 발굴기관(발굴기간)/보고서 간행 : 朝鮮古蹟硏究會(1931.10.4.~11.25, 1933.6.10.~7.1.)/朝鮮古蹟硏究會(1934)

7) 소장기관 : 평양, 조선역사박물관

8) 유적 개요

평양 남정리(平壤 南井里) 116호분은 평양직할시 락랑구역 남정리에 위치하는 고분으로 1931년 10월 4일에서 11월 25일까지 조사가, 또 1933년 6월 10일에서 7월 1일까지 재조사가 이뤄졌다.

고분은 前室과 玄室로 이루어진 횡혈식목실묘로 입구의 상부에는 벽돌이 사용되고 있으며, 봉분의 정상 2m 깊이에서 와전이 출토되었다. 木室의 크기는 전실이 남북 2.22m, 동서 4.85m이고, 後室은 남북 4.52m, 동서 3.35m이다. 현실 내부에는 3기의 木棺이 안치되어 있었고, 부장품은 관 내, 전실, 현실 내에서 확인되었다. 관 내에서는 주로 신변 유물이 출토되었는데, 서관에서 면포, 관모 등이, 중앙 관에서 머리채가 출토되었고, 동관에서 묘, 죽채, 팔찌, 반지, 목기 등이 발견되었다. 현실에서는 외곽과 내곽 사이에서 木馬, 木桶, 鉛製 재갈 등이 확인되었다. 대부분의 유물이 출토된 곳은 전실로서, 전실의 서쪽에서 漆耳杯, 漆杓 등을 얹은 漆案과 漆렴, 彩文漆卷筒, 銅鏡, 漆製硯蓋, 硯臺 등이, 동쪽에서 彩文漆匣, 토기, '故吏朝鮮丞'의 墨書가 있는 木札과 彩畵漆篋의 덮개 등이 출토되었다. 전실 중앙부에서는 채화칠협을 위시하여 벼루와 '王'字가 쓰여진 漆盤이 출토되었다. 그 외에도 靑銅製蓋弓帽, 金具附漆棒, 漆車輻, 漆車輪片 등이 출토되었다. 묘도부에서는 漆車輪片, 漆輻 등 마차 冥器 조각, 목마 등 목제 명기 조각과 함께 밤이나 기장 등의 곡물류가 출토되었고, 연도부의 봉토에서는 '萬歲'명 수막새가 출토되었다. 다음으로 전실에서 출토된 유물로서 채화칠협이 주목된다. 이것은 질 좋은 대나무 껍질을 사용해 만든 것으로 길이 39㎝, 너비 18㎝, 높이(덮개 포함) 17㎝ 가량의 크기를 가지는 상자이다. 표면에 흑칠을 한 후 몸통의 안턱과 각 모서리마다 고사에 등장하는 인물 100여 명을 그린 다음, 중요 인물의 옆에 孝惠帝, 商山四晧, 大里黃公 등의 인명을 적어 넣었다.

현실에서는 목마, 목용 등이 출토되었다. 후실의 외곽과 내곽 사이의 동쪽 공간에 5마리의 목마가 나란히 부장되어 있었으며 그 아래에서는 목마에 부착되어 있었던 가죽 띠와 재갈이 발견되었다. 동북쪽 모서리에서는 목마와 함께 목용이 출토되었는데, 팔과 다리만이 잔존해 있었다. 漢代의 중국에서는 열후급 이하의 분묘에서의 실용 차마구의 부장이 점차 줄어들고 이것이 소형명기나 벽화로 대체되는 경향을 보인다. 낙랑군의 분묘인 남정리 116호분에서 차마구를 장착한 목마가 출토된 것은 이러한 한묘 내 차마구 부장 경향의 변화에 따른 것으로 생각된다.

연도부에서 벽돌이 출토된 사실에서도 알 수 있듯이 채협총은 전실묘가 등장한 이후에 축조된 것이 분명하며 동경이나 토기 등의 출토 유물로 보아 3세기 대에 축조되었다는 견해도 있다.

9) 목간 개요

잣(柏)나무를 이용한 漢代 木牘 1점이 출토되었다. 장방형 목판에 묵서로 '縑三匹 故吏朝鮮 丞田肱謹遣吏再拜奉 祭'라고 쓰여 있다. 王氏로 추정되는 墓主의 故吏인 朝鮮縣丞 田肱이 부하인 조선현의 관리를 시켜 비단 3필을 장례에 봉정한다는 내용의 名謁다.

함께 서도용 刀子, 벼루 세트, 은제 鉸具와 帶鉤, 冠帽와 가죽신 등의 부장유물이 나와서, 묘주가 官人으로 문서행정에 종사하였음을 보여 준다. 옻칠을 한 목제 벼루 집 속에 장방형의 점판암제 벼루가 장착되어 있으며 그 옆에 반구형의 석제 연석이 놓여 있었다. 벼루 집의 네 모서리에는 붓 등의 도구를 꽂을 수 있는 청동제 꽂이가 설치되어 있는데, 윗판을 들어내면 아래에 기타 문방구를 수납하기 위한공간이 마련되어 있는 형태이다.

「縑三匹

故吏朝鮮丞田肱謹遣吏再拜奉

祭   」

$$23.7 \times 7.2 \times 0.6(\text{cm})$$

　　전한 말 江蘇省 連雲港市 尹灣漢墓에서 나온 전형적인 木牘形의 名謁과 거의 같은 형태이다. 다만 남정리 116호분 명알은 묘주가 살아 있을 때 사용한 명알이 아니라 사후 賻儀用으로 사용된 것이어서 용도에 있어서 차이가 있다. 이런 점에서 명알과 서식은 같으나, 증여나 부의의 내용을 적었다는 점에서 賻方으로 보는 견해도 있다.

10) 참고문헌

小泉顯夫, 1934, 『樂浪彩篋塚-古蹟調査報告第一-』, 朝鮮古蹟研究會

高久健二, 2000, 「낙랑 채협총의 매장 프로세스에 관한 연구」 『단설이난영박사정년기념논총』

윤용구, 2007, 「새로 발견된 낙랑목간」 『한국고대사연구』 46, 한국고대사학회

이경섭, 2013, 「한국고대 목간문화의 기원」 『신라목간의 세계』, 경인문화사

정인성, 2019, 「남정리116호분」 『한국고고학전문사전』, 국립문화재연구소

3. 평양 정백동 3호분 출토 목간

1) 유적명 : 평양 락랑구역 정백동3호분(周古墓)

2) 유적소재지 : 평양 락랑구역 정백동

3) 유적유형 : 분묘

4) 목간점수/주요유물 : 목간3점/칠기, 동경, 구슬, 토기류, 周高명 인장

5) 시대 및 시기 : 전한/기원전 1세기 후반

6) 발굴기관/발굴기간/보고서 간행 : 북한 사회과학원 고고학연구소/1961~1963/1983

7) 소장기관 : 미상

8) 유적 개요

平壤 貞柏洞3號墳은 평양직할시 락랑구역 정백동에 위치하는 고분으로 1963년에 발굴된 고분으로 '周古'라 새긴 인장이 출토되어 周古墓라고도 한다. 병혈합장묘로 서관은 판재를 2겹으로 겹쳐 만들었는데 목곽의 동남쪽에 치우쳐 위치한다. 관 바닥에 천을 1벌 깐 후 붉은색의 옻칠을 하였고, 관의 단벽에는 사엽좌 청동장식을 부착하였다. 목관의 규모는 길이 205㎝, 머리쪽 너비 80㎝, 발쪽 너비 76㎝, 높이 45㎝이다. 세장방형의 단장묘로 주곽과 부곽 사이의 격벽은 확인되지 않는다. 동곽의 규모는 남북 300㎝, 동서 125㎝, 높이 70㎝이다. 동관도 판재를 2겹으로 겹쳐서 제작하였으며 목곽의 서남쪽에 치우쳐 있다. 목관의 규모는 길이 215㎝, 머리쪽 너비 70㎝, 발쪽 너비 68㎝, 높이 45㎝이다. 목관 내에서는 옻칠한 나무베개 1점, 감투 1점, 구슬 7점·대도 2점, 인장 1점·帶鉤 2점, 은반지 2점, 동경 1면, 벼루 1점, 화분형토기 1점, 승문타날단경호 1점, 회색토기 2점, 회색 대형 타날문토기 1점, 견직물 다수가 출토되었다. 북쪽 부장칸에서는 화분형토기 1점, 단경호 1점·회색토기 4점, 이배 5점, 화장품통 1점, 옻칠한 나막신 1켤레, 이배 20여 점, 칠반 8점, 칠상 1점, 옻칠한 숟가락 2점, 청동주전자 1점이 출토되었다. 출토된 인장은 한변 길이 1.4㎝, 두께 0.7㎝인데 반고리형 손잡이가 부착되고 바닥에는 좌우로 '周古'라는 문자가 새겨졌다. 목곽 북쪽 벽에 치우친 공간에서 백색토기 1점·회색 타날문토기 1점, 회색 중형토기 1점이 출토되었으며 서쪽공간에는 세형동모 1점, 양산 1개체, 철부 1

점, 칠곽 6점, 철편 1점이 출토되었다. 동관에서는 각종 구슬 54점, 은제 반지 10점, 동경 1점, 화장품곽 1점, 구슬장식 9점, 명도전 2매, 오수전 10매, 목제 빗 10점, 견직물 일부가 출토되었다. 출토된 昭明鏡과 성운문경은 기원전 1세기 대에 유행한 鏡式이다. 무덤의 연대는 기원전 1세기 후반으로 추정된다.

9) 목간 개요

1963년 건설공사 도중에 목간 3점이 출토되었다. 3점은 모두 크기가 균일하게 길이 10.5㎝, 너비 0.6㎝, 두께 0.5㎝의 얇고 가느다란 장방형의 목간으로, 한쪽 끝에 모두 가는 구멍을 뚫고 흰 말총 같은 것으로 꿰서 연결시켰다고 한다. 무덤의 구조와 부장 유물의 상태로 보아 墓主는 細形銅鉾와 花盆形土器를 부장한 토착민 출신의 군현 관리로 추정된다. 곧 「周古」라 새긴 漢式 姓名의 銀製 印章, 장방형의 석제 벼루, 말총으로 만든 冠帽, 띠걸이 등 墓主가 文書行政을 하던 官人의 면모를 보여주고 있다. 발굴 당시 墨痕이 보였으나 너무 희미하여 판독은 불가능하였다고 한다. 무덤의 연대는 기원전 1세기 후반으로 추정되므로 목간의 연대 역시 그 무렵으로 볼 수 있다.

10) 참고문헌

사회과학원 고고학연구소, 1983, 「락랑구역일대의 고분발굴보고」 『고고학자료집』 6, 사회
　　　　과학출판사

문화재관리국 문화재연구소, 1991, 『북한문화유적 발굴개보』

이송란, 2005, 「樂浪 貞柏洞 3호분과 37호분의 남방계 獅子形 垂飾과 商人의 활동」 『미술사
　　　　학연구』 245, 미술사학회

윤용구, 2007, 「새로 발견된 낙랑목간」 『한국고대사연구』 46, 한국고대사학회

정인성, 2019, 「정백동3호분」 『한국고고학전문사전』, 국립문화재연구소

4. 평양 락랑동 1호분 출토 목간

1) 유적명 : 평양 락랑구역 락랑동1호분
2) 유적소재지 : 평양 락랑구역 락랑동
3) 유적유형 : 분묘
4) 목간점수/주요유물 : 목간6점/나무도장, 석제 벼루, 책상, 띠걸이
5) 시대 및 시기 : 후한/기원전 1세기 전반
6) 발굴기관/발굴기간/보고서 간행 : 북한 사회과학원 고고학연구소/1981~1984/2002
7) 소장기관 : 미상
8) 유적 및 목간 개요

1980년대 초 이른바 락랑구역 통일거리 조성공사 중 락랑동 1호분에서 목간 6점이 출토되었다. 락랑동 1호분은 內外 2重槨을 갖추고 안곽 속에 3개의 관을 넣은 이른바 同槨合葬의 전형적인 목곽묘(귀틀무덤)이다. 가운데 남자의 관에서 목간 2점, 안 곽의 북쪽과 겉 곽 사이에 구획된 부장품 칸에 놓인 漆槨 속에서 목간 4점이 나무도장, 석제 벼루, 책상, 띠걸이 등과 함께 발굴되었다. 목간의 내용은 불명이지만, 관 속에서 나온 것과 부장품칸 칠곽 출토의 목간은 그 성격을 달리할 것으로 생각된다. 무덤의 연대는 기원 1세기 전반으로 추정된다.

9) 참고문헌

리순진, 2002, 『락랑구역일대의 고분발굴보고』, 평양:사회과학출판사
윤용구, 2007, 「새로 발견된 낙랑목간」 『한국고대사연구』 46, 한국고대사학회

5. 평양 정백동 364호분 출토 간독

1) 유적명 : 평양 락랑구역 정백동 364호분

2) 유적소재지 : 평양 락랑구역 정백동

3) 유적유형 : 분묘

4) 목간점수/주요유물 : 120매 내외(호구부, 논어 선진편·안연편)/세형동검, 수레부속구, 칠기, 환두도자

5) 시대 및 시기 : 전한/기원전 1세기 후반

6) 발굴기관/발굴기간/보고서 간행 : 북한 사회과학원 고고학연구소/1990.7

7) 소장기관 : 평양, 조선역사박물관

8) 유적 개요

1990년 7월 평양 정백동(貞柏洞) 364호 나무곽 무덤에서 論語 竹簡과 기원전 45년(전한 원제 初元 4) 명 표제가 적힌 목독이 출토되었다. 정백동 364호분의 정확한 위치는 알 수 없지만, '夫租薉君'이 새겨진 도장이 나온 정백동 1호분을 비롯하여 낙랑군 설치 전후의 무덤이 밀집된 묘역에 자리하고 있다.

정백동 364호분은 동서 방향으로 묘광을 파고 나무곽을 설치한 다음, 그 안에 내곽을 만들고 남성 한 사람의 주검을 넣은 목관을 안치한 단장형의 나무곽무덤이다. 묘광의 크기는 정확히 알 수 없으나, 동서 360㎝ 이상, 남북 180㎝ 내외, 깊이는 최소 180㎝ 이상으로 추정된다. 규모면에서 나무곽무덤 가운데 최고 등급에 속하는 것이다.

출토된 유물로는 세형동검·쇠장검·고리달린 손칼 등 무기류, 수레부속으로는 수레 굴대끝과 양산이 나왔고, 쇠도끼 등 농공구와 동경·띠걸이 등 다수의 장신구가 출토되었다. 용기로는 화분형토기와 배부른단지 및 회백색단지가 나왔고 그 외 각종 漆器 10여 점이 부장되었다.

이른바 墓葬簡이라 할 공문서로는 「樂浪郡初元四年縣別戶口多少□簿」의 표제가 달린 木牘 3매를 비롯하여, 원제 초원 4년(B.C. 45) 전후의 紀年이 적힌 몇 가지 초사본이 더 있다고 한다. 서적은 현행본 『논어』 권11~12(先進·顔淵)에 해당하는 죽간이 편철된 冊書로 출토되었다.

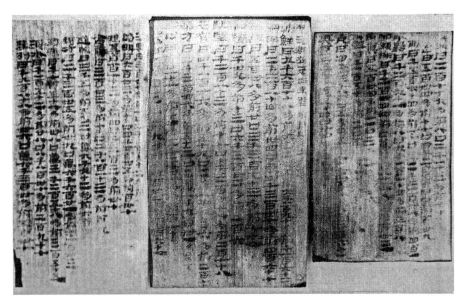

정백동 364호분 출토 「樂浪郡初元4年戶口簿」 목독 (김정문, 「락랑유적에서 나온 목간」, 『조선고고연구』 2008-4 뒷표지 背面)

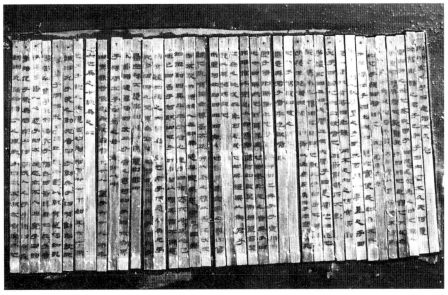

정백동 364호분 출토 『論語』竹簡 (鶴間和幸氏 보관 樂浪遺物 사진앨범 자료)

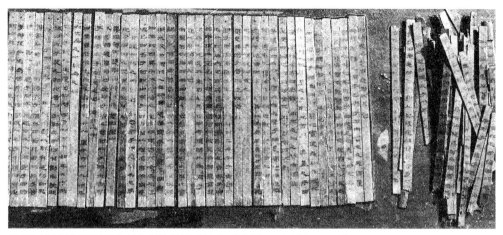

정백동 364호분 출토 『論語』竹簡 일괄 (『高句麗會報』 第63號, 4면, 2001.11.10.)

9) 목간 개요

① 「初元4年 樂浪郡 戶口簿」 木牘

낙랑군 初元 4年 戶口簿(이하 호구부)는 3枚로 나뉜 木牘에 標題를 제외하면 9행씩 每 23자 내외로 총 680자 내외가 쓰여 있다. 글씨는 正方形의 예서체이고, 3枚의 木牘을 상하로 합치면 길이 26.8㎝, 너비 5~6㎝로 추정된다. 이는 漢代公文書규격 1尺(~1尺2寸)에 해당 한다. 호구부 의 내용은 기원전 45년(前漢 元帝 初元 4) 樂浪郡下25個縣의 戶口數와 前年度통계와의 增減與 否와 增減値를 기재하였다. 목독의 末尾에는 낙랑군의 總戶口가 43,835戶에 280,361口였으며, 전년도보다 584호가 증가(多前)하였다고 집계하였다.

호구부는 기원전 45년 낙랑군 소속 25개현의 주민분포 및 이를 통한 지역별 특성을 이해하 는 한편, 군현 설치 전후의 역사지리 변화상을 이해하는데도 긴요한 자료로 생각된다. 그러나 초원4년 호구부와 함께 출토되었다는 公文書의 내용을 알기 어렵고, 정백동 364호분에 대한 발굴보고가 없어서 墓中 文書에 대한 전체적인 이해가 쉽지 않다.

호구부는 郡府에서 縣단위의 호구자료를 집계한 漢代簡牘으로는 처음 발견된 것이다. 縣에서 縣下 鄕단위의 자료를 집계한 安徽省 天長漢簡의 「戶口簿」와 기재방식에서 대동소이하다. 특히 호구부에 기재된 낙랑군 소속 25개현의 記載順序가 4區域의 단락을 이루면서 郡治로부터 지리적으로 연접하여 배열되어 있다. 각각의 구역이 역사적 연원을 지닌 共同體로 여겨져 주목되는 현상이다. 앞으로 松柏漢簡의 「南郡元年戶口簿」가 공개되면 같은 縣單位의 戶口集計簡牘으로 유용한 비교자료가 될 것이다.

‘初元4年 樂浪郡戶口簿’ 木牘 釋文

(一) 「•樂浪郡初元四年縣別戶口多少□簿

　　•朝鮮戶九千六百七十八多前九十三口五萬六千八百九十多前千八百六十二

　　誹邯戶二千二百八十四多前卅四口萬四千三百卅七多前四百六十七

　　增地戶五百卅八多前卄口三千三百五十三多前七十一

　　黏蟬戶千卅九多前十三口六千三百卅二多前二百六

　　駟望戶千二百八十三多前十一口七千三百九十一多前二百七十八

　　屯有戶四千八百卄六多前五十九口二萬一千九百六多前二百七十三

　　帶方戶四千三百卅六多前五十三口二萬八千九百卌一多前五百七十四

　　列口戶八百一十七多前十五口五千二百卌一多前百七十

　　長岑戶六百八十三多前九口四千九百卅二多前百六十一　　　　　　　　　」

(二) 「　海冥戶三百卅八多前七口二千四百九十二多前九十一

　　昭明戶六百卌三多前十口四千四百卅五多前百卅七

　　提奚戶百七十三多前四口千三百三多前卅七

　　含資戶三百卅三多前十口二千八百一十三多前百九

　　遂成戶三千五多前五十三口萬九千九十二多前六百卅

　　鏤方戶二千三百卅五多前卅九口萬六千六百卄一多前三百卌三

渾彌戶千七百五十八多前卅八口萬三千二百五十八多前三百五十五

浿水戶千一百五十二多前廿八口八千八百卅七多前二百九十七

蓉列戶千九百八十八多前卌六口萬六千三百卅多前五百卅七   」

(三)「 東暆戶二百七十九多前八口二千一十三多前六十一

　　　蠶台戶五百卅四多前十七口四千一百五十四多前百卅九

　　　不而戶千五百六十四多前五口萬二千三百卌八多前四百一

　　　華麗戶千二百九十一多前八口九千一百一十四多前三百八

　　　邪頭昧戶千二百卌四如前口萬二百八十五多前三百卌三

　　　前莫戶五百卅四多前二口三千二多前卅六

　　　夫租戶千一百五十多前二口萬□百七十六多前□十八

　　•凡戶四萬三千八百卌五多前五百八十四口廿八萬□千二百六十一

　　　其戶三萬七千□□卅四口廿四萬二千□□□□□□   」

② 竹簡「論語」冊書

　정백동 364호분에서 출토된 『논어』는 통행본 『논어』의 先進·顔淵篇에 해당하는 章句가 적힌 죽간 120枚내외로 추정된다. 이 가운데 39枚는 형태와 字句가 대체로 온전하나, 나머지 70여 枚는 殘簡 상태로 보인다. 정백동 364호분에서 출토된 『논어』죽간 가운데 내용을 확인할 수 있는 것은 先進篇 33枚(19個章句, 589字), 顔淵篇 11枚(9개 章句, 167字)로 출토된 죽간의 1/3이 조금 넘는 정도이다.

　죽간의 크기와 背面상태는 확인하기 어렵지만, 定州漢墓 출토 『논어』죽간과 마찬가지로 三道編聯의 上下 10字 내외로 기재하였고, 죽간 右側面에 上下, 中間에 契口가 만들어져 있다. 계구의 크기가 다양한 것으로 미루어 출토된 죽간 『논어』는 墓主가 살아 있을 때에 장기간 사용한 것으로 추정된다.

　출토된 『논어』죽간에는 章句 시작을 알리는 圓點(•), 종결을 알려주는 餘白, 상하 10字를 기본으로 하는(顏淵篇은 上下9字) 기재 방식, 1~2字의 字句는 자간을 좁혀 기재하거나, 의미 전달에 지장이 없는 범위에서 字句를 생략하는 用例가 확인된다. 缺字는 추후 字間사이에 細字로 追記하였고, 중복자인 경우 重文符號 없이 연이어 같은 자를 적었다. 내용은 定州漢墓『논어』죽간 및 通行本『논어』와 大同小異하지만, 人名과 地名, 官名 표기에서의 차이, 而를 如로 대치하는 등 텍스트 상의『논어』계통을 논할 때 매우 중요한 단서가 적지 않다.

한편 정백동 364호분 죽간『논어』의 출토 시기와 중국 하북성 定縣에서 출토된『논어』죽간과의 시기 차가 최소 10년 정도의 차이라는 사실은 武帝代 儒家의 官學化와 五經博士가 설치된 이래, 宣帝·元帝시기 儒家의 서적과 사상이 변경 지역으로 확대하였음을 입증하는 것이다.

『論語』竹簡 釋文 및 표점

先進

• 〔孔〕子曰 : "先進於□□〔野〕人也. 後進於□□君子〔也.〕" (殘簡2)....

• 孔子曰 : "回也非助我者也, 於吾言無所不說." (簡10)

• □□三〔復〕白〔圭〕孔子以其〔兄〕之子.... (殘簡3)

• 顏淵死, 顏路請子之車. 孔子曰 : "材不材, 亦各其子也. (簡39) 鯉也死,
有棺毋槨. 吾不徒, 行以爲之槨. 以吾從大夫 (簡22)...."

• 顏淵死, 子哭之動. 從者曰 : "子動矣." 子曰 : "有動乎哉?" 非 (簡34)......

• 〔顏□死〕門人欲〔厚〕葬之, 子曰 : "不可." 門人厚葬之. 子曰 : (簡8)......

• 閔子侍側, 訢訢如也 ; 子□, 〔行行〕如也 ; 冉子·子貢, 〔衍衍〕 (簡16)如也.
子樂曰 : "若由也. □不〔得〕其〔死然〕." (簡6)

• 孔〔子〕曰 : "由之瑟奚爲於〔丘〕之門?" 門人, 不〔敬〕子路, 孔子: (簡27)......

• 子〔貢問〕 : "師也與商也孰賢? " 孔〔子〕曰 : "〔師〕也迪, 商也不及." 然 : (簡4)〔則師愈也〕
?" 子曰 : "過猶不及也." (簡1)

....也. 小子〔鳴鼓〕如攻之, 〔可也〕." (簡14)

• 柴也愚,〔參〕也魯, 師也〔辟〕, 由也讖. 孔子曰：“回也其□□,(簡12) 屢空. 賜不受命, 如□□焉,〔億〕則〔居〕中.」”(簡28)

• 子□□善人之道. 子曰：“不淺迹, 亦不入於室.” 子曰：“論(簡37)篤是與, 君子者乎? 色狀者乎?」”(簡15)

....聞斯行之. 赤也惑, 敢問.” 子曰：“求也退, 故進之；由也兼人....”(簡3)

• 子畏於〔匡〕, 顏淵後. 口曰：“吾以女爲死矣.” 曰：“子在, 回□□死?」”(簡13)

....□□, □□〔與求〕□□.〔所謂〕大□者：以〔道〕事君, 不〔可〕則〔則〕(簡5)止. 今由與求也, 可謂具臣也.” 曰：“然則從之者與?” 子曰:(簡17)“殺父與君,〔弗〕從也.」”(簡20)

•〔季〕路使子羔爲后宰. 子曰：“〔賊〕夫人之子.” 子路曰：“〔有〕民 (簡38)....

....也.”〔孔〕子訊之. “求! 璽何如?” 對曰：“方六七十, 如五六十, 求(簡33)也爲之, 比及三年, 可足民也. 如其禮樂, 以俟君子.”(簡19) 赤! 璽何如? 對曰：“非曰能之也, □□焉. 宗〔廟〕之事, 如會(簡21)同, 端章父,〔願〕爲小相焉.” 點! 璽何如? 鼓瑟希, 拷璽舍瑟(簡18)如作. 對曰：“異乎三子者之〔撰〕.” 子曰：何傷? 亦各言其志也.”(簡24) 曰：“莫春者, 春服〔既〕成. 冠者五六人,〔童〕子六七人, 浴乎(簡31),〔淺〕, 風乎〔舞雩, 咏〕而〔歸〕.” 孔子喟然曰：“吾與〔點〕也!” 三子者(簡36)〔出, 曾〕皙後.〔曾〕皙曰：“夫三子者之言何如?” 子曰：“亦各其(簡29)志已.” 曰：“吾子何訊由也?” 子曰：“〔爲國〕以禮, 其言不〔讓〕,是(簡25)....赤也爲之小, 孰爲之大?」”(簡32)

顏淵

•〔中〕弓問仁. 子曰：“出門如見大賓, 使民如〔承〕大祭.”(簡7)〔所〕不欲, 勿施於人. 在邦無怨, 在家無怨.” 中弓曰：“〔雍〕(簡23).......

.....憂不懼 曰□□(殘簡9)不〔懼〕, 斯謂之君子已乎?” 子曰：“内省不久, 夫何憂 (簡2)....

....〔而〕有〔禮〕, 四海之内, 皆〔兄弟〕也. 君子何患乎無兄弟.」(簡26)

....乎夫子之君子也“〔駟〕”... ...(殘簡11)

• 哀公問於有若曰：“年饑, 用不足, 如之何?” 有若對 (簡9)....

....□□之□欲其死□□.... (殘簡13)

・子張問正. 子曰 : "〔居〕之毋〔券〕, 行以中" (簡30)

・□□子問於孔子曰 : "如〔殺無〕道, 以就有道, 何如? 孔 (簡35)....

　....子張對曰 : "在邦必聞, 在家必聞." 子曰 : 是聞也, 〔非達〕也 (簡11)....

10) 참고문헌

류병흥, 1992, 「고고학 분야에서 이룩한 성과」『조선고고연구』 1992-2(사회과학원 고고학
　　　연구소)

손영종, 2006, 『조선단대사』(고구려사 1), 과학백과사전출판사

손영종, 2006, 「낙랑군 남부지역(후의 대방군지역)의 위치-'낙랑군 초원4년 현별호구 다소□
　　　□' 통계자료를 중심으로」『력사과학』 198, 사회과학원 력사연구소

손영종, 2006, 「요동지방 전한 군현들의 위치와 그 후의 변천(1)」『력사과학』 199, 사회과학
　　　원 력사연구소

尹龍九, 2007, 「새로 發見된 樂浪木簡 -樂浪郡 初元四年 縣別戶口簿」『한국고대사연구』 46,
　　　한국고대사학회

김정문, 2008, 「사진:락랑유적에서 나온 목간」『조선고고연구』 2008-4

손영종, 2008, 「낙랑군의 호구통계 및 기타자료」『조선단대사』(고구려사 5), 과학백과사전출
　　　판사

金秉駿, 2008, 「樂浪郡 初期의 編戶過程과 '胡漢稍別'-「樂浪郡初元四年縣別戶口多少□□」木
　　　簡을 단서로」『木簡과 文字』 創刊號, 한국목간학회

李成市·尹龍九·金慶浩, 2009, 「平壤 貞柏洞364號墳출토 竹簡《論語》에 대하여」『木簡과 文
　　　字』 4, 한국목간학회(橋本繁 譯, 2010, 「平壤貞柏洞三六四号墳
　　　出土竹簡『論語』について」『中国出土資料研究』第14號, 中国
　　　出土資料學會; 劉思孟 譯, 2011, 「平壤貞柏洞三六四号墓出土
　　　竹簡『論語』」『出土文獻研究』10輯, 中華書局)

尹龍九, 2009, 「平壤出土 '樂浪郡初元四年縣別戶口簿' 研究」『木簡과 文字』3, 한국목간학회 (橋本繁 譯, 2009, 「平壤出土'樂浪郡初元四年縣別戶口簿'研究」『中国出土資料 研究』第13號, 中国出土資料學會)

金秉駿, 2009, 「樂浪郡初期の編戶過程-樂浪郡初元四年戶口統計木簡を端緒として」『古代 文化』61-2, 古代學協會

김경호, 2010, 「전한대 호구부와 그 운영」『낙랑군 호구부 연구』, 동북아역사재단

윤재석 2010, 「전한시대 호구문서와 변경 지배」『낙랑군 호구부 연구』, 동북아역사재단

윤용구, 2010, 「낙랑군 초기의 군현지배와 호구파악」『낙랑군 호구부 연구』, 동북아역사재단

윤선태, 2010, 「한사군의 역사지리적 변천과 '낙랑군 초원 4년 현별 호구부'」『낙랑군 호구부 연구』, 동북아역사재단

이성제, 2010, 「낙랑군의 군현재편과 예(濊)」『낙랑군 호구부 연구』, 동북아역사재단

金貞培, 2010, 「古朝鮮의 稱王과 人口問題」『古朝鮮에 대한 새로운 解釋』, 高麗大學校 民族文 化研究所

楊振紅·尹在碩, 2010, 「韓半島出土簡牘與韓國慶州,扶餘木簡釋文補正」『簡帛研究二○○七』, 廣西師範大學出版社

윤재석, 2011, 「한국·중국·일본 출토《논어》목간의 비교연구」『동양사학연구』114, 동양사 학회

高光儀, 2011, 「樂浪郡 初元 四年 戶口簿 재검토」『목간과 문자』7, 한국목간학회

윤용구, 2012, 「평양 출토《논어》죽간의 기재방식과 異文表記」『地下의 논어, 紙上의 논어』, 성균관대학교 출판부

李成市, 2012, 「卷頭言 : 平壤出土《論語》竹簡の消息」『史滴』33集, 早稻田大學東洋史懇話會

郝樹声, 2012, 「从西北汉简和朝鲜半岛出土《论语》简 看汉代儒家文化的流布」『敦煌研究』 133, 甘肃省社会科学院

박준형, 2014, 「고조선의 인구」『고조선사의 전개』, 서경문화사

单承彬, 2014, 「平壤出土西汉《论语》竹简校勘记」『文献』2014-4, 国家图书馆

羅衛東, 2015, 「出土与传世『论语』异文及相关问题研究 : 以平壤貞柏洞出土竹简《论语》为考查范围」『漢字漢文教育』 36, 한국한자한문교육학회

李成市, 2015, 「平壤楽浪地区出土《論語》竹簡の歴史的性格」『國立歴史民俗博物館研究報告』 194

윤용구, 2016, 「'낙랑군 호구부'의 발견: 100년 낙랑고고학의 최대 수확」『내일을 여는 역사』 63, 내일을 여는 역사재단

鄭威, 2017, 「汉帝国空间边缘的伸缩 : 以乐浪郡的变迁为例」『社会科学』 2016-11, 上海社会科学院; 《出土文獻與楚秦漢歷史地理研究》(科学出版社)

Dae-Jae Park, 2017, "A New Approach to the Household Register of Lelang Commander," *International Journal of Korean History(IJKH)*, Vol.22, No.2

張德芳, 2018, 「從出土漢簡看兩漢時期對北部邊疆的有效管理-漢簡中的樂浪郡」『簡牘자료를 통해 본 고대 동아시아사 연구 국제학술회의 발표논문집』, 경북대학교 사학과 BK사업단

윤용구, 2019, 「'낙랑군 호구부'의 연구동향」『역사문화연구』 71, 한국외대 역사문화연구소

Zhang Defang, 2021, "Using Excavated Slips to Look at Effective Governance of the Northern Frontier during the Han Dynasty—The Lelang Commandery in Han Slips" *bamboo and silk* 4, Brill

윤용구, 2021, 「평양 출토 竹簡《論語》의 계통과 성격」『목간과문자』 27, 한국목간학회

II

백제 百濟

개요

　백제는 기원전 18년 한강 하류일대에서 건국하여 660년 부여의 사비도성에서 나당연합군에 함락되기까지 678년의 장구한 역사를 가진 나라다.

　백제에서는 죽간은 아직 사례가 없고 모두 나무로 만든 약간 도톰한 장방형의 木牘이 대부분이다. 백제 목간의 특징은 종이 발명 이전의 것이 아니라, 종이가 이미 통용되던 시기에 종이와 함께 쓰였다는 점이다. 백제 목간은 紙木倂用 시기의 것으로, 나무는 종이와 함께 서로 다른 역할을 하면서 상호 보완 관계에 있었다. 백제 시대 전체를 통틀어, 지금까지 목간은 사비기에만 한정되어 출토되었다. 백제는 몇 번의 천도를 기준으로 시기 구분을 하는데, 한성기(기원전 18~475), 웅진기(475~538), 사비기(538~660)로 구분한다. 사비기란 왕도가 사비 즉 지금의 부여에 있던 시기로 6세기 전반에서 멸망할 때까지의 시기였다. 따라서, 사비기의 백제 목간을 이야기하게 되면, 그것이 바로 백제 목간 전체 이야기가 된다. 웅진기 무령왕릉 지석 등이 있었던 것이나 그 행정 수준으로 미뤄보아, 웅진기에도 목간이 제작 활용되었을 가능성이 매우 커 보여서, 아직까지 출토 사례가 없는 것에 불과한 것으로 보인다. 부여에 비해 공주가 현대에 일찍이 도시화되어 관련유구가 많이 파괴된 것에서도 원인을 찾아볼 수 있다.

　사비기 백제 목간은 부여, 나주와 금산 지역의 9개 지역, 18개 유적에서 모두 97점 125편이 출토되고 있다. 특히 출토 양상은 사비기 왕경 부여에서 집중되고 있어 전체 가운데 6개 지역 15개 유적에서 모두 82점이 출토되었다. 즉 84.5%가 왕경에서 출토되었다. 출토 유적은 왕경에서는, 왕궁, 관아, 사찰 등에서, 지방에서는 산성과 관아 시설에서 목간이 출토되었다.

　목간의 내용은 호적류나 村 관련 기록, 창고의 물자 출입과 재고, 창고 곡식의 대여와 환수, 관리의 식료 혹 급료 지급 등의 행정 문서, 그리고 기타 기록과 메모, 혹은 글자연습과 낙서, 또 주술 혹 종교 관련, 물건의 꼬리표 등 다양하다. 비록 그 수가 많지는 않으나, 사비기 백제 역사와 문화를 살펴보는 데 매우 중요한 자료다.

이 책에서는 사비기 왕경과 지방의 목간을 출토지별로 개괄적으로 살펴본다. 목간번호는 자료마다 착종되어 혼란스럽다. 기존자료를 참작하여 유적별로 연번을 주고, 보고서의 것을 기본으로 각종 자료에서 부여된 해당 목간의 번호 혹 칭호를 병기하여 조견의 편리를 더하였다.

지금까지 백제 목간은 모두 사비기에 해당되며, 대부분의 목간이 백제의 수도였던 충남 부여에 출토되었다. 왕경을 중심으로 활발한 문서행정이 펼쳐지고 목간이 제작, 활용되었음을 알려준다. 한편 왕도 외의 지방에서는 마한 지역의 중심이었던 나주, 특히 백제시대 유적이 밀집한 복암리 유적에서 다량의 문서 목간군이 발견되었다. 또 지역의 거점으로 보이는 금산 백령산성에서도 글자가 있는 목제품이 발견되었다. 특히 나주 복암리 목간 가운데는 庚午年 즉 610년의 간지가 확인되어 백제 목간 이해에 중요한 기준이 되고 있다.

백제 목간은 출토점수는 96점 125편으로 비록 신라에 비해 적으나, 기존 문헌자료나 금석문 등 문자자료에서는 건질 수 없는 매우 상세하고 다양한 정보를 제공하고 있어, 백제사는 물론 동아시아 고대사를 이해하는 데 결정적인 자료로서의 위상을 갖는다.

〈백제 목간 출토 현황〉

연번	왕경/지방	유적이름	세부 주소	출토목간 점수	특징	발굴연도	발굴기관	소장기관
1	왕경	부여 관북리 유적	관북리33 번지 일원	7	自中, 嵎夷	1982,1983, 2001-2002	충남대 박물관/국립부여문화재연구소	국립부여문화재연구소
2		부여 쌍북리 유적군	쌍북리 102	2	나니와 무라지 기미[那尔波連公]	1998	충남대박물관	국립부여박물관
3			쌍북리 280-5	3	좌관대식기	2008	백제문화재연구원	국립부여박물관
4			현내들(쌍북리 192-5)	9	大不好記	2006-2007	부여군문화재보존센터	국립부여박물관
5			쌍북리 56(사비한옥마을)	5	논어	2017-2018	울산발전연구원	국립부여박물관
6			뒷개(쌍북리 15번지)	2	開覺	2010	부여군문화재보존센터	국립부여박물관
7			쌍북리 173-8(119안전센터)	3	五石	2010	동방문화재연구원	국립부여박물관
8			쌍북리 184-11	1	斤止受子	2011-2012	백제고도문화재단	국립부여박물관
9			쌍북리 201-4	2	兄習利丁	2011-2012	한국문화재연구원	국립부여박물관
10			쌍북리 328-2	3	구구단	2011	한국문화재재단	국립부여박물관
11		부여 구아리 유적	구아리 319(중앙성결교회)	8	서신[一无所有不得仕也]	2010	부여군문화재보존센터	국립부여박물관
12		부여 궁남지 유적	동남리 117	3	西 卩後巷, 今敬白	1995,2001, 2002	국립부여박물관	국립부여박물관
13		부여 동남리 유적	동남리 216-17	1	敬事	2005	충남역사문화연구원	국립부여박물관
14		부여 능산리사지 유적	능산리 391	30	남근, 지약아식미기 : 부스러기 125편	1999,2000, 2002	국립부여박물관	국립부여박물관
15		부여 석목리 유적	석목리 143-16	2	糧	2017	백제고도문화재재단	국립부여박물관
16	지방	나주 복암리 유적	복암리 875-4	13	다양한 문서류	2006-2011	국립나주문화재연구소	국립나주문화재연구소
17		금산 백령산성 유적	남이면 역평리·건천리 성재산	1	묵서목제품	2004,2005	충남역사문화원	국립부여박물관
18		정읍 고사부리성 유적	정읍시 고부면 고부리 산1-1	1	上 卩上巷	2020	전라문화유산연구원	국립부여문화재연구소
18개 유적				96점	125편			

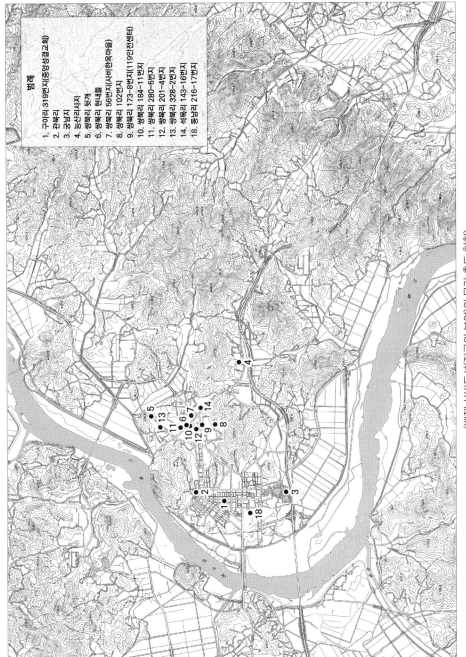

<범례>

1. 구아리 319번지(중앙성결교회)
2. 관북리
3. 공남지
4. 능산리사지
5. 쌍북리 뒷개
6. 쌍북리 현내들
7. 쌍북리 56번지(사비한옥마을)
8. 쌍북리 102번지
9. 쌍북리 173-8번지(119안전센터)
10. 쌍북리 184-11번지
11. 쌍북리 280-5번지
12. 쌍북리 201-4번지
13. 쌍북리 328-2번지
14. 석목리 143-16번지
18. 동남리 216-17번지

〈부여 사비도성(지금의 부여)의 목간 출토 현황〉

1. 부여 구아리 319번지(중앙성결교회) 출토 목간

1) **유적명** : 부여 구아리 319(중앙성결교회) 유적

2) **유적소재지** : 충남 부여군 구아리 319번지

3) **유적유형** : 생활유적(목주 벽주건물지, 화장실, 웅덩이, 도랑)

4) **목간 점수/주요유물** : 목간 13점(5부 묵서, 4인 시가 등)/개배, 삼족기 등 토기, 정사벼루, 기생충란, 생활 목제품 등

5) **시대 및 시기** : 백제 사비기/7세기 초반~중반(1단계 : 7세기 초반 이전, 2단계 7세기 중반)/ 7세기 초반(1-3단계면)

6) **발굴기관/발굴기간/보고서 간행** : (재)부여군문화재보존센터/2010.10.8.~12.1/2012.11.26.

7) **소장기관** : 국립부여박물관

8) **유적 개요**

유적 위치는 왕도 사비도성 내 중서부이며, 현 부여시가지 중심부다. 구체적으로는 부여시가지 남북중심로인 사비로의 서편, 그리고 정림사지의 서편에 위치한다. 이곳은 이미 도시화로 인해 원지형이 훼손된 상태나, 원래는 북으로 부소산과 동남편의 금성산 및 잔구들로 둘러싸인 해발 9.5m 전후의 저평지 지대였다. 남,북과 동편 구릉에서 발원한 물이 이곳을 통해 서편 백마강으로 흘러들어가는 물길로, 하천 범람시 침수지역이었다. 조사는 부여중앙성결교회의 중개축에 따라 그 부지 266㎡에 대한 구제발굴이었다.

유구의 토층 층위는 해발 4m이하가 암반이고 그 위 해발 4m부터 인위적 생활면이 전개된다. 층위별로 유구가 상이한데, 두 단계, 즉 1단계와 2단계로 나뉜다. 1단계면에는 웅덩이와 도랑들이 형성되어 있는데, 3차례에 걸쳐 성토 혹은 자연퇴적에 의해 생활면이 상승하면서 구축되었다. 이를 1-1단계,1-2단계,1-3단계로 명명하였다. 1단계의 유구는 원지반층 위를 일부 성토하여 구축된 면으로 장방형에 가까운 웅덩이와 도랑, 관목(조경수인 듯)으로 이뤄진 시설물이다. 1-1단계에 정비되고 1-2단계까지 일부 개변이 있지만 그대로 사용되다가, 1-3단계에 서

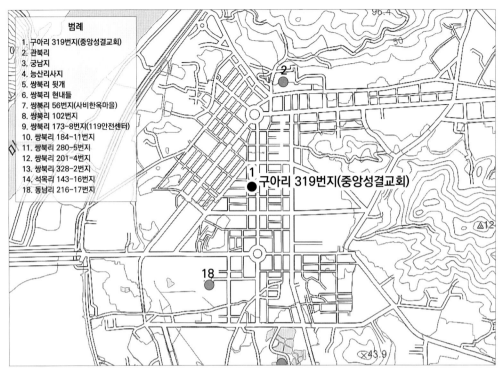

범례
1. 구아리 319번지(중앙성결교회)
2. 관북리
3. 궁남지
4. 능산리사지
5. 쌍북리 뒷개
6. 쌍북리 현내들
7. 쌍북리 56번지(사비한옥마을)
8. 쌍북리 102번지
9. 쌍북리 173-8번지(119안전센터)
10. 쌍북리 184-11번지
11. 쌍북리 280-5번지
12. 쌍북리 201-4번지
13. 쌍북리 328-2번지
14. 석목리 143-16번지
18. 동남리 216-17번지

1 구아리 319번지(중앙성결교회)

〈부여 구아리 319번지(중앙성결교회) 유적 및 주변 유적 현황〉

서히 폐기되었다. 유구의 성격은 치수 관련 시설이거나, 대저택의 화장실 일부로 보고서는 추정하였다. 한편 蓋杯 등의 의도적으로 파기된 점, 다량의 동물뼈가 출토되는 점에서, 1-3단계 즉 웅덩이 등이 쓰레기장이 된 시점에서, 수변 제의가 이뤄졌을 가능성도 남겨두었다.

1단계에서 2단계로의 판이한 성격 변화는 홍수에 의한 것이었다. 1단계 상부면에 유기물층이 겹겹 자연퇴적층을 이룬 것이 그 근거다. 2단계에는 1단계 때 웅덩이와 수로가 사라지고, 주거시설인 건물이 들어선다. 사비기 저평지에서 많이 확인되는 벽주건물지로 2동이 설치되었다. 1단계에서 2단계로의 변화는 6세기 말 7세기 초 왕궁의 확장, 새로운 토기 양식 출현 등 사회변화 및 인구변화에 따른 것이라 해석하였다.

완, 개배, 삼족기와 호자, 시루 등 다양한 전형적 백제 토기는 6세기 후반에서 7세기 초반으로 편년되고, 대부분 1단계면에서 확인된다. 이외 옻칠그릇과 함께 농구와 공구, 방직구, 어로구와 나막신 등 다양한 생활용 목제품, 중국 수당에서 수입한 다족(추정 36개) 청자 벼루 등이 출토되었다. 또 기생충란, 소·사슴·개·말·돼지 등 동물과 초본과 식물의 유체와 함께, 소소의 철기 즉 철제 도자, 대팻날 등이 검출되었다.

2단계 이후 그 위에 1m 두께로 통일신라~조선시대 말에 걸쳐 저습한 늪지가 형성되었다. 다시 그 위로 50㎝ 두께로 일제강점기에 수전경작층이 생성되었다. 여기서는 소수의 백자 잔편이 확인되었다. 그 위에 1960~70년대에 2.5m를 성토하여 오늘날에 이른다.

9) 목간 개요

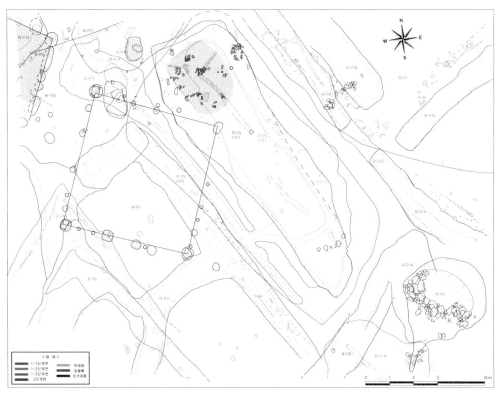

〈부여 구아리 319 유적 유구 배치도〉

목간 혹 목간형 목제품은 총 13점 출토되었으며, 그중 묵흔이 확인되는 것은 10점이고, 판독되는 것은 8점이다. 행정문서와 메모기록, 꼬리표가 있다. 모든 목간이 장방형 판형 즉 笏 모양이다.

보고서 : (재)부여군문화재보존센터, 2012, 『부여 구아리319 부여중앙성결교회 유적발굴조사보고서』.

자전 : 국립가야문화재연구소, 2011, 『韓國木簡字典』

① 보고서 31호(유물 441 · 도면 79, 자전 [舊]7)

1-3단계면의 유구 7(수로)에서 출토되었다. 홀형의 부찰(꼬리표)형 목간으로 상단의 양측부에는 '〉〈' 모양의 홈이 있으며 상단 모서리가 일부 결실되었다. 묵서면 일부가 발굴 과정에서 상처를 입었다. 묵서는 앞면에서만 확인된다. 4단으로 나누어 썼다.

```
       □   □                □   □   服
· 「V  □   □      丕  戶                     幷   臨」
       □   □                □   □   □
```

10.5×3.3×0.5(㎝)

② 보고서 47호(유물 442 · 도면 79, 자전 [舊]2)

1-2단계면의 유구5(웅덩이)에서 출토. 홀형목간으로 앞면과 뒷면에 32자가 적혀 있다.

·「所遣信來以敬辱之 於此貧薄」

                              莫瞋好邪荷陰之後
·「一无所有不得仕也   」
                              永日不忘

25.2×3.5×0.3(㎝)

所遣信來, 以敬辱之. 於此貧薄, 一無所有, 不得仕也. 莫瞋好邪, 荷陰之後, 永日不忘.

보내주신 편지를 받자오니 삼가 과분하옵니다. 이곳에 있는 이 몸은 빈궁하여 하나도 가진 게 없어서 벼슬도 얻지 못하고 있나이다. 좋고 나쁨에 대해서 화는 내지 말아 주옵소서. 음덕을 입은 후 영원히 잊지 않겠습니다.

완벽하게 4-4조의 문장으로 서간문이다. 벼슬을 얻고자 하는 내용을 청탁하는 편지로 보인다. 편지를 쓴 필자는 문장과 서체의 달인으로 보인다. 편지를 받은 이는 이 편지의 필자에게 앞서 서신을 보낸 것으로 보이며 필자의 편지는 답신인 듯 하다. 아마도 벼슬과 관련한 추천과 부탁을 내용으로 양자 간 서신이 오고간 것으로 추정된다. 이 편지글은 필자가 상대에게 예물을 보내면서 함께 보낸 것으로 보인다. 莫瞋은 상대방에게 화를 내지 말라는 부탁으로, 불경 혹 중국 당대 전기소설 遊仙窟 등에 광범위하게 쓰인다. 목간은 아마 청탁을 하면서 선물을 보낼 때 일종의 꼬리표로 사용되었음직 하다. 받는 이의 눈높이에 맞지 않는 예물일지라도 화를 내지 말고 보낸 이 즉 필자의 정성으로 봐달라는 고도의 겸양문이다.

사비기 백제 관리임용 혹 추천 시, 이와 같은 예물 혹 뇌물과 함께 막후협상이 이뤄지고 있었음을 엿볼 수 있다. 『舊唐書』 동이전 백제조에는 "官人으로서 뇌물을 받거나 도둑질을 한 자는 3배를 추징하고, 이어서 종신토록 禁錮에 처한다(官人受財及盜者, 三倍追贓, 仍終身禁錮)"고 보여, 관리들의 재물 수탁이 정치 사회적 문제로 관리대상이었음을 일러준다.

③ 보고서 88호(유물 443 · 도면 79, 자전 [舊]3)

1-2단계면의 유구5(웅덩이)에서 출토. 홀형의 목간으로 하단과 측면 일부만이 남아 있다. 이다. 묵서는 앞면과 뒷면 모두에서 확인되나 뒷면의 경우 우측부 절반 정도가 잘려나간 상태이며 판독은 불가능한 상태이다. 문자는 앞,뒷면 모두 1행으로 이루어졌으며 앞면 6자 뒷면 10자 정도인 것으로 보인다.

· × □等堪彼□牟 」

· × □□□□□□□□□ 」

$$(18.6+\alpha)\times(3.3+\alpha)\times0.6(㎝)$$

④ 보고서 89호(유물 444 · 도면 80, 자전 [舊]8)

최하층인 1-1단계면의 유구 11(수로)에서 출토. 장방형의 비교적 큰 목간으로 하단 전부와 상단과 측단 일부가 결실된 상태. 묵서흔은 양면에서 확인되나 판독은 한쪽면 일부에서만 가능하다. 문자는 1행으로 적혀 있는데 16자 정도로 추정되나 판독되는 글자는 적다.

· 「見識耳者 [ ] ×

· 「 [ ] ×

$$(29.1+\alpha)\times3.6\times0.6(㎝)$$

⑤ 보고서 90호(유물 445 · 도면 80, 자전 [舊]1)

1-1단계면의 유구11(수로)에서 4호 목간 바로 옆 출토. 4호와 5호 목간은 형태 및 두께와 폭이 비슷하고 묵서의 필체 또한 일치하여 원래 하나의 목간이었을 가능성이 있다. 다만 서로 연결흔이 확인되지 않는다.

5호 목간은 홀형. 상단은 파손, 하단은 원형을 유지함. 행정구역명-관등명-인명의 기술의 내용 등이 담겨 있다.

· ×者 中部奈率得進
　　　　下部韓率範 」

· ×[ ] 图 [ ] 」

$$(24.5+\alpha)\times3.6\times0.5(㎝)$$

⑥ 보고서 93호(유물 446 · 도면 80, 자전 [舊]6)

최하층인 1-1단계면의 유구 11(수로)에서 출토. 홀형.

· × □□□□眞 」

$$(14.6+\alpha)\times2.5\times0.7(㎝)$$

⑦ 보고서 102호(유물 447 · 도면 81, 자전 [舊]4)

1-1단계면의 유구11(수로)에서 4호와 5호 목간 주변에서 출토. 홀형으로 '〉〈' 모양의 홈. 상하부 모두 완형이다. 인명과 부명, 곡물 종류, 수량 이 적힌 꼬리표.

赤米는 붉은 쌀로 좋지 않은 자연 환경에서도 생육이 좋다. 이는 종래 고대 일본 목간에 자주 보이던 쌀의 품종이었다. 일본에서 赤米는 飛鳥京과 藤原京, 平城京 등 왕경의 목간에 보이는 공진물이었다. 그중 飛鳥京 터 苑池유적에서 출토된 戊寅年 하찰의 적미가 연대가 가장 이르다.

· 「戊寅年十二月尾張海評津嶋五十戶」
· 「韓人部田根春[혹 春]赤米斗加支各田部金」

이 무인년 즉 678년 목간에 보이는 적미는 "尾張海評津嶋五十戶"에서 도정하여 납품한 것이다. 이것 공진한 쪽이 도래계로 보이는 韓人部인 점이 주목된다. 정창원 소장 天平6(734)년도 尾張國 正說帳 문서 기록에는 술을 만들기 위해 赤米 80석을 大炊寮로 보냈다고 한다. 또 赤米 하찰은 술 제조를 담당한 造酒司 주변에서 집중적으로 출토되고 있어, 적미가 술 제조에 이용된 쌀로 추정되고 있다. 일본 율령제하에서 春米 중 赤米는 酒料로 활용되었다.

赤米가 사비기 백제 왕경에서 출토된 것은 의미가 크다. 벼품종의 교류 혹 전래를 포함한 농업 기술과 경영의 교류를 동아시아 차원에서 논함에 매우 중요한 자료다. 또, 백제에서도 적미가 술 제조에 활용되었을 가능성을 시사해준다.

「太公西美前部赤米二石∨」

$$19.3 \times 2.5 \times 0.6(㎝)$$

⑧ 보고서 109호(유물 448 · 도면 81, 자전 [舊]5)

1-1단계면의 유구5(장방형웅덩이)에서 출토. 홀형. 상단부 대부분이 결실되어 하단 일부만이 남아 있다. 문자는 두면 중 앞면에서만 2단으로 각각 3행씩 적혀 있다. 단을 나누어 인명을 나열한 것으로 볼 수 있다. 호적 관련된 문서라는 추정이 있으나 단정하기 어렵다.

　　□文　　鳥□□
· ×雀麻石　鳥石渚　　　」
　　牟多　　　鳥兮管

$$(6.2+\alpha) \times 3.2 \times 0.2(㎝)$$

⑨ 보고서 19호(유물 449 · 도면 82, 자전 [舊]12)

2단계면의 유구 2(건물지 노출시 출토되었다. 장방형을 띠며 상단에 구멍이 뚫려져 있다. 잔존상태가 불량하며 한 면에 묵서 흔적이 확인된다.

「 ◎ [　] 」

$$9.5 \times (0.7+\alpha) \times 0.4(㎝)$$

10) 참고문헌

국립부여문화재연구소, 1993, 『부여구아리백제유적 발굴조사보고서』

국립부여박물관, 2003, 『백제의 문자』(전시도록), 하이센스

市大樹, 2005, 「木簡からみた飛鳥池工房」 『飛鳥池遺跡発掘調査報告』, 奈良文化財研究所

국립부여박물관, 2008, 『百濟木簡 -소장품조사자료집』, 국립부여박물관

국립부여박물관·국립가야문화재연구소, 2009, 『나무 속 암호 목간』(전시도록), 예맥

市大樹, 2010, 「飛鳥藤原出土の評制下荷札木簡」『飛鳥藤原木簡の研究』, 塙書房

橋本繁, 2011, 「近年出土の韓国木簡について」『木簡研究』33, 木簡学会

국립가야문화재연구소, 2011, 『한국목간자전』, 예맥

심상육·이미현·이효중, 2011, 「부여 '중앙성결교회유적' 및 '뒷개유적'출토 목간 보고」『木簡 과 文字』7, 한국목간학회

(재)부여군문화재보존센터, 2012, 『부여 구아리319 부여중앙성결교회 유적발굴조사보고서』

심상육·김영문, 2013, 「부여 구아리 319유적 출토 편지목간」『새로 만난 文物 다시 보는 文 物』, 제2회 정기학술대회 발표문, 문문

오택현, 2015, 「구아리 출토 문자자료」『한국고대문자자료연구-백제(상)』, 주류성

심상육·김영문, 2015, 「부여 구아리 319 유적 출토 편지목간의 이해」『木簡과 文字』15, 한 국목간학회

戴卫红, 2019, 「东亚视角下百济部巷制再研」『동서인문』12, 경북대학교 인문학술원

김영심, 2020, 「문자문화의 상징-시가 목간과 서간 목간」『목간으로 백제를 읽다』, 백제학회 한성백제연구팀 편, 사회평론아카데미

정동준, 2020, 「중앙행정기구를 움직이다-외경부 목간」『목간으로 백제를 읽다』, 백제학회 한성백제연구팀 편, 사회평론아카데미

2. 부여 관북리 출토 목간

1) **유적명** : 부여 관북리 유적

2) **유적소재지** : 충남 부여군 부여읍 관북리33외

3) **유적유형** : 생활유적(목주 벽주건물지, 화장실, 웅덩이, 연지, 도로, 지하창고)

4) **목간 점수/주요유물** : 7점/명문토기, 당척

5) **시대 및 시기** : 백제사비기/7세기 전반

6) **발굴기관/발굴기간/보고서 간행** : 충남대박물관·국립부여문화재연구소/1982~1983, 1987~1990/1985·1999·2009

7) **소장기관** : 충남대박물관(2점), 국립부여문화재연구소(5점)

8) **유적 개요**

부여 관북리 유적은 사비기 왕궁과 관아로 유력시되는 곳이다. 연못, 도로, 하수도, 축대, 건물지, 공방, 수혈, 창고 등 다양한 유구가 확인되었다. 유적의 연대는 사비기 즉 6세기 전반에서 7세기 중엽 사이다.

목간 이외에 남조척의 대나무자가 있다. 이는 연못 내부 지표하 130㎝ 지점에서 2편으로 부러진 상태로 출토되었다. 눈금의 간격은 2.4~2.5㎝이며, 원형은 25㎝ 정도를 1척으로 하는 남조척으로 추정된다. 부여 쌍북리 102번지 출토 唐尺과 함께 사비기 척도제를 알려주는 자료다.

백제시대 샘터 앞에 있는 소형 건물지에서는 北舍명 인각 토기가 2점 출토되었다. 철기 제작소로 추정되는 수혈 바닥에서 小上명 원통형 토제품이 출토되었다. 다지구 1호 목곽 창고 유구 상부에서 인장으로 찍은 舍명 토기편이 출토되었고, 나지구 동서석열 남쪽 암갈색 사질점토층에서 인장으로 義를 찍은 토기편이 출토되었다.

사비기 명문 유물 가운데는 백제 멸망 이후 당 웅진도독부 시기의 것들이 있다. 부소산성 중턱에서 발견된 유인원 기공비, 정림사 5층석탑에 새겨진 대당평백제국비, 국립부여박물관 소장 石槽의 명문, 大唐명 기와, 관북리 출토 嵎夷명 목간 등이다.

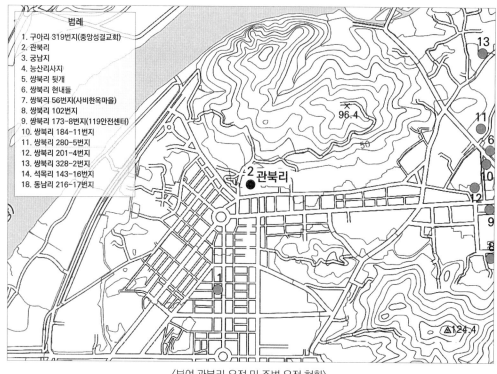

<범례>
1. 구아리 319번지(중앙성결교회)
2. 관북리
3. 궁남지
4. 능산리사지
5. 쌍북리 뒷개
6. 쌍북리 현내들
7. 쌍북리 56번지(사비한옥마을)
8. 쌍북리 102번지
9. 쌍북리 173-8번지(119안전센터)
10. 쌍북리 184-11번지
11. 쌍북리 280-5번지
12. 쌍북리 201-4번지
13. 쌍북리 328-2번지
14. 석목리 143-16번지
18. 동남리 216-17번지

〈부여 관북리 유적 및 주변 유적 현황〉

9) 목간 개요

목간은 1982~1983년 조사(충남대박물관)와 2001~2002년 조사(부여문화재연구소)에서 출토되었다. 1982~1983년 조사에서 백제시대 연지유적과 배수시설이 확인되었다. 연지는 방형의 호안석축이었으며, 내부의 퇴적토는 크게 3개의 층위로 구분된다. 1층에서는 철창, 철촉의 무기와 중국 당의 화폐인 개원통보가 출토되었다. 2층과 3층에서는 연화문 수막새와 토기편 등이 출토되었다. 3층에서는 목간 2점이 출토되었는데, 그중 1점에서 묵흔이 확인되었다.

2001~2002년까지의 조사에서 목간류의 목제품이 발굴되었다. 연지의 서쪽 구역의 추가 조사가 이뤄져, 연지의 규모가 내부 10.6m, 남북 너비 6.2m, 깊이 1~1.2m임을 확인하였다. 연못 내부 회흑색 점토층(=1982~1983년 조사의 "3층")에서는 목간과 목간형 목제품이 발견되었다.

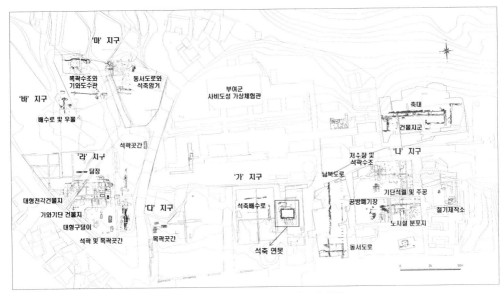

〈부여 관북리 유적 유구 배치도 (ⓒ이상일)〉

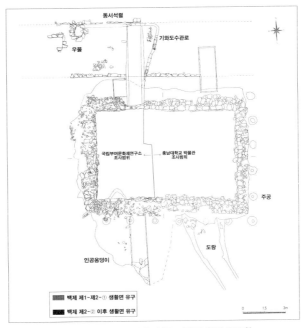

〈부여 관북리 유적 석축 연못 평면도 (ⓒ이상일)〉

목간 중 묵흔이 확인되는 것은 5점, 묵흔이 확인되지 않은 것이 1점이었다. 요컨대 관북리 유적에서는 2차례 발굴을 통해 방형 석축 연지에서 모두 목간 7점이 출토되었다. 그 가운데 4점(보고서의 유물번호 808, 813, 823, 831,833, 838)은 『한국의 고대목간』과 『나무 속 암호, 목간』 도록을 통해 공개되었다.

① 관북리 1차 1호(도면24 · 도판32, 자전[官]5, 백제 293, 창원 283, 암호 283, 목간학회1)

1983년 연지 안 바닥층에서 출토. 위에서 4.2㎝ 위치에 작은 구멍이 확인된다. 내용으로 볼 때 문서목간이며 글자가 작은 細筆이다. 하단에는 칼을 넣은 의도적 폐기 흔적이 보인다.

· 「馬□□… □城自中□, □城自中□ ×
· 「功舟嶋城 中 卩□□, 功負□城 中卩盾, □⊏   ⊐□ ×
$$(17.2+\alpha)\times4.1\times0.5\sim0.55(㎝)$$

문서목간. 舟嶋城 혹은 舟·嶋·城 즉 선박·섬과 성 등에 대한 공략 관련 등 군사 행동 기록이다.

② 관북리 3차 808호(자전[官]2, 창원 286, 암호 286, 목간학회2)

2001~2002년 발굴조사에서 출토. 관북리 연지 내부의 지표하 110㎝의 회흑색 유기물층에서 출토. 사방 모서리의 각을 다듬은 부찰형으로 중앙부에 낙인을 찍었다. 낙인의 크기는 가로 2.95㎝, 세로 3.05㎝이다. 상단 1㎝ 아래 부분에 직경 1㎜ 정도의 작은 구멍이 뚫려져 있다. 앞 뒷면에 묵흔이 확인되나 판독이 어렵다.

· 「◎ 嵎夷 □□□□□」
· 「◎ □ □ □」
$$9.3\times4.9\times0.8(㎝), 소나무$$

목간의 한 쪽면에는 嵎夷를 쓰고, 낙인을 찍었다. 그 하단에는 할주 형식의 묵흔이 확인된다. 嵎夷는 나당연합군이 백제를 공격할 때 嵎夷道行軍摠管이란 군단명칭에 보인다. 백제 멸망후 취리산회맹 후 웅진도독인 부여융이 관할한 도독부의 13개 현 중 嵎夷縣이란 지명도 확인된다. 원래 嵎夷란 동방의 땅을 의미한다.

사비기 부여에는 백제가 당과 신라의 손에 들어간 이후의 유물도 적지 않다. 유인원 기공비와 대당평백제비 등이 그것이다. 실제 공주에는 웅진도독부가 설치되기도 하였으며, 공주 공산성에서는 도독부 시기 찰갑도 출토된 되었다. 해당 목간이 웅진도독부 시기의 것일 가능성이 있다. 한편 우이현이 이미 백제 사비기에 두어진 행정구역명칭이라는 주장도 있다. 나아가 궁궐 출입을 위한 부신용 목간이란 주장도 있다.

③ 관북리 3차 823호(자전[官]4, 창원 288, 암호 288, 목간학회3)
2001~2002년 발굴조사 출토. 연지 내부의 지표 아래 120㎝의 황갈색 모래층에서 출토. 상단 1㎝ 아래 직경 3㎜의 구멍이 뚫려져 있다. 매우 얇은 목간이며 구멍은 글자를 쓴 다음, 글자가 없는 면(아마도 뒷면)에서 있는 면(아마도 앞면)으로 관통시켰다.

· 「◎下賤相」

12.7×2.4×0.3(㎝), 편백류

구멍으로 볼 때 꼬리표다. 下賤은 上貴의 대비되는 개념으로 파악되었다. 물건의 품질이나 상태를 표시한 것이라는 주장, 『周書』, 『北史』백제전의 相術과 관련시켜, 22부사의 日官部 관련 觀相學으로 해석을 확대한 견해가 있다. 한편, 쌍북리 201-5 출토 목간의 인명 중에 "□眞相"이 있어 참고할 필요가 있다.

④ 관북리 3차 831호(자전[官]3, 창원 289, 암호 289, 목간학회4)
2001~2002년 발굴조사 출토. 연지 내부의 지표 아래 130㎝의 회흑색 점토층에서 출토. 상

단은 편평하게 다듬었고, 아래쪽은 둥글게 다듬었다. 상단 2.5㎝ 지점에 구멍이 뚫려져 있다.

· 「□」

11×3.6×0.6(㎝), 소나무

⑤ 관북리 3차 833호(자전[官]1, 창원 285, 임호 285, 목간학회 5)

2001~2002년 발굴조사 출토. 연지 유적 내부의 회흑색 점질토와 명갈색 점질토 사이 지표 하 110㎝ 지점에서 출토. 매우 얇고 정교하게 다듬었다. 하단부는 파손되었고, 완형인 상단은 둥글게 다듬어졌다. 하단은 예리한 도구에 의해 사선으로 자른 후 부러뜨려졌는데, 의도적 폐기흔으로 볼 소지가 있다. 상단에는 구멍이 있다. 무엇인가 잡아 당겨 강제적으로 찢겨진 것이라는 견해도 있다.

· 「中方向□　□□」
· 「二月十一日兵与詔」

12.2×4.2×0.2(㎝)

어느 면이 앞면인지 판단하기 어렵다. 판단 기준에 따라 갈릴 수 있다. 詔 부분은 右部는 표면에 약간의 훼손이 있는 바, 記로 추독되기도 한다. 兵与란 병기 혹 군대를 준다는 뜻이다. 중방은 백제의 광역행정단위 5방의 하나로, 전북 정읍 고부면 고부리 일대로 추정된다. 詔란 국왕의 명령이다. 한편 十一日을 十一月로 판독하고 2월에서 11월 사이의 기간으로 보는 견해도 있다.

⑥ 관북리 추가분 1호(목제품 3번)

2020년 충남대학교 박물관에서 소장 중인 부여 관북리유적 출토 목제품(`82~`83) 133건 206점을 대상으로 적외선 촬영을 하였다. 그 결과 12점에서 묵서 흔적이 확인되었고, 2점은 어느정도 판독이 가능하였다. 여기서는 2점에 대해 정리하였다.

관북리 목간 추가분이다. 상단이 판손되었고 총 네 글자 정도 남아 있다. 양면을 잘 다듬었다. 比로 추정되는 글자가 확인되지만 이를 北으로 보아 北舍로 추정하기도 한다.

· × □ □ □ 比 」

$$(9.6+\alpha)\times1.9\times0.2(\text{cm})$$

⑦ 관북리 추가분 2호(목제품 6번)

관북리 목간 추가분이다. 상하단이 판손되었고, 총 세글자 정도 확인된다. 牟의 경우 백제의 인명과 관련하여 다수 확인된다. 그렇다면 일종의 호적과 관련될 가능성을 배제할 수 없다고 판단된다. 下의 필획은 행서에 가까우며, 백제의 서예 자료로 활용할 수 있다.

· × 牟 毋 下 ×

$$(9.6+\alpha)\times2.5\times1.5(\text{cm})$$

10) 참고문헌

윤무병, 1985, 『扶餘官北里百濟遺蹟發掘報告(Ⅰ)』, 忠南大學校博物館·忠淸南道廳

윤무병, 1999, 『扶餘官北里百濟遺蹟發掘報告(Ⅱ)』, 忠南大學校博物館·忠淸南道廳

히라카와 미나미, 이용현 역, 2000, 「일본고대목간 연구의 현상과 신시점」 『한국고대사연구』 19, 한국고대사학회

국립부여박물관, 2003, 『백제의 문자』(전시도록), 하이센스

국립창원문화재연구소, 2004, 『한국의 고대목간』(도록), 예맥출판사

국립창원문화재연구소, 2006, 『한국의 고대목간(개정판)』, 예맥출판사

윤선태, 2006, 「백제 사비도성과 '嵎夷'」 『동아고고논단』, 충청문화재연구원

김영심, 2007, 「백제의 지방통치에 관한 몇 가지 재검토」 『한국고대사연구』 48, 한국고대사학회

윤선태, 2007, 「백제의 문서행정과 목간」『한국고대사연구』 47, 한국고대사학회

윤선태, 2007, 「한국고대목간의 형태와 종류」『역사와 현실』 65, 한국역사연구회

윤선태, 2007, 『목간이 들려주는 백제 이야기』, 주류성

이경섭, 2007, 「함안 성산산성 출토 제첨축과 고대 동아시아세계의 문서표지 목간」『역사와 현실』 65, 한국역사연구회

이용현, 2007, 「목간」『백제의 문화와 생활』, 백제문화사대게 연구총시12, 충청남도역사문화연구원

국립부여박물관, 2008, 『百濟木簡 -소장품조사자료집』, 국립부여박물관

국립부여문화재연구소, 2009, 『부여관북리백제유적발굴보고Ⅲ-2001~2007년 조사구역 백제유적편-』

국립부여문화재연구소, 2009, 『부여관북리백제유적발굴보고Ⅳ-2008년 조사구역-』

국립부여박물관·국립가야문화재연구소, 2009, 『나무 속 암호 목간』(전시도록), 예맥

이용현, 2009, 「부여 관북리 출토 목간 분석」『부여관북리백제유적발굴보고Ⅲ-2001~2007년 조사구역 백제유적편-』

국립가야문화재연구소, 2011, 『한국목간자전』, 예맥

국립부여문화재연구소, 2011, 『부여관북리백제유적발굴보고Ⅴ-2001~2007년 조사구역 통일신라시대 이후 유적편-』

손환일, 2011, 『한국 목간의 기록문화와 서체』, 서화미디어

이규훈, 2011, 「지형 및 유구분포로 본 백제 사비왕궁의 범위」『역사와 담론』 60, 호서사학회

이성배, 2011, 「百濟木簡의 書體에 대한 一考」『木簡과 文字』 7, 한국목간학회

전덕재, 2012, 「한국의 고대목간과 연구동향」『木簡과 文字』 9, 한국목간학회

홍승우, 2013, 「부여지역 출토 백제목간의 연구현황과 전망」『木簡과 文字』 10, 한국목간학회

기경량, 2015, 「관북리 출토 문자자료」, 『한국고대문자자료연구-백제(상)』, 주류성

권인한, 2019, 「부여 관북리 출토 "하천상(下賤相)" 목간 단상」『문헌과 해석』 통권85호, 문헌과 해석사

戴衛紅, 2019, 「东亚视角下百济部巷制再研」『동서인문』 13, 경북대학교 인문학술원

김대영, 2021, 「부여 부소산성 신출토 명문토기」『木簡과 文字』 26, 한국목간학회

방국화, 2021, 「부여 부소산성 출토 토기 명문의 검토 – 동아시아 문자자료와의 비교 –」『木簡과 文字』 26, 한국목간학회

서정석, 2021, 「백제 사비도성의 왕궁과 5부·5항」『한국고대사탐구』 37, 한국고대사탐구학회

이병호, 2021, 「부여 부소신성 출토 토기 명문의 판독과 해석」『木簡과 文字』 26, 한국목간학회

3. 부여 궁남지 출토 목간

1) 유적명 : 부여 궁남지 유적

2) 유적소재지 : 충남 부여군 부여읍 동남리117

3) 유적유형 : 생활유적, 수로, 목조저수조, 경작유구

4) 목간점수/주요유물 : 목간 3점(호적, 습서 등)/토기, 생활 목제품 등

5) 시대 및 시기 : 백제 사비기/7세기 전반

6) 발굴기관/발굴기간/보고서 간행 : 국립부여박물관, 국립부여문화재연구소/1995.5.3.
~6.24, 1997.10.10.~12.31./1999.10.12.~12.28., 2000.3.28.~6.2., 2001/1999.11., 2001.12.

7) 소장기관 : 국립부여박물관

8) 유적 개요

궁남지는 부여시내 남쪽의 원지 유적이다. 궁남지는 『三國史記』에 의하면, 634년(무왕 35
년) 궁의 남쪽에 연못을 만들었으며, 물을 20여리나 끌어들이고 언덕에 버드나무를 심었고 인
공섬을 만들어 신선이 사는 정원이라고 불렀다고 한다. 그러나 실제 정확한 위치나 규모를 알
수 없다. 현재 조성되어 있는 궁남지가 사비기대의 그것인지도 확언하기 어렵다. 발굴조사에서
수습된 시료의 연대측정한 결과 수전 등 뻘층이 중심인 현 궁남지 발굴유구는 634년보다 이른
시기로 판정되었다. 아울러 현재의 궁남지 주변 특히 남쪽에 대한 전면적 발굴이 이뤄지지 않
았으며, 남쪽 200m에는 도로가 개설된 상황이다. 이에 현재의 궁남지가 백제 당대의 궁남지가
아닐 가능성이 짙은 상황에서, 주변 발굴의 미흡으로 당대 궁남지의 범위는 현재로서는 미궁의
상태다.

발굴 유적은 현재의 궁남지 연못 내 동남일대, 그리고 현재 궁남지 연못 서북쪽 일대이며, 전
자는 1995년과 1997년에 조사되었는데 수로들와 저수조가 발견되었으며, 후자는 1999년과
2001년 조사되었는데 역시 수로유구 중심이었다. 토기, 목제품이 다양하게 출토되는 생활유구
로 추정되는데 보고서에서는 구체적으로 유구의 성격을 규정하지 않았다.

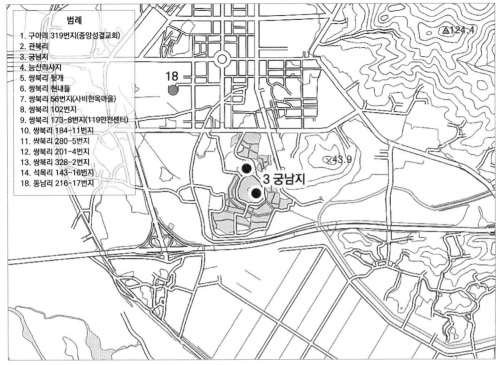

<범례>
1. 구아리 319번지(중앙성결교회)
2. 관북리
3. 궁남지
4. 능산리사지
5. 쌍북리 뒷개
6. 쌍북리 현내들
7. 쌍북리 56번지(사비한옥마을)
8. 쌍북리 102번지
9. 쌍북리 173-8번지(119안전센터)
10. 쌍북리 184-11번지
11. 쌍북리 280-5번지
12. 쌍북리 201-4번지
13. 쌍북리 328-2번지
14. 석목리 143-16번지
18. 동남리 216-17번지

〈부여 궁남지와 주변 유적 현황〉

9) 목간 개요

궁남지 유적에서 목간은 1995년 조사에서 현재의 궁남지 연못 내 동남쪽에서 1점, 2001년 조사에서 궁남지 북서쪽에서 2점이 출토되었다. 목간이 출토된 지점은 당대 경작지에 설치된 시설물 그리고 도로의 옆이다.

목간은 문서로 사비도성의 오부오항제 편제 아래 있던 西部 後巷 소속 人丁과 그들이 관리하는 토지에 대한 정보를 담고 있다. 편철공이 있어 같은 규격의 문서들을 유형별로 편철하여 문서관리하였음을 엿볼 수 있다. 백성은 丁-中-小의 연령별로 파악되고 있었다. 이러한 연령등급 구분은 중국에서는 西魏-北周-隋唐의 계통이라고 한다. 한편 습서 목간도 발견되었다. 이들 궁남지 목간은 문서, 문필과 관련되고, 그 필체 또한 수려하여, 『隋書』 백제전에 보이는 백제 관인

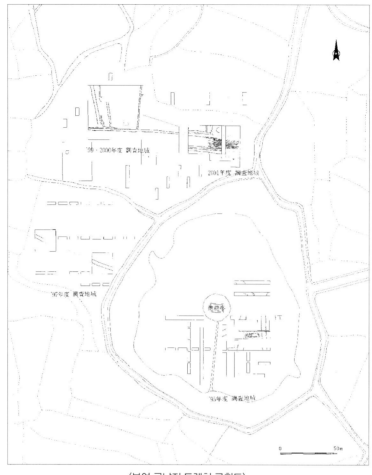

〈부여 궁남지 트렌치 구획도〉

들이 "能吏事"라 한 것과 관련되는 것으로 이해되고 있다.

　서부후항 목간은 1995년 궁남지 내부를 조사하는 과정에서 출토되었다. 목간은 목조저수조 시설의 남동 모퉁이에서 동남측으로 40㎝ 정도 떨어진 수로 내 서편 호안쪽에 접하여 출토되었다. 이 부분은 목조저수조에 접한 수로가 남북으로 가로질러 이어지고 있으며 이곳의 수로는 두 줄기로 갈라진 수로 중 서편에 해당한다. 목간은 수로의 중간 레벨인 현 표토하 50㎝의 서편 호안에서 다른 백제시대 유물들과 함께 출토되었다.

이후 2001년 조사에서는 2호목간이 동서수로 Ⅱ-2에서 출토되었다. 이 수로는 1차, 2차수로로 나뉘는데 목재유물의 대부분은 수로의 중, 상층 내 흑갈색 유기물층에서 출토되었다. 정확한 유물의 깊이를 계측되지 않았지만 목간은 지표하 190㎝인 흑갈색 유기물층에서 수습되었다. 네면 모두 묵흔이 확인되며, 상단에서 하단으로 내려가면서 약간 휘어져 있다. 표면에는 한 차례 묵서한 후 칼로 표면을 끼고 재차 묵시한 것이 확인되어 습서목간의 일종으로 판단된다.

2002년 조사에서는 3호목간이 남북수로Ⅰ에서 출토되었다. 지표하 186㎝ 흑갈색 유기물층에서 주변에 산재한 수 많은 목제품들을 수습하였고, 정리과정에서 묵서흔이 발견되었다. 폭이 좁은 길죽한 장방형으로 표면은 잘 다듬어져 있고, 측면 역시 깔끔하게 마무리되어 있다. 적외선 촬영 결과 양면 모두에서 글자가 확인되었다.

① 보고서[궁남지] 목간1호(삽도21 · 도판 150-④~⑦, 151-②~④, 자전[宮]1, 보고서, 백제 297, 암호 295, 창원 315, 목간학회 1)

1995년 조사 중, 수로1과 수로3 사이 목제저수조 옆 즉 동남으로 40㎝되는 곳에서 출토되었다. 레벨은 수로의 중간 레벨인 현 표토하 50㎝의 서편 호안이었다. 이 층위 주변에서는 백제토기편, 목제돗자리, 베틀 비경이 등이 출토되었다.

목간은 양면을 잘 다듬었고, 상,하단면은 말끔하게 끝처리하였다. 상단 4.4~4.9㎝ 지점에 직경 0.5㎝ 크기의 구멍이 뚫려 있다. 보존처리 후 일부 묵서 상태가 호전되지 않은 곳도 있다. 이에 보고서에 실린 초동 단계 사진들이 전거할 수 있는 가장 양호한 자료라 할 수 있다.

목간에 쓰인 "서부후항"의 사례를 통해 문헌에 보이는 왕도의 행정구역이 부-항을 실제 1차 자료로 확인하게 되었다는 점에 의의가 있다. 또 백제에 小口, 中口 등의 연령에 따른 인구 구분과 호적제가 있었음을 알려주는 첫 자료이기도 하다. 중앙 22부 중 인구파악과 관계있었을 點口部가 기능하고 있었을 것으로 추정되었다. 사비도성 내에 거주하는 사람들이 1만가였다고 하며, 1호를 5~6명을 잡아 도성 내 인구는 5~6만명으로 추정되고 있다. 이 목간은 사비기 도성 내 인원 혹 호구의 양태를 짐작하는 중요자료다.

· 「西□□卩夷」

· 「西卩後巷已達已斯丁　依活□□□丁
　　婦人中口四　小口二　邁羅城法利源水田五形　　　　」

35.0×4.5×1.0(㎝), 소나무

婦는 초기연구에서는 歸로 판독되었다. 이에 夷와 연결지어 설명되기도 하였다. 나주 복암리 목간 출토와 함께 비교자료가 확보된 후, 婦로 안착되어가는 흐름이다. 形 역시 나주 복암리 목간에서 동일 사례가 추가됨으로써 백제 고유의 논밭의 단위임이 확정되게 되었다. 邁羅城의 위치 비정에 대해서는 여러 가설이 있는데, 사비도성 즉 부여가 아닌 지방인 것은 확실하다. 이에 왕도의 주민이 지방의 토지를 관리,경영하고 있었음을 말해주는 자료가 된다. 매라는 『三國志』韓傳, 『翰苑』百濟條의 萬盧國, 『南齊書』東南夷傳 百濟條에 보인다.

목간 내용의 규정에 대해서는, 수전 개간과 관련된 역역 동원 문서, 왕도 주민에 대한 공훈 포상, 통행증 용도의 過所, 호적 관련 문서로 특별한 용도의 호적 발췌 문서, 조세와 역의 수취 과정에서 이를 대조하기 위한 것, 백제 유식자와 전쟁 포로 등 외부에서 유입된 歸人을 한 호로 편제하고 이들에게 토지를 지급한 장부인 徙民給田籍이라는 설 등이 제시되고 있다.

歸人으로 읽고 귀화해 온 주민으로 추정하였다. 이에 귀인의 범위를 2명의 정과 중구4, 소구2까지를 포함시키는 설, 중구4와 소구2에만 한정하는 설이 있다. 또 귀인을 귀화인으로 보지 않고 하나의 호에 소속된 가속을 가리킨다는 견해도 있다.

정-중-소의 나이에 대해서는 몇 가지 추정이 제시되었다. 정 21~59세, 중 16~20세, 소 4~15세로 보는 견해가 있다. 이는 隋唐의 연령구분을 수용했다는 입장이다. 北齊의 영향을 받은 것으로 보는 입장에서는 丁을 18~59세, 中을 15~17세로 추정하기도 한다.

② 보고서[궁남지Ⅲ] 목간2호(도면 82 · 도판 247─④, 자전[궁]2, 보고서, 암호 궁1, 목간학회 3)
2000년 남북수로Ⅰ에서 많은 목제품과 함께 출토되었다. 상단에 목간을 폐기하며 사용한 듯한 도자흔이 지적되고 있다. 관련된 상단의 갈라진 틈은 4.5~6.5㎝이다.

문구 중 前軍을 근거로 군사 활동 관련 문서로 추정되고 있다. 도자날의 흔적이 다른 면보다 선명하며 끝에서 오른쪽으로 비튼 흔적이 확인된다는 것을 근거로 해당 면을 앞면이라고 추정하는 견해가 제시되기도 했는데, 전후면을 판단하는 기준으로는 확실치 않다.

·「□君前軍日今颾白情之心□之□」
·「死所可依故背□作弓穀日間窗」
25.5×1.9×0.4~0.6(㎝)

③ 보고서[궁남지Ⅱ] 목간1호(도면 26 · 도판 239–①, 자전[宮]3, 보고서, 암호 궁2, 목간학회 2)
1999년~2001년 궁남지 서북편 일대 발굴조사 시, 궁남지 동서수로 Ⅱ-2의 2차수로에서 출토되었다. 상단부 일부가 결실되었으나 원형을 유지하고 있다. 명문은 4면에서 확인되며 동일한 글자들을 반복하여 쓴 습서목간으로 추정된다. 막대형으로 아래로 가면서 휘어졌다. 윗부분이 결실되어 정확한 형태를 알기는 어렵지만 아래 부분은 좁아지는 형태를 띤다. 습서목간이다.

·× □ 文 文 文 文 文 文 文 文 文」
·× 書 文 畵 図 文 命 令 図 文 也 也 也 文 也 文」
·× □ □ 之 之 之 □ □ 之 之 之 之[   ]」
·× □ 進 文 之 也 也 也 也 也 也」
(34.8+α)×2.8×1.5(㎝)

10) 참고문헌

崔孟植·金容民, 1995,「扶餘 宮南池內部 發掘調査槪報; 百濟木簡 出土 意義와 成果」『韓國上古史學報』20, 한국상고사학회
박현숙, 1996,「궁남지 출토 백제 목간과 왕도 5부제」『한국사연구』92, 한국사연구회
국립부여문화재연구소, 1999,『宮南池발굴조사보고서』

이용현, 1999, 「부여 궁남지 출토 목간의 연대와 성격」『궁남지 발굴조사보고서』, 국립부여
　　　　문화재연구소

박순발, 2000, 「사비도성의 구조」『사비도성과 백제의 성곽』, 서경문화사

박순발, 2000, 「사비도성의 구조에 대하여」『백제연구』31, 충남대학교 백제연구소

국립부여문화재연구소, 2001, 『宮南池Ⅱ-現宮南池西北便一帶-발굴조사보고서』

국립부여박물관, 2003, 『백제의 문자』(전시도록), 하이센스

이병호, 2003, 「백제 사비도성의 구조와 운영」『한국의 도성』, 서울학연구소

국립부여문화재연구소, 2007, 『宮南池Ⅲ-남편일대- 발굴조사보고서』

국립부여박물관, 2007, 『宮南池』

윤선태, 2007a, 「백제의 문서행정과 목간」『한국고대사연구』47, 한국고대사학회

윤선태, 2007b, 『목간이 들려주는 백제 이야기』, 주류성

이용현, 2007, 「목간」『백제의 문화와 생활』, 충청남도 역사문화연구원

국립부여박물관, 2008, 『百濟木簡 -소장품조사자료집』, 국립부여박물관

국립부여박물관·국립가야문화재연구소, 2009, 『나무 속 암호 목간』(전시도록), 예맥

남호현, 2009, 「부여 관북리 백제유적의 성격과 시간적 위치 -2008년 조사구역을 중심으
　　　　로」『백제연구』51, 충남대학교 백제연구소

박민경, 2009, 「백제 궁남지 목간에 대한 재검토」『木簡과 文字』4, 한국목간학회

박태우, 2010, 「목간 자료를 통해 본 사비도성의 공간구조」『백제학보』창간호, 백제학회

이경섭, 2010, 「궁남지 출토 목간과 백제사」『한국고대사연구』57, 한국고대사학회

허진아, 2010, 「성토대지 조성을 통해 본 사비도성의 공간구조 변화와 운용」『호서고고학』
　　　　22, 호서고고학회

국립가야문화재연구소, 2011, 『한국목간자전』, 예맥

윤선태, 2013, 「백제목간의 연구현황과 전망」『백제문화』49, 공주대학교 백제문화연구소

홍승우, 2013, 「부여지역 출토 백제목간의 연구현황과 전망」『木簡과 文字』10, 한국목간학회

기경량, 2014, 「扶餘 宮南池 출토 목간의 새로운 판독과 이해」『木簡과 文字』13, 한국목간학회

기경량·최경선, 2015, 「궁남지 출토 문자자료」 『한국고대문자자료연구-백제(상)』, 주류성

이주헌 외, 2017, 『사비도성 GIS 연구』, 국립부여문화재연구소

장미애, 2017, 「목간을 통해 본 사비도성의 구조와 기능」 『사림』 61, 수선사학회

戴衛紅, 2019, 「东亚视角下百济部巷制再研」 『동서인문』 13, 경북대학교 인문학술원

橋本繁, 2020, 「古代朝鮮の出土文字史料と「東アジア文化圏」」 『唐代史研究』 23, 唐代史研究会

김창호, 2020, 「부여 궁남지 출토 315호 목간」 『韓國 古代 木簡』, 주류성

박현숙, 2020, 「인구를 조사하고 세금을 걷다-호적 목간」 『목간으로 백제를 읽다』, 백제학회 한성백제연구팀 편, 사회평론아카데미

장미애, 2020, 「백제의 마지막 수도 사비도성을 엿보다-서부 후항 목간」 『목간으로 백제를 읽다』, 백제학회 한성백제연구팀 편, 사회평론아카데미

4. 부여 능산리사지 출토 목간

1) 유적명 : 부여 능산리사지

2) 유적소재지 : 부여군 부여읍 능산리 391일원

3) 유적유형 : 사원(건물지, 공방지, 목탑지, 연지)

4) 목간점수/주요유물 : 29점+삭편125/백제금동대향로, 창왕명 석조사리감

5) 시대 및 시기 : 백제, 6세기 중후반, 567년 전후

6) 발굴기관/발굴기간/보고서 간행 : 국립부여박물관, 국립부여문화재연구소, 한국전통문화대학교/1992~2009, 1999.9~2002.11(목간 발견)/2007

7) 소장기관 : 국립부여박물관

8) 유적 개요

부여 능산리사지는 사비 도성을 둘러싼 나성(사적 제58호)의 동문 바로 외곽에 있다. 나성 동쪽과 능산리고분군 사이의 골짜기를 메워 대지를 조성하고 그 위에 절을 세웠다. 절의 동편 산자락에는 백제의 왕들의 무덤으로 추정되는 능산리고분군(사적 제14호)이 조영되어 있다. 출토 사리감 명문에 의해 그 조영연대가 567년임을 알 수 있는 국가사찰 혹 왕실사찰이다. 사찰의 이름은 알려지지 않았는데, 능산리사지 혹은 왕릉과 관련된 사찰이란 점에서 '陵寺'라고 부르기도 한다.

회랑을 장방형으로 두르고 그 안에 중문-목탑-금당-강당을 남북 일직선으로 배치한 전형적 백제식 가람이다. 전체 규모는 남북 약 90m, 동서 약 80m다. 남북축 일직선의 1탑 1금당식이며, 목탑이다. 금당 서쪽 회랑 건물에서 1993년 2차 발굴조사에서 '백제금동대향로'(국보 제287호)가 출토되었다. 이곳에서는 함께 鍍金제품, 風磬舌, 칠토기, 금은장식, 유리구슬 등 다양한 종류의 완성품을 비롯, 원재료와 작업도구 등이 출토되었다. 이에 공방으로 추정되고 있다.

중앙부에는 목탑지가 자리한다. 목탑은 기단 너비가 11.73m로 미륵사지 서탑의 규모가 비슷하며, 初層 3칸으로 추정된다. 발굴조사는 총 11차에 걸쳐 실시되었다. 1995년 4차 발굴조사에서 목탑지 심초석 위에 '백제창왕명석조사리감'이 발견되었다. '百濟昌王十三年季太歲在 /

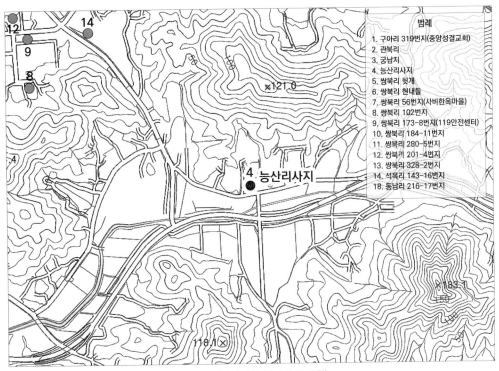

범례
1. 구아리 319번지(중앙성결교회)
2. 관북리
3. 궁남지
4. 능산리사지
5. 쌍북리 뒷개
6. 쌍북리 현내들
7. 쌍북리 56번지(사비한옥마을)
8. 쌍북리 102번지
9. 쌍북리 173-8번지(119안전센터)
10. 쌍북리 184-11번지
11. 쌍북리 280-5번지
12. 쌍북기 201-4번지
13. 쌍북리 328-2번지
14. 석목리 143-16번지
18. 동남리 216-17번지

〈부여 능산리사지 및 주변 유적 현황〉

丁亥妹兄公主供養舍利'란 명문이 새겨져 있어 567년(위덕왕 14년)에 사리감의 제작과 목탑의 조영이 이뤄졌음을 알게 되었다. 사리감의 연대, 근처 능산리고분군, 당대 역사적 상황을 근거로, 능산리 사지의 건립 목적은 관산성 전투에서 죽은 성왕의 원혼을 달래기 위한 것이었다고 해석되고 있다.

가람은 크게 2단계에 걸쳐 조성되었다. 1단계에서는 강당지, 그 좌우측의 별도 건물지(공방지Ⅱ, 불명 건물지Ⅰ)와 회랑지 북단 건물지(공방지Ⅰ, 불명 건물지Ⅱ) 등의 건축물이 세워졌다. 회랑 북단 건물은 의례를 준비하던 祠堂 같은 시설 혹은 의례 담당자가 머무는 공간으로 추정되었다. 2단계에서는 중문-목탑-금당-강당을 일직선상으로 조영하여 가람을 완성하였다. 2단계는 사리감 명문을 기준으로 567년으로 비정된다. 중심건물의 좌우 대칭으로 동·서 대배수로를 두었다. 목간은 배수시설의 물을 타고 주로 중문지 동남쪽과 서남쪽에 집중적으로 출토되었다.

능산리사지에서는 중국제 자기류와 開元通寶 등이 확인되며 陶俑은 중국 낙양의 北魏 永寧寺 출토품과의 흡사함이 지적되고 있다.

9) 목간 개요

능산리사지 건물은 중심건물의 좌우 가장 자리에 대칭으로 동·서 대배수로를 두었다. 목간은 중문지 앞 남쪽 Y자 배수로를 중심으로 집중적으로 출토되었다. 이것은 대배수로를 타고 내려온 것으로 추정된다. 목간은 6차 조사(1999년)에서 7점, 목간 부스러기 8점 등 15점, 7차 조사(2000년)에서 20점, 목간부스러기 1점, 묵서가 없는 목간형 목제품 2점 등 23점, 8차 조사(2002년)에서는 지약아식미기로 불리는 4면 목간 1점 등 총 30점의 목간과 부스러기 125점 등 155건이 출토되었다.

목간은 사찰의 건립과 운영 과정에서 작성된 것이다. 그

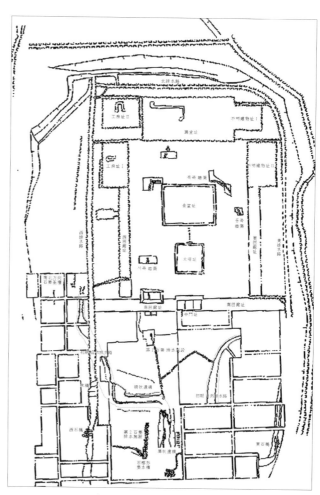

〈부여 능산리사지 유구 배치도〉

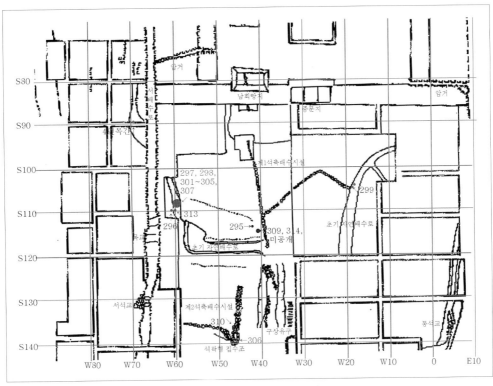

〈부여 능산리사지 목간 출토 지점〉

내용은 22부사 藥部 산하의 관원으로 보이는 藥兒에게 식미를 지급한 문서, 사찰 간 주고 받은 물품꼬리표, 죽은 사람을 위로하는 종교적 목적 등 다양하다. 남근형 목간은 불교가 토착 재래 신앙 혹 도교까지 포괄하고 있었음을 말해준다.

목간의 연대에 대해서는 몇 가지 견해가 있다. 먼저 사원 축조와 관련된 것으로 파악하고, 창왕명 석조사리감의 567년을 논거로 그 언저리로 보는 견해가 있다. 또 나성의 축조와 관련지어 538년 이전으로 보는 설, 나성의 통행과 관련된다고 보아 538년 이후 567년 사이로 보는 설, 능사의 조영과 관련지어 554년 이후 567년 사이로 보는 설 등이 제시되어 있다. 대체로 567년이 기준이 되고 있다고 볼 수 있다.

능사6차 : 국립부여박물관, 2007,『능사-부여 능산리사지 6~8차 발굴조사보고서』

목간학회 : 이병호, 2008,「부여 능산리 출토 목간의 성격」,『목간과 문자』창간호, 한국목간
학회

① 능사6차 1호(도면 51–1, 도판 139–1, 자전[陵]1, 창원 295, 백제 295, 암호 295, 목간학회1)

S110, W50~40 구간 중문지 남쪽 초기 지연배수로의 제2, 제3 목책렬 동쪽 끝부분에서 출토되었다. 길이 22.7㎝, 너비 2.4㎝, 두께 2.1㎝이다. 남근을 형상화한 형태이며, 각서와 묵서 두 가지 방식으로 글자를 기록하였다. 목간에는 4면에 걸쳐 문자가 확인된다. Ⅰ면은 글자가 가장 많으며 각서와 묵서가 모두 확인된다. Ⅱ면은 묵서, Ⅲ면은 각서, Ⅳ면은 묵서로 기재되어 있다. 구멍은 각서가 있는 Ⅰ, Ⅲ면 아래부분에 뚫려 있다.

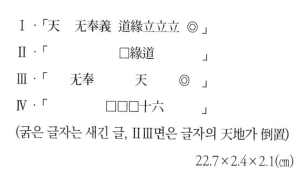

Ⅰ·「天　无奉義　道緣立立立 ◎」

Ⅱ·「　　　　　　□緣道　　　　　」

Ⅲ·「　　无奉　　　天　　◎ 」

Ⅳ·「　　　　□□□十六　　　　」

(굵은 글자는 새긴 글, ⅡⅢ면은 글자의 天地가 倒置)

22.7×2.4×2.1(㎝)

緣은 禓으로 읽는 견해도 있다. 그 형태가 男根 모양을 하고 있다. 이러한 형태상의 특징으로 인해 주술적인 성격의 목간임이 주목되었다. 그 용도를 백제 사비도성의 道祭에 사용된 神物로 추정되기도 한다. 道神이 남근으로 상징되는 이유는 陰陽五行과 관련된 것으로 陽物을 대표하는 남근으로 외부에서 들어오는 陰濕한 역병과 흉재의 기운을 몰아내려고 한 것이라는 해석이다. 한걸음 더 나아가 이 남근형 목간을 조선시대의 장승과 맥이 닿아있다고 설명하기도 한다. 다만 출토지인 능산리사지를 일본 평성경 동서남북 출입구에서 시행된 도향제 개념을 도입·적용시키기는 무리가 있다. 아울러 남근 신앙이나 남근형 유물은 사비기는 물론 그 이전부터 백

제 지역은 물론 한반도에 광범하게 존재하였다.

사비기 백제 불교의 특성은 토착신앙 혹 도교신앙까지 포섭한 남조 양대 불교와 맞닿아 있다. 이 점에서 능산리사지 사찰에서 이뤄진 신앙 종교와 유관한 목간으로 해석되기도 한다. 나아가 성왕 대 백제와 신라 간 관산성 전투에서 성왕과 4만 백제군사가 희생된 상황과 연결하여 희생을 대신한 다산, 소생의 바램이라고 해석도 있다. 道緣은 길 가로 해석되기도 하고 승려의 이름일 가능성이 지적되기도 한다. 立立立을 3번 연속하여 쓴 깃은 '시라'는 呪文이며, 天은 天神이 아니라 남근방향의 위아래를 표시한 것으로 의미한다고도 해석되고 있다.

② 능사7차 2호(도면 86-2, 도판 163-1, 자전[陵]2, 창원 296, 백제 296, 암호296, 목간학회2)
중문지 남서쪽 초기 자연배수로(S110, W61)의 제2, 제3 목책열 사이 굵은 목재편 북쪽에서 출토. 홀형 목간이며 완형이다.

- 「三月十二日梨田□之□□□□□□」
- 「广淸麥靑耳□用□□麻□□   」

$$27.6 \times 1.9 \times 0.4(cm)$$

하찰설, 장부목간설이 있다. 하단은 이체 혹 추기로 서체가 다르다. 이에 대해 습서, 재활용설이 타진되고 있다. 본래 문서의 하단이 삭도로 벗겨내지고 새롭게 글자가 쓰인 것은 확실하다. 梨, 麥, 麻가 단순한 농산물을 넘어 약재로서의 의미도 있었을 가능성을 제기하였다.

③ 능사7차 3호(도면 87-1, 도판 163-2, 자전[陵]3, 창원 297, 백제 297, 암호 297, 목간학회 3)
중문지 남서쪽 초기 자연배수로에서 출토되었다. 초기 자연배수로의 연대가 6세기 중엽이후부터 567년 전후로 추정되므로 초기 시설뿐만 아니라 사원과의 연관성도 가지고 있다.
완형의 홀형목간이며 하단부는 양쪽 모서리를 죽였고, 아랫부분을 공백으로 남겨 두었다.

• 「韓城下部對德疎加鹵」

24.5×2.6×1.05(㎝)

하찰이나 부찰일 가능성이 있다. 신분증설도 있다. 韓城에서 능산리 지역으로 보내진 관인이 휴대한 신분증, 나성 대문의 금위와 관련된 관인의 신분증명서설이 제기되고 있다. 금석문에서와 같이 〈부-관등-이름〉순의 표기를 보인다. 韓城이란 판독이 맞는다면 大城의 훈독일 가능성이 있다.

④ 능사7차 4호(도면 87-2, 도판 163-3, 자전[陵]4, 창원 298, 백제 298, 암호 298, 목간학회 4)
완형으로 상면에 구멍이 뚫려진 양면목간이다. 이 목간을 관위가 맨 앞에 기재되어 있으므로 허리에 차고 있다가 특정 장소에 출입하기 위해 제출한 신분증명서일 가능성을 제기한 견해도 있다. 백제의 관등과 인명을 알 수 있는 귀중한 자료이다.

• 「◎ 奈率加姐白加之[   ]□□淨」
• 「◎ 急明□左[   ]   」

21.9×1.9×0.3(㎝)

⑤ 능사7차 5호(도면 88-1, 도판 163-4, 자전[陵]5, 창원 299, 백제 299, 암호 299, 목간학회 5)
중문지 동남쪽 초기 자연배수로에서 출토. 목탑 건립 전후의 시기에 폐기된 것으로 추정된다. 종이처럼 매우 얇은 것이 특징이다. 상단부가 비스듬하여 애초 잘려나갔던 것으로 보았으나 사선 부분에도 테두리선이 지나가고 있으므로 제작 당시의 원형을 유지하고 있다. 앞면에는 5개의 횡선을 그은 다음 각 칸 안에 三貴, 至仗 등 10여 명의 인명을 기재하고, 뒷면에는 水자를 반복적으로 연서하였다. 名簿로 보이는 독특한 목간이다. 『삼국사기』나『일본서기』등에 등장하는 백제관련 인물 가운데 -貴, -文, -牟란 인명어미로 흔히 보이는 용례이다.
뒷면의 水를 물결무늬 모양의 기호를 세로로 반복하여 묵서했다. 한편 주술적인 성격을 의미하는 乙자의 반복으로 보거나 《《을 연습한 흔적으로 보아 습자목간으로 규정하기도 한다.

목간의 성격은 제사, 주술적인 의미가 강한 것으로 추정된다. 그래서 위령제에 사용된 위패와는 견해, 水의 연서로 보고 백제 관리가 물과 관련된 祓禊 행사에 사용되었다고 보기도 한다. 즉 이와 관련하여 고대 일본에서도 대발의식에 사용된 인형이나 제관과 유사한 양상이 보인다는 것이다. 한편 효 관념과 같은 유교 혹은 불교 관련 의식을 배우기 위해 기록한 습서 목간일 가능성을 제시한 견해도 있다. 이 견해는 동시에 일본 호적과의 기재방식이 유사하므로 인민을 파악, 관리하기 위한 용도로 작성된 것으로 보았다. 최근 **橋本繁**은 주술적, 의례적 해석에 동의하지 않고 역역동원이나 세금수취와 관련된 목간으로 인명이 나열된 형태로 보았다. 이러한 횡선에 인명을 나열하는 방식은 쌍북리 출토 좌관대식기나 나주 복암리 목간에서 확인된다는 점에서 간단한 행정정리의 산물로 본 것이다.

三貴	至丈	今母		
「□牟	至夂	女貴	□夂	」
□丁	大貴		□文	□

• 「乙(혹 水)의 連書」

15.4×2.0×0.3(㎝)

⑥ 능사 7차 6호(도면 88-2, 도판 164-1, 자전[陵]6, 창원 300, 백제 300, 암호 300, 목간학회 6)
중문지 남서쪽 초기 자연배수로에서 출토. 초기 시설이나 사원과 관련지을 수 있다. 상단에 홈이 있다. 朮 즉 籹은 도정하지 않은 벼 籾의 略字라는 설이 유력하다. 仲은 상중하의 중을 가리킨다. 仲椋이란 창고와 관련하여 공진된 벼에 관한 꼬리표다. 이 중경은 능산리사지 내 창고일 가능성이 크다. 上은 공진하다는 뜻이 될 수도 있고, 벼의 등급을 나타낼 수도 있다.

- 「∨三月仲椋內上丑」
- 「∨[　　]　　　」

$$16.7 \times 1.8 \times 0.6(\text{cm})$$

⑦ 능사 7차 7호(도면 89-1, 도판 164-2, 자전[陵]7, 창원 301, 백제 301, 암호 301, 목간학회 7)
중문지 남서쪽 초기 자연 배수로에서 출토. 싱, 하단이 모두 파손되었다. 六卩五方의 묵서가 확인된다. 백제는 원래 왕경 5부, 지방 5부이다. 그와 달리 목간에서는 6부를 기록하였다. 이를 둘러싸고 여러 해석이 제시되고 있다. 6세기 후반 이후 6부가 되었을 것이라는 시각에서 천도 예정지인 익산을 別部로 보고, 인각와의 "申卩"를 감안하여 이를 5부에 더한 다른 1부로 보는 논의가 있다. 불교의 관념적인 우주와 세사에 관한 범칭으로 해석하는 견해 등 다양한 논의가 제시되고 있다.

한편 문장과 관련해서는 從此法에 근거하여 율령제와 같은 교령 관련 내용을 담고 있을 것이라는 추정, 凡으로 시작하는 기재방법이 일본령의 조문과 유사하다는 지적, 모종의 제작물에 대한 세부제작 지칭이라는 추정 등이 있다.

- ×書亦從此法 爲之凡六 卩五方×
- ×図行色也凡作形〃中了其　　×

$$(16.4+\alpha) \times 1.8 \times 0.5(\text{cm})$$

⑧ 능사 7차 9호(도면 90-1, 도판 165-1, 자전[陵]9, 창원 303, 백제 303, 암호 303, 목간학회 8)
중문지 남서쪽 초기 자연배수로에서 출토. 좌측과 상, 하단이 파손되었다. 큰 글씨로 1행을 쓰고 그 아래 작은 글씨로 3행 정도 썼던 것으로 보여진다.

竹山, 岸 등은 지형 및 산품과 관련된 지목이고 이어 나온 숫자는 그 수를 가리키는 것으로 추정되고 있다. 세부적 해석으로는 산 즉 삼림 관리임은 분명한데, 한 걸음 나아가 採藥 구간일 가능성을 지목한 설, 농잠관련 구역과 관련시키는 설 등추정이 있다.

・×廿六日[　]　　　竹山六　　　　　　×
　　　　　　　　　眼[　]四

$$(21.0+\alpha)\times1.9\times0.2(㎝)$$

⑨ 능사 7차 21호(도면 95-2, 도판 169-2, 자전[陵]10, 창원 304, 백제 304, 암호 304, 목간학회 9)
중문지 남서쪽 초기 자연배수로에서 출토. 상부는 완형이나 하부는 파손되었다. 양면에 묵서
가 있으나 서로 천지 역 방향으로 서사되었으며, 상호 이필로 보일 정도로 뒷면의 글자가 크다.
　초파일 하루전인 4월 7일 보희사에서 능산리사지에 보내온 하찰로 보인다. 석가탄신일 의례
에 참석하러 온 승려와 관련될 것이라는 견해가 유력하다. 소금 2섬은 그와 동반되어 보내진
공물 혹 예물일 가능성이 크다. 사찰 간 네트워크의 존재를 알려주는 점에서 중요한 자료다. 주
요 필수품이었던 소금과 관련한 백제의 사료로는 위덕왕대 報恩鹽 설화가 있다. 즉 검단선사가
도적들에게 소금생산법을 가르쳐 교화시켰다는 설화다. 또 논산에서 능산리사지로 진입하는
길목에는 鹽倉里라는 지명이 남아 있다. 이 목간을 근거로 경전 해석을 통해『大乘四論玄義記』
의 찬술 장소가 보희사라는 주장도 있다.

・「四月七日寶憙寺　　　智眞　　×
　　　　　　　　　　　　亜

・×又送塩二　　　　　　　　　　」
　　　　　　　　※ 윗 면과 天地방향 도치됨

$$(12.7+\alpha)\times3.6\times0.4(㎝)$$

⑩ 능사 7차 11호(도면 90-3, 도판 165-3, 자전[陵]11, 창원 305, 백제 305, 암호 305, 목간학회 10)
중문지 남서쪽 초기 자연배수로에서 출토. 목패형으로 완형이며 매우 두껍다. 문장은 4-4-
4-4구다. 이에 대한 해석으로 4언 7구라는 운문으로 시가라는 설이 주창되었다. 4-4구는 남조

사육변려체와 사택지적비에도 유행하지만 그에 앞서 천자문을 비롯 경전 등에서 자주 보인다. 宿世, 結業 등은 불교용어다. 白事의 事는 來로 읽히기도 한다. 慧暈은 승려 이름일 가능성이 크다. 慧暈□□의 마지막 글자는 藏, 前, 宛등 설이 있으나 결정하기 어렵다.

형제 자매 등에 관한 소회를 적은 글로 보인다. 한 걸음 나아가 해석에는 여러 추정이 있다. 형제 혹은 그와 유사한 혈연관계에 놓인 사람들이 서로 이해관계에 얽혀있는 사인들을 정리하는 과정에서 쓴 글이라는 견해, 발원문이라는 견해, 혼인 성례를 선포히는 글 혹은 노래라는 견해, 누군가가 慧暉라는 승려에게 보낸 서간이라는 견해, 죽은자를 위한 의례의 문장이라는 견해, 죽음을 당해 장례절차를 감당하며 자신의 소회를 쓴 애도가라는 견해 등이 있다. 한편 불교 경전의 일부, 혹은 어구를 기재한 습서 목간 혹은 교본이라는 견해도 있다. 이를 시가로 보고 〈숙세결업가〉로 명명하는 이들도 있다.

- 「宿世結業 同生一處 是
  非相問 上拜白事   」
- 「慧暈□□」

$$12.8 \times 3.1 \times 1.2 (\text{cm})$$

⑪ 능사 6차 2호(도면 52-1, 도판 139-2, 자전[陵]12, 창원 306, 백제 306, 암호 306, 목간학회 11)
6차 조사 S130W60~40구간 확장 트렌치 서남단에서 깊이 130㎝ 흑색 유기물층에서 출토되었다. 초기 자연배수로가 아닌 제2석축 배수시설과 할석형 집수조 부근에서 발견. 목탑 건립 이후인 6세기 후반에 폐기된 것으로 보인다. 사원 운영과 관련된 목간으로 추정된다. 4면목간이며 상단과 하단이 파손되었다. 쌀의 지급 관련을 기록한 것이다. 지약아식미기와 거의 같은 시점 및 지점에 폐기되었는데, 상호 연결될지도 모른다.

- × □斗之末 [   ] ×
- ×판독불가 ×

- × 当也 ×
- × 판독불가 ×

$$(13.2+\alpha)\times3.0\times2.5\,(\text{cm})$$

⑫ 능사 7차 12호(도면 91-1, 도판 166-1, 자전[陵]13, 창원 307, 백제 307, 암호 307, 목간학회 12)
　중문지 남서쪽 초기 자연배수로에서 출토. 위 아래 모두 파손된 상태다. 잎면은 1행, 뒷면은 2행으로 서사되었다. □德을 季德으로 추독하는 견해도 있다. 資丁은 궁내, 관사나 귀족 아래 잡역에 종사하던 役職으로 추정되고 있다. 역역동원과 관련된 문서나 기록이다.

- × □德干尓 ×

- × □爲資丁 ×
  × □□□□ ×

$$(9.3+\alpha)\times3.6\times0.55\,(\text{cm})$$

⑬ 능사 7차 13호(도면 91-2, 도판 166-2, 자전[陵]14, 창원 308, 백제 308, 암호 308, 목간학회13)
　중문지 남서쪽 초기 자연배수로에서 출토. 상단부를 결실되었지만 하단부는 완형으로 잘 남아 있다.

- × □二百十五日」
- × □　□□」

$$(12.4+\alpha)\times3.2\times0.8\,(\text{cm})$$

⑭ 능사 6차 3호(도면 52-2, 도판 140-1, 자전[陵]15, 창원 309, 백제 309, 암호 309, 목간학회14)
　6차 조사시 중문지 남쪽 초기 자연배수로 S110~120, W50~40에서 출토. 양면에 묵서가 되었다. 死, 再拜란 판독은 확연하다.

이를 토대로 커다란 추정이 던져진 바 있다. 예를 들어, 사자를 위한 의례라는 설, 道祭의 의례절차를 기록한 笏記라고 하거나, 죽은 자의 不淨을 境外로 내보내는 大祓儀式일 것이라거나, 성왕릉 조영이나 조상신 제사 관련 특수 시설물에서 제작된 목간일 것이라거나 등의 가설이 그것이다.

- ×□七定死□」
- ×□再拜□」

$$(8.4+\alpha)\times 2.6\times 0.2(\text{cm})$$

⑮ 능사 6차 4호(도면 53-1, 도판 140-2, 자전[陵]16, 창원 310, 백제 310, 암호 310, 목간학회15)
6차 조사시 S130 W60~50구간 깊이 130~140㎝지점 제2 석축 남쪽 끝 흑색 유기물층에서 출토. 양면에 묵서가 있다. 斑錦衣는 얼룩무늬 무명옷을 가리킨다. 『삼국지』 위지 동이전 왜조에는 錦衣의 사례가 있다.

- ×□立卄方斑錦衣□」
- ×己」

$$(12.1+\alpha)\times 1.5\times 0.5(\text{cm})$$

⑯ 능사 7차 14호(도면 91-3, 도판 166-3, 자전[陵]17, 창원 311, 백제 311, 암호 311, 목간학회16)
중문지 남서쪽 초기 자연배수로에서 출토되었다. 상단은 완형이나 하단은 파손되었다. 상단에 어느 정도 공백을 둔 뒤 그 아래 묵서를 시작하였다.

- 「　百□×

$$(7.5+\alpha)\times 3.7\times 0.5(\text{cm})$$

⑰ 능사 7차 15호(도면 91-4, 도판 166-4, 자전[陵]18, 창원312, 백제312, 암호312, 목간학회17)

중문지 남서쪽 초기 자연배수로에서 출토되었다. 양면목간으로, 상·하단이 모두 파손되었다.

- ×此□×
- ×冂 ×

$$(5.2+\alpha) \times 3.1 \times 0.6(㎝)$$

⑱ 능사 7차 10호(도면 90-2, 도판 165-2, 자전[陵]19, 창원313, 백제313, 목간학회18)

중문지 남서쪽 초기 자연배수로(S110, W60)의 제2, 3목책열 사이 굵은 목재편 북쪽에서 출토되었다. 완형이며 상단 좌우에 V자 홈이 있다. 子基寺는 문헌 등 다른 자료에서는 확인되지 않는다. 본 목간은 부찰 혹 하찰로, 자기사에서 능산리사지(혹 사지 이전 초기 시설)로 보냈거나 아니면 능산리절이 자기사와 관련하여 제작되었을 것으로 추정된다. 子基寺란 뜻을 아들을 위해 세운 절로 볼 수 있다면 왕흥사의 별칭일 수 있다는 견해가 있다. 출토 사리기 명문에 따르면, 능산리사찰 혹 그 목탑의 발원자는 위덕왕의 누이, 왕흥사 혹 그 목탑의 발원에 위덕왕이 있다. 중국 양무제가 아버지의 명복을 위해 조영한 절의 이름이 皇基寺라는 점은 자기사의 추정에 참조된다. 한편 子基寺를 아들이 부모를 위해 세운 절로 보고 능산리사찰의 이름으로 보는 견해도 있다. 본 목간은 子基寺에서 능산리사찰에 보낸 물품에 달린 꼬리표, 혹 능산리사찰에 존재한 자기사의 물건에 달린 꼬리표가 될 것이다. 목간 토층의 해석에 따라서는, 위에서 추정한 대상을 능산리사찰이 아니라 사찰 건립이전의 초기시서로 보는 시각도 있다.

- 「∨子基寺」

$$7.8 \times 1.9 \times 0.6(㎝)$$

⑲ 능사 6차 5호(도면 53–2, 도판 140–3, 이병호 2000–3)

중문지 남쪽 초기 자연배수로 S110~120, W50~40에서 능사 6차목간 1(295호)과 인접하여 출토. 4면목간인데 묵흔은 1면에서만 확인되며, 상하단이 파손되었다.

- ×□□□　×
- ×　　　×
- ×　　　×
- ×　　　×

$$(8.9+\alpha) \times 1 \times 0.6(㎝)$$

⑳ 능사 6차 6호(도면 53–3, 도판 140–4, 자전 [陵]21, 이병호 2000–1, 목간학회21)

중문지 남쪽 초기 자연배수로 S110~120, W50~40에서 능사 6차목간 3(309호), 능사 6차목간8(314호)과 공반하여 출토되었다. 양면목간이며, 상하단이 파손되었다. 묵서는 양면이 위 아래 방향이 거꾸로 되어 있으며, 양면의 글자크기나 서체도 다르다.

- ×二裏民□行×
- ×□和矣×

$$(9.8+\alpha) \times 2.1 \times 0.2(㎝)$$

㉑ 능사 7차 1호(도면 86–1, 도판 162–5, 이병호 2001–1, 목간학회22)

중문지 남서쪽 초기 자연배수로에서 출토되었다. 막대형 목간으로 하단이 파손되었다. 묵흔은 확인되지만 판독이 어렵다. 2면의 경우 9자 가량으로 추정되기도 한다.

Ⅰ : ・×　　　　　　×
Ⅱ : ・×□□□□□□□□　×

Ⅲ : ・×　　　　　　　　×
Ⅳ : ・×　　　　　　　　×

$$(22.2+\alpha)\times2.9\times2.2(\text{cm})$$

㉒ 능사 7차 16호(도면 92-1, 도판 167-1, 자전 [陵]22, 백제 능6, 암호 능6, 이병호 2001-2, 목
　가학회23)

중문지 남서쪽 초기 자연배수로에서 출토되었다. 원형의 목재를 끝의 둥근 부분을 남긴 채,
나머지를 4면으로 깍아 만든 목간이다. 문서목간설, 습서목간설로 나뉜다.

・「[　　　]×
・「(묵흔 확인 어려움)×
・「[　　　]×
・「馳馬幸□□憲□□□×

$$(23.6+\alpha)\times2.0\times1.7(\text{cm})$$

㉓ 능사 7차 17호(도면 93-1, 도판 167-2, 백제 능9, 이병호 2001-3, 목간학회24)

중문지 남서쪽 초기 자연배수로에서 출토되었다. 여러 글자들이 여러 다른 방향으로 쓴 습
서목간이다.

・×見 公 道 進 德×

$$(10.4+\alpha)\times5.8\times1(\text{cm})$$

㉔ 능사 7차 18호(도면 93-2, 도판 168-1, 자전[陵]23, 백제 능3, 암호 능3, 이병호 2001-4, 목간
학회25)

중문지 남서쪽 초기 자연배수로에서 출토되었다. 4면목간이며 한쪽 끝을 둥글게 만들었다.

상단은 완형이나 하단은 파손되었다. 4면 전체에 묵흔은 확인되지만 판독은 어렵다.

- 「牟□□□□□□   ×
- 「[   ] ×
- 「[   ] ×
- 「[   ] ×

$$(15.8+\alpha)\times2.1\times2.1(\text{cm})$$

㉕ 능사 7차 22호(도면 96–2, 도판 169–2, 자전[陵]24, 백제 능4, 암호 능4, 이병호 2001–5, 목간학회26)

중문지 남서쪽 초기 자연배수로에서 출토되었다. 4면목간이며 상단은 파손되었지만 하단은 완형이다. 하단 끝을 둥글게 다듬었다. 憙拜而受. 伏願 등의 문구로 볼 때 보고문, 문서로 보인다. 혹 습서설도 있다.

- ×則憙拜而受□伏願常□此時」
- ×□□法[   ]□[   ]」
- ×□□□幸道買因□□灼□[八]□而□□□□」
- ×道□□[   ]祀[   ]礼礼」

$$(24.2+\alpha)\times3.5\times2.0(\text{cm})$$

㉖ 능사 8차 1호(도면 125–1, 도판 69–1, 자전[陵]25, 백제 능2, 암호 능2, 목간학회27)

8차 조사시 S90, W60~85 트렌치 북쪽에서 출토되었다. 목탑 건립 이후인 6세기 후반에 폐기된 것이어서, 사찰 운영과 관련된 목간으로 볼 수 있다. 막대형 4면 목간으로, 상부는 완형이며 하부는 파손되었다. 4면 중 제 I 면은 글자 방향이 거꾸로 되어 있다. 문서 제목 支藥兒食米記가 있는 면을 제 I 면으로 특정할 수 있다. 이후 제1일에서 제8일까지 식료지급을 그 내용으로 한다. 제Ⅰ면 하단 파손부에 제4일이 있었을 것으로 추정하면, 파손전 목간의 원래 길이를 추정해볼 수 있다. 이와 관련해서는 46.4~55.2㎝, 60~70㎝의 추정이 있다. 이를 전제로 하면, 제9일도 기록되어 있었다고 볼 수 있다.

제Ⅰ면 支의 상단에는 ≥와 같은 압흔이 확인된다. 支藥兒食米記란 "藥兒에게 食米를 지급한 記 즉 문서기록"이거나 "藥兒를 扶支하는 食米의 記 즉 문서기록"으로 해석될 수 있다. 藥兒가 唐制의 尙藥局, 奉醫局에서 主藥 혹은 典藥의 보좌역이었던 藥童과 동의어라는 점에서 백제 내관 12부 가운데 藥部 소속 실무자였을 것으로 이해되고 있다. 藥兒의 직무는 의료 및 약재 조달이었을 것인 바, 그에 관한 직무의 댓가로 일당 혹은 작업 기간 중 식료를 지급받은 것으로 이해할 수 있다. 藥兒와 능산리사원과의 관계에 대해서도 능산리사지 1단계의 초기 건물군 단계에서 근무했다는 견해가 있다.

곡물의 단위로 石, 斗외에 大升, 小升이 보인다. 1석=10두=100승이 통시대적 기본이지만 小升, 大升으로 升이 구분되기도 했다. 漢代에는 小升=1/3升, 大升= 2/3升이었으며, 唐代에는 大升=3升이었는데, 수치를 비교해보면 이 목간에서는 唐代의 것에 가까웠을 것으로 추정된다. 지급된 식료는 일별로 대략 4두 남짓이었다. 지급된 食米 즉 쌀은 사비기에 일상적 식량이었다고 보기 어렵다면, 換金할 수 있는 급료로 볼 수 있다.

彌耶方은 백제의 행정명칭이다. 지명 "-方"이 1차자료에 나온 첫 사례다. 제3면은 지방관 道使와 지방 행정구역명, 또 신체적 특징이 나열되고 있다. 이를 근거로 지방에 파견되었던 道使 관련 기사로 이해할 수 있다. 제3면 '其身者如黑也'는 특정인 혹 동물의 신체적 특징을 기재한 것이다. '猪耳'를 "도치" 즉 돼지의 훈독으로 보는 설도 있다. 또 "如黑也"를 돼지 신체의 기술로 간주하여 공물 혹 약재로 조달된 흑돼지로 추정한 견해도 있다.

식미 지급 대상자를 약아가 아닌 지방관 道使로 보는 견해도 있다. 관련 인물들의 신체적 특징을 기록한 것으로 미루어 이들은 사비도성 주변의 관인이 아니라 다른 장소에서 이곳으로 일정 기간 파견된 관인일 가능성을 제시하기도 한다. 이러한 시각에서 나아가 支藥兒를 쌀의 지급이나 물품의 보관을 담당하던 건물이나 시설의 명칭으로 간주하기도 한다.

제Ⅳ면은 천지의 방향이 다른 3면과는 역으로 되어 있다. 이 부분은 지약아식미기 문서가 폐기된 후 씌어진 것일 가능성이 크다. 다만, 그것이 단순한 습서나 낙서가 아니라, 덧셈을 하여 집계한 것일 가능성도 제시되고 있다.

Ⅰ : ·「支藥兒食米記初日食四斗[   ]二日食四斗小升一[ ] 三日食米四斗×

Ⅱ : ·「五日食米三斗大升日[ ]六日食三斗大二[ ]七日食三斗大升二[ ]八日食米四斗□×

Ⅲ : ·「食道使□□次如逢使猪耳其身者如黑也 道使後後彈耶方　　牟氏　　×
　　　　　　　　　　　　　　　　　　　　　　　　　　牟殺殺耶

Ⅳ : ·×又十二石又十二石又□□石十二石又十□石又田□石□□□石」

$$(44.0+\alpha)\times 2.0 \times 2.0 (㎝)$$

㉗ 보고서에 없음(자전[陵]26, 백제 능5, 암호 능5, 이병호 2001–8, 목간학회28)

중문지 동남쪽 초기 자연배수로(S100, W20)에서 출토되었다. 4면목간이나 발굴보고서에는 수록되지 않았다. 상, 하단이 파손되었으며, 4면 모두 묵서가 확인된다.

· ×永壽□□ ×

· ×[　　]　　×

· ×一□江　　×

· ×迦□[ ]□ ×

$$(16.5+\alpha)\times 3.5 \times 3.5 (㎝)$$

㉘ 보고서에 없음(도면 85–10, 도판 162–4, 자전[陵]27, 백제 능7, 암호 능7, 목간학회29)

새 모양 혹 갈고리 모양과도 같은 독특한 목제품의 4면에 묵서가 남아 있다. 覺, 苦 등을 판독하고 불교적 용어인 점이 특기되기도 한다.

·「□□□」

- 「□ 　」
- 「□大[ ]」
- 「[ ]」

$$16.5 \times 3.5 \times 3.5 (\text{cm})$$

㉙ 보고서에 없음(자전[陵]28, 백제 능8, 암호 능8, 목간학회30)

상하단이 파손되었다. 세로로 길게 반으로 갈라져 있다. 양면에 묵서가 있지만 판독하기 어렵다.

- × [　　] ×
- × [　　] ×

$$(12.5+\alpha) \times 1.6 \times 1.0 (\text{cm})$$

㉚ 削片 (삭편 번호는 [백제]에 따름·보고서에 없음)

능산리사지에서는 국내에서는 유일하게 削片 즉 목간의 표면을 刀子로 깍아낸 부스러기(혹칭 削屑)가 125편이나 검출되었다. 매우 얇아 손상되기 쉬운 상태다. 능산리사지 유물 보존처리 과정에서 발견, 처리되어 2008년에 공개되었다. 잔획 혹 획의 일부만 남은 것들이 많아 글자 판독이 어렵다. 이 가운데, 글자를 판독할 수 있는 것들은 아래와 같다.

削片-5 ：·× [ ]德 ×
削片-10：·× 　德　 ×
削片-12：·× 　三　 ×
削片-21：·× 　了　 ×
削片-25： 　　　□
　　　　　·× 　　六日　　 ×

```
            石        得(?)
削片-26 : •× 大 ×
削片-28 : •× 金 ×
削片-49 : •× 木 ×
```

10) 참고문헌

이홍직, 1954, 「백제인명고」『논문집』 1집, 서울대인문대

이기동, 1974, 「중국 사서에 보이는 백제왕 모도에 대하여」『역사학보』 62, 역사학회

이순근, 1980, 「신라시대 성씨취득과 그 의미」『한국사론』 6. 서울대 국사학과

이도학, 1992, 「백제국의 성장과 소금 교역강의 확보」『백제연구』 23, 충남대학교백제연구소

도수회, 1996, 「백제의 왕명, 인명에 관한 연구(II)」『백제논총』 5, 백제문화개발연구원

국립부여박물관, 2000,『능사-부여 능산리사지 발굴조사 진전보고서』, 유적조사보고서 제8책

장인성, 2001,『백제의 종교와 사회』, 서경

국립부여박물관, 2002,『백제의 문자』(전시도록), 하이센스

국립부여박물관, 2002,『제8차 부여능산리사지 현장설명회자료』

박경도, 2002, 「부여 능산리사지 8차 발굴조사 개요」『동원학술논문집』 5, 국립중앙박물관

박중환, 2002, 「부여 능산리 발굴 목간 예보」『한국고대사연구』 28, 한국고대사학회

국립부여박물관, 2003,『백제의 도량형』(도록)

山本孝文, 2003, 「백제 사비기의 도연·분류·편년과 역사적 의의」『백제연구』 38, 충남대학
            교 백제연구소

국립창원문화재연구소, 2004,『한국의 고대목간』(도록), 예맥출판사

近藤浩一, 2004, 「扶除 陵山里 羅城築造 木簡의 研究」『백제연구』 39, 충남대학교 백제연구소

尹善泰, 2004, 「扶餘 陵山里 出土 百濟木簡의 再檢討」『東國史學』 40, 東國史學會

이성배, 2004, 「百濟書藝와 木簡의 書風」『百濟研究』 40, 忠南大學校 百濟研究所

近藤浩一, 2005, 「扶餘 陵山里出土木簡と泗沘都城關聯施設」『東アジアの古代文化』 125,

東京:古代學研究所

노중국, 2005, 「백제의 대중교류-척의 변화와 서산 지역을 중심으로-」『백제문화』34, 공주
　　　　대학교 백제문화연구소

山梨県立博物館, 2005, 『やまなしの道祖神祭り』(전시도록)

平川 南, 2005, 「百濟と古代日本における道の祭祀」『백제 사비시기 문화의 재조명』, 국립
　　　　부여문화재연구소

한국전통문화학교, 2005, 「부여 능산리사지 9차 발굴조사 현장설명회자료」

신광섭, 2006, 『백제 사비시대 능사 연구』, 중앙대학교 박사학위논문

尹善泰, 2006, 「百濟 泗沘都城과 '嵎夷' - 木簡으로 본 泗沘都城의 안과 밖 -」『東亞考古論
　　　　壇』2, 충청문화재연구원

조해숙, 2006. 「백제 목간기록 '숙세결업'에 대하여」『관악어문연구』31, 서울대학교

平川 南, 2006, 「道祖神信仰의 源流」『國立歷史民俗博物館研究報告』133

국립부여문화재연구소, 2007, 『부여 능산리사지 10차 발굴조사 현장설명회자료』

국립부여박물관, 2007, 『능사-부여 능산리사지 6~8차 발굴조사보고서』

윤선태, 2007, 『목간이 들려주는 백제 이야기』, 주류성

윤선태, 2007, 「백제의 문서행정과 목간」『한국고대사연구』48, 한국고대사학회

이용현, 2007, 「목간」『백제의 문화와 생활』(백제문화사대계 12), 충청남도역사문화연구원

최연식, 2007. 「백제 찬술문헌으로서의 〈대승사론현의기〉」『한국사연구』136, 한국사연구회

국립부여박물관, 2008, 『百濟木簡 -소장품조사자료집』, 국립부여박물관

近藤浩一, 2008, 「扶餘 陵山里 羅城築造 木簡 再論」『韓國古代史硏究』49, 한국고대사학회

馬場基 著, 이동주 역, 2008, 「고대일본의 하찰」『木簡과 文字』2, 한국목간학회

三上喜孝, 2008. 「일본 고대 목간의 계보」『木簡과 文字』창간호, 한국목간학회

이병호, 2008, 「부여 능산리 출토 목간의 성격」『목간과 문자』창간호, 한국목간학회

국립부여박물관·국립가야문화재연구소, 2009, 『나무 속 암호 목간』(전시도록), 예맥

김영심, 2009, 「扶餘 陵山里 출토 '六卩 五方' 목간과 백제의 術數學」『木簡과 文字』3, 한국

목간학회

김영욱, 2009, 「고대 한국목간에 대하여」『구결연구』 11, 구결학회

윤선태, 2009, 「나의 책을 말한다 『목간이 들려주는 백제 이야기』」『한국사시민강좌』 44, 일
조각

조경철, 2009, 「백제 왕실의 3년상 무령왕과 성왕을 중심으로」『동방학지』 145, 연세대학교
국학연구원

平川 南, 2009, 「百濟の都出土の'連公'木簡」『國立歷史民俗博物館研究報告』 153

노중국, 2010, 『백제사회사상사』, 지식산업사

孫煥一, 2010, 「百濟木簡〈支藥兒食米記〉와〈佐官貸食記〉의 文體와 書體」『신라사학보』 18,
신라사학회.

이경섭, 2010, 「'百濟木簡'의 가능성에 대한 예비적 고찰-목간의 형태 및 내용 분류를 중심
으로-」『백제논총』 9, 백제문화개발연구원

조경철, 2010, 「백제 왕흥사의 창건과정과 미륵사」『사총』 70, 고려대학교 역사연구소

국립가야문화재연구소, 2011, 『한국목간자전』, 예맥

김영욱, 2011, 「삼국시대 이두에 대한 기초적 논의」『구결연구』 27, 구결학회

이성배, 2011, 「百濟木簡의 書體에 대한 一考」『목간과 문자』 7, 한국목간학회

권인한, 2013, 「고대 한국 습서 목간의 사례와 그 의미」『木簡과 文字』 11, 한국목간학회

윤선태, 2013, 「백제목간의 연구현황과 전망」『백제문화』 49, 공주대학교 백제문화연구소

이승재, 2013, 『한자음으로 본 백제어 자음체계』, 태학사

이재환, 2013, 「한국 고대 '주술목간'의 연구 동향과 전망」『木簡과 文字』 10, 한국목간학회

홍승우, 2013, 「부여지역 출토 백제목간의 연구현황과 전망」『木簡과 文字』 10, 한국목간학회

이재환, 2014, 「扶餘 陵山里寺址 유적 출토 목간 및 삭설」『木簡과 文字』 12, 한국목간학회

이치 히로키 지음, 이병호 옮김, 2014, 『아스카의 목간』, 주류성

노중국, 2015, 「죽은 왕자를 위해 원찰을 세운 창왕의 애도가, 왕흥사지 사리기 명문」『금석
문으로 백제를 읽다』, 학연문화사

이은솔, 이재환, 2015, 「능산리사지 출토 문자자료」『한국고대문자자료연구-백제(상)』, 주류성

박순발·이홍종, 2016, 「고대 소금생산 시론」『중서부지역 고고학 연구』, 진인진

윤선태, 2016, 「百濟의 '九九段' 木簡과 術數學」『木簡과 文字』 17, 한국목간학회

박윤선, 2018, 「백제의 중국식 이름문화 수용 과정의 고찰-백제왕과 왕족의 이름을 중심으로」『백제학보』 25, 백제학회

이장웅, 2018, 「百濟 法華信仰과 占察懺悔 - 부여 능산리사지 '宿世結業' 목간을 중심으로」『韓國古代史硏究』 92, 한국고대사학회

戴衛紅, 2019, 「东亚视角下百济部巷制再硏」『동서인문』 12, 경북대 인문학술원

윤선태, 2019, 「한국 多面木簡의 발굴 현황과 용도」『목간과 문자』 23, 한국목간학회

김영심, 2020, 「문자문화의 상징-시가 목간과 서간 목간」『목간으로 백제를 읽다』, 백제학회 한성백제연구팀 편, 사회평론아카데미

노중국, 2020, 「약재를 채취하여 병을 고치다-지약아식미기 목간」『목간으로 백제를 읽다』, 백제학회 한성백제연구팀 편, 사회평론아카데미

박윤선, 2020, 「백제인의 이름-하부 대덕 소가로 목간」『목간으로 백제를 읽다』, 백제학회 한성백제연구팀 편, 사회평론아카데미

박찬규, 2020, 「백제 도교의 표상-오석 목간과 삼귀 목간」『목간으로 백제를 읽다』, 백제학회 한성백제연구팀 편, 사회평론아카데미

오택현, 2020, 「백제인의 토착신앙-남근형 목간」『목간으로 백제를 읽다』, 백제학회 한성백제연구팀 편, 사회평론아카데미

윤수희, 2020, 「절에서 절로 소금을 보내다-송염 목간」『목간으로 백제를 읽다』, 백제학회 한성백제연구팀 편, 사회평론아카데미

정현숙, 2020, 「백제 부여목간과 나주목간의 서풍」『木簡과 文字』 24, 한국목간학회

조경철, 2020, 「아들을 위한 절-자기사 목간」『목간으로 백제를 읽다』, 백제학회 한성백제연구팀 편, 사회평론아카데미

조경철, 2020, 『나만의 한국사』, 백두문화재연구원

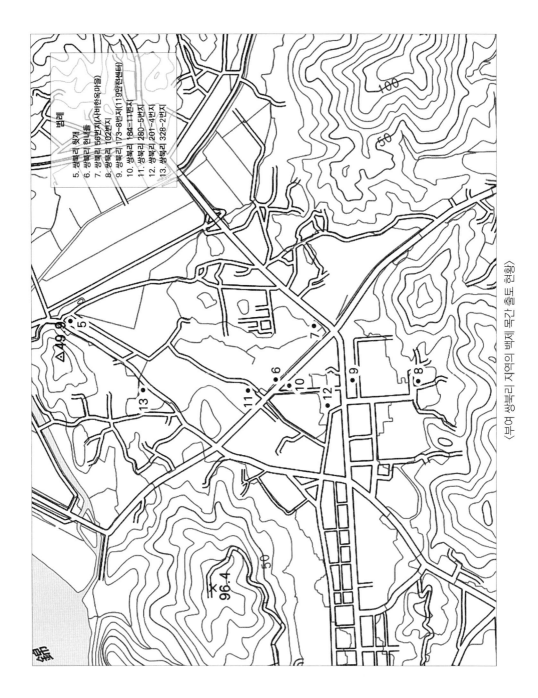

범례

5. 생북리 윗개
6. 생북리 하내들
7. 생북리 56번지(사비한옥마을)
8. 생북리 102번지
9. 생북리 173-8번지(119안전센터)
10. 생북리 184-11번지
11. 생북리 280-5번지
12. 생북리 201-4번지
13. 생북리 328-2번지

〈부여 쌍북리 지역의 백제 목간 출토 현황〉

5. 부여 쌍북리 뒷개 유적 출토 목간

1) 유적명 : 부여 쌍북리 뒷개 유적

2) 유적소재지 : 부여군 부여읍 쌍북리 15

3) 유적유형 : 생활유적(수로,수혈,석렬, 주거지, 우물)

4) 목간점수/주요유물 : 1점/기와, 토기

5) 시대 및 시기 : 백제, 7세기 전반

6) 발굴기관/발굴기간/보고서 간행 : 부여군 문화재보존센터/2010.7.7.~10.20/2013

7) 소장기관 : 국립부여박물관

8) 유적 개요

부여 쌍북리는 부여읍내의 북동쪽에 자리한다. 동쪽 즉 공주방면에서 시가지로 진입하는 주요간선도로인 동서대로의 진입부의 북쪽과 남쪽이 쌍북리에 해당한다.서북쪽에는 부소산성이 있고, 동북쪽에는 청마산성, 남쪽에는 금성산이 자리한다. 이 쌍북리 일대에서는 뒷개 유적을 비롯, 인근에 현내들·북포 유적, 쌍북리 56번지 사비한옥마을 부지 유적, 쌍북리 102번지 쌍북아파트 신축부지 유적, 쌍북리 173-8번지 119안전센터 유적, 쌍북리 280-5번지 신성전기창고 신축부지 유적, 쌍북리 184-11번지 119소방파출소 신축부지 유적, 쌍북리 328-2번지 단독주택 신축부지 내 유적 등 목간 출토 유적들이 밀집되어 있다.

뒷개 유적은 백제역사재현단지와 롯데호텔로 진입하기 위한 접속도로의 확·포장공사 부지에서 조사발견되었다. 도로공사 관련 유구여서 조사구역이 좁고 길다. 목간은 1+050~1+440 구간의 [넓은 확장면5]에서 출토되었다. 현재 경작면 지표하 50㎝지점에서 백제시대 성토층이 1m 이상 확인되었는데, 1.5m 두께의 흑색의 유기물이 다량으로 포함되어 있다. [넓은 확장면5]는 백제시대 성토층을 경계로 상부는 우물, 적석유구, 축대시설이고, 하부는 수혈, 굴립주, 목가구시설 등이다. 하부의 U자형 수혈 내부에서 목기와 함께 목간이 출토되었다.

상부에 위치한 우물은 치석된 면석으로 8각 형태로 만들었고, 그 내부에서 기와와 토기편이 출토되었다. 이처럼 당대에 저습지를 극복하기 위해 적석, 축대 등 시설을 구축하였던 모습을

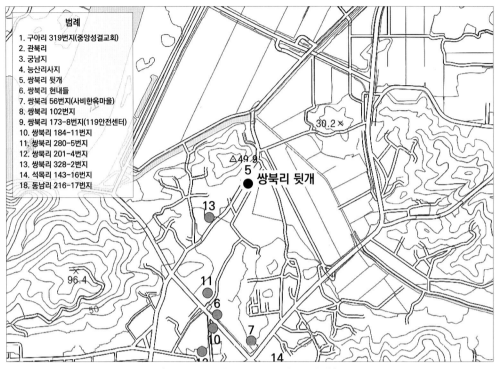

범례

1. 구아리 319번지(중앙성결교회)
2. 관북리
3. 궁남지
4. 능산리사지
5. 쌍북리 뒷개
6. 쌍북리 현내들
7. 쌍북리 56번지(사비한옥마을)
8. 쌍북리 102번지
9. 쌍북리 173-8번지(119안전센터)
10. 쌍북리 184-11번지
11. 쌍북리 280-5번지
12. 쌍북리 201-4번지
13. 쌍북리 328-2번지
14. 석목리 143-16번지
18. 동남리 216-17번지

〈부여 쌍북리 뒷개 유적 및 주변 유적 현황〉

볼 수 있다. 이는 청산성 바로 동편, 그리고 관북리 유적 및 사찰 등지에서 확인된 1m 이상의 흙과 돌을 쌓은 성토층과 유관하다. 추정 월함지 서안에서는 일직선의 축대시설을 확인한 것 역시 의미가 깊다.

9) 목간 개요

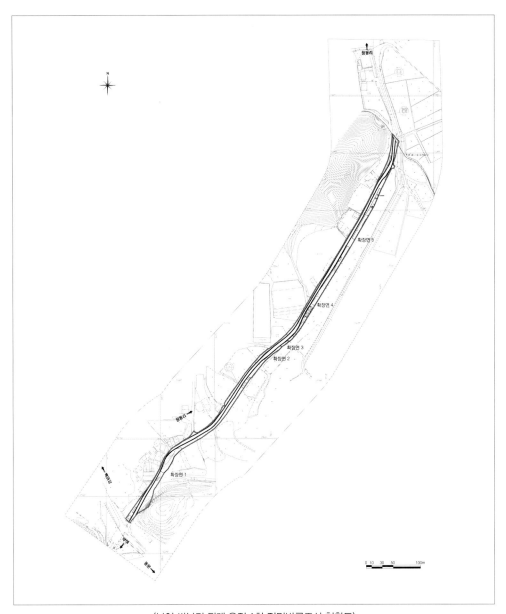

〈부여 쌍북리 뒷개 유적 1차 정밀발굴조사 현황도〉

① 보고서 112, 4면 목간(도면 45, 도판 106, 자전[雙]뒷개1)

막대형 4면 목간이다. 상하단이 결실되어 있다. 묵서 흔적은 4면 중 2면에서 확실하게 문자를 읽어 문장을 복원해낼 수 있다.

Ⅰ : · ×□慧草而開覺 ×

Ⅱ : · ×□人□□直□ ×

Ⅲ : · ×　　　　　×

Ⅳ : · ×　　　　　×

$$(15+\alpha) \times 3 \times 2.9(\text{cm})$$

10) 참고문헌

橋本繁, 2011, 「近年出土の韓国木簡について」『木簡研究』33, 木簡学会

심상육·이미현·이효중, 2011, 「부여 '중앙성결교회유적' 및 '뒷개유적' 출토 목간 보고」『木簡과 文字』7, 한국목간학회

부여군문화재보존센터, 2013, 『부여뒷개유적』조사연구보고 21책

정동준, 2015, 「쌍북리 출토 문자자료」『한국고대문자자료연구-백제(상)』, 주류성

戴衛紅, 2019, 「东亚视角下百济部巷制再研」『동서인문』13, 경북대학교 인문학술원

6. 부여 쌍북리 현내들 유적 출토 목간

1) 유적명 : 부여 쌍북리 현내들·북포유적

2) 유적소재지 : 부여군 부여읍 쌍북리 192-5

3) 유적유형 : 생활유적(건물지, 도로, 수혈)

4) 목간점수/주요유물 : 13점/기와, 토기

5) 시대 및 시기 : 백제, 6~7세기

6) 발굴기관/발굴기간/보고서 간행 : 충청문화재연구원/2006.12.19.~2007.6.6/2009

7) 소장기관 : 국립부여박물관

8) 유적 개요

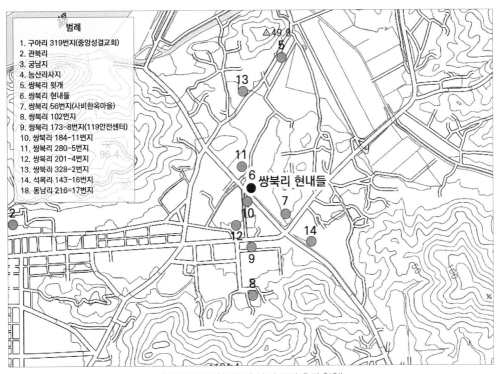

〈부여 쌍북리 현내들 유적 및 주변 유적 현황〉

현내들 혹 거무내는 부여읍의 동북쪽, 공주와 논산에서 부여로 진입하는 삼거리에서 서북쪽 북포로 이어지는 곳이다. 북포는 부소산성 동북쪽 금강변 가증천이 합류하는 포구를 일컫는다. 쌍북리 현내들(Ⅰ-1구간), 북포유적(Ⅰ-3구간)은 충청남도 종합건설사업소에서 시행하는 백제 큰길 연결도로 건설공사에 수반한 발굴조사였다. 조사지역에 대한 지표조사는 2001년 충남대 학교 박물관, 시굴조사는 2005년 충청문화재연구원에 의해 실시되었다. 현내들유적은 부여읍 쌍북리일원에 부소산 북쪽의 금강으로 합류하는 가증천 및 그 지류에 위치한다. 가증천은 북서 류하다가 하류에서 남서류하여 금강과 합류한다. 쌍북리 및 정동리 주변의 가증천 일대는 1970년대까지도 범람원 주변 습지로 남아있다가 그 후 경지 정리가 이루어졌다. 조사지역은 북동-남서방향으로 관통하는 경작지로(작업로)를 기준으로 모두 9개의 구역으로 구분된다.

9) 목간 개요

부여초등학교 근처에서 백제시대 도로유구가 확인되었는데, 목간은 [남북도로1]과 [동서도 로1]이 교차하는 지점의 측면에 위치한 수혈([4구역])에서 13점 출토되었다. 이 가운데 묵흔이 확인되는 것은 7점이다. 대부분 파손되었다. 역역을 담당하는 중심 연령인 청장년층의 남성을 가리키는 丁을 기록한 목간, 왕경 5부의 하나인 上部를 적은 목간 등 문서류로 보이는 목간이 출토되었다. 현내들 목간 가운데는 폐기 후 다른 용도로 재활용된 것들이 다수 확인되는 것이 특징이다.

① 보고서 85-5호(도면 111-1, 사진 1016, 자전[雙]현내1, 암호 현85-8)

이 목간은 수혈② 내부에서 6호(암호 현96) 목간의 하부편과 함께 출토되었다. 상단은 왼쪽 모서리 일부만 파손되었을 뿐이지만 하단은 크게 파손되어 원형을 알 수 없다. 묵서는 앞·뒷면 모두 확인된다. 상단에 뚫린 구멍으로 인해 앞뒤 2행 두 번째 글자가 모두 훼손되었다. 즉 편철 혹 재활용과정에서 穿孔된 것이다.

牟氏는 능산리사지 출토 지약아식미기(자전[陵]2)와 계유명 천불비상 등에서 확인서, 백제 에서 흔히 사용된 씨명으로 이해된다. 〈이름 + 丁 + 인원수〉의 서식도 보인다. 역역동원 관련

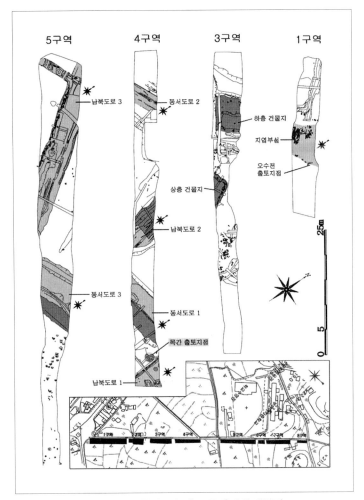

5구역　　　4구역　　　3구역　　　1구역

남북도로 3

동서도로 2

하층 건물지

지엽부설

오수전
출토지점

상층 건물지

남북도로 2

동서도로 3

동서도로 1

목간 출토지점

남북도로 1

25m

5

0

〈부여 쌍북리 현내들 유적(I-1구간) 유구 배치도〉

된 문서목간으로 추정되고 있다.

　　　　奈率牟氏丁一
・「　　寂。信□丁　　　　×
　　　　□□酒丁

```
              ×□
·「     溪□。□          ×  」
     □加□來之□
```

$$(6.1+\alpha) \times 3.1 \times 0.5\text{(cm)}$$

② 보고서 87호(도면 111-5, 사진 1021, 자전[雙]현내6, 암호 현87)

이 목간은 수혈② 내부에서 6호(암호 현96)목간의 하부편과 함께 출토되었다. 상, 하단이 파손이 되었으며 뒷면에는 가로홈을 파고 그것을 기준으로 상하단에 각각 구멍을 뚫었다. 이 구멍을 뚫는 과정에서 전면의 묵서가 훼손되었다. 목간 폐기 이후 재활용할 때 뚫린 것이다. 大는 水로, 上은 二로 판독하는 견해도 있다.

```
·× 大不好記上□□ ×
·×   [        ]   ×
```

$$(9.4+\alpha) \times 2.5 \times 0.9\text{(cm)}$$

③ 보고서 91호(도면 111-4, 사진 1019, 자전[雙]현내4, 암호 현91)

이 목간은 수혈② 내부에서 6호(암호 현96)목간의 하부편과 함께 출토되었다. 상단에 V자홈이 있고 완형의 부찰이다. 신분증명 패찰 혹은 물품 소유자를 명기한 부찰로 추정된다. 목간에 보이는 率자는 1호 목간과 서체가 비슷하다고 지적한 견해도 있다.

```
·「V德率首比」
```

$$12.6 \times 2.7 \times (0.05{\sim}0.6)\text{(cm)}$$

④ 보고서 94호(도면 111-3, 사진 1018, 자전[雙]현내3, 암호 현94)

이 목간은 수혈② 내부에서 6호(암호 현96)목간의 하부편과 함께 출토되었다. 목간은 상하단이 결실되었고, 가로, 세로로 여러 번 폐기·훼손된 파편이어서 원형을 추정하기가 어렵다. 폐기 정황을 들어 문서목간일 것이라는 추정이 있다.

· × 爲丸□月 ×
· × 天□之　×

$$(8.2+\alpha)\times1.1\times0.4(\text{㎝})$$

⑤ 보고서 95호(도면 111-2, 사진 1017, 자전[雙]현내2, 암호 현95)

이 목간은 수혈② 내부에서 6호(암호 현96)목간의 하부편과 함께 출토되었다. 폐기되고 재활용 혹 재정리될 때 구멍을 뚫었다. 부명만 확인되었으나 하단에 인명이 있었을 것이라는 추정이 있다.

· 「◎上卩 ×

$$(4.1+\alpha)\times0.9\times0.3(\text{㎝})$$

⑥ 보고서 96호(도면 112-1, 사진 1029, 자전[雙]현내5, 암호 현96)

이 목간은 두 개체로 부러진 상태로 하부편은 수혈② 내부에서 출토되었지만, 상부편은 수혈② 에서 북쪽으로 약 87㎝ 정도 떨어진 곳에서 발견되었다. 목간의 형태는 觚 그중 4면체다. 동일한 글자의 반복, 위아래가 거꾸로 서사된 점, 또 부분적으로 가획된 글자가 확인되는 점 등에서 습서목간으로 간주되기도 한다.

[판독문]

Ⅰ : · × □春□□春尙倩八□　　　」
Ⅱ : · × □□□□　　　　　　　」
Ⅲ : · ×　　　　　　　　　　」

Ⅳ : · × 漢廾中漢□比□當面正絅則□」

$$(38.6+\alpha) \times 3.1 \times 2.9 \text{(㎝)}$$

⑦ 보고서 105호(도면 111-9, 사진 1027, 자전[雙]현내12, 현내들 105호)
이 목간은 [수혈 2] 내부에서 6호 목간의 하부편과 함께 출토되었다. 목간의 상단부에 구멍
이 뚫린 전형적인 부찰형 목간인데, 하단은 파손되었다. 漢谷은 지명으로 추정된다.

[판독문]
· 「漢谷　×

$$(13.5+\alpha) \times 3.6 \times 0.4 \text{(㎝)}$$

10) 참고문헌

이판섭, 윤선태, 2008,「扶餘 雙北里 현내들·北浦유적의 조사 성과」『木簡과 文字』1, 한국
　　　목간학회
忠清文化財研究院, 2009,『扶餘 雙北里 현내들·北浦遺蹟 : 백제큰길 連結道路 建設工事 區
　　　間(I-1 3區間)內』
정동준, 2015,「쌍북리 출토 문자자료」『한국고대문자자료연구-백제(상)』, 주류성

7. 부여 쌍북리 56번지(사비한옥마을) 유적 출토 목간

1) **유적명** : 부여 쌍북리 56번지 유적

2) **유적소재지** : 부여군 부여읍 쌍북리 56

3) **유적유형** : 생활유적(건물지, 도로, 화장실, 우물, 공방지)

4) **목간점수/주요유물** : 17점(논어목간)/기와, 토기

5) **시대 및 시기** : 백제, 6~7세기

6) **발굴기관/발굴기간/보고서 간행** : 울산발전연구원/2017.2.13~2018.5.4/2018

7) **소장기관** : 국립부여박물관

8) **유적 개요**

부여 쌍북리 56번지 사비한옥마을 조성 부지 유적은 동으로 공주와 논산 방면에서 부여로 진입하는 삼거리 진입로 바로 북쪽에 위치한다. 북동쪽으로 청마산과 금강이 자리하고, 길 건너 남서쪽으로 금성산이 보이며, 북서쪽으로는 부소산성이 자리한다.

이 유적에서는 백제 사비기 문화층 2~3개층이 확인되었다. 주변 유적에서도 확인된 것처럼 근, 현대 경작층 아래 1.5m~2.0m 정도까지는 뚜렷한 토지 활용 흔적이 확인되지 않았지만, 두터운 점질토층의 아래에서 백제 사비기의 유구와 유물이 확인되었다.

유적 내부는 십자교차로, 소로들에 의해 공간이 구획되어 있다. 북서-남동방향으로 조성된 [1호도로], 북동-남서방향으로 조성된 [2호도로]가 십자로 교차하며, [1호도로]의 상단에 북동-남서 방향으로 조성된 [3호도로]가 있다. [2호도로]와 [3호도로] 간의 거리는 50m다. 노면은 모래와 점토로 단단히 다졌고, 도로 좌우의 양쪽에 측구가 설치되었다. 도로의 교차지점에는 목교와 측면침식방지시설을 갖췄다. 도로를 중심으로 溝나 小路를 이용하여 25×30m정도의 장방형으로 토지를 구획하였다. 구획 공간 안에는 건물지·화장실·우물·공방지 등 생활유구가 확인되었다. 도로변을 따라 壁柱 건물지 총 43동이 조성되었다. 화장실은 최상층에서 3기, 하층에서 1기로 모두 4기가 확인되었다. [화장실 1호]는 장방형의 평면에 저류식이며, 여기서 참외씨, 기생충알 등이 확인되었다. 圓形 석조우물이 5기, 方形의 목조우물이 1기 등 6기의 우물

범례
1. 구아리 319번지(중앙성결교회)
2. 관북리
3. 궁남지
4. 능산리사지
5. 쌍북리 뒷개
6. 쌍북리 현내들
7. 쌍북리 56번지(사비한옥마을)
8. 쌍북리 102번지
9. 쌍북리 173-8번지(119안전센터)
10. 쌍북리 184-11번지
11. 쌍북리 280-5번지
12. 쌍북리 201-4번지
13. 쌍북리 328-2번지
14. 석목리 143-16번지
18. 동남리 216-17번지

쌍북리 56번지(사비한옥마을)

⟨부여 쌍북리 56번지 사비한옥마을 유적 및 주변 유적 현황⟩

이 조사되었다. 여기서 목간, 개원통보, 隋代 오수전, 암문토기 등의 토기류, 기와류, 목제품 등이 출토되었다.

9) 목간 개요

논어목간을 비롯 17점의 목간이 출토되었다. 백제 사비기 중에서도 후기 문화층에 해당하는 상층에서 12점, 일부만 조사된 下層에서 5점 출토되었다. 이곳에서는 논어를 학습한 흔적이 확인되었다. 사비기 왕도의 관부가 들어서 있던 공간의 일부로 추정된다. 다만 논어를 교육시킨 태학 혹은 그것을 관장한 사도부의 위치는 알 수 없다. 하지만 논어 목간은 사비 도성 내에 관료 혹은 그 후보자로 士 계층이 논어를 학습하고 있었음을 짐작해 볼 수 있다.『주서』백제전이래 백제인들이 유교경전과 사서를 아끼고 읽는다는 기록을 실증했다는 점에서 중요한 의미를 가진다.

쌍북리 일대, 구체적으로 부여여고에서 현내들에 이르는 범위의 지역에는 관부와 관련된 시설이 배치되어 있었다. 그곳에는 공방을 비롯하여 도성인들의 생활을 뒷받침하는 창고군, 식자

〈부여 쌍북리 56번지 유적 상층 유구 배치와 목간 출토 위치〉

층의 활동했을 관서 공간도 포함되어 있었을 것으로 추정된다.

〈목간 출토 부여 쌍북리 56번지 유적 하층 유구 확대〉

① 보고서 461호(도면 192, 사진 235)

논어목간은 [15트렌치] 동쪽 지표에서 수습되었다. [15번 트렌치]는 [도로 1호]와 [도로 2호]의 교차점의 右上 동북쪽 끝자락에 가까운데, 그 지표의 회색점질토층에서 수습되었다. 바로 옆에서 器高 5.7㎝의 작은 회색경질의 小形壺 1점이 함께 출토되었다. 목간은 막대형의 4면체다. 하단부는 결실되었는데, 논어 문장으로 볼 때 1글자 분 정도로 추정된다. 내용은 논어 첫머리인 제1편 學而편의 1장에서 시작하여 2장 첫 부분까지로 되어 있다. 문장 구절이 끝날 때 마다 빈칸을 두어 띄어쓰기를 하였다. 한편 중앙부의 본글자들의 우측 가장자리 몇 곳에 묵흔이 있으며 이것이 구결이 아닌가 하는 추정도 있는데 불확실하다.

목간은 지표상층에서 수습된 것이므로 사비기 후기일 가능성이 크다. 이 유적에서는 기년이 표기된 丁巳年 목간이 동반 출토되었다. 사비기 丁巳年으로는 597년, 657년이 가능한데, 정사년 목간의 공반출토품의 편년에 입각하여 657년이 유력하게 거론되었다. 한편 서체가 6세기 전반의 무령왕릉 지석(523년,529년)과 유사하다는 판단 아래 657년보다는 시기적으로 비교적 더 가까운 597년이 아닌가 하는 견해도 있다. 개략적으로 사비기 후기로 보아 무리가 없어 보인다.

Ⅰ:·「□子曰學而時習之 不亦悅 ×

Ⅱ:·「有朋自遠方來 不亦樂 ×

Ⅲ:·「人不知 而不慍 ⊏ ⊐ 不亦 ×

Ⅳ:·「子乎 有子曰 其爲人也 ×

$$(28.7+\alpha)\times 2.2 \times 1.9 (㎝)$$

[추정 복원]

Ⅰ:·□子曰學而時習之 不亦悅乎

Ⅱ:·有朋自遠方來 不亦樂乎

Ⅲ:·人不知 而不慍 不亦君

Ⅳ : · 子乎　有子曰 其爲人也

<u>밑줄글자는 추정복원</u>

30.3~30.8×1.8×2.5(㎝)

　　우선 제1면의 첫글자 □는 판독을 정하기 어렵다. 이와 관련하여 人面畵설, '䝱+⌣' 즉 䝱자 아래 반원같은 선이 더해진 것이라는 설, '卷一'의 2자라는 설이 있다. 기호, 그림이든 문자든, 논어 텍스트와는 결이 다른 부분임은 확실하다.

　　현재 통용 논어 텍스트와 비교해 보면 제1면 하단 결실부에는 乎가 더 있었을 것으로 추정된다. 이와 같이 제2면과 제3면의 하단 결실부는 각각 乎, 君일 것으로 추정되고 있다. 이를 대략 "30㎝정도"로 추산되고 있다. 제1면은 12자, 제2면 10자, 제3면과 제4면은 각각 9자. 이를 토대로 계산해보면, 원래 길이는 30.3~30.8㎝ 즉 30㎝ 남짓으로 추산될 수 있다. 4면은 有子曰부터 2장이 시작되는데, 장의 구분 표시는 보이지 않는다.

　　논어 텍스트의 종류는 齊論, 魯論, 古論의 세 계통이 있는데, 說이 아니라 古論에서 쓰는 悅자가 본 목간에서 구사되고 있는 점에 주목하여 백제 목간의 텍스트가 古論 계통이었음이 주목되고 있다.

　　② 보고서 206호(도면 109, 사진 213)
　　직경 90~100㎝ 크기의 4호 수혈의 바닥에서 木盤, 목제접시, 경질의 토기편 등이 함께 출토되었다. 목간은 상부 일부가 결실되었다.

　　목간에 田舍가 등장하는, 『三國史記』 고구려본기에 "田舍", 丹陽新羅赤城碑(6세기 중엽)에 "佃舍"가 보인다. 田舍란 원래 토지와 거기에 딸린 건물을 가리키는데 전하여 농가,농촌을 일컫는다. 上烏利를 인명으로 보는 견해가 제시된 상황이며, 아마도 가옥 또는 토지와 관련 문서 정도로 추정되고 있다.

　　신라의 사례이긴 하지만 남산신성비(591년 조영)에서는 "小石捉上"의 사례가 있다. 이는 役名으로 小石 즉 작은 돌을 다루는 上人 즉 우두머리로 해석된다. 이 남산신성비의 사례를 보면 축성과 관련하여 面石, 小石 등 적어도 4종의 돌에 대한 구분이 있었다. 이를 감안하면, 大石上烏利는 "大石의 上(上人)인 烏利"로 읽힐 소지가 있다.

· 「田舍大石上烏利□□×

$$(19.5+\alpha) \times 3.2 \times 0.5 (\text{cm})$$

③ 보고서 463호(도면 192, 사진 236)

37호 건물지 남서쪽으로 4m 정도 떨어진 지점의 지표에서 수습되었으며, 회색경질완이 동반출토되었다. 양면 묵서로 하단 일부가 결실되었다. 본 유적 목간 중 유일하게 기년간지가 있다. 정사년 간지의 경우 사비기에 해당하는 연도는 597년, 657년이 있고, 공반된 유물의 편년을 고려하면 657년이 유력하다. 岑□宮의 □은 판독이 명확치 않다. 좌변은 氵, 匕, 木일 가능성이 있고 우부는 東, 京 계열이다. 이에 㴊, (?+京) 등이 개진되고 있다. 六斗□의 □는 㘴일 가능성이 있다. 정사년 즉 657(의자왕 17년) 10월 27일에 이뤄진 모종의 宮과의 관련 아래 米穀 7석6두의 입출 기록으로 보인다. 상단의 구멍은 편철용이다.

· 「丁巳年十月卄七日 ×
· 「浪米七石六斗□
　　　岑□宮□□　　×

$$(13.7+\alpha) \times 3.2 \times 0.6 (\text{cm})$$

④ 보고서 462호(도면 192, 사진 236)

상단부 양쪽에 홈을 만든 부찰형 목간으로 35호 건물지 북쪽 6m지점에서 지표 수습되었다. 단면 묵서되었다. 재활용된 목간으로 하부를 깎아 크기를 줄였다.

侯?

· 「里後 ×

$$(7.5+\alpha)\times2.8\times0.5(\text{cm})$$

⑤ 보고서 535호(도면 217, 사진 242)

하층에 대한 샘플링 조사구간에서 지표수습된 목간편이다.

상부는 완형, 하단부는 파손되었다. 상단부에 구멍이 있고, 1면 묵서다. 丁土□□로 판독되었으나 丁十一 아닌가 한다. 〈丁 + 숫자〉는 함안 성산산성 신라 목간에도 보인다.

· ◎ 丁十一 ×

$$(5.4+\alpha)\times1.0\times0.2(\text{cm})$$

⑥ 보고서 483호(도면 199, 사진 238)

하층 화장실 1호 유구에서 출토되었다. 부찰형이며, 상단에 묵흔이 확인된다.

· 「V□ □ □ □ ×
· 「V□   ×

$$(13.5+\alpha)\times2.7\times0.4(\text{cm})$$

⑦ 보고서 537호(도면 217, 사진 242)

하층 구4호 북쪽에서 지표수습되었다. 세장형이지만 형태를 알기 어렵다. 상하단에 부분적으로 묵흔이 확인된다.

[판독문]

· 「◎ □□   □ ×

·「◎ □   ×

$$(43+\alpha)\times 5\times 0.3(㎝)$$

10) 참고문헌

이문기, 2005, 「사비시대 백제 전내부 체제의 운영과 변화」 『百濟研究』 42, 충남대학교 백제
　　　연구소

김용주, 2016, 「백제 대부완 연구」, 충북대 석사학위논문

武井紀子, 2017, 「東アジアの中の日本文字資料」 『古代の文字文化』, 竹林舍

울산발전연구원 문화재센터, 2018, 『부여 쌍북리(56번지) 사비한옥마을 조성사업 부지내
　　　유적 결과보고서』

강소희, 2018, 「백제 사비도성의 건물군 기능 연구」 『韓國考古學報』 106, 한국고고학회

김성식, 한지아, 2018, 「부여 쌍북리 56번지 사비한옥마을 조성부지 유적 출토 목간」 『木簡
　　　과 文字』 21, 한국목간학회

국립문화재연구소, 2019, 『한국고고학저널』, 주류성

권인한, 2019, 「부여 쌍북리 논어목간에 대한 몇 가지 생각」 『木簡과 文字』 23, 한국목간학회

채송이, 2019, 「백제 대상파수부호의 변천과 사용」 『百濟學報』 30, 백제학회

하시모토 시게루, 2019, 「'시각목간(視覺木簡)'의 정치성」 『문자와 고대한국』 1, 주류성

賈麗英, 2020, 「韓國木簡《論語》觚考論」 『鄭州大學學報(哲學社會科學版)』 53-4

橋本繁, 2020, 「한국 출토 論語 목간의 원형복원」 『東아시아 '論語'의 전파와 桂陽山城』, 한
　　　국목간학회, 경북대 인문학술원 국내학술대회

김창석, 2020, 「부여 쌍북리 출토 목간을 통해 본 사비도성의 官府 공간과 儒教」 『百濟學報』
　　　32, 백제학회

오택현, 2020, 「나뭇조각에 아로새긴 '공자님 말씀'」 『달콤 살벌한 한·중 관계사』, 서해문집

이병호, 2020, 「부여 쌍북리 목간의 기초적 검토」 『사비시대 백제의 통치양상』, 충남대 국사
　　　학과 2020년 국립대학육성사업 백제학술세미나 발표자료집

정동준, 2020, 「동아시아의 典籍交流와 『論語』 목간」 『목간과 문자』 24, 한국목간학회

三上喜孝, 2021, 「古代 日本 論語 木簡의 特質 - 한반도 출토 論語 木簡과의 비교를 통해서 -」 『木簡과 文字』 26, 한국목간학회

李成市·山田章人, 2021, 「동아시아의 문자 교류와 논어 - 한반도 논어 목간을 중심으로 -」 『木簡과 文字』 26, 한국목간학회

채미하, 2021, 「신라의 유가 교육과 『논어』」 『木簡과 文字』 26, 한국목간학회

하시모토 시게루, 2021, 「한국 출토 『論語』 목간의 원형 복원과 용도」 『木簡과 文字』 26, 한국목간학회

8. 부여 쌍북리 102번지(쌍북아파트) 유적 출토 목간

1) 유적명 : 부여 쌍북리 102번지 쌍북아파트 신축부지 유적

2) 유적소재지 : 부여군 부여읍 쌍북리 102번지

3) 유적유형 : 생활유적(건물지, 우물)

4) 목간점수/주요유물 : 2점/당척, 量器, 칠기, 명문토기, 인장와, 마노석제 장신구

5) 시대 및 시기 : 백제, 7세기 전, 중반

6) 발굴기관/발굴기간/보고서 간행 : 충남대학교 박물관/1998.4.27~7.22/2013

7) 소장기관 : 국립부여박물관

8) 유적 개요

부여 쌍북리 102번지 유적은 현재의 쌍북주공아파트 자리로, 공주와 논산에서 부여로 진입하는 대향로삼거리 서남쪽, 성왕로 남쪽에 자리한다. 쌍북아파트신축부지로서 1998년 4월 27일부터 7월 22일까지 충남대 박물관에 의해 조사가 이루어졌다.

표토층 아래에 통일신라, 고려시대의 회색뻘층, 그 아래 유물이 섞이지 않는 모래층, 다시 그 아래 백제시대 암회색뻘층, 아래에 유물이 거의 없는 모래층, 생토층이 차례로 퇴적된 양상이었다. 백제시대 유물층은 표토하 140㎝에서 시작되며 도랑, 건물지, 우물 등이 확인되었다. 우물이 폐기된 후에 건물지 기단이 조영되었다.

목간은 표토하 3m 내외에 형성된 개흙층에 조영된 수로에서 확인되었다. 이 지점에서 수로, 우물, 건물의 기단으로 보이는 석열이 노출되었다. 도랑의 바닥에는 모래가 많이 퇴적된 것으로 미루어보면 이 인근에 급류가 여러 번 휩쓸었던 것을 짐작해 볼 수 있다.

수로의 내부 및 주변에서는 목간을 비롯하여 당척, 됫박 형태의 量器, 칠기 등의 목제품과 '七月卅', '舍', '大' 등이 새겨진 명문토기나 대옹편, 인장와, 마노석제 장신구 등이 출토되었다.

출토된 자는 완형이 아니고 일부만 남아 있는데, 눈금이 5푼 단위이며, 당척의 눈금과 같다. 이러한 도량형기와 함께, 출토 토기는 호, 옹 등으로 주로 저장용이고, 이 지역이 타 지역으로 출입하는 교통상 요지인 점에서 도성 내 물자를 집적할 수 있는 공공시설물일 가능성이 제기된

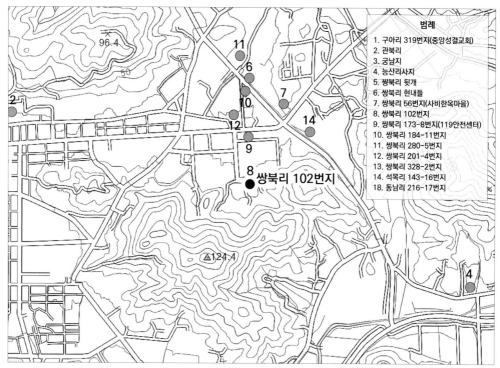

범례
1. 구아리 319번지(중앙성결교회)
2. 관북리
3. 궁남지
4. 능산리사지
5. 쌍북리 뒷개
6. 쌍북리 현내들
7. 쌍북리 56번지(사비한옥마을)
8. 쌍북리 102번지
9. 쌍북리 173-8번지(119안전센터)
10. 쌍북리 184-11번지
11. 쌍북리 280-5번지
12. 쌍북리 201-4번지
13. 쌍북리 328-2번지
14. 석목리 143-16번지
18. 동남리 216-17번지

〈부여 쌍북리 102번지 쌍북아파트 유적 및 주변 유적 현황〉

바 있다.

9) 목간 개요

목간은 표토하 3m 내외에 형성된 개흙층에 조영된 수로에서 확인되었다. 목간은 완형 1점, 파손품 1점 등 2점이 출토되었다. 목제품의 출토 양상을 미루어보면 이들 유물은 쌍북리 102번지 상부 지역에서 급류에 의해 흘러 내려와 퇴적된 것으로 추정된다. 그러므로 금성산 북쪽 경사면에 이와 관련된 시설이 존재하였을 가능성이 있는 것으로 추정되고 있다. 부찰목간의 용도는 공반 출토된 당척, 도량형기와 밀접한 관련을 가진다. 유적의 위치가 교통상 요지에 위치하고 있는 점을 감안하면 목간은 세금 공진용 혹은 창고 정리용으로 사용되었을 가능성도 개진되고 있다.

連公 목간의 판독은 백제와 왜의 교류관계는 물론, 고대 일본의 가바네(姓) 제도를 재규명하는 결정적인 자료로서 중요하다.

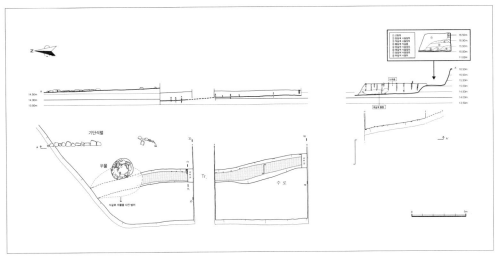

〈부여 쌍북리 유적 II A지점 유구배치도〉

① 보고서 도면 24–6(자전[雙]102–1, 백제 316, 암호 316, 자전[雙]102–1)

목간은 표토하 3m 내외에 형성된 개흙층에 조영된 수로에서 확인되었다. 유구 내 정확한 출토지점에 대한 기록이 없다. 1호 목간은 완형이다. 초기에는 상하단이 파손된 것으로 잘못 판단하기도 했다. 마멸이 심해 판독이 안정적이지 못하다. 來時伎克來[   ]를 '呼時伎兄來□□', '來時□□□'로 하는 판독도 있다. [   ]□□倍□聞[   ]를 '屋上信聞成'로 보는 판독도 있다. 정확한 내용을 파악하기는 어려우나 문장문구임에는 틀림없다.

· × 來時伎克來[   ] ×
· × □□倍□聞[   ] ×

$$(18.1+\alpha)\times3.2\times0.7\,(\text{cm})$$

② 도면 24-5(자전[雙]102-2, 백제 317, 암호 317, 자전[雙]102-2)

유구 내 정확한 출토지점에 대한 기록이 없다. 2호 목간은 완형이며 상단 양측에 V형 홈을 넣은 부찰이다.

連公은 고대 일본의 카바네로서 특히 초기 양식에 해당한다. 那尓波는 なにわ(naniwa) 즉 難波로 音借표기다. 발굴 이래 방치되고 있다가 2008년에 처음 판독되어 "那□內連公"으로 읽게 되었다. 2009년에 "那□內"가 "那尓波"로 수정보완되었다. 이후 이를 계기로 고대 일본의 카바네 連과 連公을 재조명하는 계기가 되었다. 이에 7세기까지 連公으로 불리우다가 그 후부터 連으로 정착된다는 설, 또 連公은 連의 敬稱이라는 설이 있다. 즉 公을 전자는 카바네의 일부, 古형식으로 간주했고, 후자는 경칭으로 판단한 것이다. 고대 일본의 카바네를 가진 인물 관련 목간자료의 의의는 매우 크다. 사람의 왕래 혹 송부된 물품의 존재를 말해준다. 周書 백제전에서 백제에 중국인, 고구려인등과 함께 倭人이 있었다고 기록한 바, 백제 왕도의 국제적 교류의 모습을 증거하는 자료다.

· 「∨那尓波連公」

$$12.1 \times 1.8 \times 0.8(㎝)$$

10) 참고문헌

尹武炳, 1982, 「扶餘雙北里遺蹟發掘調査報告書」『百濟硏究』 13, 충남대학교 백제연구소

이강승, 2000, 「백제시대의 자에 대한 연구-부여 쌍북리유적출토 자를 중심으로-」『韓國考古學報』 43, 한국고고학회

국립부여박물관, 2003, 『백제의 문자』(전시도록), 하이센스

국립부여박물관, 2008, 『百濟木簡 -소장품조사자료집』, 국립부여박물관

국립부여박물관·국립가야문화재연구소, 2009, 『나무 속 암호 목간』(전시도록), 예맥

李鎔賢, 2009, 「韓国木簡の現在·百済木簡 ―新出資料を中心にと題して」(發表文)

平川 南, 2009, 「百済の都出土の「連公」木簡―韓国·扶餘双北里遺跡一九九八年出土付札―」

　　　　　『国立歴史民俗博物館研究報告』153

竹本晃, 2010, 「古代人名表記の「連公」をめぐって」『日本古代の王権と社会』(栄原永遠男
　　　　編), 塙書房

국립가야문화재연구소, 2011, 『한국목간자전』, 예맥

篠川　賢, 2011, 「連」のカバネと「連公」の呼称」『日本常民文化紀要』29

忠南大學校博物館, 2013, 『扶餘 雙北里遺蹟Ⅱ』, 忠南大學校博物館 叢書 第31輯

홍승우, 2013, 「부여 지역 출토 백제 목간의 연구 현황과 전망」『목간과 문자』10, 한국목간학회

정동준, 2015, 「쌍북리 출토 문자자료」『한국고대문자자료연구 백제(상)』, 주류성

김창석, 2020, 「부여 쌍북리 출토 목간을 통해 본 사비도성의 관부 공간과 유교」『백제학보』
　　　　32, 백제학회

9. 부여 쌍북리 173-8번지(119안전센터) 유적 출토 목간

1) **유적명** : 부여 쌍북리 119안전센터(119안전센터부지) 유적

2) **유적소재지** : 부여군 부여읍 쌍북리 173-8

3) **유적유형** : 생활유적(벽주건물지)

4) **목간점수/주요유물** : 4점/도가니, 토기

5) **시대 및 시기** : [유구 및 목간] 백제, 7세기 전, 중반

6) **발굴기관/발굴기간/보고서 간행** : 동방문화재연구원/2010.3.2.~6.6./2013

7) **소장기관** : 국립부여박물관

8) **유적 개요**

부여 쌍북리 173-8번지 유적에서는 각종 토기류를 비롯하여 목간, 칠기, 구리편 등 다양한 생활용품이 출토되었다. 그리고 씨앗류, 굴껍데기 등 당시 식생활을 가능할 수 있는 유물들도 수습되었다. 이곳에서는 목간이 4점 출토되었는데, 그중 묵흔이 확인되는 것은 3점이다.

본 유적에서는 벽주건물지가 확인되었다. 건물의 성격은 왕실 건물지, 제사공간, 귀족의 주거지, 관아지 등으로 파악되고 있다. 다만 벽주건물지의 동편에서 청동용해로 1기가 확인되었고, 부여지역에서는 가장 많은 개체의 도가니가 수습된 바 있다. 정부의 관리하에 운영되던 공방이었을 가능성이 있다. 한편 금성산 동북록에 위치한 쌍북리 두시럭골 유적에서도 금, 청동, 유리 제작에 사용된 도가니가 출토되었다. 그렇다면 이곳 역시 사비기의 공방이 있었다고 보아야 할 것이다.

백제 사비기 문화층에서 229점에 달하는 공반유물이 출토되었다. 문화층은 상층과 하층으로 구분되며, 토기의 기종은 꽤 다양하게 확인된다. 유물간의 시기차는 확인하기 어려운데 이는 문화층이 형성된 이후 잦은 범람과 단시간에 유적이 폐기된 것에 기인한다. 다만 한성기와 사비기의 토기 양삭간에는 현저한 차이를 보이고 있으므로 상대적인 편년은 가능하다. 우선 삼족기는 2점 출토되었다. 신부는 편평하고, 구연부에 뚜껑받침턱이 형성되어 있다. 그리고 대각은 뾰족하며 신부 외연에 부착되어 있다. 이 형식은 土田純子의 7형식으로 연대는 600~660년

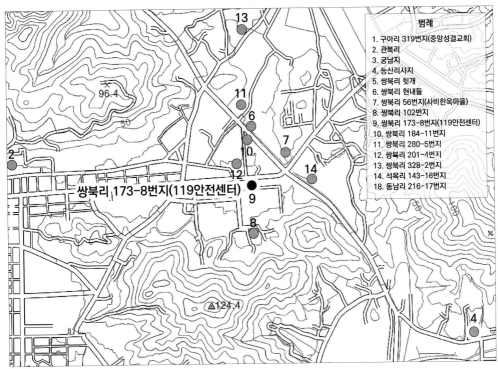

<범례>
1. 구아리 319번지(중앙성결교회)
2. 관북리
3. 궁남지
4. 능산리사지
5. 쌍북리 뒷개
6. 쌍북리 현내들
7. 쌍북리 56번지(사비한옥마을)
8. 쌍북리 102번지
9. 쌍북리 173-8번지(119안전센터)
10. 쌍북리 184-11번지
11. 쌍북리 280-5번지
12. 쌍북리 201-4번지
13. 쌍북리 328-2번지
14. 석목리 143-16번지
18. 동남리 216-17번지

쌍북리 173-8번지(119안전센터)

〈부여 쌍북리 173-8번지(119안전센터부지) 유적 및 주변 유적 현황〉

에 위치한다.

개는 12점이 수습되었다. 보주형은 둥근형태와 뾰족한 형태가 확인된다. 신부는 완만한 곡선을 이루고, 드림턱이 돌출되었다. 土田純子의 보주형 3형식으로 7세기 유행하며 사비기에 등장한다고 한다.

자배기는 사비기에 가장 많이 수습되는 기종이며, 5세기 중엽이후 한강유역에서 처음 출현한다. 그러나 웅진기 공주지역에서는 출토량이 적고, 사비기에 접어들면서 대량생산된 것으로 파악된다.

도가니의 경우 바닥부분이 뾰족한 첨저형과 둥근형, 구연부가 8자형으로 접힌 나팔형 도가니도 일부 수습되었다. 김종만의 형식 분류 Ⅰ·Ⅱ식에 속하고 사비기의 늦은 기시까지 사용되

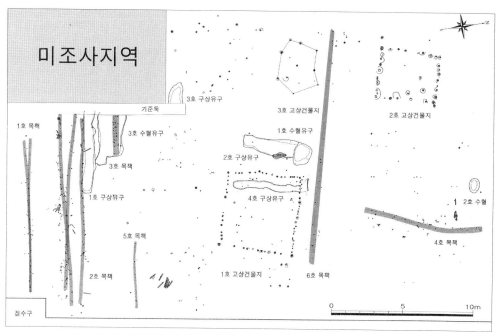

미조사지역

3호 구상유구

기준둑

3호 고상건물지

2호 고상건물지

1호 목책

3호 수혈유구

1호 수혈유구

3호 목책

2호 구상유구

1호 구상유구

4호 구상유구

2호 수혈

5호 목책

4호 목책

2호 목책

1호 고상건물지

6호 목책

집수구

0   5   10m

〈부여 쌍북리 173-8번지(119안전센터) 유적 유구 배치도〉

었던 것으로 파악된다. 나팔형 도가니의 경우 사비기 이른시기로 편년되는 유적에서는 확인되지 않는다. 그리고 청동용해로 상부에서 수습되었으므로 사용후 폐기된 정황이 인정된다. 한편 슬래그를 분석한 결과 첨저형과 둥근형태의 도가니에서는 구리와 주석이 확인되었다. 그리고 일부 도가니에서는 납이 검출되었다. 나팔형 도가니에서는 비소가 포함된 청동이 확인되었는데, 청동을 용해하는 과정에서 인위적으로 첨가한 것으로 판단된다. 도가니의 형태에 따라 슬래그의 성분이 다르다는 사실은 제작품의 차이에 따라 첨가물이 다르다는 것을 방증한다.

9) 목간 개요

① 보고서 194호

목간의 좌우측 상부에는 절입부가 확인된다. 상단부는 거칠게 가공하여 둥근 톱니바퀴모양

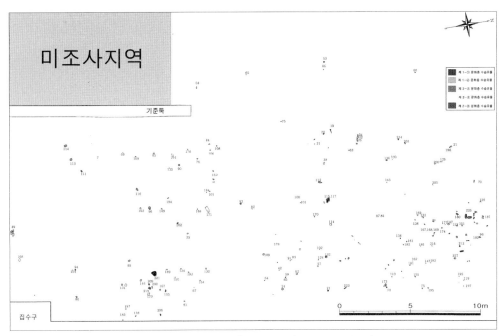

〈부여 쌍북리 173-8번지(119안전센터) 유적 유구 배치도〉

에 가깝다. 좌우측면은 잔손질을 한 흔적이 확인되며, 하단부는 결실되어 정확한 형태를 확인하기 어렵다. 앞면에 묵흔이 확인되며 五(玉)石六(九)十斤으로 판독되었다. 오석은 도교의 선약으로 오석산 혹은 한식산으로 불린다. 하단부 묵서 가운데 무게 계량단위인 斤이 나오므로 60근으로 볼 수 있다. 만약 용량 혹은 중량의 단위로 볼 수 있다면 오석은 약의 재료로 상정해 볼 수 있다. 玉石이라 판독하기도 한다.

　도교는 불교나 유학과 마찬가지로 백제인의 정신세계에 깊은 영향을 끼쳤다. 백제에 도교 성행과 관련된 물질 자료는 신선 사상이 반영된 궁남지, 금동대향로, 무령왕릉 동경, 지석 등이 있다. 도교의 궁극적인 목표는 신선이 되어 불로장생하는 것이며, 이에 養生術과 方術을 익혀야 했다. 오석은 이같은 양생술과 관련된 자료라는 견해가 있다. 오석은 雄黃, 丹沙, 磐石, 雌黃, 曾青 등 다섯 광물을 가리키는 말이다. 이 광물들을 배합하여 만든 약이 五石散이다. 이는 위진남북조시대에 만병통치약이자 불로장생약으로 애용하였다. 백제의 오석산 등 선약의 재료는 당

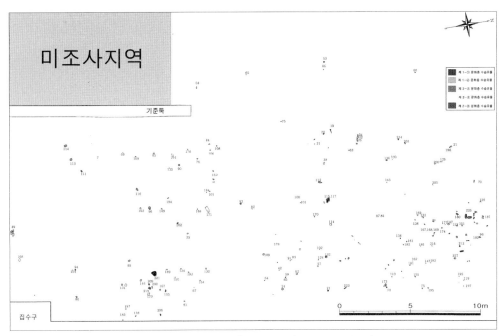

〈부여 쌍북리 173-8번지(119안전센터) 유적 유구 배치도〉

에 가깝다. 좌우측면은 잔손질을 한 흔적이 확인되며, 하단부는 결실되어 정확한 형태를 확인하기 어렵다. 앞면에 묵흔이 확인되며 五(玉)石六(九)十斤으로 판독되었다. 오석은 도교의 선약으로 오석산 혹은 한식산으로 불린다. 하단부 묵서 가운데 무게 계량단위인 斤이 나오므로 60근으로 볼 수 있다. 만약 용량 혹은 중량의 단위로 볼 수 있다면 오석은 약의 재료로 상정해 볼 수 있다. 玉石이라 판독하기도 한다.

　도교는 불교나 유학과 마찬가지로 백제인의 정신세계에 깊은 영향을 끼쳤다. 백제에 도교 성행과 관련된 물질 자료는 신선 사상이 반영된 궁남지, 금동대향로, 무령왕릉 동경, 지석 등이 있다. 도교의 궁극적인 목표는 신선이 되어 불로장생하는 것이며, 이에 養生術과 方術을 익혀야 했다. 오석은 이같은 양생술과 관련된 자료라는 견해가 있다. 오석은 雄黃, 丹沙, 磐石, 雌黃, 曾青 등 다섯 광물을 가리키는 말이다. 이 광물들을 배합하여 만든 약이 五石散이다. 이는 위진남북조시대에 만병통치약이자 불로장생약으로 애용하였다. 백제의 오석산 등 선약의 재료는 당

시 귀족들의 생활상을 짐작하는데 중요한 정보를 제공한다.

오석 명 목간은 형태상 부찰이며, 내용은 물품의 이름이나 수량을 간단히 기록하였다. 물자를 운반하고 보관하는 창고가 주변에 있었을 가능성이 제기되고 있다.

· 「∨五石区十斤 ×

$$(10+\alpha)\times(1.7+\alpha)\times0.7(\text{㎝})$$

② 보고서 197호

목간의 상, 하단부가 결실되고 일부만 잔존한 상태이다. 백제의 부는 대개 정자가 아닌 刂자를 쓴 경우가 많다. 하지만 본 목간에는 정자로 쓴 部가 확인된다. 부는 백제의 행정구역을 의미하며, 왕경은 5부로 나뉘어져 있었다. 다만 이 목간은 상, 하단이 결실된 상태여서 무엇을 의미하는지는 알기 어렵다. 다만 동일한 유적에서 □部兮礼至文久利□□명 목간도 확인되고, 부여 능산리 목간 가운데 '□城下部對德疎加鹵'명 목간의 경우 下部를 정자로 쓴 경우도 있다. 이 사례를 감안한다면 본 목간도 이러한 서식을 가진 경우로 추정해 볼 수 있겠다.

· × 部 ×

$$(9.1+\alpha)\times5.1\times(1.1\sim1.3)(\text{㎝})$$

③ 보고서 122호

양면에 묵서가 확인된다. 백제 사비 도성 어느 부 소속의 인물이 곡물류 20두를 어떻게 한다는 서식이다.

· × □部兮礼至文久利□□ ×
· × □可移□去背□卄斗□□ ×

$$(22+\alpha)\times4.0\times0.8(\text{㎝})$$

④ 보고서 223호

목간의 서식에 丁, 婦의 수를 차례로 나열하고 있다. 다만 婦의 판독은 나주 복암리 2호 목간을 바탕으로 한 추독이며, 婦로 확정하기 어렵다는 견해도 있다. 다만 나주 복암리 2호 목간과 서식의 유사성을 감안할 필요는 있을 것 같다. 본 목간은 백제의 호적 양식 혹은 호적에 사용된 어휘와 의미를 확정하는데 매우 중요한 자료라고 할 수 있다.

백제의 호적 관련 목간은 관북리 1호 목간, 나주 복암리 목간, 부여 능산리 목간, 부여 궁남지 목간 등이 있다. 향후 연구가 진전된다면 백제의 호적 제도 및 인민지배방식을 구체화할 수 있을 것으로 기대된다. 이외 무게 단위인 兩은 부여 구아리 출토 一斤명 용범과 부여 가탑리 출토 一斤명 용범이 있다.

백제의의 무게 단위를 가늠하는데 유용한 정보를 제공한다. 도량형은 국가권력에 의해 법률로 강제된 표준이다. 도량형의 통일을 통해 각 지역간 배타적이고 이질적인 문화가 보편적인 수량에 의한 국가지배가 가능하게 된다. 용량의 규격화은 생활용품의 통일을 기할 수 있는 토대가 된다.

· 「 □四斤一兩
    □五斤四兩 ×
· 「 □丁卅四
    □婦十三
    洦一□ ×

$(15.2+\alpha) \times 3.7 \times 0.7$(㎝)

10) 참고문헌

윤선태, 2007, 『목간이 들려주는 백제 이야기』, 주류성

장인성, 2007, 「도교문화」『백제의 제의와 종교』(백제문화사대계연구총서 13), 충청남도역
        사문화연구원

이찬희·이명성·박진영, 2008,「부여 쌍북리 출토 도가니의 제작조건과 환경 및 용도해석」 『부여 쌍북리 두시럭골 유적』, 충청문화재연구원

노중국, 2010, 『백제사회사상사』, 지식산업사

橋本繁, 2011,「近年出土の韓国木簡について」『木簡研究』33, 木簡学会

김영심, 2011,「백제문화의 도교적 요소」『한국고대사연구』64, 한국고대사학회

김영심, 2011,「백제의 도교 성립 문제에 대한 일고찰」『백제연구』53, 충남대학교 백제연구소

손호성, 2011,「부여 쌍북리 119안전센터부지 출토 목간의 내용과 판독」『木簡과 文字』7, 한국목간학회

趙晟佑, 2011,「後漢魏晉 鎭墓文의 종교적 특징과 道敎-五石을 중심으로-」『東洋史學研究』 117, 동양사학회

동방문화재연구원, 2013, 『부여 사비119 안전센터 신축부지 내 쌍북리 173-8번지 유적』

윤선태, 2013,「백제목간의 연구현황과 전망」『백제문화』49, 공주대학교 백제문화연구소

李浩炯, 2013,「扶餘雙北里173-8番地遺蹟木簡의 出土現況 및 檢討」『木簡과 文字』11, 한국 목간학회

이병호, 2014,「백제 도성의 수공업 생산체계-사비기를 중심으로-」『역사문화연구』52, 한 국외국어대학교 역사문화연구소

문동석, 2014,「백제의 도교 사상과 대왜 교류, 청동거울에 새겨진 명문」『금석문으로 백제 를 읽다』, 학연문화사

정동준, 2015,「쌍북리 출토 문자자료」『한국고대문자자료연구-백제(상)』, 주류성

장인성, 2017, 『한국 고대 도교』, 서경문화사

박찬규, 2020,「백제 도교의 표상-오석 목간과 삼귀 목간」『목간으로 백제를 읽다』, 백제학 회 한성백제연구팀 편, 사회평론아카데미

10. 부여 쌍북리 184-11번지(부여 사비 119 안전센터) 유적 출토 목간

1) **유적명** : 부여 쌍북리 184-11번지(부여 사비 119 안전센터) 유적

2) **유적소재지** : 부여군 부여읍 쌍북리 184-11번지

3) **유적유형** : 생활유적(우물, 공방지, 도로)

4) **목간점수/주요유물** : 2점/오수전, 칠기, 토기, 기와, 도가니

5) **시대 및 시기** : 백제, 7세기 전, 중반

6) **발굴기관/발굴기간/보고서 간행** : 現 (재)백제고도문화재단(前 (재)부여군문화재(보존센터)/2011.11.07~2012.11.16/2014

7) **소장기관** : 국립부여박물관

8) **유적 개요**

부여 쌍북리 184-11번지 유적은 부여에서 공주와 논산의 갈림길인 동문삼거리 부근에 위치한다. 이곳은 119 소방파출소를 신축하기 위한 부지로서 2012년 구제발굴되었다. 주변 유적으로는 부소산성을 비롯해 좌관대식기 목간이 출토된 쌍북리 280-5번지유적, 부여 현내들 유적 등이 위치한다.

유적은 해발 약 9m인 저평지에 형성되어 있다. 백제시대 문화층은 지표하 2~3m의 깊이에서 우물, 집터, 공방지, 배수로를 갖춘 도로 등이 확인되었다. 남북도로1은 서쪽으로 갈수록 낮아지는 자연 지형을 보완하기 위해 모래와 점토를 반복 성토하여 노면 겸 생활면으로 활용한 대지를 조성하였다. 도로를 조성한 후 양측에 측구를 조성하였다. 노면의 규모는 남북길이는 32m, 동서 너비 5m 내외이며, 진행방향은 정남북에 가깝다. 노면에서는 수레바퀴자국이 선명하게 확인된다. 측구의 빗면에는 가장자리 법면의 유실을 방지하기 위해 측구방향과 나란하게 말뚝들을 박아 고정한 흔적이 보인다.

우물은 도로의 서측구가 시작하는 지점에 위치한다. 측구는 이 우물로 인해 더 이상 남쪽으로 연장되지 않았다. 우물의 직연은 너비 90㎝에 불과하지만 깊이가 2.2m에 달한다. 우물 내부에서는 나무손잡이가 달린 칼을 비롯하여 토기와 나무 등이 출토되었다. 바닥에는 편평한 석재

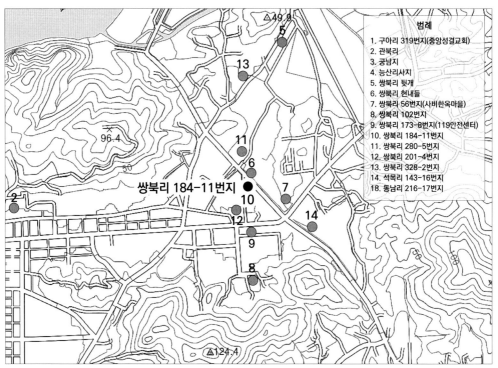

범례

1. 구아리 319번지(중앙성결교회)
2. 관북리
3. 궁남지
4. 능산리사지
5. 쌍북리 뒷개
6. 쌍북리 현내들
7. 쌍북리 56번지(사비한옥마을)
8. 쌍북리 102번지
9. 쌍북리 173-8번지(119안전센터)
10. 쌍북리 184-11번지
11. 쌍북리 280-5번지
12. 쌍북리 201-4번지
13. 쌍북리 328-2번지
14. 석목리 143-16번지
18. 동남리 216-17번지

쌍북리 184-11번지

〈부여 쌍북리 184-11번지(119소방파출소 신축부지) 유적 및 주변 유적 현황〉

들을 깔아 놓았다.

한편 벽주건물도 확인되었다. 건물의 구조는 主柱와 間柱로 벽체를 구성한 방형계의 벽주건물로 분류할 수 있다. 목주열을 기준으로 건물지의 규모는 동서 485~517㎝, 남북 490~519㎝이다. 내부시설로는 출입시설과 난방시설 일부가 확인되었다. 일반적으로 벽주건물의 출입구는 남벽인데, 본 유적에서 확인된 건물의 출입구는 서벽에 위치하고 있다. 이는 남북도로 2가 건물의 서편에 위치하고 있어 출입의 용이함이 고려된 조치로 이해된다. 구들은 ㄱ자 형태로 남아 있고, 양 가장자리에 작은 할석을 세웠다. 석재들은 장시간 불에 노출된 듯 부슬부슬한 상태였다. 남벽 중앙 내측에 아궁이시설이 있었던 것으로 추정된다.

도로변에서는 집터와 공방지도 확인되었다. 집터는 하부구조만 잔존하고 있었는데, 벽체를

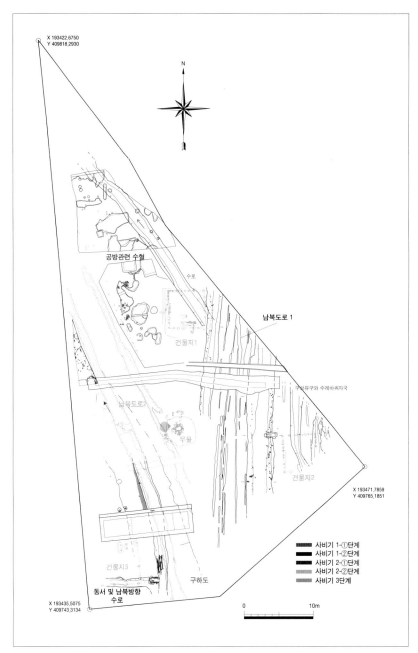

X 193422.6750
Y 409818.2930

N

공방관련 수혈

수로

남북도로 1

건물지1

남북도로2

구상유구와 수레바퀴자국

우물

건물지2

X 193471.7859
Y 409765.1851

사비기 1-①단계
사비기 1-②단계
사비기 2-①단계
사비기 2-②단계
사비기 3단계

건물지3

구하도

동서 및 남북방향
수로

X 193435.5075
Y 409743.3134

0   10m

〈부여 쌍북리 184-11번지(부여 사비 119 안전센터) 유적 유구 배치도〉

따라 촘촘히 기둥을 박았고, 도랑, 출입구 등을 통하여 사람이 실제 거주한 주거지였음을 알 수 있었다. 평면 공간은 25㎡이다. 한편 공방지는 쇳물을 담는 용기인 도가니가 출토되었다. 주요 유물은 목간을 비롯하여 오수전, 옻칠 그릇, 토기, 기와 등이 확인되었다. 이곳에서 출토된 오수전은 수대에 주조된 것이다. 오수전은 동전의 외곽이 넓고, 가운데에 뚫려 있는 방형의 내곽은 무곽이다.

9) 목간 개요

목간은 우물과 연결된 1호 남북도로 서측구에서 1점, 동측구에서 1점 등 모두 2점이 발견되었다. 서측구에서 출토된 목간은 4글자 정도 확인되나 동측구에서 출토된 것은 상단에 절입부가 있지만 묵흔은 확인되지 않았다.

① 보고서 斤止受子명 목간(보고서 사진 71호)

상단 두 글자와 하단 두 글자가 짝을 이루며, 글자의 크기는 0.8~1.2㎝이다. 목간은 남북도로 1의 서측구(1-②차) 내부에서 출토되었고, '斤止受子'라 쓰여져 있다. 受는 이체자인 '叐'로 쓰여져 있다. 평면형태는 상단부는 둥글게 가공하고, 그 아래는 수직으로 곧게 내려온다. 하단부는 유실되어 형태를 알 수 없다. 양 측면과 묵서가 쓰인 앞면은 편평하게 처리하였으나, 뒷면은 가공이 덜되어 단면형태는 선형에 가깝다.

목간의 형태는 부찰과 유사하며 4자로 마무리된 것으로 미루어 보면 인명일 가능성이 있지 않을까 한다.

· 「斤止受子 ×

$$(10.1+\alpha) \times 2.5 \times 0.2{\sim}0.5(㎝)$$

10) 참고문헌

심상육, 2013, 「부여 쌍북리 184-11 유적 목간 신출 보고」 『木簡과 文字』 10 한국목간학회 백제고도문화재단, 2014b, 『부여 쌍북리 184-11(부여 사비119안전센터부지)유적』

정동준, 2015, 「쌍북리 출토 문자자료」 『한국고대문자자료연구-백제(상)』, 주류성

11. 부여 쌍북리 280-5번지(신성전기창고) 유적 출토 목간

1) **유적명** : 부여 쌍북리 280-5번지 신성전기창고부지 유적

2) **유적소재지** : 부여 쌍북리 280-5 번지

3) **유적유형** : 생활유적(건물지, 도로)

4) **목간점수/주요유물** : 3점(7점)/토기, 목제류, 동,식물유체

5) **시대 및 시기** : 백제, 7세기초

6) **발굴기관/발굴기간/보고서 간행** : 백제문화재연구원/2008.1.8.~3.5, 2008.4.1~5.6/2011

7) **소장기관** : 국립부여박물관

8) **유적 개요**

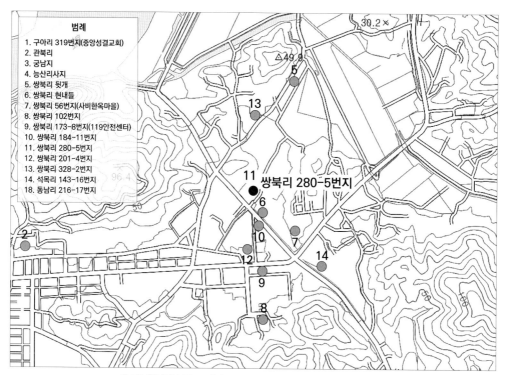

범례
1. 구아리 319번지(중앙성결교회)
2. 관북리
3. 궁남지
4. 능산리사지
5. 쌍북리 뒷개
6. 쌍북리 현내들
7. 쌍북리 56번지(사비한옥마을)
8. 쌍북리 102번지
9. 쌍북리 173-8번지(119안전센터)
10. 쌍북리 184-11번지
11. 쌍북리 280-5번지
12. 쌍북리 201-4번지
13. 쌍북리 328-2번지
14. 석목리 143-16번지
18. 동남리 216-17번지

〈부여 쌍북리 280-5번지 신성전기창고 유적 및 주변 유적 현황〉

부여 쌍북리 280-5번지 유적은 신성전기의 창고를 신축하기 위하여 조사면적 750㎡ 문화재 발굴조사를 실시한 곳이다. 조사지역 주변으로는 동북쪽 300m 지점에 현내들 유적, 남서쪽 400m 지점에 부소산성, 북쪽 400m 지점에는 청산성이 위치하고 있다. 조사지역의 주변 지형 은 동쪽으로는 청마산에서 이어져 내려오는 잔구릉에 둘러싸여 있고, 서쪽으로는 부소산, 남쪽 으로는 금성산, 북쪽에는 청산성 동남쪽의 가증천으로 배수가 이루어진다. 금강변과 가증천 주 변의 해발고도가 큰 차이가 없으므로 금강 범람시 주변 지역까지 침수가 되었을 것으로 보인다.

논경작지의 현 표토 3m 아래에 백제시대의 동서 도로유구와 건물지가 조사되었다. 유구는 주로 백제시대 Ⅱ층에서 확인되었는데, 동서 도로는 길이 21m, 너비 2.5m 가량된다. 도로의 상면에는 사람 발자국과 너비 1~1.2m 정도의 간격을 가진 수레바퀴 흔적, 짚신의 바닥면 등이 검출되었다. 굴립주 건물지는 도로 남쪽에 3동, 북쪽에 2동이 조사되었다. 건물지와 백제시대 유물 퇴적층에서 목간, 토기류, 목제류, 동·식물유체 등이 출토되었다.

9) 목간 개요

출토된 佐官貸食記 목간은 백제 사회상과 진대법을 알려주는 획기적 자료다. 3호 건물지에 서는 구상유구가 확인되었고, 그 구상유구의 내부에서는 굴껍질, 복숭아씨, 볍씨 등 다양한 동· 식물유체, 토기를 비롯한 여러 종류의 목제류와 함께, 3점의 목간이 출토되었다. 3점의 목간 가 운데 좌관대식기 목간은 춘궁기에 곡식을 빌려주고 5할의 이자와 함께 원금을 거두는 貸食에 관한 장부임을 알 수 있다.

3호 건물지 남쪽으로 나뭇가지들을 깔아놓은 부엽층이 여러 층 확인되었다. 2건물지와 부엽 층의 경계에는 건물 구분을 위해 세운 작은 말목이 열을 이루고 있다. 부엽층 위에서 목제품, 패각류, 씨앗류 등과 함께 목간 7점이 출토되었다. 묵서가 있는 것은 3점이다. 그 가운데 '佐官 貸食記', '与□' 목간은 1번 건물지, '外椋卩' 목간은 유적 내 동서 방향의 도로 주변에 물이 흘러 들어가 형성된 황갈색 모래층에서 출토되었다. 구체적인 위치는 동서방향의 도로 측구와 1번 건물지 사이에서 출토되었다. 외경부는 백제 22부사 중 하나다. 이들 목간에 의해 사비도성의 시공간 내에서 관청 혹은 재정운영과 관련된 구역으로 설정할 수 있게 되었다.

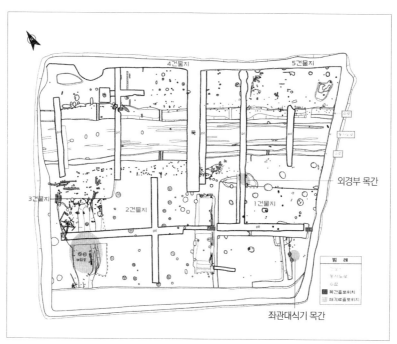

〈부여 쌍북리 280-5번지 유적 유구 배치와 목간 출토 위치〉

① 보고서 131호(도면 30, 자전 [雙]280-1)

일명 佐官貸食記 목간으로 불린다. 1번 건물지 동쪽 1.7m 지점에서 출토되었다. 목간 상단부 2.4㎝ 지점에 뒷면에서 앞면으로 구멍을 뚫었다. 출토 층위는 황갈색 모래층이며 건물지 일부를 침식하고 만들어진 웅덩이 상부여서 유구와 직접적인 관련이 없다. 글자는 앞면에 세 줄, 뒷면에 2줄로 적혀 있다. 문장은 段 구분쓰기를 하였다. 앞 뒷면 각각 3단쓰기다. 목간의 주된 내용은 곡식의 대여와 이식을 포함한 기록이다. 목간에는 戊寅年에 작성되었는데, 목간의 출토 층위와 주변 건물지 유물의 중심연대는 6세기 말 이후인 점으로 보아 이는 618년(무왕 19)으로 비정되고 있다. 貸食이란 용어는 3세기 전반의 중국 주마루 오간 중에서도, 7세기 고대 일본에서도, 官倉에서 곡물대여 때 쓰였다.

10명의 이름이 열거되어 있으며, 각각 [몇石(빌려준 수량) +上 몇石(돌려받은 수량) + 未 몇

石(아직 받지 못한 수량)]이라는 서식으로 기재하였다. 대출 곡식의 수량을 관리하는 관청이 작성한 장부문서다. 佐官에 대해서는 몇 가지 견해가 제시되고 있는데, 대식을 담당했을 외경부의 屬司로 이해하기도 한다. 왕이 직접 임명하여 각 관사의 장관을 보좌하는 중간층의 관리로 이해하기도 한다. 장부에 기재된 인물 가운데는 邑佐와 같이 이식없이 무상대여받은 이가 있어 그와 관련된 것으로 보인다. 이식률은 50%였는데, 이에 대해서는 고리대였다는 관점과 그렇지 않다는 관점이 병존한다. 대식기에는 石, 斗와 같은 수량 외에 半, 甲이 보인다. 半은 1/2, 甲은 1/4을 가리키는 것으로 분석되었다. 甲이 1/4의 의미로 쓰인 경우는 일본 鳥取縣 倉吉市 大御堂 폐사지 출토 목간에서도 보인다. 고대 일본의 진대법인 出擧에 백제 貸食制의 영향이 상정되고 있다.

인근에서 '外椋卩' 목간이 발견되어 이 유구 일대에 외경부에서 운영하던 창고시설이 존재하였고, 그곳에 보관된 곡식을 대식으로 활용했던 것으로 추정되고 있다. 문서에 보이는 "六月"보리나 밀의 수확시기와 겹치므로 食은 쌀보다는 보리나 밀이었을 가능성이 크다는 견해가 있다. 이 "六月"에 대해서는 빌려준 시기라는 견해도 있으나 상환받은 시기일 가능성이 커보인다.

```
1「  戊寅年六月中    固淳多三石              佃麻那二石
   ◎            上夫三石上四石           比至二石上一石未二石              ×
   佐官貸食記      佃目之二石上二石困一石     習利一石五斗上一石未一石
2「  素麻一石五斗上一石五斗未七斗半    佃首行一石三斗半上石未石甲    幷十九石
   ◎                                                              ×
   今沽一石三斗半上一石未一石甲    刀刀邑佐三石与           得十一石
                                    (29.1+α)×4.1×(0.5~0.6)(㎝)
```

② 보고서 132호(도면 30)

2호 목간은 좌관대식기 목간 주변의 황갈색 사질점토층에서 출토되었다. 제첨축 목간으로 추정되고 있는데 축의 하단부는 결실된 상태다. '与□'으로 판독되는데 '与帳'이란 견해도 있다.

· 「与□ ×

$$(5.6+\alpha) \times 1.6 \times 0.6 (\text{cm})$$

③ 보고서 목간 390호(도면 69)

일명 外椋卩 목간으로 불린다. 목간은 유적의 동서방향의 도로와 1건물지 사이에서 출토되었다. 출토된 층위는 황갈색 모래층이며, 이 층은 최종 조사된 유구 높이 보다 5㎝ 윗면에 형성되었다. 이 모래층은 유수의 흐름으로 생긴 토층으로 발굴 조사된 건물지 유구 이후에 퇴적되었다. 따라서 건물과는 직접적인 관계가 없다. 外椋卩는 문자 그대로 외경을 담당하는 관부이다. 외경은 국가 재정의 출납과 관련된 것으로 이해되고 있다. "외경부의 鐵. 綿 10兩을 대신한다"고 보아 외경부에서 면 10량을 대신해 거두어들인 철에 붙은 고리표로 보는 게 일반적이다. 혹은 代를 '대가'로 해석하여 "외경부에서 철의 대가로 (창고에 수납된) 면 10량"이라고 볼 수도 있다. 면 10량이 담긴 포대에 붙여진 하찰이 된다. 鐵을 열쇠, 쇳대로 해석하여 외경부의 열쇠를 매단 패찰로 이해하는 견해도 있다.

· 「◎外椋 卩鐵」
· 「◎代綿十兩」

$$8 \times 2.35 \times 0.55 \sim 0.66 (\text{cm})$$

10) 참고문헌

김기섭, 2003, 「백제인의 식생활 시론-재료와 조리를 중심으로」『백제연구』 37, 충남대학교 백제연구소

三上喜孝, 2005, 「出擧の運用」『文字と古代日本』 5

이문기, 2005, 「사비시대 백제 전내부체제의 운영과 변화」『백제연구』 42, 충남대학교 백제연구소

윤선태, 2007, 『목간이 들려주는 백제 이야기』, 주류성

윤선태, 2007, 「백제의 문서행정과 목간」『한국고대사연구』 47, 한국고대사학회

백제문화재연구원, 2008, 「부여 쌍북리 280-5번지 창고신축부지내 발굴조사 현장설명회 자료」

朴泰祐, 鄭海濬, 尹智熙, 2008, 「扶餘 雙北里 280-5番地 出土 木簡 報告」『木簡과 文字』 2, 한국목간학회

孫煥一, 2008, 「百濟 木簡『佐官貸食記』의 分類體系와 書體」『韓國思想과 文化』 43, 한국사상문화학회

이용현, 2008, 「좌관대식기와 백제대식제」『백제목간』, 국립부여박물관

박태우, 2009, 「목간자료를 통해 본 사비도성의 공간구조」『백제학보』 창간호, 백제학회

三上喜孝, 2009, 「百濟「佐官貸食記」木簡と日本古代の出擧制」『백제 좌관대식기의 세계』, 국립부여박물관

서길수, 2009, 「백제의 좌관대식기와 이자」『백제 좌관대식기의 세계』, 국립부여박물관

鈴木靖民, 2009, 「七世紀の百済と倭國の交流 – 佛教·貸食(出擧)を中心として」『백제 좌관대식기의 세계』, 국립부여박물관

이용현, 2009, 「좌관대식기와 백제대식제」『백제 "좌관대식기"의 세계』 한국박물관 개관 100주년 기념 세미나 자료집

정동준, 2009, 「「佐官貸食記」 목간의 제도사적 의미」『木簡과 文字』 4, 한국목간학회

홍승우, 2009, 「「佐左官貸食記」에 나타난 百濟의 量制와 貸食制」『木簡과 文字』 4, 한국목간학회

노중국, 2010, 『백제사회사상사』, 지식산업사

백제문화재연구원, 2011, 『扶餘 雙北里 280-5 遺蹟』 문화유적조사보고26집

심상육·이미현 이효중, 2011, 「부여 '중앙성결교회유적' 및 '뒷개유적' 출토 목간 보고」『木簡과 文字』 7, 한국목간학회

정동준, 2013, 『동아시아 속의 백제 정치제도』, 일지사

정동준, 2014, 「백제 대식제(貸食制)의 실상과 한계」『역사와 현실』 91, 한국역사연구회

정동준, 2015, 「쌍북리 출토 문자자료」『한국고대문자자료연구-백제(상)』, 주류성

정훈진, 2016, 「부여 쌍북리 백제유적 출토 목간의 성격 -201-4번지 및 328-2번지 출토 목간을 중심으로」『木簡과 文字』16, 한국목간학회

橋本繁, 2020, 「古代朝鮮の出土文字史料と「東アジア文化圏」」『唐代史研究』23, 唐代史研究会

김기섭, 2020, 「나라가 먹을 것을 빌려주고 받은 기록-좌관대식기 목간」『목간으로 백제를 읽다』, 백제학회 한성백제연구팀 편, 사회평론아카데미

이병호, 2020, 「부여 쌍북리 목간의 기초적 검토」『사비시대 백제의 통치양상』, 충남대 국사학과 2020년 국립대학육성사업 백제학술세미나 발표자료집

전덕재, 2020, 「三國의 量制와 百濟 田積制에 대한 고찰」『木簡과 文字』24, 한국목간학회

정현숙, 2020, 「백제 부여목간과 나주목간의 서풍」『木簡과 文字』24, 한국목간학회

12. 부여 쌍북리 201-4번지(농업시설) 유적 출토 목간

1) 유적명 : 부여 쌍북리 201-4번지 농업시설(창고시설) 신축부지 내 유적

2) 유적소재지 : 부여군 부여읍 쌍북리 201-4

3) 유적유형 : 생활유적(수혈, 구상유구)

4) 목간점수/주요유물 : 2점/이형목제품, 칠기, 표주박, 유리도가니

5) 시대 및 시기 : 백제, 7세기 전, 중반

6) 발굴기관/발굴기간/보고서 간행 : 한국문화재재단/2011.10.5.~10.7, 2011.12.12.~ 2012.2.17/2015

7) 소장기관 : 국립부여박물관

8) 유적 개요

부여 쌍북리 201-5(보고서에는 201-4번지로 되어 있으나 정확한 지번은 201-5이다)번지 유적은 농업시설을 신축하기 위해 구제발굴된 유적이다. 조사면적은 987㎡에 달한다. 부소산 의 동쪽에 형성된 저지대에 위치하고 있다. 유적의 북쪽으로 북나성 구간이 지나가며 동쪽에는 청산성, 남쪽에는 월함지가 인접하고 있다. 조사전 유적은 마을의 조성과 도로의 개설로 인해 2~3m 가량 복토가 되어 있었다.

조사결과 백제시대 문화층이 5개 확인되었다. 유구는 백제시대 건물지 2동·수혈유구 10기· 구상유구 7기 등 총 14기의 생활유구 와 다수의 주혈(목주)이 확인되었다.

목간은 최상층인 제5문화층 구상유구 5호에서 출토되었다. 구상유구는 조사구역의 중앙을 가로지르며 '—'자형으로 길게 이어지며, 장축방향은 남-북(N-2°-E)향이다. 내부는 너비가 넓 은 단면상 'U'자형으로 굴착되었으며, 잔존규모는 길이 1,920㎝, 너비 188㎝, 깊이 15㎝이다. 여기서는 다량의 토기류(개, 완, 대부완, 호, 직구호, 기대편 등)가 목간 2점, 이형목제품, 칠기, 표주박, 유리도가니 등이 출토되었다.

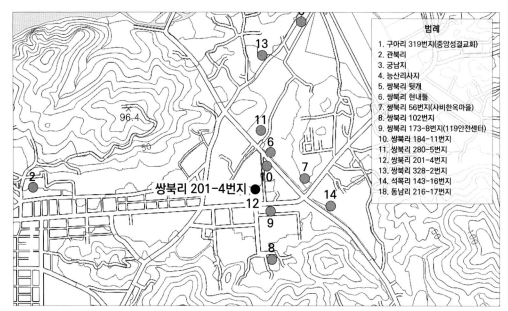

범례

1. 구아리 319번지(중앙성결교회)
2. 관북리
3. 궁남지
4. 능산리사지
5. 쌍북리 뒷개
6. 쌍북리 현내들
7. 쌍북리 56번지(사비한옥마을)
8. 쌍북리 102번지
9. 쌍북리 173-8번지(119안전센터)
10. 쌍북리 184-11번지
11. 쌍북리 280-5번지
12. 쌍북리 201-4번지
13. 쌍북리 328-2번지
14. 석목리 143-16번지
18. 동남리 216-17번지

쌍북리 201-4번지

〈부여 쌍북리 201-4번지 농업시설 유적 및 주변 유적 현황〉

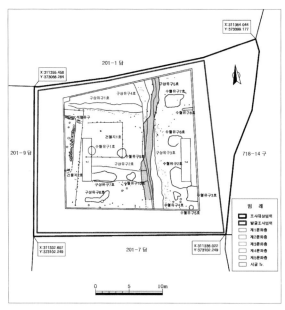

〈부여 쌍북리 201-4번지 유적 유구 배치도〉

9) 목간 개요

① 보고서 55, 목간(보고서 도판 44-55)

세장형의 부찰목간이며, 완형이다. 표면은 칼로 매끄럽게 다듬었다. 목간의 상단부는 둥글고 하단부는 각 지게 마무리하였다. 상부 중앙에 구멍을 뚫었고, 앞면에서만 묵서가 확인된다. 상하 3단으로 나누어 서사하였으며 1단과 3단은 1행, 2단은 3행으로 구성되었다. 대부분 네 글자 정도 쓰여진 것으로 보인다. 마지막 글자는 丁으로 되어 있다. 이는 壯丁을 의미하는 것으로 보인다. 그렇다면 이 목간은 장정의 역역동원과 밀접한 관련을 가질여지가 보인다. 丁과 관련된 목간은 궁남지에서 처음 출토한 이래 능산리사지, 나주 복암리까지 확인된다. 이는 중앙을 비롯하여 지방에까지 어떤 동일한 율령 아래 장정의 동원이 일률적으로 시행되었음을 시사한다. 이 목간은 장정의 편제와 관련되며 부역 혹은 군역의 징발을 위해 호적을 정리하면서 만든 호적 목간일 가능성이 있다. 다만 이들이 서로 혈연적인 관계에 있는지는 향후 검토가 필요하다. 兄을 가족과 관련된 용어로 볼 경우 가족 단위의 편제도 고려해 볼 수 있다.

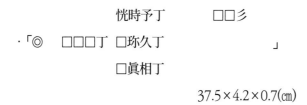

$$37.5 \times 4.2 \times 0.7(\text{cm})$$

② 보고서 56, 목간(보고서 도판 44-56)

세장형 목간으로 1호 목간과 유사하다. 상하단이 결실되어 전체적인 모습을 알 수 없다. 표면을 칼로 매끄럽게 다듬었다. 목간의 성격은 1호 목간과 마찬가지로 정의 편제를 표기한 것으로 추정된다. 목간은 크게 2단으로 구성되었으며, 2단의 丁인 兄習利는 좌관대식기의 3단 3행에 등장하는 인물 '習利一石五斗上 一石未一'와 동일인일 지도 모른다.

                    兄瞀利丁

·×   □諸之□□臣丁   ×

              (28.5+α)×4.4×0.5(㎝)

10) 참고문헌

한국문화재보호재단, 2012, 「부여 쌍북리 201-4번지 농업시설(창고시설) 신축부지 내 유적 국비지원 발굴조사 약보고서」

정훈진 외, 2012, 「부여 쌍북리 201-4번지 농업시설(창고시설) 신축부지 내 유적」『제 26회 호서고고학회 학술대회 호서지역 문화유적 발굴성과』, 湖西考古學會

한국문화재재단, 2015, 『2012년도 소규모 발굴조사 보고서Ⅴ-1. 부여 쌍북리 201-4번지 유적』

정동준, 2015, 「쌍북리 출토 문자자료」『한국고대문자자료연구-백제(상)』, 주류성

정훈진, 2016, 「부여 쌍북리 백제유적 출토 목간의 성격」『木簡과 文字』16, 한국목간학회

정훈진, 2016, 「부여 쌍북리 국비조사 유적 출토 목간 사례」, 한국목간학회 제23회 정기발표회

13. 부여 쌍북리 328-2번지(단독주택) 유적 출토 목간

1) 유적명 : 부여 쌍북리 328-2번지 단독주택 신축부지 내 유적

2) 유적소재지 : 부여군 부여읍 쌍북리 328-2 번지

3) 유적유형 : 생활유적(수혈, 구상유구)

4) 목간점수/주요유물 : 3점/토기, 와제품(범심·원반형), 인장와·기와편, 철제품(고리·슬래그)

5) 시대 및 시기 : 백제, 7세기 전, 중반

6) 발굴기관/발굴기간/보고서 간행 : 한국문화재재단/2011.2.7.~2.11, 2011.6.13~10.6/2013

7) 소장기관 : 국립부여박물관

8) 유적 개요

부여 쌍북리 328-2번지 유적은 조정대 씨의 단독주택 신축부지이며, 조사면적은 660㎡에 달한다. 조사대상지를 포함한 주변 일원은 부소산성-북나성-청산성-동나성이 병풍처럼 돌려져 있는 곡부성 저지대에 해당한다. 동편에는 월함지가 위치한다.

조사 결과 백제시대 사비기 문화층에서 목주혈 1기, 수혈 3기, 구상유구 3기 등 모두 7기의 유구가 확인되었다. 유물은 백제시대에 해당하는 토기(뚜껑·완·직구호·기대·시루·이형토기 등), 와제품(범심·원반형), 인장와·기와편, 철제품(고리·슬래그), 목제품(목간·가공목), 식물유체(밤·호두·왕겨) 등이 출토되었다. 공반 유물 가운데 丁丑이 새겨진 기와가 있다. 丁丑年은 557년 혹은 617년이 해당되며, 유물의 편년을 볼 때 617년일 가능성이 높다.

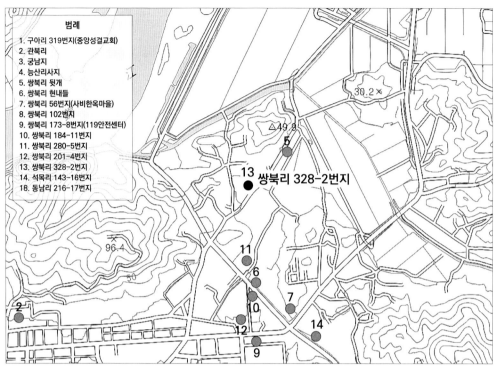

범례
1. 구아리 319번지(중앙성결교회)
2. 관북리
3. 궁남지
4. 능산리사지
5. 쌍북리 뒷개
6. 쌍북리 현내들
7. 쌍북리 56번지(사비한옥마을)
8. 쌍북리 102번지
9. 쌍북리 173-8번지(119안전센터)
10. 쌍북리 184-11번지
11. 쌍북리 280-5번지
12. 쌍북리 201-4번지
13. 쌍북리 328-2번지
14. 석목리 143-16번지
18. 동남리 216-17번지

13 쌍북리 328-2번지

〈부여 쌍북리 328-2번지 단독주택 내 유적 및 주변 유적 현황〉

9) 목간 개요

목간은 모두 3점이 출토되었다. 유적의 연대는 구상유구 내부에서 채취한 목탄시료에 대한
AMS 분석결과 상층 1570±40B.P.,하층 1600±50B.P.의 절대연대와 하층 A.D.470년, 상층
A.D.490년의 보정연대가 각각 도출되었다. 가공목에 대한 수종분석 결과 굴피나무로 밝혀졌
다.

이곳에서 출토된 구구단 목간은 한국 최초의 사례이다. 중국과 일본에서 이미 수 많은 구구
단 목간이 발견되었기 때문에 한반도를 경유하지 않고 대륙에서 열도로 직접 전해진 것으로 파
악하는 경향이 있었다. 그런데 본 유적에서 구구단 목간이 발견됨에 따라 구구단 유통 경로에
한반도를 넣을 수 있게 되었다.

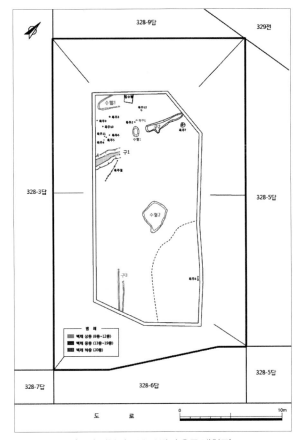

〈부여 쌍북리 328-2번지 유구 배치도〉

① 보고서 34, 목간(보고서 도판 26-34)

　장방형 목간으로 일부 결실된 부분은 있지만 완형 복원이 가능하다. 상부에는 구멍이 뚫려 있다. 앞면에만 묵서가 확인된다. 문자를 仲尼로 보는 견해도 있다. 비교적 분명한 글자는 中, 子, 三 정도이다.

　·「◎ 中□□子 三 ○ 」

14.8×2.3×0.4~0.6(㎝)

② 보고서 1, 목간(보고서 도판 9–1)

장방형의 부찰 목간이며 상단 모서리 일부가 결실되었으나 완형 복원이 가능하다. 상부에는 구멍이 뚫려져 있다. 글자는 구멍 바로 아래 2자 확인된다.

·「◎ 上□」

12.2×2.0×0.4(㎝), 소나무 속 경송류

③ 보고서 5, 목간(보고서 도판 14–5)

목간에는 구구단 공식이 적혀 있다. 글자 수는 103자이고 그중 불분명한 5자를 제외하고 나머지 98자는 판독 가능하다. 수종은 경송이다. 전면에 묵서가 기재되어 있는데, 위에서부터 아래로 9단부터 2단까지 기록되어 있고, 4글자를 한 단위로 횡선을 그어 구획하였다. 아래로 갈수록 하위 단들을 적었고, 동일한 숫자의 중복을 피하기 위해 반복부호(〃)를 사용하였다. 9단부터 차례로 하단으로 내려가는 배열 순서를 가진다. 그리고 같은 수끼리 곱할 때 모두 重文符號를 사용했고 卄, 卅, 卌 등 십진법을 표기할 때 十을 묶어 표시하였다.

원래의 형태는 직각삼각형의 형태였는데 상단부가 파손되었다는 견해가 있다. 손에 쥐고 볼수 있게 끔 만들었던 것으로 보인다. 횡선을 그어 단쓰기를 하였다. 한편 이 목간을 각도기처럼 사용했을 것으로 본 견해도 있다. 원형이 삼각형이었다는 가정을 전제로 세 변이 각각 唐尺, 營造尺, 高句麗尺의 길이가 적용된 것으로 보고, 모서리의 각도를 각기 90°, 70°, 20°를 이루고 있는 것은 作圖 혹은 측량하면서 빈번하게 사용되는 각도를 반영한 것으로 본 것이다.

구구단 목간

```
                    ┐
        七 八 九
        九 九 〃
        六 七 八
        十 □ 十
        三 □ 一
      ─────────────
      五 六 七 八
      八 八 八 〃
      卌 卌 五 六
        八 十 十
          六 四
      ─────────────
    四 五 六 七
    七 □ 七 〃
    廿 卅 卌 卌
    八 五 二 九
    ㄱ 四 五 六
        六 □ 〃
        廿 卅 卅
    ㄴ □   六
      ─────────────
    ㄱ 三 四 五
        五 五 〃
        十 廿 廿
    ㄴ 五   五
      ─────────────
        二 三 四
        四 四 〃
        八 十 十
          二 六
      ─────────────
            二
            〃
            四
          ┌
          └
      └
```

30.1×(5.5+*α*)×1.4(㎝), 소나무 속 경송류

10) 참고문헌

김일권, 2007, 「백제의 역법제도와 간지역일 문제 고찰」, 『백제의 사회경제와 과학기술』(백제문화사대계연구총서 11), 충청남도역사문화연구원

윤선태, 2007, 『목간이 들려주는 백제 이야기』, 주류성

노중국, 2010, 『백제사회사상사』, 지식산업사

한국문화재보호재단, 2011, 「부여 쌍북리 328-2번지 단독주택 신축부지내 유저 구비지원 발굴조사 약보고서」

미카미 요시타카, 2011, 「일본 출토 고대목간-근년(2008~2011) 출토 목간」, 『木簡과 文字』 7, 한국목간학회

정훈진 외, 2012, 「부여 쌍북리 328-2번지 단독주택 신축부지 내 유적」, 『제26회 호서고고학회 학술대회 호서지역 문화유적 발굴성과』, 湖西考古學會

한국문화재보호재단, 2013, 『2011년도 소규모 발굴조사 보고서Ⅲ-6. 부여 쌍북리 328-2번지 유적』

정동준, 2015, 「쌍북리 출토 문자자료」, 『한국고대문자자료연구-백제(상)』, 주류성

桑田訓也 著, 오택현 譯, 2016, 「일본의 구구단·력 관련 출토 문자자료와 그 연구 동향- 목간을 중심으로」, 『木簡과 文字』 17, 한국목간학회

손환일, 2016, 「백제구구단의 기록체계와 서체」, 『한국사학사학보』 33, 한국사학사학회

윤선태, 2016, 「百濟의 '九九段' 木簡과 術數學」, 『木簡과 文字』 17, 한국목간학회

정훈진, 2016, 「부여 쌍북리 국비조사 유적 출토 목간 사례」, 한국목간학회 제23회 정기발표회

정훈진, 2016, 「부여 쌍북리 백제유적 출토 목간의 성격 -201-4번지 및 328-2번지 출토 목간을 중심으로」, 『木簡과 文字』 16, 한국목간학회

김영관, 2020, 「곱하기와 나누기를 배운 흔적-구구단 목간」, 『목간으로 백제를 읽다』, 백제학회 한성백제연구팀 편, 사회평론아카데미

김창석, 2020, 「부여 雙北里 출토 木簡을 통해 본 泗沘都城의 官府 공간과 儒敎」, 『百濟學報』 32, 백제학회

戴衛紅, 2020, 「中·韓·日 삼국 出土 九九簡과 기층 사회의 數學 學習」 『중앙사론』 52, 중앙대학교 중앙사회연구소

14. 부여 석목리 143-16번지 유적 출토 목간

1) 유적명 : 부여 석목리 143-16번지 유적

2) 유적소재지 : 부여군 부여읍 석목리 143-16번지

3) 유적유형 : 생활유적(공방지, 도로, 건물지, 우물)

4) 목간점수/주요유물 : 2점/토기, 철제솥, 철촉, 쇠가위, 굴 껍질, 동물뼈

5) 시대 및 시기 : 백제, 7세기 전, 중반

6) 발굴기관/발굴기간/보고서 간행 : 백제고도문화재단/2017.1.9.~1.13, 2017.3.2~5.2/ 2019

7) 소장기관 : 국립부여박물관

8) 유적 개요

부여 석목리 143-16번지 유적은 농협 주차장 조성사업 부지를 조성하기 위해 발굴조사가 이루어진 곳이다(매장문화재 발굴허가 제 2017-0013호). 조사결과 도로와 그에 연해 조성된 건물군이 확인되었다. 본 유적은 사비도성의 내부공간 중 북동부에 해당하는 곳이다. 즉 나성의 동문지와 부소산 남록의 왕궁지를 연결하는 길목에 해당한다. 지형은 해발 100m 미만 산지 중 곡간 충적 평야지대에 위치한다. 경작지는 경사면의 방향에 따라 북으로 전개된다. 곡간 평지에서는 대부분 백제 유적이 확인되고 있다.

도로는 곡간의 평탄지 중앙부에 물의 흐름과 같은 방향으로 설치되어 있다. 노면은 사질토로 단단히 다져 만들었으며, 도로면 좌우에 배수로가 설치되어 있다. 노면의 너비는 최대 6m를 넘고 있는데, 이 정도의 규모는 사비도성 내에서도 대형급에 해당된다. 이 도로는 인근 부여 쌍북리 56번지 유적의 도로와 직선으로 연결되는 것으로 보인다. 이는 이 지역의 자연적인 지형에 맞추어 소하천 방향에 따라 도로가 개설되었음을 엿볼 수 있다.

한편 건물과 우물은 도로의 방향에 맞추어 조영되었다. 건물들은 일정한 간격을 유지한 상태로 배치되어 있는데 벽주건물이다. 각 건물들은 우물을 중심으로 보면 일정한 간격을 유지하면서 7동이 조영되었다. 이 건물들은 도로와도 일정한 간격을 유지하고 있다. 각 건물은 난방과

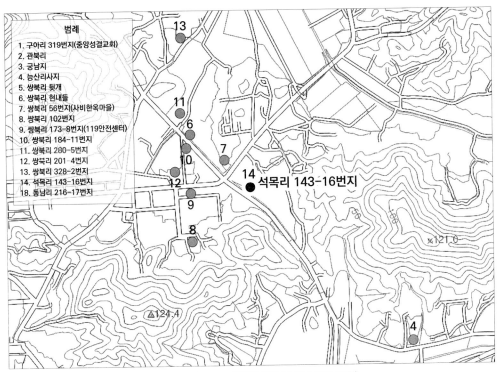

범례
1. 구아리 319번지(중앙성결교회)
2. 관북리
3. 궁남지
4. 능산리사지
5. 쌍북리 뒷개
6. 쌍북리 현내들
7. 쌍북리 56번지(사비한옥마을)
8. 쌍북리 102번지
9. 쌍북리 173-8번지(119안전센터)
10. 쌍북리 184-11번지
11. 쌍북리 280-5번지
12. 쌍북리 201-4번지
13. 쌍북리 328-2번지
14. 석목리 143-16번지
18. 동남리 216-17번지

14 석목리 143-16번지

〈부여 석목리 143-16번지 유적 및 주변 유적 현황〉

조리 등을 할 수 있는 건물지 3기, 이러한 시설물이 없는 건물이 3기, 그리고 추정 용해로가 확인된 4호 건물 등으로 구성된다.

일부 건물에서는 지반력을 강화하기 위해 사용한 것으로 추정되는 부엽시설이 확인되었다. 부엽시설은 충적대지를 장방형의 평면 형태로 굴착한 후 그 내부를 식물의 줄기와 잎사귀 등으로 채운 후 모래 등으로 상부를 덮었다. 다만 제방 등에 적용되는 부엽공법과는 차이가 있다고 한다.

이 유적에서는 철제솥, 철촉, 가위를 비롯한 금속유물이 6점, 숫돌 23점, 도가니 16점, 목간 2점, 목제 용기 13점, 목제 빗 5점, 굴 껍질, 동물뼈 등 다양한 유물이 출토되었다. 한편 금속괴를 녹이는 용기인 도가니 파편이 다수 확인되고, 연마석 등이 출토된 점을 미루어보면 이 일대가 금속 공방과 밀접한 관련이 있음을 시사한다.

9) 목간 개요

부여 석목리 143-16번지 유적에서는 문자자료 4점이 확인되었다. 목간 2점에는 각각 '前部
×'와 '□糧好邪'가 적혀 있으며, 동전 1점에는 大泉五十, 인각와 1점에는 '□部甲瓦'가 찍혀 있

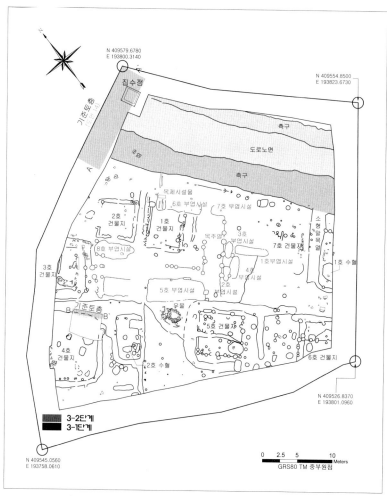

〈부여 석목리 143-16번지 유적 유구 배치와 목간 출토 위치〉

었다.

① 보고서 228, 목간(보고서 도면 80-228)

도로의 서측구에서 출토되었다. 평면형태는 장방형이고, 단면형태는 사다리꼴이다. 묵서가 쓰인 부분을 위로 놓았을때 좌측단의 가운데 부분이 약간 깨졌다. 1호 목간은 자와 같은 홀형으로 일부 결실된 상태이며, 문자는 한쪽면에서만 확인된다. 출토 당시에 '前'이 판독되었고, '前部'로 추독할 수 있다.

· 「前部×

$$(8.4+\alpha) \times 2.4 \times 0.9{\sim}1.1(\text{cm})$$

② 보고서 229, 목간(보고서 도면 80-229)

도로의 서측구 내부에서 출토되었다. 단면 방형의 고와 유사하다. 두면에서만 묵흔이 확인되며, 나머지 두면에서는 묵흔이 관찰되지 않는다. 목간의 상단과 하단에는 홈을 파 끈 등으로 엮거나 묶을 수 있도록 만들었다. 묵서흔은 나이테로 인해 울퉁불퉁하지 않은 두 면에서 확인되었다.

· 「∨鷹□□□也∨」
· 「∨□糧好邪　∨」

$$11.7 \times 3.1 \times 3.4(\text{cm})$$

10) 참고문헌

백제고도문화재단, 2019, 『부여 석목리 143-16번지 백제유적』

심상육, 이화영, 2019, 「부여 석목리 143-16번지 유적 문자자료 소개」『木簡과 文字』22, 한국목간학회

15. 금산 백령산성 출토 목간

1) 유적명 : 금산 백령산성

2) 유적소재지 : 충남 금산군 남이면 역평리, 건천리 성재산

3) 유적유형 : 관방유적(건물지, 지하목곽고)

4) 목간점수/주요유물 : 1점/토기, 명문기와

5) 시대 및 시기 : 백제, 7세기 전, 중반

6) 발굴기관/발굴기간/보고서 간행 : 충남역사문화연구원/2004, 2005/2007

7) 소장기관 : 국립부여박물관

8) 유적 개요

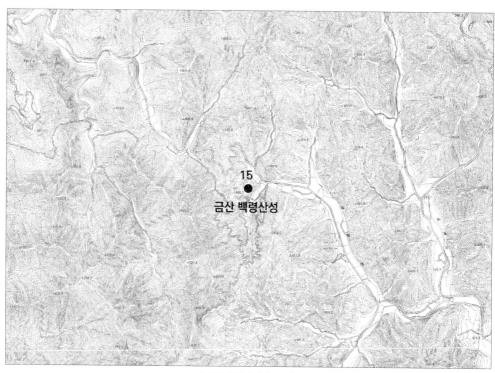

〈금산 백령산성의 위치〉

백령산성은 금산군 남이면 역평리와 건천리 사이에 있는 해발 438m의 城在山의 栢嶺(잣고개) 정상부에 축성된 백제 말기의 테뫼식산성이다. 남동쪽 성벽은 정상부 가까이를 지나고 있고, 북쪽 성벽은 약간 내려와 있는 南高北低의 형태를 이룬다. 성벽의 전체 둘레는 207m로서 동벽 50m, 서벽 50m, 남벽 70m, 북벽 37m에 달한다. 남문과 북문, 목곽고, 배수 및 온돌시설 등이 확인되었다. 그리고 철제 도끼를 비롯하여 목제 그릇, 목간 등이 출토되었다.

산성이 축조된 협곡 사이에 형성된 통로는 현재 635번 지방국도가 관통하고 있다. 이 통로는 충남 연산과 논산, 전북 무주를 잇는 교통로를 조망할 수 있으므로 일찍이 탄현이었을 가능성도 제기되었다. 660년 백제 정벌시 신라 5만군사의 진격로가 금산을 통과하면서 백령산성을 거쳐 간 것으로 이해하기도 하였다.

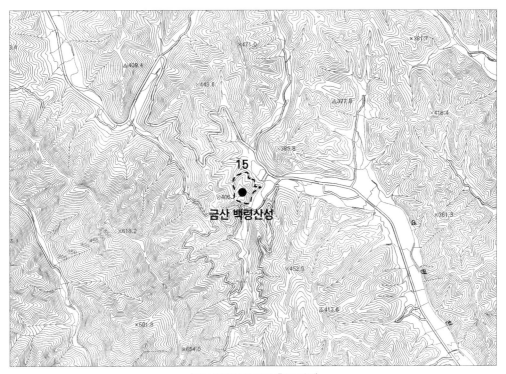

〈금산 백령산성 목간 출토 위치〉

懸門式(다락문식)인 남문, 步道시설, 토광유구 3기, 원형 柱孔, 木槨 시설 등과 北門址와 雉가 확인되었다. 북문은 대부분이 훼손되어 측면 및 바닥의 일부만이 남아 있었다. 치의 평면 형태는 길이 6.4m, 넓이 1.1m로 양쪽변이 길쭉한 세장방형이며, 잔존 높이는 4.2m 이다.

유물 가운데 인장와가 출토되었다. 인장와는 백제지역에서 주로 확인되는데 공주, 부여, 익산 등 백제 중앙지역을 중심으로 확인되는 대표적인 기와이다. 명문와의 내용은 '丁巳瓦 耳停辛', '耳淳辛 戊午瓦', '丙辰瓦栗峴□' 등이 있다. 인장와는 문자기록이 부족한 백제사 연구에 매우 중요한 자료를 제공해 주고 있다. 구체적으로 금산 백령산성에서는 각기 다른 제작기술과 지명이 찍힌 9개 그룹의 기와들이 발견되었다. 이 그룹들은 기와를 제작한 지역이나 집단을 표

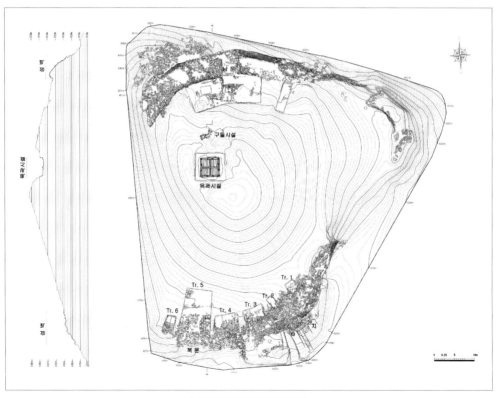

〈금산 백령산성 유구 배치도〉

기한 것이다. 따라서 백령산성의 시설물을 건립하는데 주변의 여러 지역에서 각기 다른 기와를 생산하여 공급했음을 시사한다. 이러한 고고학적 정황은 당시 백제에서 기와가 하나의 상품으로 취급되었든지 아니면 각 지역단위에서 할당받은 물량을 공납한 것으로 볼 여지가 있다. 더구나 백령산성에서는 上 卩명 기와가 확인되었다. 이는 중앙의 행정구역 이름으로 볼 수 있다. 그렇다면 이러한 기와가 지방에서 등장할 수 있었던 배경에는 중앙의 造瓦조직과 밀접한 관련 속에서 고찰될 필요가 있겠다. 이러한 양상은 古阜 구읍성에서 출토된 '卜部上巷'명 기와와 일맥상통하는 것으로 7세기 이후 백제의 지방에서 기와 사용 사례의 증가를 방증하고 있다.

이외 上水瓦作 刻書 기와는 외면에 3행에 걸쳐 꽤 장문이 대칼로 쓰여진 경우이다. 판독은 '上水瓦作五十九 夫瓦九十五 作[人]那魯城移文'으로 읽힌다. 기와의 수급과 관련된 것으로 중요한 의미를 가지고 있고, 上水瓦는 암키와, 夫瓦는 수키와를 의미하는 것으로 추정되기도 한다. 숫자는 제작수량을 의미하는 것으로 보인다. 那魯城은 상세한 위치는 알기 어렵다. 그리고 移文의 경우 동급의 행정관서들이 주고 받은 공문서라고 보기도 한다. 혹은 인명일 가능성도 있다. 출토 토기들은 삼국시대 말 백제 토기인 것으로 판단된다. 이백령산성은 백제말기까지 단시간 사용된 것으로 볼 수 있다.

9) 목간 개요

① 보고서 묵서목판(보고서 도판 154·155, 도면 160 ①, 자전 [栢]1)

목제품은 백령산성 정상부에 조성된 목곽고 내부에서 기와편, 토기편, 목제, 철기류 등과 함께 출토되었다. 목곽시설은 목재를 사용하여 조성한 구조물로 집수와 저장 등의 용도로 보인다. 목곽시설은 동서 480㎝, 남북 450㎝, 잔존깊이 120~210㎝ 정도이다.

목제품은 목곽고의 바닥에서 수습되었고 둘로 나뉜 상태였다. 묵서는 앞면 우측 상부에서 2행이 확인되지만 전반적으로 잔존 상태가 양호하지 않아 구체적인 내용과 의미를 파악하기 어렵다. 백령산성 목간은 목판에 가깝다.

· 「□ □ 二 百

　　　□ □

　　[　]　　　　」

23.1×13.3×0.3~0.9(㎝), 소나무과 경송류

10) 참고문헌

충청남도역사문화연구원·금산군, 2007, 『금산 백령산성 1,2차 발굴조사 보고서』 유적조사
　　　　　　　　보고33

국립부여박물관·국립가야문화재연구소, 2009, 『나무 속 암호 목간』(전시도록), 예맥

姜鍾元, 2009, 「扶餘 東南里와 錦山 栢嶺山城 出土 文字資料」 『목간과 문자』 3, 한국목간학회

이병호, 2013, 「금산 백령산성 출토 문자기와의 명문에 대하여」 『百濟文化』 49, 공주대학교
　　　　　　백제문화연구소

이재철, 2014, 「錦山 栢嶺山城 遺蹟 出土 文字 資料와 懸案」 『木簡과 文字』 13 한국목간학회

이재철, 2015, 「금산 백령산성 출토 문자자료」 『한국고대문자자료연구-백제(상)』, 주류성

16. 나주 복암리 유적 출토 목간

1) 유적명 : 나주 복암리 유적

2) 유적소재지 : 전남 나주시 다시면 복암리 875-4번지

3) 유적유형 : 분묘(공방지, 수혈, 고상식건물지)

4) 목간접수/주요유물 : 13점/명문토기, 씨앗, 대형호, 기와

5) 시대 및 시기 : 백제, 7세기 전, 중반

6) 발굴기관/발굴기간/보고서 간행 : 국립나주문화재연구소/2006~2011/2010

7) 소장기관 : 국립나주문화재연구소

8) 유적 개요

나주 복암리 유적은 복암리 고분군 바로 동쪽 인근에 위치한다. 많은 고분이 밀집해 있어 '七造山'이라 불렸으나 경지 정리로 인해 대부분 유실되었고, 현재는 4기의 고분만이 남아있다. 나주의 지배 세력은 영산강을 중심으로 독 항아리를 널로 사용하고, 둥근 무덤 앞에 네모난 제단을 붙이는 장고 모양의 무덤을 쓰는 독특한 문화를 갖고 있었다. 이들은 반남면과 신촌리, 복암리, 영동리 일대에 고분을 조영하였다. 영산강을 중심으로 한 마한 세력은 백제에 의해 5~6세기를 거쳐 완전히 동화되었다. 복암리 유적 인근의 복암리 고분군의 3호분은 한 봉분 안에 목관묘, 옹관묘, 횡혈식석실 등 41기의 다양한 매장시설이 갖추어져 있었다. 복암리 3호분 96석실 내부에서 출토된 옹관 4기와 금동신발이 들어 있었다. 토착 옹관고분 사회가 백제화되어가는 단면을 상징한다.

목간이 출토된 복암리 유적은 행정구역상 전남 나주시 다시면 복암리 875-4번지 일대에 위치하며, 현재 사적 제404호로 지정된 복암리 고분군의 반경 300m 일대를 가리킨다. 조사결과 고분의 주구 4기, 옹관묘 4기, 수혈유구 14기, 굴립주 건물지 1기, 구상유구 4기 등이 조사되었다. 생산 유구인 爐는 조사지역 전반에 걸쳐 형성된 제철 폐기장의 북서편에 3기가 군집을 이루고 있었다. 이 가운데 목간은 3차 조사에서 대형의 원형 수혈유구(1호 수혈)에서 다량으로 출토되었다. 이 수혈은 560×480㎝ 규모이며, 바닥면에서 직경 90㎝의 원형 수혈이 확인된다. 내

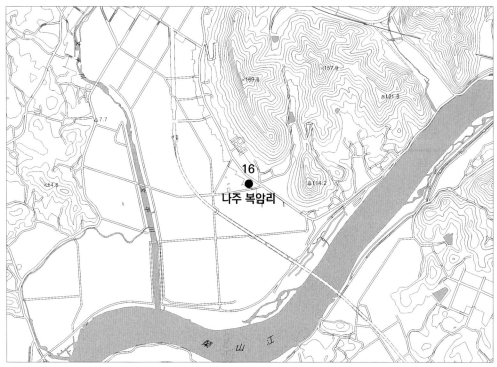

〈나주 복암리 유적의 위치〉

부에서는 백제 목간을 비롯하여 씨앗, 대형호, 기와 등이 출토되었다. 수혈 내부에 점토와 사질토가 겹겹이 퇴적된 점, 유기물이 다량으로 확인되는 점, 퇴적 양상이 중앙으로 집중되는 점 등을 고려하면 물과 관련된 시설로 추정된다.

한편 유적에서는 官內用, 豆肹舍 등이 새겨진 백제 토기가 출토되었다. 두힐은 백제 당시 복암리 일대를 비롯한 나주 지역을 가리키는 지명이었다. 관내용의 경우 官用임을 표시한 것으로 보인다. 복암리 유적에서 직선으로 2km 정도 떨어진 나주시 다시면 회진토성에서는 "會津縣 大城子 盖雨"란 명문이 찍힌 고려기와가 출토되었다. 회진은 백제시대 두힐이 통일신라가 되면서 개칭된 명칭이다.

복암리 유적 목간은 '1호 수혈'이라 명명된 곳에서 일괄 출토되었다. 여기서는 목제품, 기와,

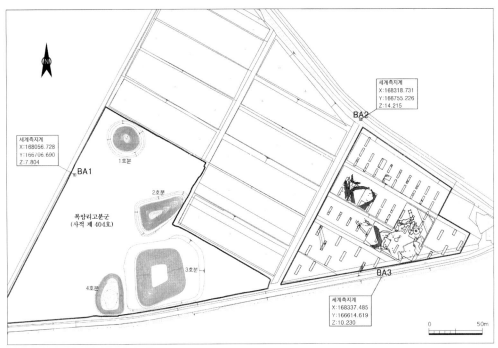

〈나주 복암리 유적 유구 배치도〉

토기 뿐 아니라 밤, 살구씨, 참외씨 등의 씨앗류까지 망라하여 확인되었다. 목간을 포함한 목제
품은 모두 65점이 출토되었고, 그 가운데 명문이 확인된 목간은 13점이다. 목간의 연대는 경오
년 간지가 확인되므로 백제 무왕 11년에 해당하는 610년을 하한으로 볼 수 있다. 나주 복암리
목간의 의의는 백제 목간이 집중적으로 발견된 사비 도성을 벗어난 지방이라는 점이다. 복암리
목간을 통해 백제의 호구파악방식, 농업경영, 공방운영, 郡-城의 지방행정체제 등과 관련된 내
용들을 확인할 수 있다.

9) 목간 개요

나주 복암리에서 목간이 처음 출토된 것은 2008년 3차조사 때이며, 목간은 모두 13점이 확
인되었다. 목간이 출토된 수혈 1호는 단면이 역원추형에 가깝고 상단부 최대 직경은 6.92m, 최

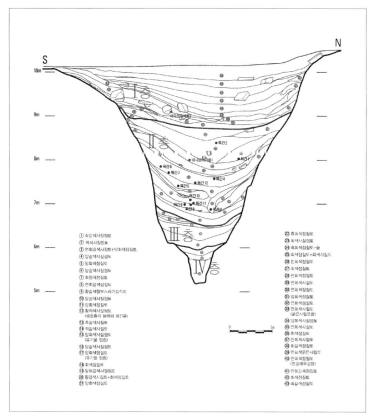

〈나주 복암리 유적 1호 수혈 단면도〉

대 깊이 5.37m에 달하는 대형유구이다. 여기서 다양한 유물이 확인되었는데, 기능을 다하고 폐기장으로 전용이 된 것으로 추정된다. 수혈의 원래 용도는 주변 유구와의 관련성을 감안해 보면 공방에 필요한 용수를 저장하는 집수정으로 추정된다.

① 보고서 1호(보고서 유물번호 403호, 자전[伏]1)

1호 목간은 목간은 상부가 결실된 채 1호 수혈 내부 남동편 암회색 사질점토층(지표하 110㎝지점)에서 출토되었다. 목간의 내용은 득안성에서 도망자를 잡은 기록으로 추정된다. 背가 有, 監은 置, 肆는 髮라는 견해도 있다. 일본 長登銅山 출토 목간과 비교하여 逃+숫자, '몇 명이 도망쳤다' 혹은 '도망친 사람이 몇'이란 점에 착안하여 도망자에 대한 추포목간으로 이해하기도 한다. 감독하던 수명의 장인이 국역에 징집되었거나 혹은 예속노비를 추포한 것으로 파악하기도 한다. 出背者를 도망자로 이해하면서 得捉을 捕捉이고, 監數肆人은 주체가 되며, 得捉과 관련된 감은 4명으로 파악하기도 한다. 득안성은 백제 5방성 중 하나로 동방(현 충남 논산시 은진면 일대 비정)으로 판단되는데, 목간의 출토지와 득안성은 직선거리로 약 130㎞나 떨어져 있다.

> · × 年三月中監數肆人
> 出背者得捉得安城 ⌐

$$(8.2+a) \times 4 \times 0.8(\text{㎝}), 소나무$$

※ 목간 제원은 보고서를 따름

② 보고서 2호(보고서 유물번호 404호, 자전[伏]2)

2호 목간은 상단 좌측부와 하단이 결실된 세장방형이다. 1호 수혈의 중심부 점질토층, 지표하 105㎝지점에서 6편으로 쪼개진 상태로 출토되었다. 목간의 내용은 戶별 신고와 勘檢 장부와 관련된 것으로 파악된다.

신라촌락문서에 상응하는 백제의 촌락문서로 명명하는 견해도 있다. 除公丁을 신라촌락문서에 보이는 除公에 착안하여 역역이 면제된 노령으로 파악하는 견해가 유력하다. 除公丁을 포함, 中口, 小口의 연령 등급이 확인된다. 中口는 婦와 妹가 동반되어 있는데, 이것이 근거가 되어 궁남지 목간에서 종전 "歸"로 추독한 것을 婦로 정정할 수 있는 근거가 마련되었다. 이에 궁남지 목간의 達巳斯丁과 依□□丁 두 사람의 〈丁-婦人-中口-小口〉 순으로 기록되어 있으므로 복암리 목간의 의 〈除公丁-婦-中口-小口〉의 표기와 대응된다고 지적되었다. 글자의 크기가 큰 定은 호적의 원장부와 대교해서 이상 유무를 확인한 후, 이를 표시한 결재 글자로 파악되고 있다. 목간을 제출하고 관청에서 장부대조과정을 거친 것이라는 판단이다.

□□□□兄將除公丁 婦中口二 小口四

· ×　　　　　　　　　　　　　　定」

　□□□□兄□□文丁 妹中口一 □□□

　　　　　　　□中□□

(31+α)×3.5×0.3(㎝), 소나무

③ 보고서 3호(보고서 유물번호 405호, 자전[伏]3)

상부를 둥글게 다듬었고, 하부로 갈수록 폭이 좁아져 흡사 주걱의 형태를 띠고 있다. 1호 수혈의 남동쪽 사질토층, 윗부분에서 360㎝ 정도 아래 지점에서 출토되었다. 양면목간이며 전면은 3행, 뒷면은 2단 3행으로 기재하였다. 백제 관등의 하나인 덕솔을 비롯한 몇몇 관등을 가진 인물을 비롯 인명의 나열이다. 문서 목간이었다가 폐기 후 다른 용도로 재가공이 된 것으로 보인다. 윗 부분은 둥글게 하고, 내려가면서 좁아지도록 만들었다. 7월 17일부터 8월 23일까지 인력배분과 관련된 문서목간으로 추정된다. 平川南은 刻線의 존재를 지적하고 7월 17일에서 8월 23일까지의 기간에 열거된 인물과 무리들의 노동보고장부로 판단하기도 한다. 前巷은 도성이 아니라 출토지 인근 지방 지명으로 보고 구체적으로 두힐성에 비정하기도 한다. 牟羅는 毛良夫里縣, 현재의 고창군 고창읍이나 탐라에 비정되고 있으며, 半那는 半那夫里縣, 현재의 나주시 반남면일대로 비정되고 있다. 모량부리가 고창이라면 복암리 유적에서 북으로 40㎞쯤 떨어져 있고, 반나부리는 출토지 인근이 된다. 뒷면은 인명의 명단인데, 상단은 半那의 재지인, 하단은 중앙에서 파견된 사람들로, 상단의 사람들을 하단의 사람들이 감독하였을 것으로 보기도 한다. 기재방식은 〈 -戸+인명, 지명+관위+인명 〉의 순이다. 戸는 戸主의 약칭으로 보이며, 관등은 낮은 관직에서 높은 순으로 기재되었다. 나솔은 백제 16관등 가운데 6품, 한솔은 5품, 덕솔은 4품이다. 이들은 은화관식을 착장하는 고위직이었다. 복암리 유적 바로 인근에 위치한 복암리 3호분에서는 은화관식이 출토되었는데 복암리 고분군은 토착 혈연 공동체의 공동 매장지로 추정되고 있다. 이를 근거로 목간의 率계 관등 소지자들도 일부는 토착 인물이었을 것이라는 견해가 있다.

□年自七月十七日至八月卅三日

・×　　　　　　　　　　　　　　[　　　]毛羅[　　　　]」

半那比高墻人等若□□

尤戶智次　　　　｜ 前巷奈率烏胡留

・×　夜之間徒　　｜ 領非頭扞率麻進　　　　　　　」

□將法戶匊次　　｜ 又德率□

(24.8+α)×4.5×0.5(㎝), 소나무

④ 보고서 4호(보고서 유물번호 406호, 자전[伏]4)

백제 목간 가운데는 최대, 최장의 목간이다. 양면목간이며 앞면은 3행, 뒷면은 2행에 걸쳐 기재하였다. 목간의 내용은 쌀 공진 명령 문서와 관련된다. 앞면의 郡佐에 대해서는 郡의 副官 즉 2인자로 보고 수서 백제전에 方領이 있고 다음에 方佐가 있으며, 郡將이 3인있다는 것을 근거로 郡에 將이 1명, 佐가 2명이 있었을 것임을 추론하기도 한다. 受米 작업을 "8월 8일"까지 "賷之 :가져오"도록 명한 명령서이며, 郡에서 수하의 책임자에게 하달한 문서로 보기도 한다. 이 목간은 일본에 많이 보이는 郡付목간이다. 즉 郡에서 하급관청 혹은 관인, 백성을 호출하고, 이에 응한 것과 관련된 문서목간일 가능성이 크다. 郡은 사비기 지방의 方-郡-城 체제하의 郡 그것이다. 郡佐는 郡의 행정 책임자 아마도 郡將를 보좌하는 관리로 추정되고 있다.

□□□□　　　□□□□

・「郡佐□□□　　　　　　　　　　　　　　　　　　　□文 」

□□□□

・「受米乙丑八月八日高嵯支□記遺□之好□□□又及告日　□□

賷之□□　　　　　　　　　□□□□　八月六日　　　　」

60.7×5.0×0.5(㎝), 소나무

⑤ 보고서 5호(보고서 유물번호 407호, 자전[伏]6)

장방형으로 상부에 구멍이 뚫려 있다. 양면목간이며 3행에 걸쳐 명문을 서사하였다. 목간의 내용은 곡물재배 노동 월별 보고 장부와 관련된다. 大祀村은 복암리 지역인 豆肹 관청에서 근무하던 관리가 작성했을 것이므로 예하 마을일 가능성이 크다. 大祀가 큰 제사를 의미하므로 국가의례의 장이 있었던 곳이며 높은 명산 혹 고분 대상 제사와 연결짓는 견해가 있다. 목간은 戶별로 발췌된 것이며, 村별로 작성된 것이다. 목간의 문장 구조는〈丁 몇 - 中口 몇 - 牛 몇〉와 이어〈水田- 畠-麥田 별 면적과 수확량〉으로 되어 있다. 호주 소유 토지와 수확 현황 기록으로 파악하기도 한다. 溋水田에 대해서는 수리시설이 갖춰진 수전으로 해석하기도 한다. 在月三十日者는 그 의미에 대한 명확한 해석이 어렵다. '있는 달 30일자', '30일 한달' 등의 가설들이 있을 뿐 정설이 없다. 궁남지 목간에서 보인 形이 여기서도 보이는데 백제토지 단위임을 확정해준다. 麥田은 水田과 畠 수확 후 2모작하였다고 추정하는 견해도 있다. 水田 1形에 36石 수확한 것이 되며, 畠(白田) 1形에서 62石 수확하였으므로 밭의 면적에 따른 수확고는 논보다 밭의 수확량이 높다. 得耕은 "새롭게 개간한" 것으로 보기도 한다. 상단의 구멍은 편철용이다.

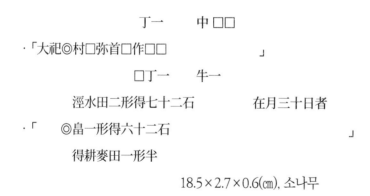

丁一　　　中 □□
·「大祀◎村□弥首□作□□　　　　　　　　」
　　　　　□丁一　　　牛一

溋水田二形得七十二石　　　　　在月三十日者
·「　　◎畠一形得六十二石　　　　　　　　　　　」
　　得耕麥田一形半

18.5×2.7×0.6(㎝), 소나무

⑥ 보고서 6호(보고서 유물번호 408호, 자전[伏]5)

封緘목간이다. 장방형으로 상, 하부의 끝이 반듯하게 가공되어 있다. 상하부에 구멍이 뚫려져 있다. 양면에 명문이 적혀 있다.

·「◎上　　　◎」
·「◎十一□ ◎」

29.7×3.5×0.5(㎝), 옻나무

⑦ 보고서 7호(보고서 유물번호 409호, 자전[伏]7)

　장방형의 부찰목간이다. 상부에 ∨자형 절입부가 좌측은 결실되었고, 우측은 잔존하고 있다. 양면목간이며 앞면은 4행, 뒷면은 중앙에 큰 글씨로 1행만 있다. 승려이름을 열거한 부찰로 보는 견해가 있다. 평성경 右京7條1坊동북평의 우물 출토 목간에서 불교 경전의 암송을 분담한 승려의 명단 문서 목간과 유사하므로 이 목간 역시 그와 같은 승려들의 명단 부찰로 본 것이다. 대나무 즉 竹이 공통하는 것에 주목하여 특수신분 장인집단이나 승려라고 보고, 竹遠이 대표자이며 물품의 소유자를 구분하기 위해 쓴 것이라는 견해도 있다. 豆肹縣과 관련된 지명으로 竹軍縣이 확인되는데, 이에 지명과 관련되었을 것으로 추정하기도 한다. 뒤의 합계 5라는 숫자와 앞면 등장 〈竹□〉등의 숫자가 일치한다. 지명이라기 보다는 인명일 가능성이 높아 보인다.

竹悅

·「∨ 竹遠 竹□　」

竹麻
□道

·「∨　　　 幷五 」

10.8×3.5×0.4(㎝), 소나무

⑧ 보고서 8호(보고서 유물번호 410호, 자전[伏]8)

　장방형의 하찰목간이다. 상부에 구멍이 뚫려 있으며 단면목간이다. 목간은 지난해 납입 공진물 하찰로 보는 견해가 있다. 上을 진상으로 보기도 한다. 上去를 지명에 비정하는 견해도 있다.

·「◎上去三石」

14.8×2.1×0.6(㎝), 옻나무

⑨ 보고서 9호(보고서 유물번호 411호, 자전[伏]9)

상, 하단이 결실되었다. 상단은 전, 후, 하단은 사면을 칼로 잘 다듬었다. 단면목간이다. 목간은 삼(麻)에 붙은 부찰로 보는 견해가 있다. 삼 부찰로 練은 生의 반대어로 잠사에서 세리신이란 엷은 황색의 膠着 부착물을 녹여 제거한 것이 純라고 한다. 그래서 麻中練六이란 식물섬유 "麻에 '中練' 표백 공정을 6번한 4斤"이라 해석하였다. 한편 中練을 가공의 중간단계의 마제품이라는 설, 麻中에서 練처럼 고운 제품이란 설도 있다. 六四斤을 64근이라고 보고 있다. 아울러 24근일 가능성이 있어 고려할 필요가 있어 보인다.

·「麻中練六四斤」

11.7×4.9×0.7(㎝), 소나무

⑩ 보고서 10호(보고서 유물번호 412호, 자전 [伏]11)

상부에 V자 홈을 넣은 부분이 있는 목간이다. 상단은 사면을 여러차례 칼로 다듬었고, 하단은 내려갈수록 뾰족한 형태를 띠고 있다. 양면목간이다. 목간의 중심어휘는 郡得分이다. 得의 용례는 수확, 획득이며 分은 몫이어서 郡이 수확한 것이라는 해석이 있다. 郡 소유의 땅에서 수확된 米나 郡에 배당된 쌀 하찰이 된다.

·「V郡得分   」
·「V□□□州久川米付」

15.3×2.9×0.7(㎝), 소나무

⑪ 보고서 11호(보고서 유물번호 413호, 자전[伏]11)

꼬리표형 목간이다. 상하단을 칼로 잘 다듬었다. 상단에 구멍을 뚫었고 庚午年 간지가 확인
되며 아래로 2자 정도의 묵흔이 확인된다. 단면목간으로 추정된다. 庚午年은 백제 무왕 11년인
610년에 해당한다.

· 「◎庚午年□□」

8.5×3.4×0.3(㎝), 소나무

⑫ 보고서 12호(보고서 유물번호 414호, 자전[伏]12)

상, 하단이 둥글게 잘 다듬어져 있다. 상단에 구멍을 뚫었다. 단면목간이며 지명+관등+인명
순으로 기재되어 있다. 인명만 기록한 부찰설이 유력하다. 軍那에서 출토지인 豆肹로 가져온
것이 된다. 그리고 통행을 보증했던 휴대용 부찰로 보는 견해도 있다. 軍那를 屈奈縣, 지금의 무
안군 함평읍에 비정하기도 한다. 함평읍은 복암리에서 서북으로 약 15㎞ 정도 떨어져 있다.

· 「◎軍那德率至安　　　」

19×2.4×0.5(㎝), 소나무

⑬ 보고서 13호(보고서 유물번호 415호, 자전[伏]13)

상, 하단이 결실된 습서목간으로 추정된다. 양면목간이며 3행에 걸쳐 명문을 서사하였다. 이
성시는 구체적으로 "德率"의 습서라고 한다. 신라 월지 출토 목간에서 韓舍를 습서한 것이 확인
된다. 다만 "德"과 "率"은 서로 다른 면에 서사되어 있고, 오히려 "德"이 "道"가 같은 면에 있다.
그렇다면 오히려 도덕경과 관련될 가능성도 있다.

德德德德德
· × 衣　　衣衣衣　×

道道道道道

道　衣率
·×道道　率率率 ×
　　　率

$(11.5+\alpha)\times4.5\times0.8(\mathrm{cm})$, 소나무

10) 참고문헌

노중국, 1988, 『백제정치사연구』, 일조각

박중환, 2007, 『백제 금석문 연구』, 전남대학교 박사학위논문

박현숙, 2007, 「방-군-성 체제로의 정비」『백제의 정치제도와 군사』(백제문화사대계연구 총서 8), 충청남도역사문화연구원

金聖範, 2009, 「羅州 伏岩里 유적 출토 백제목간과 기타 문자 관련 유물」『木簡과 文字』 3, 한국목간학회

국립나주문화재연구소, 2010, 『나주 복암리유적 I -1~3차 발굴조사보고서-』

국립나주문화재연구소, 2013, 『羅州 伏岩里遺蹟 II - 4~6차 발굴조사보고서 -』

노중국, 2010, 『백제사회사상사』, 지식산업사

金聖範, 2010, 「羅州 伏岩里 木簡의 判讀과 釋讀」『木簡과 文字』 5, 한국목간학회

김성범, 2010, 「羅州 伏岩里 유적 출토 백제목간과 기타 문자 관련 유물」『百濟學報』 1, 백제학회

김성범, 2010, 『羅州 伏岩里 出土 百濟木簡의 考古學的 研究』, 공주대학교 대학원 고고학전공 박사학위논문

문동석, 2010, 「2000년대 백제의 신발견 문자자료와 연구동향」『한국고대사연구』 57, 한국고대사학회

李成市, 2010, 「한일 고대사회에서의 나주 복암리 목간의 위치」『6~7 영산강 유역과 백제』,

국립나주문화재연구소

平川 南, 2010, 「일본 고대의 지방목간과 나주목간」『6~7 영산강 유역과 백제』, 국립나주문화재연구소

橋本繁, 2011, 「近年出土の韓国木簡について」『木簡研究』33, 木簡学会

김창석, 2011, 「7세기 초 榮山江 유역의 戶口와 農作 - 羅州 伏岩里 木簡의 분석 -」『백제학보』6, 백제학회

김창석, 2011, 「나주 복암리 출토 목간 연구의 쟁점과 과제」『백제문화』45, 공주대학교 백제문화연구소

윤선태, 2012, 「나주 복암리 출토 백제 목간의 판독과 용도분석 -7세기 초 백제의 지방지배와 관련하여」『백제연구』56, 충남대학교 백제연구소

畑中彩子, 2012, 「日本古代の木簡を用いた官營工房運營の源流~長登銅山出土木簡と韓國羅州伏岩里出土木簡の比較檢討」『東洋文化研究』14, 경북대학교 동양문화연구소

윤선태, 2013, 「백제목간의 연구현황과 전망」『백제문화』49, 공주대학교 백제문화연구소

국립나주문화재연구소, 2013, 『羅州 伏岩里遺蹟Ⅱ - 4~6차 발굴조사보고서 -』

윤선태, 2013, 「신출자료로 본 백제의 방과 군」『한국사연구』163, 한국사연구회

이용현, 2013, 「나주 복암리 목간 연구 현황과 전망」『木簡과 文字』10, 한국목간학회

홍승우, 2013, 「부여지역 출토 백제목간의 연구현황과 전망」『木簡과 文字』10, 한국목간학회

이재철, 2015, 「나주 복암리 유적 출토 문자자료」『한국고대문자자료연구-백제(상)』, 주류성

김영심, 2015, 「백제의 지방통치기구와 지배의 양상 -〈陳法子墓誌銘〉과 나주 복암리 목간을 통한 접근 -」『韓國古代史探究』19, 한국고대사학회

홍승우, 2015, 「목간 자료로 본 백제의 적장 문서와 수취제도」『한국고대사연구』80, 한국고대사학회

金勤英, 2016, 「羅州 伏岩里 출토 목간으로 본 사비시대 豆肹」『백제학보』18, 백제학회

김혜정, 2016, 「나주 복암리 목간 출토의 고고학적 의의」『文化財』72, 국립문화재연구소

박현숙, 2018, 「백제 호적문서 관련 목간의 재검토」『百濟研究』67, 충남대학교 백제연구소

戴衛紅, 2019, 「東亞視角下百济部巷制再研」『동서인문』13, 경북대학교 인문학술원

문동석, 2020, 「삼국 시대 농사 일지-대사촌 목간」『목간으로 백제를 읽다』, 백제학회 한성
　　　　백제연구팀 편, 사회평론아카데미

박중환, 2020, 「지방의 행정과 관리들-나주 복암리 목간」『목간으로 백제를 읽다』, 백제학
　　　　회 한성백제연구팀 편, 사회평론아카데미

박현숙, 2020, 「인구를 조사하고 세금을 걷다-호적 목간」『목간으로 백제를 읽다』, 백제학
　　　　회 한성백제연구팀 편, 사회평론아카데미

정현숙, 2020, 「백제 부여목간과 나주목간의 서풍」『木簡과 文字』24, 한국목간학회

17. 정읍 고사부리성 출토 목간

1) 유적명 : 정읍 고사부리성(사적 제494호)

2) 유적소재지 : 전북 정읍시 고부면 고부리 산1-1번지 일원

3) 유적유형 : 관방유적(건물지, 수혈)

4) 목간점수/주요유물 : 1점/토기, 기와

5) 시대 및 시기 : 백제, 7세기 전, 중반

6) 발굴기관/발굴기간/보고서 간행 : 전라문화유산연구원/2020/미간

7) 소장기관 : 국립부여문화재연구소

8) 유적 개요

고사부리성은 전북 정읍시 고부면 고부리 산1-1일원의 성황산에 위치한 夾築기법으로 쌓은 백제의 석축산성이다. 성황산(해발 133m)의 봉우리를 반달모양으로 감싼 테뫼식 산성으로 전체 둘레는 1,055m에 달한다. 성벽은 성돌을 약 3~5㎝ 정도씩 안쪽으로 쌓아올리는 퇴물림기법, '品(품)'자 형태의 바른층 쌓기, 성돌(성을 쌓는데 사용하는 돌)을 굴곡이 지게 다듬어 결합하는 그렝이기법 등을 이용하여 축조하였다. 성벽은 3~4개의 구간으로 나눈 후 외벽과 내벽 사이에 다듬은 돌을 채워 완성하였다. 『翰苑』 백제조에 의하면 백제 남쪽 260리에 고사성이 있는데 사방 150보이며 중방이라는 기사가 확인된다. 즉 고사는 고사부리로 백제의 중방성이었다.

백제문화재연구원이 2005년 2차 발굴조사에서 성벽, 북문지, 객사지를 조사하였는데, 삼국시대부터 조선시대에 이르는 토기편과 기와편이 출토되었다. 유물로 보아 백제 시대에 처음 쌓아 통일신라 때 개축했으며 고려를 거쳐 1765년(조선 시대 영조 41) 邑治가 다른 곳으로 이전되기까지 줄곧 사용됐다. 통일신라시대의 "本彼官" 명문와 등 다량의 기와가 출토된 바 있으며, 조선시대 전기까지 石城이었으나 조선조 후기에 土城으로 개축되었다. 조선시대 1차 건물조성지에서는 대체로 15~16세기 자기들이 출토되었고, 3차 건물조성지의 기단석열에서는 '都邊首黃□相'명 명문기와가 출토되었다. 막새의 형태와 명문배치 양상은 2차 조사에서 출토된 '雍正十二年'명 암막새와 유사하다. 따라서 이 유물의 절대연대는 1734년으로 볼 수 있다. 2차 조사

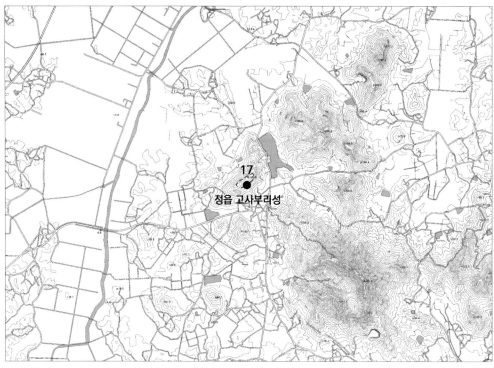

〈정읍 고사부리성의 위치〉

시 북문지 외벽 성토층에서 '上卩□□', '□卩上巷'명 인각와가 출토되었다. 두 기와는 글자체, 인장의 **傷痕** 등을 고려하면 동일한 인장으로 날인한 것이 분명하다. 다만 제작기법에서 차이가 나는데, 이는 계통이 다른 와공이 생산에 관여하였음을 의미한다. 그 가운데 '上卩□□'명 기와가 재지성이 강하다고 한다. 기와의 글자형태는 동일하다는 점에서 명문은 上卩上巷으로 복원될 수 있다. 표기 내용으로 보았을 때 상부상항은 기부한 곳을 명시하기 위해 생산한 기진용 기와로 볼 수 있다. 기와의 공급에 5부의 하위 단위가 일정한 역할을 한 것으로 추정된다. 백제시대 5부명 인각와는 부여 관북리, 부소산성, 왕궁리, 미륵사지 등 왕실과 관계된 곳에서만 출토되는 경향이 있었다. 그리고 기와의 무게를 감안하면 고사부리성 인근에서 제작되었을 가능성이 있다. 서로 다른 와공이 생산한 기와에 동일한 인장이 사용되었다는 것은 와공이 아닌 검사관에 의해서 날인되었음을 방증한다. 결국 이러한 생산체제는 중앙에서 다수 출토되고 있는 오부명 인각와의 생산체제를 답습한 결과일 것이다. 기와의 연대는 7세기 전반의 오부명인각와 표기 내용과는 확연한 차이가 있으므로 7세기 중엽 이후로 보는 견해가 있다. 한편 전라문화유산연 구원이 2020년 8차 조사를 실시하였다. 그 결과 백제 때 처음 축조한 이후 통일신라와 고려, 조 선 시대를 거치며 3차례에 걸쳐 수리한 양상, 성벽 축조방법, 수구(배수와 관련된 통로모양 시 설) 등을 확인하였다. 그리고 조사구역이 두 봉우리 사이 계곡부에 위치해 유수 퇴적층과 물을 이용하기 위한 저수시설, 우물, 배수시설(목제 배수로), 지반보강시설 등이 다수 확인됐다.

그리고 축성기법 가운데 고구려와 유사한 '육합쌓기' 방식이 일부 확인되었고, 다리가 3개 달 린 토기, 항아리, 접시, 병 등 다량의 백제 토기와 기와, 고구려계 토기로 알려진 暗文토기가 출 토되었다. 또한 가장 주목되는 자료로 上卩上巷이 새겨진 목간이 출토되었다. 部를 부수만 새긴 것이 인각와와 공통성을 띠고, 명문이 같다는 점에서 양자 간 시간적 동시성이 확인된다.

9) 목간 개요

목간은 삼국시대에 조성된 장방형 수혈에서 출토되었다. 장방형 수혈은 길이 640㎝, 잔존 너 비 192㎝, 최대 깊이 30㎝ 내외의 규모이며, 바닥에는 삿자리를 깔았다. 삿자리 위로 목재가 퇴 적된 상태였다.

수혈의 양 가장자리에 구덩이의 길이 방향으로 한쪽에 결구를 위한 구멍을 뚫은 막대형 목 재를 한 쌍씩 나란히 붙여 설치한 것이 확인됐다. 수혈 주변에서는 얇은 유기물을 깔고, 목주열 (말목)이 확인되는데, 아마 지반강화 및 토양유실을 방지하기 위한 시설로 추정된다.

산성 내 수혈의 위치는 계곡부로 모이는 물이 자연스레 모이는 곳이다. 더욱이 삿자리를 바 닥에 까는 경우 흙탕물을 막기 위한 조치로 해석된다. 따라서 이 유구는 맑은 물을 사용할 목적 아래 조영된 집수정으로 판단된다.

막대형 목제 유물의 하나에서 상하 방향으로 새겨진 '上卩上巷'이 새겨져 있음을 발견하게 되었다. 목간의 연대는 이전 조사에서 확인된 上卩上巷명 인각와의 제작시기를 7세기 중엽 이 후로 보고 있으므로 그 언저리로 추정된다.

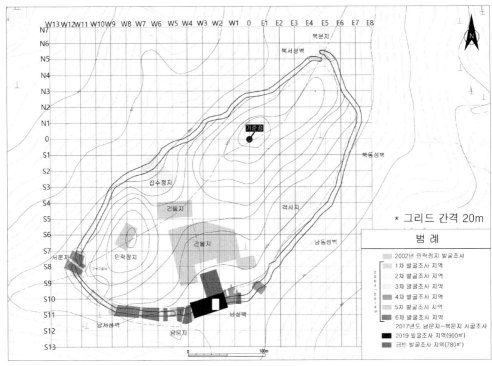

〈정읍 고사부리성 기 조사현황 및 8차 발굴조사지역 위치도〉

① 목간

명문은 긴 막대모양의 상단에 上卩 上巷을 새겼다. 각서로 새긴 것은 능산리사지 남근형 목간에도 보인다. 문자가 새겨진 면은 평편하게 다듬은 다음 조각칼과 같은 것으로 글자를 파내었다. 목간의 외형을 잘 다듬었고, 세워둘 목적으로 제작된 것으로 이해된다. 성벽의 축조나 방형유구의 조성과 관련된 역할분담을 표시하기 위한 용도일 가능성도 있다. 매우 긴 것이 특징적이다. 백제는 수도 泗沘를 五部五巷으로 편제하고, 지방을 五方으로 나눠 통치했다. 정읍 고사부리성은 백제 5방성의 하나인 中方城의 治所일 가능성이 높다.

· 「上 ΓΓ上巷　　　 」(刻書)

$$144{\sim}148{\times}3.3{\sim}3.6{\times}?(\text{cm})$$

10) 참고문헌

李タウン, 1999, 「百濟五部銘印刻瓦について」 『古文化談叢』 43, 九州文化研究會

백제문화재연구원, 2007, 『井邑 古阜 舊邑城Ⅰ』

백제문화재연구원, 2009, 『井邑 古阜 舊邑城』

이문형·이다운, 2019, 「정읍 고사부리성 출토 「상부상항」명 인각와에 대한 연구」 『중앙고고
연구』 28, 중앙문화재연구원

전라문화유산연구원, 2020, 「정읍 고사부리성(사적 제494호 성벽 정밀발굴조사(8차) 약보
고서」

18. 부여 동남리 216-17번지(개인주택) 유적 출토 목간

1) **유적명** : 부여 동남리 216-17번지 유적

2) **유적소재지** : 부여군 부여읍 동남리 216-17번지

3) **유적유형** : 생활유적(석축, 우물)

4) **목간점수/주요유물** : 1점/청동제완, 주름무늬토기

5) **시대 및 시기** : 백제 혹은 통일신라, 7세기추정

6) **발굴기관/발굴기간/보고서 간행** : 충남역사문화연구원/2005/2007

7) **소장기관** : 국립부여문화재연구소

8) **유적 개요**

부여 동남리 유적 출토 목간은 충남 부여군 부여읍 동남리 216-17번지에 위치하는 박종원씨의 개인주택 신축예정부지에 대한 문화유적 발굴조사 과정에서 출토되었다. 조사지점은 부여 동남리 건물지유적 (도기념물 50호)으로부터 북동쪽으로 약 10m의 거리를 두고 위치한다.

조사결과 아래층에서 고려시대 이후에 조성된 2차 석축 우물과 그 하단에서 1차 석축우물이 드러났다. 1차 석축우물의 평면 형태는 원형이며 단면 형태는 바닥에서 우물통의 중간까지는 조금씩 벌어지다가 상부쪽으로는 약간 좁아들면서 들쑥날쑥한 형태이다. 규모는 굴광한 상부 직경 약 300~40㎝, 우물 석축의 내부직경 144~52㎝, 잔존깊이 410㎝ 정도이다.

우물의 축조시점은 백제시대 사비기일 가능이 높으나 보존조치로 인한 절개조사가 불가능하여 정확한 연대규명은 어려운 상태이다. 다만 우물의 폐기는 우물내에서 출토된 청동제 완과 토기편병, 주름무늬병 등으로 보아 통일신라시대이후 우물내부에 주변의 황갈색의 점질토를 이용하여 매몰한 듯하다.

동남리 목간은 석축으로 조성된 1차 우물 바닥층에서 출토되었다. 이 우물은 부여 동남리 건물지의 북편에 연접하고 있어 건물지 조영당시 이와 관련하여 축조되었을 가능성이 높다. 목간은 백제의 것인지, 신라의 것인지 이견이 있는 상태이다.

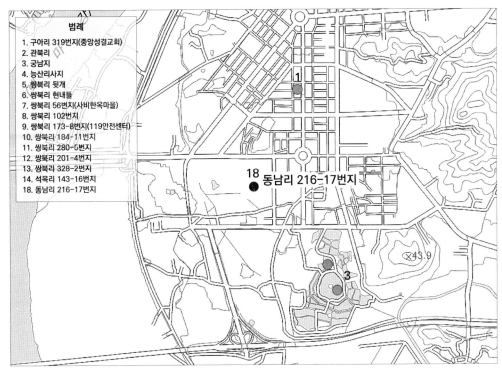

〈부여 동남리 216-17번지 유적 및 주변 유적 현황〉

9) 목간 개요

목간은 1차 우물의 바닥층에서 출토되었다. 우물의 내부는 괴석들로 매몰된 상태로 보아 일시에 의도적으로 폐기된 것으로 파악되었다. 유물은 백제시대부터 통일신라까지의 것이 주를 이루고 있었다. 따라서 우물이 최종적으로 사용된 시점은 통일신라시대였던 것으로 판단된다.

목간이 출토된 윗층에서 청동제 완 2점이 출토되었다. 청동제 완의 상층에서는 편병이 출토되었고, 우물의 중간정도에서 통일신라시대 주름무늬병 1점이 출토되었다. 폐기된 유물은 통일신라시대 말기에 해당한다. 다만 목간의 출토 층위와 유물이 폐기된 층위를 명확하게 구분할 수 있는 근거가 불충분해 폐기 시점을 특정하기는 어렵다. 하지만 한가지 분명한 것은 목간이 출토된 층위와 청동제 완이 출토된 지점은 층위를 달리한다는 점이다.

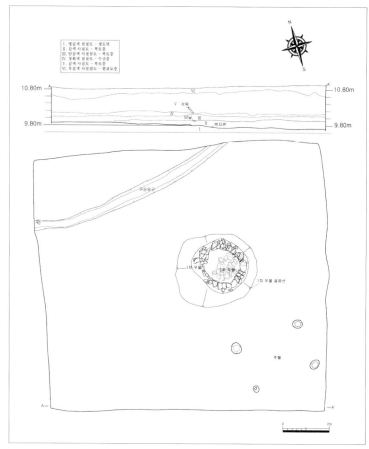

〈부여 동남리 216-17번지 유적 유구 배치도〉

① 보고서 목간(보고서 도판 20, 자전[東]1, 암호 동1)

목간은 11자의 묵서가 확인된다. 목간은 양쪽 끝 부분 일부만 결실되었을 뿐 거의 완형에 가깝다. 상단부에서 1.1㎝ 아랫부분에 단면 삼각형의 홈이 파여져 있다. 목간 판독에 대해서는 "安 □禾田犯 □兄 □內丙", "安□敬禾田犯□□兄□□敬事"등의 견해가 있다. "敬=예물, 禾田=논, 兄者=상대방에 대한 존칭으로 그대, 敬事=신중하게 일을 처리함"으로 이해할 수 있을 것이라는 추정이 있다. "화전(논)의 송사문제와 관련해서 일을 잘 처리해 준데 대한 감사의 뜻으로 물품을 보낸다"는 의미로서 물품에 단 것이라고 하여 몇 걸음 나간 가설도 있다. 한편 敬을 放으로 읽어 "宅放禾田 犯 □ 兄者爲放事"로 파악하고 석독은 "댁에서 논(화전)을 넓히는 것을 범한 즉(또는 범할 시) 그대는 흩어지는 일이 생길 것이다"고 해석하기도 한다. 한편 敬을 敎로 읽는 견해도 있는데, 그렇게 되면 신라비문에 잘 보이는 〈敎~敎事〉의 문투가 된다.

・「∨ 宅敬禾田犯□兄者爲敬事 」
26.45×2.05×0.6(㎝)

10) 참고문헌

국립부여박물관, 2003, 『백제의 문자』(전시도록), 하이센스

충남역사문화연구원, 부여군, 2007, 『부여 충화면 가화리유적, 부여 동남리 216-17번지유적』

국립부여박물관, 2008, 『百濟木簡 -소장품조사자료집』, 국립부여박물관

국립부여박물관·국립가야문화재연구소, 2009, 『나무 속 암호 목간』(전시도록), 예맥

국립가야문화재연구소, 2011, 『한국목간자전』, 예맥

오택현, 최경선, 2015, 「동남리 출토 문자자료」『한국고대문자자료연구-백제(상)』, 주류성

III

신라 新羅

개요

　신라에서 국가적으로 문자를 통치에 사용한 신라 자료들은 금석문이나 목간 등에서 드러나는데, 가장 이른 것이 501년(포항 중성리비) 6세기 초로 알려지고 있다. 문자를 인식하게 되는 계기는 한자를 사용하는 외부 세력과의 접촉과 교류였을 것이다. 신라지역은 이미 일찌기 삼한 시대부터 낙랑군·대방군 등은 물론, 삼국시대와 남북조시대 중국 여러 나라와 접촉하거나, 또 고구려, 백제와 교류하였다. 고구려 왕도를 다녀왔던 신라 왕족이나 사신들은 거대한 광개토왕비(414년 건립)를 목도하였을 것이다. 4,5세기 고구려와 긴밀한 관계 속 고구려의 문자문물 역시 신라에 이입되었을 것이다. 신라 왕경 고분군에 전하는 고구려계 혹 중국계 문자자료들이 그 좋은 예다.

　6세기 초반 신라 국가의 문자 구사 능력은 높은 수준의 것은 아니었던 것으로 보인다. 501년이나 503년의 포항 중성리비와 냉수리비의 문장이나 서체는 전형적인 한문이나 한자의 수준에 오른 것과는 거리가 있다. 비석의 외형 또한 전형적인 중국의 것에 비교하면 고졸한 것이었다. 이러한 상황은 6세기 1/4분기 백제에 이끌리어 신라가 중국 남조 梁에 사신갔을 때 극명하게 드러난다. 梁 측에서는 신라에 문자가 없다고 기록할 정도였다. 신라의 문자 문화 구체적으로 통치와 행정에 구사되는 실질적 문자문화의 진전은 520년 율령반포가 기점이 되었던 것으로 보인다. 이후 건립되는 울진 봉평비(524년 건립)의 수준과 외형은 이전 비석보다 일보 전진하였다. 영역국가로서 영토가 확장되면서 확장된 영토 내 통치를 위해서는 종래 구두전달에서보다 명확한 문자 및 문서 통치가 필요했던 것으로 보인다. 비석이 통치의 전체적인 규율이나 규정, 법령 혹은 선언 등 가시적인 기재였다고 한다면, 목간은 행정 실제에서 국가 경영의 혈관과도 같은 중요한 역할을 하였다고 보인다. 6세기 이른바 중고기의 율령반포, 불교의 공식적 수용, 관부 등 제도의 정립과 짝해 문서행정은 필요 불가결이었고, 종이 문서와 함께 목간이 왕경은 물론 지방 행정 일선에서 중요한 역할을 하게 되었을 것이다.

지금까지 신라의 목간은 22개 유적에서 모두 383점이 알려져 있다. 왕경에서 104점, 지방에서 280점 출토되어, 왕경 목간이 27%, 지방 목간이 73%를 점한다. 신라 목간 가운데 함안성산산성 목간이 245점으로 단일 유적 가운데서는 가장 많으며, 전체 신라 목간의 64%를 차지한다. 나머지 지방 목간은 9%가 되는 셈이다. 그 가운데에서도 묵흔만이 확인되거나, 묵서 판독상의 어려움이 많기 때문에 그 내용이나 형태에서 온전한 목간 자료의 개체 수는 적은 편이다. 최근 들어 목간의 출토유적의 수가 증가하는 양상을 보이고 있다.

신라의 왕경 경주지역에서는 핵심적인 궁성유적인 월성과 월지(안압지)에서 목간들이 군집 출토되었다. 신라의 지방에서는 주로 지역과 인민을 지배하는 거점성으로서 기능한 산성 유적의 집수시설 등에서 목간이 출토되었다. 이외에 사찰이나 관아, 산성 등 유적에서도 목간이 출토된 바 있다.

이들 목간은 주로 국가적인 문서행정의 장에서 문서로 사용되거나 물품의 수취와 보관 등에 사용된 꼬리표 목간으로 크게 구분된다고 할 수 있다. 목간의 재료적 특성상 글자를 연습하는 용도나 주술·의례적인 용도로 사용된 경우도 보인다.

신라의 목간에 비해 백제의 문서 목간은 서식이나 외형에서 좀 더 정형성을 갖는다. 외형적으로도 1면 혹 2면에 묵서가 이뤄진 전형적 홀(笏)모양이다. 한편 신라 목간 가운데는 막대모양의 4면체 등 다면체 목간이 두드러진다. 이러한 경향은 백제 목간에도 보인다. 내용면에서는 문서, 습서와 주술 목간 등 다양하고 광범하다.

신라의 목간은 백제 목간에 비해 건점수는 압도적으로 많으나, 꼬리표 목간이 대부분인 함안 성산산성 목간이 64%를 차지한다. 전체적으로 꼬리표 목간이 압도적이고, 문서 목간의 수는 적은 편이다. 왕경의 월성해자가 33점, 월지(안압지)가 61점, 함안 성산산성이 245점, 대구 팔거산성이 15점, 하남 이성산성이 14점인 것을 제외하고 나머지는 모두 4점 이하다.

■ 왕경 출토 목간

    1. 경주 월성해자 출토 목간

    2. 경주 월지(안압지) 출토 목간

    3. 경주 황남동 376번지 출토 목간

    4. 경주 전인용사지 출토 목간

    5. 경주 국립경주박물관부지 출토 목간

    6. 경주 국립경주박물관 남측부지 출토 목간

    7. 경주 황룡사 남쪽담장 외곽 정비사업부지 출토 목간

    8. 경주 황복사지 출토 목간

■ 지방 출토 목간

    9. 함안 성산산성 출토 목간

    10. 경산 소월리 출토 목간

    11. 하남 이성산성 출토 목간

    12. 서울 아차산성 출토 목간

    13. 김해 양동산성 출토 목간

    14. 김해 봉황동 출토 목간

    15. 인천 계양산성 출토 목간

    16. 부산 배산성 출토 목간

    17. 창녕 화왕산성 출토 목간

    18. 남원 아막성 출토 목간

    19. 안성 죽주산성 출토 목간

    20. 익산 미륵사지 출토 목간

    21. 장수 침령산성 출토 목간

    22. 대구 팔거산성 출토 목간

〈신라 목간 현황〉

연번	왕경/지방	유적이름	세부 주소	출토목간 점수	특징	발굴연도	발굴기관	소장기관
1	왕경	경주 월성해자	경상북도 경주시 인왕동 387-1번지	33	문서목간	1979년~현재	文化財研究所 慶州古蹟發掘 調査團, 국립 경주문화재연 구소	국립경주문 화재연구소
2		경주 월지	경상북도 경주시 원화로 102	61	문서목간, 荷札	1975. 3~1976. 12	문화재관리국	국립경주 박물관
3		경주 황남동376	경상북도 경주시 황남동 376번지	3	문서목간	1994. 3. 28~6. 30	동국대학교 경주캠퍼스 박물관	국립경주 박물관
4		경주 전인용사지	경상북도 경주시 인왕동 341-3	1	龍王목간	2002~2010	국립경주 문화재연구소	국립경주 박물관
5		경주 국립경주 박물관 미술관	경상북도 경주시 인왕동 76번지	2	용왕목간	1998	국립경주 박물관	국립경주 박물관
6		경주 국립경주 박물관 남측부지	경상북도 경주시 인왕동 98번지 일원	2	묵흔	2011. 11.~ 2012. 10.	신라문화유산 연구원	국립경주 박물관
7		경주 황룡사 남쪽 담장 외곽 정비사업	경상북도 경주시 구황동 420번지 일대	1	묵흔	2015. 8. 31~ 2016. 12. 12	신라문화유산 연구원	국립경주 박물관
8		경주 전 황복사지	경상북도 경주시 구황동 184번지	1	승려 이름	2019. 7. 15.~ 2020. 6. 9.(4차)	성림문화재 연구원	국립경주 박물관
소계		8개 유적		104				
9	지방	함안 성산산성	경상남도 함안군 가야읍 괴산리 조남산	245	하찰, 문서	1991~2016	국립가야 문화재연구소	국립가야문 화재연구 소, 국립김 해박물관, 국립진주박 물관, 함안 박물관
10		경산 소월리	경산시 와촌면 소월리 1186번지	1	문서	2019. 8. 25.~ 2019. 11	화랑문화재 연구원	국립경주문 화재연구소
11		하남 이성산성	경기도 하남시 춘궁동 산36	14	문서	1986~ 2010	한양대박물관	국립중앙박 물관, 한양 대박물관
12		서울 아차산성	서울특별시 광진구 워커힐로 177번지 (광장동 5-11번지)	1	묵흔	2015. 8. 25~ 2018. 11. 30.	한국고고환경 연구소	한성백제 박물관

연번	왕경/지방	유적이름	세부 주소	출토목간 점수	특징	발굴연도	발굴기관	소장기관
13		김해 양동산성	김해시 주촌면 양동리 산39-1번지	3	하찰	2017년 11월 27일~12월 29일(1차), 2018년 4월 12일~7월 24일(2차)	대성동고분 박물관	대성동고분 박물관
14		김해 봉황동	김해 봉황동 408-2·10·11번지	1	논어 경전	2000.4~2000.5	부산대박물관	국립김해 박물관
15		인천 계양산성	인천광역시 계양구 계산동 산 1	2	논어 경전	2003~2005	선문대 고고연구소	인천계양 산성박물관
16		부산 배산성	부산광역시 연제구 연산동 산61번지	2	문서	2016~2017	부산박물관	부산박물관
17		창녕 화왕산성	경상남도 창녕군 창녕읍 옥천리 산322	4	용왕목간	2002~2005	경남문화재 연구원	국립가야문 화재연구소
18		남원 아막성	전라북도 남원시 아영면 성리 산 83	1	묵흔	2020.7.16~ 12.31.	군산대학교 가야문화 연구소	군산대학교 박물관
19		안성 죽주산성	경기도 안성시 죽산면 매산리 산106번지 일원	2	묵흔	2006~2010	한백문화재 연구원	국립중앙 박물관
20		익산 미륵사지	전북 익산시 금마면 기양리23	2	미상	1980~1994	원광대 마한·백제문화연구소, 문화재연구소, 국립부여문화재연구소	국립익산 박물관
21		장수 침령산성	전북 장수군 계남면 침곡리 1090-1번지 일원	1	上部上巷	2차: 2016.4.19.~2016.12.20(2차)., 3차: 2017.10.25.~2017.12.26(3차).	군산대학교 가야문화 연구소	군산대학교 박물관
22		대구 팔거산성	대구광역시 북구 노곡동 산1-1	15	하찰	2020.10.6.~ 2021.10.15.	화랑문화재 연구원	국립경주문 화재연구소
소계		14개 유적		294				
합계		22개 유적		398				

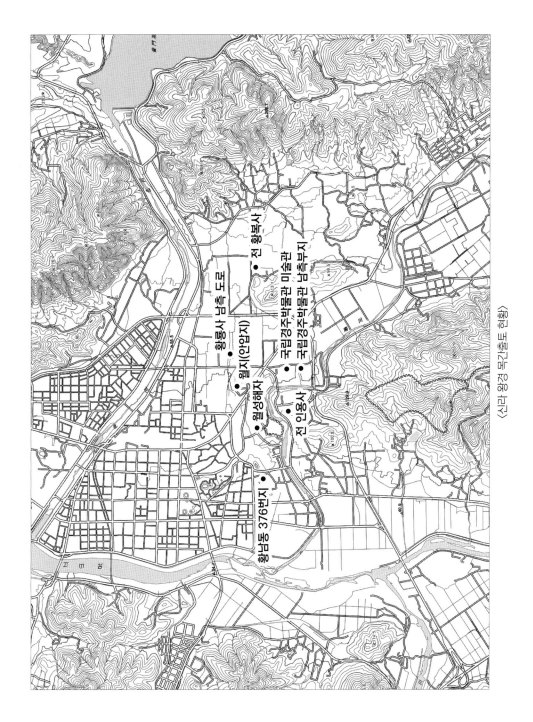

전 황복사

국립경주박물관 미술관

국립경주박물관 남측부지

황룡사 남측 도로

월지(안압지)

월성해자

전 인용사

황남동 376번지

〈신라 왕경 목간출토 현황〉

왕경 출토 목간

1. 경주 월성해자 출토 목간

1) 유적명 : 경주 월성해자 유적

2) 유적 소재지 : 경상북도 경주시 인왕동 387-1번지·449번지

3) 유적 유형 : 궁성 유적

4) 목간점수/주요유물 : 33점(문서)/명문토기, 명문기와, 귀면와, 도기

5) 시대 및 시기 : 신라 및 통일신라/6~7세기

6) 발굴기관/발굴기간/보고서 간행 : 文化財研究所 慶州古蹟發掘調査團, 국립경주문화재연구소/1979~현재/2004, 2006

7) 소장기관 : 국립경주문화재연구소

8) 유적 개요

경주시 인왕동 387-1번지에 자리잡은 月城은 널리 알려진 新羅의 宮城址이다. 월성 혹 반월성은 南川(혹은 蚊川)이 ㄱ자로 꺾이는 북안에 자리하였다. 북으로 해자, 발천이 흐르고, 서북쪽 사선 방향으로, 첨성대-월성북 고분군(대릉원, 쪽샘고분군, 노동동고분군, 노서동 고분군)이 자리한다. 동북으로는 월지와 동궁이 있고, 동남쪽에는 국립경주박물관이, 남쪽으로는 仁容寺址와 南山이 있다. 서쪽으로는 계림, 교촌, 120호분 등이 있다.

고고학적 조사를 통해 동문지와 석축해자와 월성 북편, 계림, 첨성대 일대에 삼국시대 수혈주거지, 굴립주건물지와 통일신라시대 적심건물지군을 확인하였다.

목간은 월성 북편 수혈 해자에서 출토되었다. 해자는 월성 성벽 외곽에 위치한 방어시설로서 북쪽은 성벽 기저부를 따라 땅을 파서 인공으로 도랑을 만들고 내부에는 물을 담수하며 남쪽은 자연하천인 남천을 활용하여 외부 침입을 차단하는 기능을 하였다. 성벽 방향에 따라 '가, 나, 다, 라' 4개 구역으로 구획하여 조사를 진행한 결과 해자의 대략적인 규모를 알 수 있게 되었다. 해자는 석축해자와 연못식해자, 수혈해자로 구성되어 있었다.

수혈해자는 월성 북편에 溝 형태로 굴착하여 조성되었으며, 그 폭은 약 50m 내외로 확인되었다.

수혈해자 내부퇴적층에서는 이단투창고배, 단각고배, 단판연화문수막새 등 삼국시대로 편년되는 유물이 출토되고, 석축해자 내부퇴적층에서는 지그재그문 대부완, 중판연화문수막새 등 통일신라시대 유물이 출토되었다. 이로 보아 삼국시대에 수혈해자를 축조하여 사용하다 신라가 삼국을 통일하기 전후한 시점에 석축해자로 변화하여 9세기 이후까지 사용한 것으로 보인다.

월성해자 목간은 1980년대 발굴조사 중에 수혈해자의 뻘층에서 수습되었다. 목간은 모두 1-②호 해자에서 출토되었다. 묵흔이 확인되는 목간이 25점이고 판독이 가능한 목간은 23점이다. 이외에 묵흔이 확인되지 않으나 목간의 형태를 지닌 목간류는 79점이다.

이후 2015년부터 2017년에 걸친 월성 '다'구역 1~3호 해자의 정밀 발굴조사를 통해 석축해

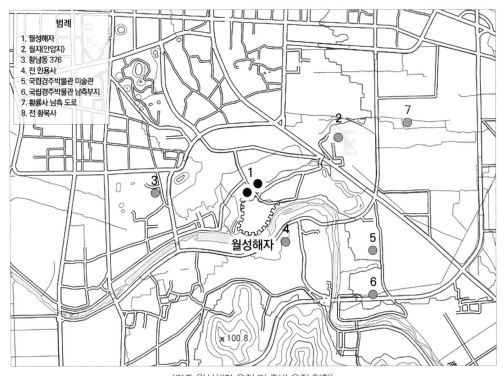

〈경주 월성해자 유적 및 주변 유적 현황〉

자 하층에 위치하는 수혈해자에서 목간 8점과 목간형 목제품 50여 점이 추가로 출토되었다(이하 '신출토' 월성해자 목간). 수혈해자를 폐쇄하고 그 위에 석축해자와 월지(안압지)가 축조되었음을 알 수 있다.

9) 목간 개요

월성해자 목간은 모두 1호 수혈해자에서 출토되었다. 해자의 축조 과정, 그리고 각각의 공반 유물 등으로 볼 때, 월성해자 목간의 제작 연대는 7세기 후반을 내려가지 않는 것으로 보고 있다. 월성해자 목간은 수혈해자가 유지되던 시기의 유물이며, 목간의 중심 연대는 목간의 내용, 출토 층위와 공반 유물들을 고려할 때 6~7세기 중후반으로 이해되고 있다. 이같은 사정을 염두에 둔다면 석축해자와 함께 조성된 것으로 보이는 월지(안압지) 출토 목간에 앞선다.

따라서, 월성해자 목간은 6세기에서 7세기 전반 신라 궁성 주변의 문서행정과 국가 운영 등을 이해하는데 중요하다. 2006년에는 『월성해자 발굴조사보고서Ⅱ』가 간행되면서 목간의 출

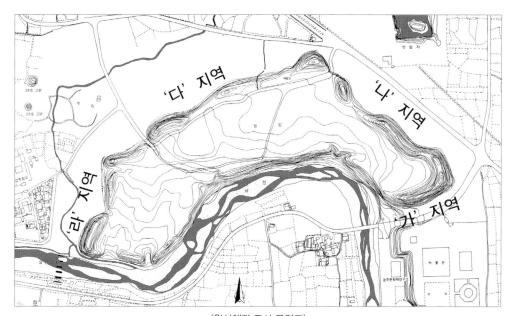

〈월성해자 조사 구역도〉

토상황과 세부적인 내용들이 정리되었다. 2011년에는 국립가야문화재연구소에서 『한국목간자전』을 간행하였는데 이를 통해 다시 한번 월성해자 목간에 대한 판독이 다듬어졌다. 2018년 월성해자에 대한 정밀 발굴조사 과정에서 새롭게 목간 8점이 추가되었다.

보고서 : 國立慶州文化財研究所, 2006, 『月城垓子 發掘調査報告書Ⅱ(고찰)』
자전 : 국립가야문화재연구소, 2011, 『韓國木簡字典』
창원 : 國立昌原文化財研究所, 2004, 『韓國의 古代木簡』
암호 : 국립부여박물관·국립가야문화재연구소, 2009, 『나무 속 암호, 목간』

① 보고서 1호(자전-[月]1, 창원-150, 암호-150)

4면목간. 상부 파손. 이 목간은 4면으로 제작된 다면목간인데, 상부는 파손되었으며 하부는 완형이다. 1면으로 간주한 다른 면의 문자 판독에 어려움이 있기 때문에 정확한 내용을 알기는 어렵다. 다만 1면에 확인되는 '今受不受'는 다른 월성해자 목간이나 일본 정창원에 소장된 「사하리가반부속문서」 등에서 용례가 확인되므로 이를 비교하여 해당 의미를 추론하기도 한다. 이들 자료의 정황으로 '受'는 당시 왕경의 部里나 각 지방의 지역단위 혹은 개인에게 부과된 세금에 대한 '受納'과 관련된 어휘로 '今受'는 '지금 수납했음'을, '不受'는 '수납하지 못했음'을 뜻한다고 보고 있다. 이와 관련해서 「남산신성비」의 '受作' 거리나 「신라촌락문서」의 '烟受有畓'의 '受'도 각 村과 烟에 할당된 국가적 책무나 세금과 관련하여 붙여진 어휘로 볼 수 있다. 결국 '受'는 국가가 부가하고 할당한 책무나 세금을 납부하는 자의 입장에서는 '국가의 책무를 받았다'는 의미로도 사용되었으며, 동시에 국가가 지역이나 개인에게 할당했던 책무나 세금을 수납할 때에도 사용했던 어휘였다고 인식되고 있다.

Ⅰ : · × □流石奈生城上此夲宜城今受不受郡云 」
Ⅱ : · × □受…………主………………………… 」
Ⅲ : · × ……………………………………………… 」

Ⅳ : ·· × □□□□□氵□□亻道豆□□□与道□　」

(20.5+α)×1.7×1.8(㎝), 소나무

② 보고서 2호(자전-[月]2, 창원-149, 암호-149)

4면목간. 완형. 문서. 묵서가 뚜렷하고 외형이 온전하게 남아 있는 양호한 상태다. 이두, 문서 등 여러 요소를 포함하고 있어서 연구가 집중되었다. 전형적 前白문서다. 足下는 상위자에 대한 존칭인데 前의 대상과 관련있다는데 의견이 모아지고 있다. 大烏知는 인명설, 관등관직설로 나뉜다. 万拜는 겸양어로 보고자와 보고받는 자의 상하관계를 나타내주는 것으로 이해되고 있다. 万拜는 敬과 같이 白 앞에 쓰인 겸양어설이 유력하다. '白'의 용례와 관련해서 당시 신라의 문서행정에서 이루어지던 구두 보고 형식의 문서목간이라는 사실이 주목받았다. 문서목간의 수신자가 大烏知郞으로 확인되는 것과 달리 발신자는 목간의 내용에는 등장하지 않는다. 이와 관련해서는 구두 전달했기 때문이라는 설이 제기되어 있다, 亅 는 白자의 마지막획을 길게 그은 것이라는 설, 了,事의 이체자라는 설들이 제시되고 있다.

목간의 내용은 經(아마도 佛經)에 들여 쓸 종이의 구입과 관련한 명령을 수행한 사실을 보고했던 것으로 이해되고 있다. 經中入用思買는 "경에 넣어 쓰려고 해서 산"으로 해석하는 것이 일반적이다. 즉 한자를 한글 당시 신라말 어순으로 표기한 일종의 이두문이요 변격한문이다. 白不雖紙를 신라의 종이로 인식하기도 한다. 한편 풀어서 "(산다고) 아뢰지 않았지만 종이"로 해석하기도 한다. 雖의 서체는 528년 봉평비에도 보인다. 一二个의 个는 斤으로 판독하는 견해도 있다. 一二는 12보다는 "1~2"로 이해하는 입장이 많은 듯하다. 之는 문장종결사로서의 역할에 주목하여 牒垂賜敎在之을 하나의 문장으로 보는 것이 정설이다. 이는 "첩을 두리워신 敎가 있었다."는 식의 해석이 일반적이다. 역시 한국식 어순의 표현이며 賜가 동사의 보종사로 쓰인 용례 가운데는 가장 이른 것이 돼서 국어학적으로도 중요한 자료다. 한편 4면 중 어느 면을 제1면으로 볼 것인가에 대해서 使內를 使官으로 읽어 Ⅳ면을 제1면으로 보는 견해도 있었다. 현재는 使內 아래 문장이 없이 끝난 것으로 보아 Ⅳ면을 마지막 면 즉 제4면으로 보는 것이 유력하다. 서사방향은 막대형 목간을 위에서 내려볼 때 시계방향순으로 서사했다고 보아, 大烏知郞으로 시작되는 Ⅰ면을 제1면으로 보는 것이 대세다. 使內의 內는 종결형 동명사와 같이 "시킴""-하게 함"으로 해석되고 있다. 즉 대오지랑께 보고하는 내용으로, 불경용 종이 1~2건을 구입하라는 敎에 따라 구입을 수행완료하였음을 보고한 것으로 이해되고 있다. 그 과정에서 敎는 牒문서를 통해 하달된 것으로 보인다. 특히 白과 之, 使內 등을 통하여 당시 신라의 언어와 이두적인 표현을 고찰할 수 있는 자료로도 주목받고 있다. 고대 일본의 7세기 말 前白목간의 원형적 형태의 모습을 보인다는 점에서 고대 한국과 일본 목간의 비교 연구 자료로서 중요하다.

Ⅰ : ·「大鳥知郞足下万拜白╎」
Ⅱ : ·「經中入用思買白不雖紙一二个」
Ⅲ : ·「牒垂賜敎在之後事者命盡」
Ⅳ : ·「使內」

18.95×1.2×1.2(㎝), 소나무

③ 보고서 3호(자전–[月]3, 창원–163, 암호–163)
장방판형. 상하 파손.

· × □行還去□而監□□□□ ×
· × ·····················叱 ×

(19.8+α)×2.3×0.85(㎝), 소나무

④ 보고서 4호(자전–[月]4, 창원–156, 암호–156)
장방판형. 상하 파손. 전체적인 내용은 판독상의 어려움으로 알기 어렵다. 生耶死耶라는 표현에서 「단양적성비(550)」의 '大人耶小人耶'와 동일한 용법으로 助詞를 표기하기 위한 借字 표기로 추정하는 견해가 있다.

· × □□□伐□伐□使內生耶死耶 ×

· × ·························· ×

(16.95+α)×2.35×0.8(㎝), 소나무

⑤ 보고서 5호(자전–[月]5, 창원–173, 암호–173)

홈형. 완형. 짧은 원주형 목간의 하단에 홈을 파서 꼬리표로 사용한 목간이다. 묵서 중 '問'을 보내다는 뜻의 동사로 해석하여 "干板 35개를 보내다"로 해석하는 견해도 있다. '問'을 '요청하다'고 해석하거나 '보고한다(알린다)'의 의미로 해석하기도 한다. 간판 35개과 관련된 꼬리표인 것만은 확실하다.

「 問干板卅五 ∨ 」

14.4×3.0×2.2(㎝), 소나무

⑥ 보고서 6호(자전–[月]6, 창원–154)

다면목간(3면). 하단 파손. 다면목간을 글자 연습용으로 사용한 습서목간이다. '朔'은 문서에서 날짜를 표기할 때 자주 사용되는 글자이다. 최근 부산 배산성지에서 출토된 신라의 문서 목간에도 '朔一日' 등의 문구가 보인다. 어느 면이 앞면인지 알 수 없다.

Ⅰ : ·「 朔朔朔朔朔朔朔 ×

Ⅱ : ·「 朔朔朔 ×

Ⅲ : ·「 朔一朔一日朔 ×

(15.5+α)×1.4×1.5(㎝), 소나무

⑦ 보고서 9호(자전–[月]8, 창원–151, 암호–151)

다면목간(4면). 완형. 이 목간의 판독으로 '習比部' '牟喙'이라는 신라 6부의 아래에 里로 편제된 지역과 里로 편제되지 않은 지역이 있음이 확인되면서 신라 왕경 6부의 구조를 이해하는 데 중요한 자료다. ■나 ㅓ라는 기호를 활용하였다.

부 예하의 지역이 서로 동일한 수취 단위였다는 점에서 리로 편제되지 않은 지역도 일정한 공간적 크기나 인구 등을 갖고 있는 생산 경제적 능력이 있는 지역 단위였다고 추정된다. 각 지역들 사이에는 夾註의 형식으로 '受'나 '今受', 아니면 '不'나 '不有' 등의 略語들이 註記되어 있다. 그 의미는 월성해자 목간이나 관련 자료들과 연관지어 볼 때, 국가적 책무를 완수한 지역에는 '受(수납했음)'라고 주기하고, 이후 다시 국가적 책무의 완수를 재조사할 때 완수한 지역에는 '今受(지금 수납했음)'를 추기하였던 것으로 보기도 한다. 또 다른 주기인 '不'는 '不受'의 약칭으로 국가적 책무를 받았지만 아직 완수하지 않아 '수납하지 못했다'는 의미이고, '不有'는 애초에 이 지역에는 국가적 책무가 '있지 않다'는 뜻으로도 볼 수 있다는 견해가 제시되고 있다. 4면 중 어느 면이 제1면인가는 확실하지 않은데, 習比部로 시작되는 면을 1면으로 보는 설이 있다.

Ⅰ : · 「■習比部上里今受 ㅓ南罡上里今受 阿今里不 岸上里受」
Ⅱ : · 「□□受 □上受 尤祝受 除井受 開池受 赤里受 □□受 □□□□ □里□□ □」
Ⅲ : · 「□□南川□ 東里隅□ □□北伐受 多比力不□ □□川岸□受代士□」
Ⅳ : · 「□□里受 伐□里受 赤居伐受 麻支受 ■ㅣ牟喙 仲里受 新里受 上里受 下里□」

25.05×1.4×1.3(㎝), 소나무

⑧ 보고서 10호(자전-[月]9, 창원-148, 암호-148)

원주형 목간. 완형. 이 목간은 원주형으로 문서목간으로 생각되는데, 6행 정도의 내용이 묵서되었던 것으로 보인다. 前白목간으로 보고문서다. 보고의 주체는 '寺典大宮士等'이다. '寺典大宮士 등이 아룁니다(白). 典 앞(前)' 형식의 문서목간이다.

Ⅰ : · 「寺典大宮士等敬白 苑典前先老 」
Ⅱ : · 「 ································· 場叱 」

Ⅲ : ·「素……………………… 時四 」

Ⅳ : ·「田……………………………… 」

Ⅴ : ·「□還不在兮 」

Ⅵ : ·「走□□□ 」

20.8×2.6~3.35(㎝), 소나무

⑨ 보고서 11호(자전–[月]10, 창원–152, 암호–152)

목간 원주형 목간. 완형. 구체적인 내용 파악이 어렵다.

Ⅰ : ·「酉 」

Ⅱ : ·「卜芍 」

Ⅲ : ·「葛席二 」

Ⅳ : ·「판독불가 」

20.4×4.4(㎝), 소나무

⑩ 보고서 12호(자전–[月]11, 창원–153, 암호–153)

원주형 목간. 완형. 묵서가 온전히 확인되는 1면의 내용은 "4월 1일에 典大等이 敎한 일"이거나 "4월 1일에 典大等에게 敎한 일"이 된다. 전자와 같이 해석하여 典大等도 敎를 내릴 수 있는 존재로 이해하기도 한다. 이하 면에 敎한 내용이 기록되었을 것으로 생각된다. 묵서의 전체 판독이 어려워 '敎事'의 주체가 전대등인지 아니면 王敎事를 대행한 것인지의 여부는 불분명하다.

大等 또는 太等으로 판독되는데, 典大等은 執事部 차관의 직명이다. 신라 초기의 관서들은 관서가 설치되지 않고, 여러 직임의 '大等'이 분화되는 과정을 거쳐 그 예하에 관원들이 설치되고 진평왕, 진덕여왕, 신문왕대를 거치면서 관서로 발전하면서 내부 행정 직제가 증설 완비되어 갔다. 신출토 월성해자 목간 3호는 '典中太等'이 발신한 문서다.

Ⅰ : ·「四月一日典太等 敎事」

Ⅱ : ·「 [   ] 」

Ⅲ : ·「 [   ] 」

24.4×4.0~5.1(㎝), 소나무

⑪ 보고서 13호(자전–[月]12, 창원–161, 암호–161)

원주형 목간. 하단 일부 파손. 乙勿은 지명일 공산이 크다.

·「乙勿 [   ] ×

·「 [   ]   ×

(28.55+α)×2.1(㎝), 감나무

⑫ 보고서 14호

장방판형. 상하단 파손. 묵흔은 있으나 판독 불능

(31.8+α)×2.7×0.95(㎝)

⑬ 보고서 15호(자전–[月]13, 창원–160, 암호–160)

장방판형. 상단 파손.

· × 中 沙喙巴分屯 」

· × 文吉過□ [ ] 」

(19.9+α)×2.0×0.8(㎝), 소나무

⑭ 보고서 16호(자전–[月]14, 창원–157)

장방판형. 가로쓰기. 가로로 서사한 독특한 자료이다. 묵서 중 大□小舍가 확인되며 여러 행으로 아마도 동일한 방식으로 인명이 나열되었던 장부용 목간으로 추정하기도 한다. 小舍는 合字의 형태다.

```
  ·      × 負   喙
         喙  凡    大        」
                也 大 凵
  ·      ×       人 小        」
                   舍
```

$(18.0+\alpha)\times(2.5+\alpha)\times0.4$(㎝), 소나무

⑮ 보고서 17호(자전–[月]15, 창원–174, 암호–174)

홈형이자 막대형. 하단 홈. 완형. 형태나 내용으로 보아 물품 꼬리표 목간이다. 呋字苧는 제작자 혹은 제작처로 추정된다.

·「呋字苧作之 ∨ 」

$14.95\times2.65\times0.85$(㎝), 소나무

⑯ 보고서 18호(자전–[月]16, 창원–155)

4면목간면. 하단 파손.

Ⅰ : ·「□ □ □□□　×
Ⅱ : ·「白兮 □ □ □　×
Ⅲ : ·「 [　　　]　×

$(15.3+\alpha)\times2.3\times1.4$(㎝), 소나무

⑰ 보고서 19호(자전–[月]17, 창원–168, 암호–168)

(장방)판형. 상하단 파손. 양면에 2행 또는 3행의 형식으로 서사된 장부와 같은 문서목간으로 추정된다.

· × ⎤禿石□ □□
　　　　　　　　　　　　　　　×
　　□志　川人□□□

　　⺝卄九日□

· × 　□□　　　　×

　　□□□□□

$$(10.9+\alpha) \times 2.6 \times 0.6(㎝),\ 소나무$$

⑱ 보고서 20호(자전–[月]18, 창원–169, 암호–169)

(장방)판형. 상하단 파손. 이 목간은 비록 파손되었지만 '子年 十'과 같은 年紀가 기록되어 있어, 월성해자 신출토 1호 목간의 戊戌 및 丙午의 年紀와 연결하여 월성해자 목간의 작성 연대를 추론하는 데 도움이 될 수 있는 중요 자료다.

· × 子年十 … ×

· × □作次 和內 ×

$$(9.3+\alpha) \times 2.7 \times 0.65(㎝),\ 소나무$$

⑲ 보고서 21호(자전–[月]19)

장방판형. 상하단 파손. 묵흔은 확인되지만 판독 불능

$$(21.7+\alpha) \times 2.7 \times 0.75(㎝),\ 소나무$$

⑳ 보고서 22호(자전–[月]20, 창원–158, 암호–158)

목간의 묵서 내용에 第八卷 第卄三 등이 기록되어 있어 書籍과 관련된 것이 아닌가 추론하는 견해가 제시되어 있다. 第八卷을 第八卷으로 읽어 도성과 관련짓는 견해도 있었다.

· 「第八卷 第卄三大人干麻新五衣節草罕□ ×
· 「奈食常 第一卷大人干 ×

(26.8+α)×2.4×1.1(㎝), 소나무

㉑ 보고서 23호(자전–[月]21, 창원–167, 암호–167)

다면목간(4면). 하단 파손. 묵서의 내용으로 보아 의약처방전이었을 것으로 생각된다. '天雄'은 약재 이름이며, '–子赤' 역시 "–씨앗(약재)은 붉은 것"으로 사용하라는 의약서에서 일반적으로 자주 사용되었던 어휘로 확인된다.

Ⅰ : · 「天雄 二兩　蒿 ×
Ⅱ : · 「□□二兩□□□ ×
Ⅲ : · 「□　　　□ ×
Ⅳ : · 「□　　　□ ×

(15.2+α)×2.4×1.35(㎝), 소나무

㉒ 보고서 26호(자전–[月]23, 창원–164)

장방판형. 상하단 파손. 어떤 문장을 염두에 두고서 반복 연습했던 습서목간이다.

· × 遺稱稱毛道道使岑然恋 ×

(34+α)×2.1×0.6(㎝), 소나무

㉓ 보고서 88호

원주형목간. 상하단 결실.

$$(12.6 + \alpha) \times 1.1 \times 0.8 (\text{cm})$$

㉔ 보고서 105호

원주형목간. 상하단 결실.

· × □年□ ×
· × □□□ ×

$$(5.15 + \alpha) \times 2.15 \times 2.1 (\text{cm})$$

㉕ 월성해자 신출토 1호(임069목간)

신출토 목간에 대해서는 아직 보고서 미간이다. 관련한 자료 공개는 2017년 국립경주문화재연구소 주관 학술대회에서 이뤄졌다.(https://portal.nrich.go.kr/kor/originalUsrView.do?menuIdx=863&info_idx=8288&bunya_cd=3014) 신출토 목간의 번호는 그에 따라 넘버링하였다. 관련 발표문 및 논고는 아래와 같다.

전경효, 「신 출토 경주 월성 해자 묵서목간 소개」; 윤선태, 「월성 해자 목간의 연구 성과와 신출토목간의 판독」『동아시아 고대 도성의 축조의례와 월성해자목간』: 이는 아래와 같이 다시 공간되었다. (전경효, 2018, 「신출토 경주 월성 해자 묵서 목간 소개」『木簡과 文字』 20, 한국목간학회 : 윤선태, 2018, 「월성 해자 목간의 연구 성과와 신출토 목간의 판독」『木簡과 文字』 20, 한국목간학회)

장방판형. 하단 파손. 목간의 묵서에는 戊戌年과 丙午年의 간지가 확인되는데, 지금까지의 연구에서는 월성해자의 변천 과정과 외위 干支의 표기 등을 근거로 대체로 578년(무술년)과 586년(병오년)으로 추정되고 있다. 한때 경위와 외위의 干支 표기는 「창녕진흥왕척경비」(561)

를 기준으로 '支'가 탈락하는 것으로 이해되었으나, 「大邱戊戌塢作碑」(578)의 '貴干支' 사례와 6세기 중후반 자료인 성산산성 목간의 외위 표기 등에서 신라의 중앙에서는 창녕비 단계에서 '支'가 탈락하는 서사가 이루어졌고 지방사회에서는 「남산신성비」(591) 이전까지 관행적으로 干支 표기를 사용했던 것으로 여겨진다. 그리고 신라의 외위제가 냉수리비(503년)와 봉평리비(524년) 사이에 체계화된 것으로 추정되고 520년(법흥왕) 반포한 율령으로 외위가 정비되었다고 보는 것이 일반적이기 때문에 복간의 무술년은 518년보다는 578년의 가능성이 크다.

古拏村의 외위 소지자에 대한 기록을 전하는 것으로 그 승진을 순차적으로 기록한 목간으로 추정되고 있다. 力役 동원과 관련된 문서나 촌락에 할당된 국가적 책무의 완수 사실을 기록한 장부로 간주하는 견해도 있다. 외위의 승급과 관련한 기록으로 볼 경우 ㉠ 功以受波珎日 ㉡ 煞功十二以八十四人足蒜山走入□...受一伐 ㉢ 戊戌年位留 ㉣ 丙午年干支受 ㉤ 留二와 같이 다섯 단락으로 구분할 수 있다. 먼저 공적에 따른 외위의 승급을 기록한 부분과 근무 기간(무술년~병오년, 8년)에 따른 외위의 승급을 기록한 부분, 마지막의 留二를 관위가 승급하지 못하고 머무른 것이 두 번이라는 해석이 가능하다. 官位와 관련된 업무를 담당했던 부서는 位和府였다. 그런 연유로 본 문서가 위화부에서 작성되었을 것이라는 추정도 있다. 목간의 기록은 위화부에서 직접 이루어졌거나 지방(古拏村이거나 그 상급단위)에서 작성해 위화부로 제출했을 가능성이 제기되기도 한다. 干支 표기를 사용했던 점을 근거로 이 목간은 지방에서 제작되어 왕경의 위화부에 보고되었던 목간일 가능성이 크다는 견해가 있다.

　　　　□□□……………………………
· 「古拏村[行]分[冢]□□□□□□□□□書□　　　　　　×
　　　□只□□□□□□□□□□□谷□
　　功以受波珎日煞功十二以八十四人足蒜山走入□
· 「受一伐戊戌年位留丙午年干支受　　　　　　×
　　留二

　　　　　　(24.7+α)×5.1×1.2(㎝)

㉖ 월성해자 신출토 2호(임392목간)

홈형. 이 목간은 형태상으로 꼬리표 목간에 많이 쓰이는 홈형 목간으로 제작되었지만, 묵서의 내용상 □小舍에게 보낸 前白체 문서 목간이다. 前은 추기되어 행의 상단부에 특이하게 기재되었다. 1행 마지막 부분은 초기 판독에서 小烏送□□라고 보기도 하는데 □□에 아예 묵흔이 없다고 판단하기도 한다. 送을 之로 판독하여 京位 小烏(16등)의 이표기인 小烏之로 보는 견해도 있다. 在는 庄으로 읽는 견해도 있다.

· × □小舍^{前} 敬呼白遣 居生小烏之   ∨」
     官二言之 此二□ 官言在

(19.2+α)×3.9×0.8(㎝)

㉗ 월성해자 신출토 3호(임418목간)

4면체. 前白목간이다. 典中大等이 沙喙과 及伐漸典에게 보낸 문서목간이다. 문서의 발신 주체는 典中大等이며, 문서의 書者는 文人인 周公智吉士다. 典中大等 예하 속료인 文人이 沙喙와 及伐漸典에게 어떤 사건을 보고한 것으로 보인다. 及伐漸典은 진흥왕 순수비 중 「마운령비」의 隨駕官人들 중에 기록된 '及伐斬典'과 동일한 관청이다. '沙喙'은 沙喙部일 것인데, 진평왕대의 '沙喙宮' 즉 沙梁宮의 약칭이었을 것이라는 견해도 있다.

Ⅰ : ·「典中大等敬白沙喙及伐漸典前 ×

Ⅱ : ·「阿尺山□舟□至□愼白□□ ×

Ⅲ : ·「急陁爲在之 ×

Ⅳ : ·「文人周公智吉士· ×

· 는 묵점이다.

(25.9+α)×2.5×2.2(㎝)

㉘ 월성해자 신출토 4호(임001목간)

4면체. 이 목간은 다면형의 4면 목간으로 제작되었지만 3면의 문장 끝에 많은 서사면을 여백으로 남겨 놓았다는 점에서 전체 3면으로 문서의 내용을 마무리했던 것으로 보인다. 前白문서이며, 이두가 들어 있다. 쌀을 담았던 용기에 이 목간이 꼬리표로 달려져 兮智宋公에게 보내졌을 것이라는 견해도 있다.

Ⅰ : ·「兮智宋公前別白作□□×
Ⅱ : ·「米十斗酒作米四斗幷十四斗瓫此本×
Ⅲ : ·「公取□用在之 ×

$$(15+\alpha) \times 2.1 \times 2.2(\text{cm})$$

㉙ 월성해자 신출토 5호(임071목간)

홈형. 이 목간의 내용은 「촌명+인명+나이+受」의 구조로 이루어진 것으로 추정된다. 인명 다음에 나이가 서사된 사례로는 경주 전인용사지 출토 목간에서 '所貴公歲卅 金□公歲卅五'가 확인된다. 舍尸麻村 다음을 今一鷄得鳾□受로 판독하여 〈舍尸麻村,今+무엇+受〉의 문장구조로, 舍尸麻村이 국가로부터 책무로서 무엇을 받았다는 내용으로 보기도 한다.

·「舍尸麻村 今□智歲□□受□∨」

$$22.9 \times 2.5 \times 0.5(\text{cm})$$

㉚ 월성해자 신출토 6호(임098목간)

홈형 다면체. 다면목간으로 제작된 듯하나, 묵서는 한 면에서만 확인되며 아래에는 홈을 새겼다. 安豆는 곡물 가운데 녹두일 가능성이 제시된 바 있다. 豆를 兄으로 판독한 견해도 있다. 그 경우는 사람이 된다. 大刀나 中刀를 斗의 단위로 보는 견해가 있고, 또 큰 칼과 중간 칼로 보는 견해도 있다. 刀는 부피의 용량인 斗 즉 되의 음독표기다. 刀를 되의 뜻으로 사용한 사례는 월지 출토 '四斗五刀'명 매병모양토기, 사하리가반 부속문서 등이 있다.

· 「安豆 三斗 大刀八 中刀一V」

$$12.7 \times 1.7 \times 1.7 (\text{cm})$$

㉛ 월성해자 신출토 7호(임023목간)
상하단 파손. 앞면에는 盛과 아래 쪽에 글자 일부의 묵흔이 남아 있다.

· × 盛 ×

$$(4.3+\alpha) \times 2.6 \times 0.6 (\text{cm})$$

㉜ 월성해자 신출토 8호
　다면목간. 상단 등 일부 파손. 이 목간은 □□村在幢主가 □廩典太等에게 上申했던 문서목간이다. 稻, 粟, 稗, 大豆 등의 곡물류들을 貢納한 것을 보고했던 것으로 보인다. 3면의 合十五石을 〈金川(인명)+一伐(관등)〉로 판독한 견해도 있다. 2면의 곡물 양을 합산하면 3+1+3+8=15가 되므로 合十五石으로 보아야 한다는 견해도 있다. 금석문에 보이는 幢主가 확인되는 목간 사례로서 의미있다. 또 통일기 이전에 숫자에 위조를 방지하기 위해 갖은자를 사용했음도 보여준다.
　이 목간에서 특징 중 하나는 발신자 및 수신자와는 다른 所白人과 文尺이 등장하는 점이다. 所白人이 직접 보고하는 사람, 文尺이 목간의 내용을 쓴 사람[書者]으로 이해되고 있다. 문서 제작과 보고 등과 관련하여 여러 관여자가 존재했음을 시사해준다. 동시에 구두 전달과 보고자와 문서작성자가 공존하고 있다. 혹자는 구두전달체계가 문서행정체계로 이행하면서 나타난 현상으로 해석하고 있다.

□年正月十七日□□村在幢主再拜[白]□罳典太等
部弗□□小舍前稻參石粟壹石稗參石大豆捌石   」
合卅五石上內之 所白人 登彼礼智一尺 文尺智重一尺

$$(38+\alpha) \times 5.1 \times 3.8(\text{cm})$$

10) 참고문헌

文化財研究所 慶州古蹟發掘調査團, 1985, 『月城垓子試掘調査報告書』

文化財研究所 慶州古蹟發掘調査團, 1990, 『月城垓字 發掘調査報告書Ⅰ(본문)』

李成市, 1996, 「新羅と百濟の木簡」『木簡が語る古代史』上, 吉川弘文館

李成市, 1997, 「韓國出土木簡について」『木簡研究』19, 木簡學會

李成市, 2002, 「古代朝鮮の文字文化と日本」『國文學』47-4, 至文堂

國立慶州文化財研究所, 2004, 『月城垓子 發掘調査報告書Ⅱ(본문·사진)』

國立昌原文化財研究所, 2004, 『韓國의 古代木簡』

윤선태, 2005, 「월성해자 출토 신라 문서목간」『역사와 현실』56, 한국역사연구회

李成市, 2005, 「朝鮮の文書行政 – 六世紀の新羅 – 」『文字と古代日本』2, 吉川弘文館

國立慶州文化財研究所, 2006, 『月城垓子 發掘調査報告書Ⅱ(고찰)』

國立昌原文化財研究所, 2006, 『개정판 韓國의 古代木簡』

이용현, 2006, 『韓國木簡基礎研究』, 신서원

朝鮮文化研究所 編, 2007, 『韓國出土木簡の世界』, 雄山閣

고광의, 2008, 「6~7세기 新羅 木簡의 書體와 書藝史的 의의」『木簡과 文字』1, 한국목간학회

市大樹, 2008, 「慶州月城垓字出土の四面墨書木簡」『日韓文化財論集Ⅰ』, 奈良文化財研究所 編

李京燮, 2008, 「新羅 月城垓子 木簡의 출토상황과 月城 周邊의 景觀 변화」『韓國古代史研究』 49, 한국고대사학회

鄭在永, 2008, 「月城垓子 149號 木簡에 나타나는 吏讀에 대하여 – 薛聰 當代의 吏讀 資料를 중심으로」『木簡과 文字』1, 한국목간학회

국립부여박물관·국립가야문화재연구소, 2009, 『나무 속 암호, 목간』

이경섭, 2009, 「신라 월성해자에서 출토한 '2호 목간'에 대하여」『한국 고대사 연구의 현단계』, 주류성

이동주, 2009, 「월성해자 출토 목간의 제작기법」『木簡과 文字』 4, 한국목간학회

국립가야문화재연구소, 2011, 『韓國木簡字典』

국립경주문화재연구소, 2011, 『월성해자 발굴조사보고서Ⅲ(4호 해자)-본문-』

국립경주문화재연구소, 2011, 『월성해자 발굴조사보고서Ⅲ(4호 해자)-사진-』

국립경주문화재연구소, 2012, 『월성해자 발굴조사보고서Ⅳ(5호 해자)』

이경섭, 2013, 『신라 목간의 세계』, 경인문화사

홍기승, 2013, 「경주 월성해자·안압지 출토 신라목간의 연구 동향」『木簡과 文字』 10, 한국목간학회

국립경주문화재연구소, 2015, 『월성해자 발굴조사보고서Ⅴ(라구역)』

국립가야문화재연구소, 2017, 『韓國의 古代木簡Ⅱ』

윤선태, 2017, 「한자·한문의 사용과 지식인의 확대」『신라 천년의 역사와 문화 연구총서 11 신라의 학문과 교육·과학·기술』, 경상북도문화재연구원

이승재, 2017, 「경주 月城垓子 2호 목간과 20호 목간」『木簡에 기록된 古代 韓國語』, 일조각

국립경주문화재연구소, 2018, 『신라 왕궁 월성 』(도록)

국립경주문화재연구소, 2018, 『프로젝트展 월月:성城 』(도록)

김병준, 2018, 「월성 해자 2호 목간 다시 읽기」『木簡과 文字』 20, 한국목간학회

渡辺晃宏, 2018, 「月城垓字 출토 木簡과 日本 古代木簡의 비교」『木簡과 文字』 20, 한국목간학회

박정재, 2018, 「경주 월성 해자 조사 성과와 목간」『목간과 문자』 20, 한국목간학회

윤선태, 2018, 「월성 해자 목간의 연구 성과와 신출토 목간의 판독」『木簡과 文字』 20, 한국목간학회

李泳鎬, 2018,「文字資料로 본 新羅王京」『大丘史學』132, 大丘史學會

전경효, 2018,「신출토 경주 월성 해자 묵서 목간 소개」『木簡과 文字』20, 한국목간학회

정현숙, 2018,「고대 동아시아 서예자료와 월성 해자 목간」『목간과 문자』20, 한국목간
학회

주보돈, 2018,「月城과 垓字 출토 木簡의 의미」『木簡과 文字』20, 한국목간학회

국립경주문화재연구소, 2019,『힌성에서 만나는 신라 월성』(도록)

윤선태, 2019,「한국 多面木簡의 발굴 현황과 용도」『목간과 문자』23, 한국목간학회

李泳鎬, 2019,「月城垓子 2號 木簡에 보이는 尊稱語 '足下'에 대하여」『嶺南學』71, 慶
北大學校 嶺南文化研究院

김창호, 2020,『韓國 古代 木簡』, 주류성

김창호, 2020,「월성해자 목간 新1호의 제작 시기」『韓國 古代 木簡』, 주류성

김창호, 2020,「월성해자 출토 목간 몇 예」『韓國 古代 木簡』, 주류성

하시모토 시게루, 2020,「월성해자 신 출토 목간과 신라 外位」『木簡과 文字』24, 한국목간
학회

하시모토 시게루, 2021,「新羅 文書木簡의 기초적 검토 - 신 출토 월성해자 목간을 중심으
로」『嶺南學』77, 경북대학교 영남문화연구원

2. 경주 월지(안압지) 출토 목간

1) 유적명 : 月池(안압지, 혹 동궁과 월지)

2) 유적 소재지 : 경상북도 경주시 원화로 102

3) 유적 유형 : 궁원지

4) 목간점수/주요유물 : 61점(문서, 꼬리표, 연습용)/토기, 생활용기, 불상, 묵서토기

5) 시대 및 시기 : 통일신라/8~10세기

6) 발굴기관/발굴기간/보고서 간행 : 문화재관리국/1975.3.~1976.12./1978

7) 소장기관 : 국립경주박물관

8) 유적 개요

월지(안압지)는 경주의 왕궁 추정지인 月城의 동북쪽에 위치한 苑池이다. 『三國史記』에는 674년(문무왕 14)에 苑池가 조성되었다고 전하고 있다. 이 유적에 대한 조사는 문화재관리국이 1975년 3월 25일부터 1976년 12월 30일까지 약 2년 동안 발굴조사를 진행하였다. 조사 결과 연못의 전체 면적은 15,658㎡, 연못을 둘러싸는 護岸石築 길이는 총 1,005m이며 연못 내부에 3개의 인공섬이 있음이 밝혀졌다. 이 연못은 674년(문무왕 14) 조영했다는 '월지'로, 축조연대 는 『삼국사기』 기록에 따라 7세기 후반으로 추정된다. 또한 연못 서쪽과 남쪽에서 臨海殿址, 回廊址 등 건물지 26개소, 담장지 8개소, 배수로시설 2개소, 입수구 시설 1개소 등이 확인되었다.

안압지에서 출토된 유물은 보고서의 출토유물 목록에 따르면 完形이 15,023점이고 조각[片] 까지 포함하면 약 33,000여 점에 이른다. 이 가운데 목간은 '木簡類 86점'으로 보고되어 있다. 그러나 목간을 판독하고 보고한 글에서는 총 목간이 51점으로 완형에 가까운 것이 40점, 절반 정도 떨어져 나간 것이 7점, 복원 불가능한 파편이 4점이라고 서술했다. 그런데 실제로 판독문 을 실은 것은 31점이었다. 2000년대 이후 월지 목간의 연구가 진전되고 적외선 촬영이 시도되 면서 판독이 가능한 목간 수는 조금씩 증가했다.

보고서에는 '이들 목간 중 2, 3점의 예외를 제외하고는 모두 안압지 서북방에 위치하고 있는 임해전지의 통칭 제4건물지에서 제5건물지로 통하는 이중 호안석축 밑의 갯벌층에서 발견되

었다'라고 서술했고, 이러한 출토 상황이 대체로 받아들여졌다. 그러나 보고서의 발굴 경과 기록과 보존처리 기록, 그리고 도판의 출토지점이 명기된 목간 사진 등을 자세히 검토하여 보고서에서 언급된 출토지점에서는 16점 정도의 목간이 확인되며, 그 이외 목간 가운데 적어도 26점은 월지 동안(東岸)에서 출토된 사실이 지적되었다. 이러한 연구성과에서 월지 목간은 한 지점에서 출토된 일괄 자료가 아니라 월지 안의 여러 지점에서 출토되었음이 인지되게 되었다. 월지 목간은 동궁과 월지를 중심으로 형성된 內廷의 일상 행정과 생활에 대한 정보를 제공한다.

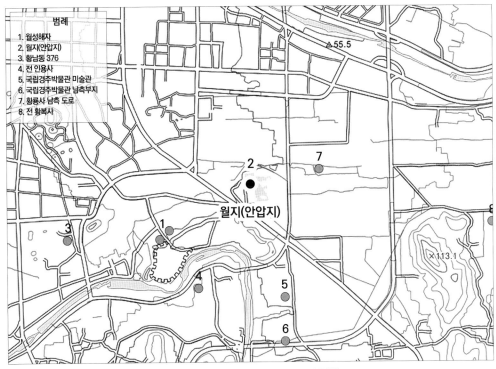

〈경주 월지(안압지) 유적 및 주변 유적 현황〉

9) 목간 개요

월지에서는 모두 61점의 목간이 출토되었다. 월지 목간은 해방 이후 한국에서 출토한 최초의 목간이라는 상징적 위상을 지닌다. 보고서에 게재된 월지 목간 연구는 한국 목간 연구의 효시가 되었다. 최초의 연구는 목간 실물의 직접 관찰을 바탕으로 묵서의 판독을 시도하고 목간

〈월지 유구 배치도〉

의 연대를 고찰하면서 목간 내용 중 특히 洗宅을 깊이 있게 분석하여 近侍기관에 대해 규명하였다. 이를 통해서 월지 목간의 대체적인 연대가 알려지고, 국왕과 東宮에 속하여 侍從 및 祕書·文筆 담당기관인 세택 관계의 목간이 동궁이 조영된 월지(안압지)와 관련 있음이 밝혀지게 되었다.

보고서에는 31점의 목간 판독문이 게재되었는데, 이후 연구가 진행되면서 묵서 목간의 수가 증가하게 되었다. 판독에서 누락되었던 목간이 추가되기도 했고, 2004년 『한국의 고대목간』에 목간 실물과 적외선 사진이 함께 수록되면서 판독 가능한 목간의 수가 급증했다. 여기에는 월지 목간 97점(182~278번)의 사진이 게재되었고, 이 가운데 61점(182~242번)의 판독안을 제시했다. 실물과 적외선 사진의 집대성은 본격적인 목간 연구를 가능하게 중요한 계기가 되었다.

국립경주박물관의 주관 아래, 월지(안압지) 목간의 적외선 촬영과 재판독이 진행되었다. 국립박물관·한국목간학회·일본 목간 연구자들의 판독문을 정리한 연구가 2007년 12월 경주박물관 기관지 『신라문물연구1』에 발표되었다. 여기에는 『한국의 고대목간』에서 누락된 보고서 1호 목간의 적외선 사진과 판독문을 공개했으며, 기존에 개별 목간으로 보았던 잔편들을 새롭게 접합하는 개가를 올렸다. 이러한 연구들이 진행되면서 월지 출토 목간에 대한 이해가 크게 진전되었다고 할 수 있다. 2011년 국립가야문화재연구소가 간행된 『韓國木簡字典』에도 월지 목간의 적외선 사진이 수록되었다. 모두 49점의 적외선 사진을 실었는데, 이 가운데 몇 점은 기존 자료에는 없던 사진자료들이었다.

월지 목간의 연대는 年號와 干支가 기록된 일부 목간을 근거로 대체로 8세기 중후반으로 보는 견해가 일반적이다. 년호와 간지가 확인되는 목간들은 751(경덕왕 10)에서 774(혜공왕 9)에 제작된 것으로, 다른 목간들도 비슷한 시기의 자료로 간주하는 것이 일반적 경향이다. 한편 상당수 목간의 출토 상황이나 연대를 추론할 내용이 없으므로 목간 전체의 연대관을 8세기 중후반으로 일률적으로 보는 데는 신중해야 한다는 지적도 있다.

월지 목간에는 다수의 꼬리표 목간이 포함되어 있다. 이들은 크게 식품 꼬리표 목간과 기타 꼬리표 목간으로 구분할 수 있다. 이들 꼬리표 목간을 자세하게 분석하여 그 특징이 지적되게 되었다. 〈년월일+作+동물명+가공품명+용기 기타〉의 書式으로 이루어졌고 동물을 가공한 식품을 담은 용기에 부착되었던 것이며 식품 附札이었음이 지적되었다. 助史 앞에는 동물명[猪·加火魚·獐·鳥·魚 등]이 나오며 뒤에는 缶라는 용기 이름이 나오기 때문에 助史는 식품가공품과 관련된 것으로 '젓(갈)'의 音借라는 견해가 유력하다. 史가 받침으로 쓰인 용례를 鄕歌에서도 보인다. 나아가 목간에 등장하는 식품과 관련된 관사로 『삼국사기』 직관지에 등장하는 庖典을 주목하기도 했다.

■ 附札 목간-식품 꼬리표 목간과 기타 꼬리표 목간
보고서(1978) (자전, 창원, 암호, 지건길) 순으로 목간번호를 표시. 지건길: 보고서(1978, p.434)의 지건길 메모

▷ 식품 꼬리표 목간

① 보고서 35호(자전-[雁]12, 창원-193)
加火魚 즉 가오리의 젓갈 꼬리표다. 加火는 "가볼"로 음독과 훈독이 섞여 있다. 가브리, 가부리가 조선시대를 거치며 가오리로 전화되었다. 경상도 방언에는 가오리를 아직도 가부리라고 하여 옛말의 잔흔이 남아 있다. 이 자료는 인해 가브리라는 단어가 신라시대로까지 소급됨을 알게 해주었다.

·「 ∨ 加火魚醢 」

21.9×2.5×0.2(㎝)

② 보고서 24호(자전-[雁]14, 창원-195, 암호-195)
몇월 3일에 제작한 노루 육젓, 그것이 담긴 항아리에 붙여진 꼬리표라는 뜻이다. 음식에 중요한 상미기간과 관련하여 제작일을 표기하여 식재료를 관리하였음을 보여준다.

· 「∨ 月三日作鹿醢瓮附」

$$16.9 \times 1.3 \times 0.7 (\text{cm})$$

③ 보고서 28호(자전–[雁]15, 창원–196, 지건길 11)

남쪽 옹기에 부은 상등급의 汁 13두로 이해하고 있다. 汁은 간장이나 육수물과 같은 밑바탕 액체 식재료로 추정되고 있다.

「∨南瓮汲上汁十三斗 ×

$$(18.2+\alpha) \times 1.9 \times 1.2 (\text{cm})$$

④ 보고서에 없음(창원–197)

· ×□□□醢 」

$$(16.9+\alpha) \times 2.1 \times 1.0 (\text{cm})$$

⑤ 보고서 31호(자전–[雁]28, 창원–214)

· × 卄四日作 」

· × 醢　　」

$$(8.4+\alpha) \times 3.0 \times 0.8 (\text{cm})$$

⑥ 보고서 10호(자전–[雁]30, 창원–216)

역시 제작일이 명기되었다. 조류도 젓갈의 대상이었음을 보여준다.

· × 五月卄四日作 ×

· × 鳥 醢　　×

$$(13.4+\alpha) \times 2.4 \times 0.7 (\text{cm})$$

⑦ 보고서 8호(자전–[雁]35, 창원–221)

갑인년이란 기년이 보인다. 갑인년(714, 834, 894년) 4월 9일에 제작된 가오리 젓갈의 꼬리
표다.

「∨甲寅年四月九日作加火魚醢 ×

$$(12.0+\alpha)\times1.3\times0.5(㎝)$$

⑧ 보고서 6호(자전–[雁]13, 창원–194, 암호–194)

갑진년(704, 764, 824, 884년) 3월 3일에 제작된 犭의 내장음식에 부착된 꼬리표다. 犭에
대해서는, 족제비나 담비와 같은 동물, 개나 돼지 같은 동물, 혹은 사슴이나 노루같은 동물 등
여러 가지 추정이 있다.

「∨甲辰三月三日冶犭五藏 ×

$$(15.2+\alpha)\times2.7\times0.8(㎝)$$

⑨ 보고서 7호(자전–[雁]24, 창원–210, 암호–210, 지건길–2)

을사년(705, 765, 825, 885년) 정월 19일에 제작된 음식물인데, [鮓?]水로 보아 액체 식재료
로 추정되고 있다.

·「∨乙巳年正月十九日作口瓠 」
·「∨鹽水十八 」

$$11.3\times(4.2+\alpha)\times0.75(㎝)$$

⑩ 보고서 25호(자전–[雁]7, 창원–188, 암호–188)

병오년(706, 766, 826, 886년) 4월에 제작된 가오리 젓갈이다. 3개(가오리 3마리 혹은 기타)

를 집어넣은 항아리에 붙인 꼬리표다.

· 「∨ 丙午年四月 」
· 「∨ 加火魚助史三入 」

$$15.4 \times (3.5 + \alpha) \times 0.6 (\text{cm})$$

⑪ 보고서 38호(자전–[雁]8, 창원–189)

경오년(670, 730, 790, 850년) 정월 27일에 제작된 식재료다. 아마도 젓갈류로 추정된다.

· 「∨ 庚午年正月卄七日作□ 」
· 「∨ □□□□□ 」

$$15.8 \times 2.0 \times 0.4 (\text{cm})$$

⑫ 보고서에 없음(자전–[雁]25, 창원–211)

신□년 정월 十□일에 제작된 돼지 젓갈을 담았던 용기 아마도 항아리에 붙여 있던 꼬리표다. 百十□石은 그 용량이다.

· 「∨ 辛□年正月十□
     日作□猪助史 」
· 「∨ 百十□石 」

$$10.7 \times 3.1 \times 1.0 (\text{cm})$$

⑬ 보고서에 없음(자전–[雁]26, 창원–212, 암호–212)

경자년(700, 760, 820, 880년) 5월 16일에 제작된 돼지 젓갈이 담긴 항아리에 붙은 꼬리표다. 辛番은 辛審으로 쓰였는데 제사용으로 보는 설이 유력하다.

·「∨庚子年五月十六日」
·「∨辛番猪助史缶」

$$9.35 \times 2.65 \times 0.3 (\text{cm})$$

⑭ 보고서 12호(자전–[雁]29, 창원–215)

어느 해 11월 27일에 담근 생선 젓갈의 꼬리표로 보인다. "十一月卄七日左士, 單師史卒言"으로 판독하고 문서목간으로 간주하는 견해도 있다.

·「 十一月卄七日入一口东 ×
·「 魚助史卒言 ×

$$(9.4+\alpha) \times 2.15 \times ?(\text{cm})$$

⑮ 보고서 11호(자전–[雁]36, 창원–222, 암호–222)

어느 해 3월 21일에 제작한 노루 젓갈이 담긴 항아리에 붙은 꼬리표, 그 수량이 4개였던 것으로 보인다.

·× 三月卄一日作獐助史缶肆 ×

$$(14.1+\alpha) \times (2.2{\sim}2.7) \times (0.3{\sim}0.6)(\text{cm})$$

▷ 기타 꼬리표 목간

⑯ 보고서 34호(자전–[雁]2, 창원–183, 암호–183)

北廂은 삼국사기 직관지에 보이는 北廂典으로 보인다. 모년 모월 21일에 북상전에 바친 돼지 고기물 즉 육수 젓갈 관련 꼬리표다. 담은 항아리가 제1행의 것이고 거기에 수량 1개를 넣었다는 뜻으로 해석되고 있다. 丙番에 대해서는 방향을 나타낸다는 추정이 있을 뿐 명확한 해석이 이뤄지고 있지 못하다.

〔天?元?〕
· 「∨□□□□□□月廿一日上北廂 ×
· 「∨猪水助史第一行瓷一入　　　×
· 「∨五十五□□丙番　　　　　×

$$(13.9+\alpha)\times 1.5\times 0.9(㎝)$$

⑰ 보고서 15호(자전-[雁]4, 창원-185, 암호-185, 지건길-15)

이 목간은 월지 목간 가운데 일찍부터 주목받으면서 다양한 견해들이 제기된 바 있지만, 적외선 사진 촬영으로 판독이 분명해지면서 식품꼬리표 목간으로 사용되었음이 밝혀졌다. 특히 뒷면 마지막 글자를 고대 일본 목간과 비교하여 용기를 뜻하는 缶이며, 그 앞의 글자도 醯(=醢)로 판독하고서 월지 출토 식품 꼬리표 목간의 하나로 판명되었다.

다만 앞면의 辛番 이하의 해석이 불분명한데, 辛番은 辛審과 같은 표기였던 것으로 추정되며, 월지 출토 在銘遺物에는 辛審龍王, 龍王辛審, 本宮辛審 등이 확인되고 있다. 이에 대하여 辛은 新과 같은 뜻으로 추수한 新物이며 살핀다(審)는 의미와 함께 '辛(新物)을 바친다'는 표현으로 사용되었다는 추정이 제기된 바 있다. 辛番 혹은 辛은 祭祀나 儀禮와 관련한 문구일 것으로 추정된다. 결국 辛番이 묵서된 목간은 祭需用 食品의 꼬리표였을 가능성이 있다. 그런데 앞면의 瓷一品仲上의 瓷과 뒷면의 缶는 용기의 차이를 나타내는 표현이므로 앞면과 뒷면은 서로 다른 내용이 묵서되었을 것으로 추정된다. 즉 앞면을 먼저 사용했다가 이후 목간의 뒷면이 재활용되면서 뒷면의 묵서가 기재되었을 가능성이 있다.

· 「∨辛番洗宅□□瓷一品仲上 」
· 「∨□遣急使條高城醯缶 」

$$16.5\times 4.5\times 1.1(㎝)$$

⑱ 보고서 26호(자전–[雁]23, 창원–209)

· × 辛卯年第二汁八斗 ×

· × 辛卯年第二汁八斗 ×

$$(18.0+\alpha)\times2.5\times0.4\text{(㎝)}$$

신묘년은 691, 751, 811, 871, 931년이다.

⑲ 보고서 26호(자전–[雁]23, 창원–209)

· × 廣阿□ ×

$$?\times?\times?\text{(㎝)}$$

⑳ 보고서 16호(자전–[雁]11, 창원–192, 암호–192, 지건길–8)

郎席의 길이가 十尺, 細次 즉 가는 수치의 枇 즉 숟가락이 3건, 규정 수치의 숟가락 7건으로 해석하는 견해가 제시되어 있다. 이상의 물건에 달린 꼬리표 목간이다. 郎席과 관련된 관청으로 삼국사기 직관지의 席典이 지목되고 있다.

· 「∨ 郎席長十尺 細次枇三件 法次枇七件 法□ ×

$$(22.0+\alpha)\times2.5\times0.5\text{(㎝)}$$

㉑ 보고서 13호(자전–[雁]27, 창원–213)

이 목간은 위에 홈형 목간으로 꼬리표로 사용된 것으로 보인다. 策事門과 思易門 뒤의 金은 "쇠"로 열쇠라는 의미라는 설이 정설이 되어 있다. 경상도 방언에 열쇠를 "쇳대"라고 하여 그 잔흔이 남아 있음도 지적되고 있다. 목간은 策事門과 思易門의 열쇠(金)에 부착되었던 꼬리표 목간이다.

· 「∨ 策事門思易門金 」
· 「∨ 策事門思易門金 」

8.8×1.45×0.45(㎝)

㉒ 보고서 9호(자전-[雁]34, 창원-220)

　辛番과 관련해서는 제사관련으로 보는 설, 삼국사기 직관지 番監과 관련하여 궁궐의 番 관련으로 보는 설이 있다.

「∨ 丁亥年二月八日辛番 」

12.7×1.2×0.6(㎝)

■ 여러 가지 내용의 기록과 문서 목간

▷ 門 이름 목간

㉓ 보고서 17호(자전-[雁]5, 창원-186, 암호-186, 지건길-3)

　이 목간에는 隅宮이라는 궁 이름이 확인되며 거기에는 4개의 문이 묵서되었다. 開義門은 남문으로 생각되며 유일하게 이름이 기재된 것으로 보아 정문일 가능성이 크다. 우궁이 위치나 성격은 분명하지 않지만 궁의 구조를 엿볼 수 있는 자료이다. 문 이름 아래에는 인명을 기록하고 그 이름 밑에 모두 左라고 썼다. 인명은 그 문을 지키는 문지기[門逞]로 보고 있다. 左는 문지기 소속이 左右혹은 左中右로 나눠진 것에서 左番에 소속된다는 의미일 것이다. 목간의 용도는 일본의 兵衛 목간과 유사하므로 식료를 청구한 것, 궁정 경비 상황을 점검하기 위해 휴대한 것 등의 설이 제기되었는데, 문지기의 배치 지시나 실제로 배치된 인물을 보고하기 위해서 기록한 목간일 가능성도 있다. 한편 이름 다음의 左를 在로 읽는 견해도 있다.

·「　　隅宮北門迆 ^{阿召□}_{才者左}　同宮西門迆 ^{元方左}_{馬叱下左}　　」

·「　　東門迆 ^{三毛左}　　開義門迆 ^{小巴乞左}_{金老左}　　」

17.7×4.2×0.5(㎝)

▷ 발신과 수신이 확인되는 문서목간

㉔ 보고서 1호

이 목간은 보고서에서 1호 목간으로 소개되었지만, 『한국의 고대목간』(2004)에는 누락되었다가 2007년 국립경주박물관의 월지 목간 재조사 과정에서 적외선 사진을 공개되면서 새롭게 주목받았다. 보고서의 판독과 적외선 사진으로 판독되는 묵서 내용이 차이가 컸기 때문이다. 이 목간은 발신(洗宅)과 수신(二典)의 관계를 白과 前으로 표현된 신라식의 문서목간으로 생각된다. 典[左] 思林은 二典 소속으로 문서목간의 書者이며, 세택이 의례 등과 관련된 물품을 이전에 반납(入日)할 때 이를 확인하면서 기록하였을 것이다. 이전은 동궁관 산하의 給帳典이었을 것으로 추정한 견해가 있다.

·「洗宅白之　二典前四□子頭身沐浴□□木松茵」(앞　면)
·「　□□□迎乙入日□□　　　　　　　　　」(좌측면)
·「　　　　十一月卄七日典大舍 思林」　　　(뒷면)

31.8×2.8×1.5(㎝)

▷ 醫藥 관련 목간

㉕ 보고서 본문에 없음(보고서 도판 454, 455, 자전-[雁]16, 창원-198, 암호-198, 지건길-9)

이 목간에는 藥材의 이름들이 등장하고 있다. 또 약재 앞머리에 체크 표시가 있다. 목간에 묵서된 내용이 藥材 이름인 것에서 의약 처방전과 관련된 것이라는 설이 있다. 아울러 특정 처방전이라기 보다는 의약관련 부서에서 조제에 사용할 약재를 청구하고 그에 대해 조달하는 목간이라는 설이 있다. 청구된 약재를 조달하면서 체크한 것이라는 해석이다. 나아가 醫書를 학습할 때 관련 처방을 발췌한 학습용 목간이라는 가설도 있다.

정창원에 보이는 약재들과 비교해서, 의약 관련 지식과 정보에 관해 신라와 일본 사이에 교류가 있었다는 연구도 있다. 고대 한국 의약사의 중요 자료다.

· × 大黃一兩   □□一兩 □□一兩 靑袋一兩 升麻一兩 ×
         □
     甘草一兩   □□一兩 □□一兩 □□一兩 □□三兩

· × □□□   靑木香一兩   支子一兩   藍□三分   ×

(30.8+α)×3.9×2.6(㎝), ⌐는 점검 표시

■ 기타 용도의 목간-연습이나 낙서, 목간이 파손되어 정확한 내용을 확인하기 어려운 목간 등

㉖ 보고서 4호(자전-[雁]1, 창원-182, 암호-182, 지건길-17)

4면체. 하단부 일부 파손. 나뭇가지의 껍질을 벗겨 간단히 가공한 원주형 목간이다. 4면에 모두 묵흔이 있다는 견해도 있다. 면 마다 서서 방향의 위 아래가 서로 다르다. 이 점에서 자주 사용하는 글자의 연습이라는 설이 있다. 寶應四年은 765년이다.

策事란 남북조시대에 隸事라는 말로 등장하기 시작했으며, 그 의미는 문인들이 모여 담론할 때 전적이나 역사적 典章 및 고사를 정해진 유형에 따라 엮어내어 그 수가 많은 사람이 이기는 유희의 일종이라고 한다. 이에 신라왕조에서 귀족 자제들의 학문적 수준을 제고하고 유희 혹

시험하는 하나의 수단으로 활용된 것이 아닌가 하는 가설이 제기도었다.

· 「寶應四年　　×
· 「策事　　　　×
· 　×伍肆參貳壹 」(위아래가 다른 면과 거꾸로 쓰여 있음)

(15.9+a)×2.5×2.5(㎝)

㉗ 보고서 3호(자전–[雁]3, 창원–184, 암호–184, 지건길–16–A, 지건길–19, 지건길–16(?), 지건길–11)

　습서와 낙서가 섞인 목간이다. 天寶十一載는 752년이다. 韓舍는 大舍로 경위 11위의 실무팀 장급이다. 눈, 코, 얼굴도 묘사하였다.

　　　　舍 舍 舍　舍 舍　　　 天寶十一載壬辰十一月
· 「韓舍　　　　　　　　　韓舍　　　　　　　　　×
　　　韓舍　韓舍　韓舍 天寶　 寶　□　寶
· 「韓舍 韓舍 韓舍文 ▨　　　　　　　　　　　　×

(23.5+a)×▨사람 얼굴 그림 (3.0+a)×0.5(㎝)

㉘ 보고서 18호(자전–[雁]6, 창원–187, 암호–187)
　모종의 문장을 습서한 것으로 여겨지고 있다.

　「有　　　　　　　　處□
· 是諸由□　藏　識之戟
　　我飛飛□者 家 宣宮處宮」

宋?
·「[   ]謝
                  飛[   ]」

$$30.0 \times (5.6 + \alpha) \times 0.65 \text{(㎝)}$$

㉙ 보고서에 없음(자전-[雁]9, 창원-190, 암호-190)

生蚫 즉 생굴 관련 목간이다. 魚변의 鮑가 아니라 虫변의 蚫를 사용한 것이 특징적이다.

·「生蚫十兩九月□□料」
·「良儒□□□   」

$$20.8 \times 2.2 \times 1.1 \text{(㎝)}$$

㉚ 보고서 2호(자전-[雁]10, 창원-191, 암호-191)

앞 뒷면에 같은 글자를 썼다. 묵흔만 날라가고 나무는 흑화되어, 짙은 바탕에 글자부분만 하얗다. 洗宅은 동궁 관아다. 구체적 해석은 없다. 세택과 관련된 문서목간이라는 추정이 있을 뿐이다.

·「曹洗宅家」
·「曹洗宅家」

$$16.5 \times 1.7 \times 1.0 \text{(㎝)}$$

㉛ 보고서 42호(자전-[雁]18, 창원-200)

「○ 辛番
   □[隻公?]□ ×

$$(15.0 + \alpha) \times 4.7 \times 0.8 \text{(㎝)}$$

㉜ 보고서에 없음(자전-[雁]17, 창원-199·223, 암호-199·223)

199호와 223호로 따로 인지되던 것을 판독과 나무결 비교를 통해 하나의 목간임이 확인되었다. 습서로 보인다.

太邑　太邑　太邑

× 太邑太邑太邑　　　　太邑　　×

□乙酉十月卄三日□□子□□

$(36.8+\alpha) \times 5.0 \times 0.8$(㎝)

㉝ 보고서 19호(자전-[雁]19, 창원-205, 암호-205, 지건길-13)

형태는 나뭇가지의 껍질을 벗겨내고 간단히 가공한 원주형 목간으로 하단부가 파손되어 있다. 묵서는 목간에 돌아가며 대략 6면 6행에 걸쳐 기록되었는데, 판독, 내용이해나 용도추정연구가 부진하다.

·「重予等處言

罪　×

·「水□□　×

·「□　×

·「　□　×

·「□□□　×

·「　□　×

$(9.0+\alpha) \times 2.7$(㎝)

㉞ 보고서 14호(자전-[雁]20, 창원-206, 암호-206)

노루 젓갈을 받아 宅 즉 귀족저택에 보내는데 항아리가 넷이라고 파악할 수 있다. 이면의 해석은 용이하지 않아서, 연구진전이 없다.

· 「受鹿醢送付宅四缶
　　是法念□□　　　　」

· 「尅藝犯權稱慰
　　壁□琴現碧　　　　」

$$14.5 \times 4.2 \times 1.0(㎝)$$

㉟ 보고서에 없음(자전-[雁]21, 창원-207, 암호-207)

이 목간의 묵서 방식은 다른 목간들에 비하여 독특한데, 앞면과 뒷면의 큰 글자는 칼로 음각한 후 먹으로 글씨를 썼다. 그러나 뒷면의 오른쪽에 쓴 작은 글자는 그냥 먹으로 써넣고 있다. 이에 대해 앞면과 뒷면의 음각문자는 서로 필체가 동일하고 한가운데에 새겨진 것으로 보아 처음에는 음각문자만을 기입하였다가 이후 누군가에 의해 뒷면에 작은 글씨가 追記되었다고 보인다. 이 목간의 □坪은 지명, 犭은 모종의 毛皮를 가리키는 신라의 俗字, 捧은 바치다의 의미로 보아 '□坪에서 犭 121品을 바침'으로 해석할 수 있으며, 뒷면의 辛은 의례와 관련된 용어였을 가능성이 있다. 이 목간은 짐꼬리표목간의 용도로 처음 제작되었지만, 추기가 확인되는 점에서 최종 보관처에서는 물품꼬리표의 용도로 대체되었던 것이 아닐까라고 추정된다. 그러다가 물품[犭]의 소비가 이루어질 때(9월 5일) 그 남은 수량이 추기되었을 것이다.

· ×　　□坪捧犭百卅二品上　　×

· ×　九月五日□□知五十六　×
　　　　辛

$$(11.0+α) \times 3.5 \times 0.6(㎝)$$ 음영 글자 표시는 刻字 후 묵서된 것임

㊱ 보고서 23호(자전-[雁]22, 창원-208, 암호-208)

阿膠 20분을 받아 처리한 내용 등이 담겨 있다고 추정된다. 아래는 해석이 용이하지 않다. 阿膠는 접착제, 약 등으로 쓰였다.

· 「阿膠卄分受十反□ ×
· 「 大□溫使用以省等 ×

$$(12.8+\alpha)\times1.8\times0.8(\text{cm})$$

㊲ 보고서에 없음(자전-[雁]31, 창원-217)

· × □□□ ×
· × □ ×

$$(10.5+\alpha)\times(2.5+\alpha)\times0.5(\text{cm})$$

㊳ 보고서 30호(자전-[雁]32, 창원-218)

· 「∨丙□ ◻ ×
· 「∨□ ◻ ×

$$(8.4+\alpha)\times3.3\times0.8(\text{cm})$$

㊴ 보고서에 없음(자전-[雁]33, 창원-219)

· × □□ ×
· × □□□ ×

$$(8.8+\alpha)\times2.8\times0.2(\text{cm})\ 223호(199호에 접속)$$

⑩ 보고서에 없음(자전–[雁]37, 창원–224)

· × □內   ×

$$(6.4+\alpha) \times (3.6+\alpha) \times 0.3(\text{cm})$$

⑪ 보고서에 없음(창원–225)

· × □□   ×

$$(9.0+\alpha) \times 4.5 \times 1.1(\text{cm})$$

⑫ 보고서 39호(창원–226)

· × [   ]   [   ]   ×

· × [   ]□月十七[   ]   ×

$$(6.0+\alpha) \times 2.5 \times 0.1(\text{cm})$$

⑬ 보고서에 없음(자전–[雁]39, 창원–229, 암호–229)

원주형의 다면 목간. 하단부에 홈이 있는 부찰이다. 태자를 받들기 위해 바친 기름 등 공물에 부착된 것으로 추정되고 있다.

·「奉太子君 ∨」(앞 면)

·「前吳油□ ∨」(좌측면)

·「김彡□   ∨」(우측면)

$$6.1 \times 1.2 \times 1.2(\text{cm})$$

⑭ 보고서에 없음(창원–231)

(묵흔이 있음)

$$? \times ? \times ?(\text{cm})$$

㊺ 보고서에 없음(창원-232)

(묵흔이 있음)

$$? \times ? \times ?(㎝)$$

㊻ 보고서에 없음(자전-[雁]41·42, 창원-233·236)

· □
  × 　　　　　×
  □巳□卅六札□□

· □己□□□□□
  × 　　　　　×
  □□□

$$(8.1+\alpha) \times 1.8 \times 0.3(㎝)$$

㊼ 보고서에 없음(자전-[雁]43, 창원-237)

수량과 「買」라는 용어로 보아 官司가 쓸 調達品의 買入과 관련되는 것이 아닐까 추정되고 있다. 숫자는 매입품의 수량일 가능성이 제기되고 있다.

· ×九十二」
· ×□買 」

$$(4.0+\alpha) \times 2.2 \times 0.2(㎝)$$

㊽ 보고서 20호

형태 불명

·「二藥十　　×

$$? \times ? \times ?(㎝)$$

㊾ 보고서 21호

·「旣矩山徒」

$$4.3 \times 1.8 \times ?(\text{cm})$$

㊿ 보고서 22호

·「僧門金□□」

·「金金□□□」

$$11.5 \times 3.8 \times 1.5(\text{cm})$$

10) 참고문헌

문화공보부 문화재관리국, 1978,『雁鴨池 발굴조사보고서』

李基東, 1979,「雁鴨池에서 出土된 新羅木簡에 대하여」『경북사학』1, 경북사학회

國立中央博物館 편, 1980,『雁鴨池; 雁鴨池出土遺物 特別展』, 國立中央博物館

李基東, 1982,「雁鴨池から出土した新羅木簡について」『國學院雜誌』83 - 6, 國學院大學

李基東, 1984,『新羅骨品制社會와 花郎徒』, 一潮閣

李基白 編, 1987,『韓國上代古文書資料集成』, 一志社

고경희, 1993,「신라 월지 출토 유물에 대한 명문 연구」, 동아대학교 사학과 석사학위논문

大韓民国文化部文化財管理局, 1993,『雁鴨池 - 本文編·図版編 - 発掘調査報告書』, 学生社

國史編纂委員會 編, 1995,『韓國古代金石文資料集 Ⅱ (新羅·伽耶篇)』, 國史編纂委員會

國史編纂委員會 編, 1996,『韓國古代金石文資料集 Ⅲ (統一新羅·渤海篇)』, 國史編纂委員會

부산광역시립박물관 복천분관, 1997,『유물에 새겨진 고대문자』

李鎔賢, 1999,「統一新羅の伝達体系と「北海通」- 韓国慶州雁鴨池出土の15号木簡の解釈 -」
　　　　『朝鮮学報』171, 朝鮮学会

국립청주박물관, 2000,『한국 고대의 문자와 기호유물』

尹善泰, 2000,「新羅 統一期 王室의 村落支配-新羅 古文書와 木簡의 分析을 中心으로-」, 서

울대학교 국사학과 박사학위논문

國立慶州博物館, 2002, 『文字로 본 新羅-新羅人의 記錄과 筆跡-』

徐榮敎, 2002, 「雁鴨池 出土 鐵戈의 用途」 『東國史學』 37, 東國史學會

윤선태, 2002, 「新羅의 文書行政과 木簡-牒式文書를 중심으로-」 『강좌 한국고대사』 5, 가락
　　　국사적개발연구원

李鎔賢, 2003, 「경주 안압지(月池) 출토 목간의 기초적 검토-보고서 분석과 넘버링을 중심으
　　　로-」 『국사관논총』 101, 국사편찬위원회

國立昌原文化財研究所, 2004, 『韓國의 古代木簡』

李文基, 2005, 「雁鴨池 출토 木簡으로 본 新羅의 宮廷業務-宮中雜役의 遂行과 宮廷警備 관련
　　　木簡을 중심으로-」 『韓國古代史研究』 39, 한국고대사학회

國立昌原文化財研究所, 2006, 『개정판 韓國의 古代木簡』

윤선태, 2006, 「안압지 출토 '門號木簡'과 新羅 東宮의 警備」 『한국고대사연구』 44, 한국고
　　　대사학회

이용현, 2006, 『韓國木簡基礎研究』, 신서원

橋本繁, 2007, 「慶州雁鴨池木簡と新羅內廷」 『韓國出土木簡の世界』, 朝鮮文化研究所編, 雄山閣

三上喜孝, 2007, 「慶州·雁鴨池出土の藥物名木簡について」 『韓國出土木簡の世界』, 雄山閣

윤선태, 2007, 「木簡으로 본 新羅 王京人의 文字生活」 『신라문화제학술논문집』 28, 동국대
　　　학교 신라문화연구소

이용현, 2007, 「목간으로 본 신라의 문자·언어 생활」 『구결연구』 18, 구결학회

이용현, 2007, 「안압지 목간과 동궁 주변」 『역사와 현실』 65, 한국역사연구회

이용현, 2007, 「안압지와 東宮 庖典」 『新羅文物研究』 창간호

윤선태, 2008, 「목간으로 본 한자문화의 수용과 변용」 『新羅文化』 32, 동국대학교 신라문화
　　　연구소

윤선태, 2008, 「신라의 문자자료에 보이는 부호와 공백」 『구결연구』 21, 구결학회

국립부여박물관·국립가야문화재연구소, 2009, 『나무 속 암호, 목간』

이경섭, 2010, 「안압지 목간과 신라 宮廷의 日常」『新羅文化』 35, 동국대학교 신라문화연구소

국립가야문화재연구소, 2011, 『韓國木簡字典』

권인한·김경호·이승률, 2011, 『죽간 목간에 담긴 고대 동아시아』, 성균관대학교출판부

손환일, 2011, 『한국 목간의 기록문화와 서체, 서화미디어

이문기, 2012, 「안압지 출토 木簡으로 본 新羅의 洗宅」『한국고대사연구』 65, 한국고대사학회

이경섭, 2013, 『신라 목간의 세계』, 경인문화사

홍기승, 2013, 「경주 월성해자·안압지 출토 신라 목간의 연구 동향」『목간과 문자』 10, 한국
　　　　목간학회

권주현, 2014, 「신라의 발효식품에 대하여 – 안압지 출토 목간을 중심으로 –」『목간과문자』
　　　　12, 한국목간학회

尹善泰, 2014, 「新羅 中古期 六部의 構造와 그 起源」『新羅文化』 44, 동국대학교 신라문화연
　　　　구소

박찬흥, 2017, 「2.의약(2편 과학과 기술 1장 과학)」『신라 천년의 역사와 문화 연구총서
　　　　11 신라의 학문과 교육·과학·기술』, 경상북도문화재연구원

이승재, 2017, 「경주 月地 20호 목간, 憂辱歌」『木簡에 기록된 古代 韓國語』, 일조각

李泳鎬, 2018, 「文字資料로 본 新羅王京」『大丘史學』 132, 大丘史學會

윤선태, 2019, 「신라 동궁의 위치와 동궁관 기구」『신라사학보』 46, 신라사학회

윤선태, 2019, 「한국 多面木簡의 발굴 현황과 용도」『목간과 문자』 23, 한국목간학회

김창호, 2020, 『韓國 古代 木簡』, 주류성

김창호, 2020, 「월지 출토 목간 몇 예」『韓國 古代 木簡』, 주류성

김창호, 2020, 「월지 출토 185호 목간의 해석」『韓國 古代 木簡』, 주류성

윤선태, 2020, 「한국 고대 木簡 및 金石文에 보이는 固有漢字의 양상과 구성 원리」『동
　　　　양학』 80, 단국대학교 동양학연구원

三上喜孝, 2021, 「한일 목간에서 본 고대 동아시아의 의약문화」『동서인문』 17, 경북대학
　　　　교 인문학술원

이재환, 2021, 「월지 출토 문자자료와 신라 궁중의 삶」 『한국고대사를 바라보는 다양한 시선』, 진인진

하시모토 시게루, 2020, 「월지(안압지) 출토 목간의 연구 동향 및 내용 검토」 『韓國古代史研究』 100, 한국고대사학회

3. 경주 황남동 376번지 유적 출토 목간

1) 유적명 : 황남동 376번지 유적

2) 유적 소재지 : 경상북도 경주시 황남동 376번지

3) 유적 유형 : 생활유적, 공방지, 주거지, 수혈

4) 목간점수/주요유물 : 3점(곡물출납)/토기, 기와, 활석제 인장

5) 시대 및 시기 : 통일신라/7~9세기

6) 발굴기관/발굴기간/보고서 간행 : 동국대학교 경주캠퍼스 박물관/1994.3.28.~6.30. /2002

7) 소장기관 : 국립경주박물관

8) 유적 개요

경북 경주시 황남동 376번지 유적은 삼국시대에서 통일신라시대에 이르는 7~9세기대의 생활유적으로서 1994년 동국대학교 경주캠퍼스 박물관의 발굴조사가 진행되었다. 이 유적이 위치한 지역은 선사시대 유적과 역사시대 유적이 집중적으로 분포하였을 뿐만 아니라 신라 왕경의 도시구역 안에 위치한다. 선사유적으로는 월정교 남쪽 농지의 신석기 유적이 조사되었으며, 재매정지의 통일신라시대 적심건물지 하층에서는 청동기시대 주거지가 확인되었다. 역사시대에 들어서는 신라 왕경의 중심지인 월성 서쪽에 인접한 지역으로 황남동 고분군과 인왕동 고분군 사이에 위치하며, 북쪽으로는 적석목곽분의 집중지인 대릉원이 가까이에 있다. 이와 같은 주변 유적의 환경을 볼 때 해당 유적은 일반 민이 이용한 시설이 아니라 국가에서 관리하고 운영하던 유적으로 이해할 수 있다.

유적은 4개의 층위로 이루어졌는데, 두 번째 층에 대부분의 유구와 유물이 포함되어 있다. 여기에는 竪穴 유구 5기와 積心이 형성되어 있으며 목간, 활석제 인장, 石錘, 빗, 유리 曲玉, 유리 도가니, 골각기, 각종 목기, 印花紋 토기, 기와 식물 씨앗, 동물 뼈 등이 출토되었다.

목간은 1호 수혈의 동쪽 벽면에 치우쳐 활석제 인장과 함께 수습되었으며, 수혈 내부에서는 이외에도 석추, 짚신, 빗[櫛], 골각기(骨角器), 토기편과 기와편이 출토되었다. 1호 수혈에서 출

토한 유물들로 보아 해당 시기는 8세기 전후로 추정된다. 한편 같은 층위에 형성된 다른 수혈 유구에서는 爐址 4개가 확인되었고 내부에서 유리 덩어리, 슬래그가 부착된 자갈, 토기편 등이 출토되었다. 이러한 유적의 출토 상황에서 이 곳에는 유리와 구리 제품을 만들던 관영 공방이 있었을 것으로 추정된다. 목간이 출토한 1호 수혈의 경우 창고 관련 시설이거나 주거지로 사용 되었을 가능성이 있다.

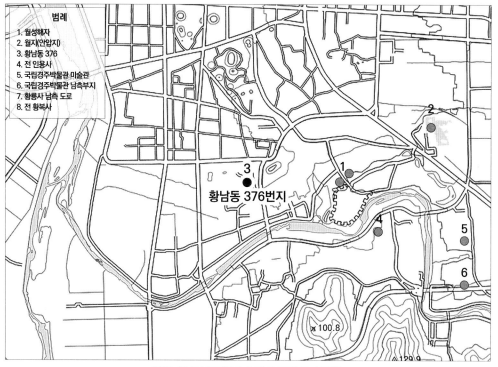

〈경주 황남동 376번지 유적 및 주변 유적 현황〉

9) 목간 개요

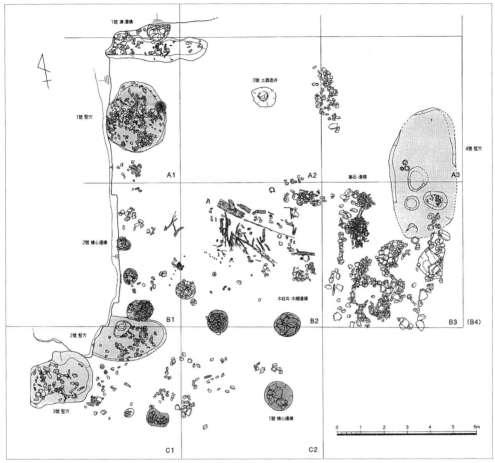

〈황남동 376번지 유적 유구와 목간 출토 위치〉

① 보고서 ⑲⑳㉑(도면 18-3, 18-4, 18-5, 도판 7-2, 자전-[皇]1·2, 창원-281·282, 암호-281)
1·2호 목간 장방판형. 하단 파손. 같은 목간으로 추정. 문서.

· 「五月廿六日椋食□□□下椋有…石又米 ×
· 「仲椋有食廿三石

$$(17.5+\alpha)\times(1.7+\alpha)\times0.6(\text{cm}),\ 소나무$$

황남동 376번지 유적 내의 수혈 유구에서 목간은 3점이 출토되었다. 위의 사진에서 윗부분에 해당하는 목간(1호)과 아래의 목간(2호)이 그것이다. 이외에 묵흔이 일부 인정되지만 불에 타다 남은 흔적으로 판독은 불가능한 목간이 있다. 1호는 하단이 파손되었으며, 2호는 상하단이 모두 파손된 상태로 각각 출토되었다. 1호 목간의 길이는 17.5㎝이며, 2호 목간은 4.4㎝이다. 그런데 이 두 목간은 서체의 유사성과 함께 목간 재질 또한 거의 동일한 것으로 추정되며, 그 폭과 너비도 1.7㎝와 0.6㎝로서 일치한다. 내용상으로도 石과 食, 米 등이 묵서된 것에서 같은 목간의 부분으로 추정해도 크게 무리가 없을 듯하다.

목간에는 창고를 의미하는 椋이 확인되며, 下椋과 仲椋으로 구분되었다. 아마도 1면의 날짜 다음에 기재된 椋이 하경과 중경을 아우르는 용례로 사용되었을 것이다. 食은 구체적인 곡물 종류는 보이지 않지만 石이라는 계량 단위로 보아 어떤 곡물을 뜻하거나 2호 목간의 쌀 등을 포함한 곡물 전체를 의미한다고 여겨진다. 앞면은 '5월 26일 椋의 곡물을 ~했다. 하경의~. 또 쌀(米)~' 정도로 이해되며, 뒷면은 '중경의 곡물 23석'으로 해석할 수 있겠다. 해당 유적이 관부에서 운영하는 공방과 관련되었다면, 이 목간은 관원이나 사역자의 식료를 포함한 공방의 경비로 사용되는 곡물의 조사하고 기록한 일종의 장부 목간이었을 가능성이 크다고 여겨진다.

10) 참고문헌

부산광역시립박물관 복천분관, 1997, 『유물에 새겨진 고대문자』

金昌錫, 2001, 「皇南洞 376유적 출토 木簡의 내용과 용도」 『新羅文化』 19, 동국대학교 신라
    문화연구소

이용현, 2001, 「경주 황남동 376유적 출토 목간의 형식과 복원」 『新羅文化』 19, 동국대학교
    신라문화연구소

國立慶州博物館, 2002, 『文字로 본 新羅-新羅人의 記錄과 筆跡-』

동국대학교 경주캠퍼스 박물관, 2002, 『경주 황남동 376 통일신라시대 유적』

國立昌原文化財硏究所, 2004, 『韓國의 古代木簡』

國立昌原文化財硏究所, 2006, 『개정판 韓國의 古代木簡』

이용현, 2006, 『韓國木簡基礎硏究』, 신서원

국립부여박물관·국립가야문화재연구소, 2009, 『나무 속 암호, 목간』

국립가야문화재연구소, 2011, 『韓國木簡字典』

김창호, 2020, 『韓國 古代 木簡』, 주류성

김창호, 2020, 「경주 황성동 376번지 출토 목간의 재검토」 『韓國 古代 木簡』, 주류성

4. 경주 傳인용사지 출토 목간

1) 유적명 : 傳仁容寺址

2) 유적 소재지 : 경상북도 경주시 인왕동 341-3

3) 유적 유형 : 사지

4) 목간점수/주요유물 : 1점(용왕명)/토기, 기와

5) 시대 및 시기 : 통일신라/8세기

6) 발굴기관/발굴기간/보고서 간행 : 국립경주문화재연구소/2002~2010/2013

7) 소장기관 : 국립경주박물관

8) 유적 개요

전인용사지(이하 인용사지)는 경주남산의 최북단에 위치한 왕정곡 끝자락에 위치하고 있다. 유적의 북쪽은 南川과 연접하고 있으며, 이 남천을 사이에 두고 月城과 마주하고 있다. 행정구역상 경상북도 경주시 인왕동 341-3번지 일원에 해당된다. 유적지 일대는 발굴조사 직전까지 논으로 경작되고 있었으며, 경작지 가운데 무너진 석탑부재들이 흩어져 있어 옛 절터임을 알 수 있었다.

이 유적은 문헌에 기록된 金仁問(624~694)의 원찰인 仁容寺址로 전해지고 있으며, 경주시의 유적 정비 일환으로 국립경주문화재연구소가 발굴조사를 실시하였다. 발굴조사 결과 이 유적은 8세기 중 후반경의 절터 유적과 그 이전의 성격이 다른 여러 건물지군이 변천을 거듭했던 것으로 파악되었는데, 사찰 관련 유구는 8세기 중후반을 상한으로 하고 있으며 사찰 이전 시기의 유구들로 와축기단 건물지, 우물, 목탑지 등이 일부 조사되었다. 사찰 이전 시기의 우물10에서 '용왕'이 묵서된 목간이 1점 출토되어 보고되었다.

목간이 출토된 우물은 동회랑지에서 남쪽으로 20m 정도 떨어진 조사대상 지역의 남동단에 위치한다. 목간은 우물 내부를 조사하는 과정에서 출토되었는데, 내부 매몰토의 상층부를 일괄 제토하는 과정에서 수습되어 정확한 출토위치를 확인할 수는 없다. 우물 내부 출토유물의 연대는 바닥층의 인화문토기와 상층부의 중국제 청자를 고려할 때 8세기 초에서 9세기 말 또는 10

세기 초 정도로 볼 수 있으며, 목간이 상층부를 제토하는 과정에서 출토한 점에서 대체로 8세기의 유물로 추정하고 있다.

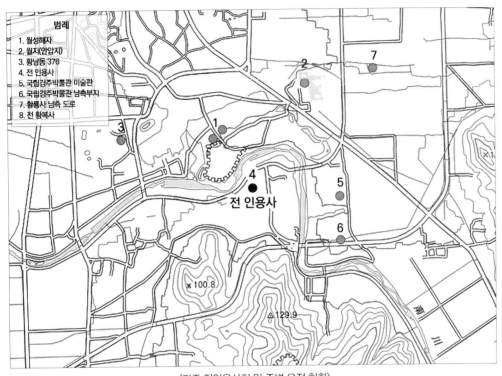

〈경주 전인용사지 및 주변 유적 현황〉

9) 목간 개요

목간은 소나무로 제작되었으며, 일부 박락이 있지만 전체적으로 완전한 형태를 유지하고 있다. 형태는 '刀子'와 비슷하며, 목간의 횡단면도 도자의 刀部처럼 한 쪽이 다소 날카롭게 다듬어져 있다. 아마도 이 목간은 처음부터 刀子 모양으로 다듬어서 묵서를 기록했던 것으로 보인다. 이러한 특정 형태의 목간을 제작했다는 점이나 후면의 두 행 묵서가 서로 역방향으로 서사된 점, '(대)용왕' 묵서, 우물 내부에서 일괄토기, 복숭아씨, 원반형토제품, 동곳, 소와 말뼈를 비롯

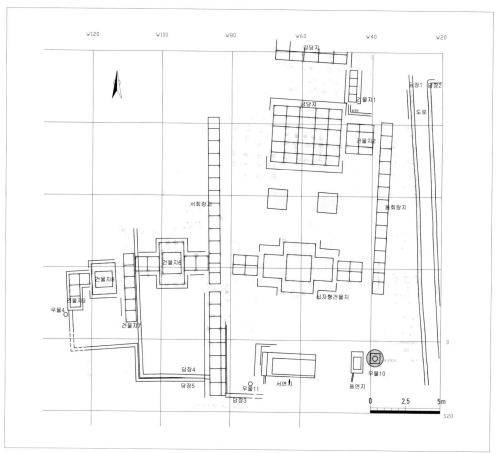

〈전인용사지 유구 배치도〉

한 각종 동물유체 등이 출토하는 양상을 종합적으로 고려할 때 우물 제사와 관련된 呪術목간이라고 생각된다.

더 나아가 고대 일본의 水邊祭祀用具와 비교 검토하여 목간에 기록된 '所貴公'·'金[候]公'는 희생 제물로서 용왕에게 바쳐진 가상의 인격체에 부여된 이름이었을 가능성까지 제기되기도 한다.

① 보고서 1417, 목간(자전-[仁]1)

· 「 大龍王中白主民渙次心阿多乎去亦在 」

· 「 名者所貴公歲卅金䁆公歲卅五 」(글자 逆방향)

· 「 是二人者歲中人亦在如□□与□□右□ 」(글자 正방향)

$$24.4 \times 0.4 \sim 1.4 \times (0.1 \sim 0.9)(\text{cm})$$

10) 참고문헌

권택장, 2010, 「경주 傳仁容寺址 유적 발굴조사와 木簡 출토」『木簡과 文字』6, 한국목간학회

김영욱, 2011, 「傳仁容寺址 木簡에 대한 어학적 접근」『木簡과 文字』7, 한국목간학회

이재환, 2011, 「傳仁容寺址 출토 '龍王' 목간과 우물·연못에서의 제사의식」『木簡과 文字』7, 한국목간학회

국립경주문화재연구소, 2013, 『전인용사지 발굴조사보고서1·2』

이재환, 2013, 「한국 고대 '呪術木簡'의 연구 동향과 展望-'呪術木簡'을 찾아서-」『木簡과 文字』10, 한국목간학회

이승재, 2017, 「경주 (傳)仁容寺址 1호 목간」『木簡에 기록된 古代 韓國語』, 일조각

5. 경주 국립경주박물관 미술관 출토 목간

1) 유적명 : 국립경주박물관부지 유적

2) 유적 소재지 : 경상북도 경주시 인왕동 76번지

3) 유적 유형 : 궁성, 관아, 우물

4) 목간점수/주요유물 : 2점(용왕명)/인골, '남궁지인' 명기와, 인화문토기

5) 시대 및 시기 : 통일신라/8세기~10세기

6) 발굴기관/발굴기간/보고서 간행 : 국립경주박물관/1998/2000

7) 소장기관 : 국립경주박물관

8) 유적 개요

　국립경주박물관은 전시공간 및 수장고 확충을 목적으로 박물관 동남편 일부 구간을 미술관 (당시 사회교육관) 신축부지로 선정하여 1998년에 발굴조사를 실시하였다. 그 결과 통일신라 시대의 도로유구 가운데 규모가 가장 큰 동서도로와 남북도로, 그리고 목간과 목제두레박, 印 花文土器가 다수 출토된 石造우물, 溝狀遺構 등이 조사되었다. 이어서 2000년에는 신축된 미술 관과 기존 건물간의 냉난방관, 상하수도관을 매설하기 위한 연결통로 부지에 대해 발굴조사를 실시하여, 청동기시대 주거지를 비롯하여 통일신라시대의 도로, 담장, 건물지, 우물 등을 확인 하였다.

　현재 국립경주박물관이 위치한 월성 동남편 일대는 1974년도에 박물관 건물을 신축할 당시 주차장자리에서 半月形 연못과 石列이, 안압지관의 남쪽 일대에서는 담장유구, 초석, 장대석 등 월성과 관련된 것으로 추정되는 유구들이 이미 확인된 바 있다. 미술관부지 및 연결통로부지에 대한 조사에서도 1974년에 조사된 담장유구의 연결선상에서 담장 일부가 노출되었을 뿐만 아 니라, 신라 왕경의 주요 시설이 다수 확인되었다. 또한 「南宮之印」銘 수키와, 「舍」銘 토기편, 묵 서 목간 등의 유물이 출토하여 이 일대가 궁성 유적에 포함되었으며, 東宮, 北宮과 같은 성격의 남궁이 존재했을 가능성이 제기되고 있다.

　경주 국립경주박물관부지에서는 2개의 통일신라 우물이 발굴되었는데, 그중 연결통로부지

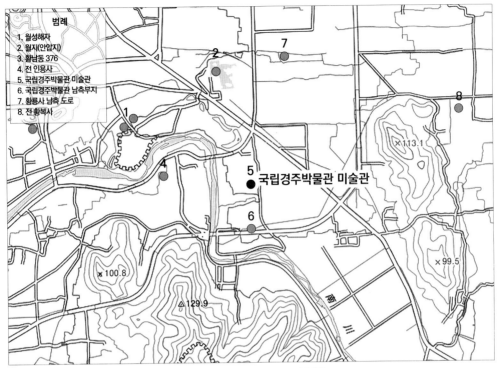

〈국립경주박물관 및 주변 유적 현황〉

의 우물1에서는 어린 아이의 뼈가 거의 완전히 출토되어 모종의 제사를 위해 희생으로 바쳐졌을 가능성이 일찍부터 지적되었다. 이외에 방추차·목제 빗·용도미상 청동제품·어망추·숫돌·목제 자루·소뼈 1/4마리분 등 우물제사와 관련된 출토 유물들을 근거로 龍王에 인간을 제물로 바치는 제사가 실제로 이루어졌다고 보기도 한다. 미술관부지 쪽의 우물2에서도 원반형 토제품, 방추차, 토구, 석부 및 각종 토기 등 제의에 관련된 유물이 많이 출토되었으며, 목간도 4점 보고되었다.

목간 4점 가운데 두 점에서 墨書 흔적이 육안으로도 확인되나 글자의 대부분이 뭉그러져서 판독이 어려운 상태였으나, 목간 자료의 적외선 촬영이 진행되면서 해당 묵서의 내용 일부를 추론하는 것이 가능하게 되었다.

9) 목간 개요

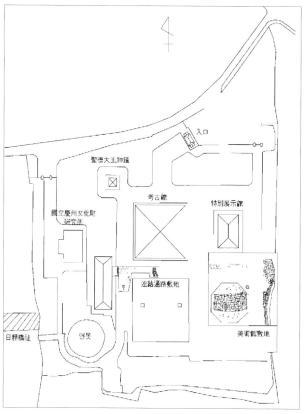

〈국립경주박물관 미술관 부지 유구 배치도〉

① 보고서 37, 목간(보고서 도판 70③左, 자전-[博]1, 창원-279, 암호-279)

장방판형. 완형.

· 「万本來身中有史□□今白龍王時爲□內 」
· 「時策施故陽哉□ 」

$$24.1 \times (1.8 + \alpha) \times 0.3 (\text{cm})$$

국립경주박물관이 「우물에 빠진 통일신라 동물들」 특별 전시(2011)에서 제시된 해석이다. 주목되는 사실은 앞면 하단부에서 '龍王'이라는 문자를 읽어 내고, 우물에서 벌어진 제사와 관련지어 해석하였다. 목간이 출토한 우물의 유물들을 염두에 둔다면 우물 제사와 연관지어 해석할 여지가 충분해 보인다. 이에 대해 '용왕'의 판독이 가능한지에 대해 회의적인 견해도 있다.

우물 발굴조사를 통하여 주술과 제사 행위가 복원된 바 있다.

② 보고서 39, 목간(보고서 도판 70③右, 자전-[博]2, 창원-280, 암호-280)
상하단 파손.

· × □□村□卅 ×
· × □□□□卅 ×

$$(9.8+\alpha)\times(2.1+\alpha)\times0.9\text{(cm)}$$

이 목간은 상하단이 파손되어 유실되었지만 □□村이라는 지명과 숫자[卅]가 조합된 것에서 수취와 관련된 내용이거나, 주술 혹은 제사 등의 의식에 무언가를 헌납한 내용을 기록한 목간일 가능성이 있다.

10) 참고문헌

國立慶州博物館, 2002, 『국립경주박물관부지내 발굴조사보고서-미술관부지 및 연결통로부지-』

國立慶州博物館, 2002, 『文字로 본 新羅-新羅人의 記錄과 筆跡-』

國立慶州博物館, 2011, 『우물에 빠진 통일신라 동물들』

이재환, 2013, 「한국 고대 '呪術木簡'의 연구 동향과 展望-'呪術木簡'을 찾아서-」 『木簡과 文字』 10, 한국목간학회

이승재, 2017, 「국립경주박물관 미술관 터 1호 목간, 万身歌」 『木簡에 기록된 古代 韓國語』, 일조각

6. 경주 국립경주박물관 남측부지(영남권수장고 동쪽부지) 유적 출토 목간

1) **유적명** : 국립경주박물관 남측부지 유적

2) **유적 소재지** : 경상북도 경주시 인왕동 98번지 일원

3) **유적 유형** : 생활유적(도로, 수혈, 건물지)

4) **목간점수/주요유물** : 2점/동궁아명 항아리, 토기, 기와

5) **시대 및 시기** : 통일신라시대/8~9세기

6) **발굴기관/발굴기간/보고서 간행** : (재)신라문화유산연구원/2011.11.~2012.10./2014

7) **소장기관** : 국립경주박물관

8) **유적 개요**

국립경주박물관 남측부지 유적은 국립경주박물관에서 박물관 정문 및 수장고 이전을 위하여 매장문화재 분포 유무 및 성격을 파악하기 위해서 발굴이 진행되었다. 이곳은 현재 영남권수장고 앞 동쪽부지에 해당한다. 이 유적은 발굴조사 전에 지하물리탐사와 시굴조사가 진행되어 통일신라시대 왕경유적과 관련한 도로유구, 적심, 수혈, 석렬, 우물, 석축시설 등의 유구가 확인되었으며, 이후 2011년 11월부터 2012년 10월까지 발굴조사가 진행되었다. 유적 내부에서는 통일신라시대를 중심으로 하는 건물지, 담장, 우물, 배수시설, 도로 등의 유구와 그 아래층에 수혈, 굴립주건물지, 소성유구 등이 중첩되었음이 확인되었다.

우물 내부에서는 토기, 복숭아씨, 동물뼈 등 제의와 관련된 유물이 출토되었으며, 2점의 목간이 출토되었다. 이외에도 35호 건물지 조사 중 출토된 명문청동접시와, 카구역 우물에서 출토된 명문 호는 유물의 출토위치, 명문의 내용 등에서 신라 동궁과의 관련성으로 주목되는 문자유물이라고 할 수 있다.

〈국립경주박물관 남측부지 및 주변 유적 현황〉

9) 목간 개요

2점의 목간은 우물에서 출토되었다. 국립경주박물관 남측부지에서 확인된 우물은 총 11기인데, 이 가운데 내부조사를 실시한 우물은 조사구역 최남단 가운데에 위치한 우물 1기이다. 우물은 30~50㎝ 크기의 천석과 할석을 사용하여 깊이 9.6m, 직경 80~110㎝로 축조되었는데, 우물의 내부토층은 총 4개의 층위로 이루어졌다. 목간은 가장 아래층인 Ⅳ층에서 출토했다. 같은 층에서 '東宮衙' 명 壺가 함께 출토되어 주목을 끌었다.

1호 목간은 3등분으로 나누어져 확인이 되었고, 잔존길이는 24㎝, 직경 1.2㎝로 단면형태는 원형에 가깝다. 눈금이 새겨진 양상으로 보아 하단 일부가 파손된 것으로 보인다. 묵서는 한쪽 면에서만 확인되며, 묵서의 반대쪽에는 눈금이 새겨져 있다.

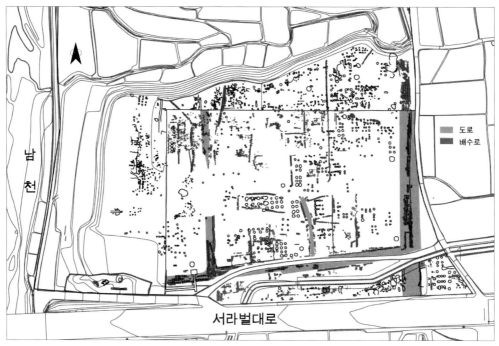

〈국립경주박물관 남측부지 유구와 목간 출토 위치〉

'日房个□ □□□ □□'라는 판독안이 제시되었다. 전체 9자 정도의 묵서가 있는 것으로 보았지만, 전체 20여 자 정도의 묵서가 있었던 것으로 보인다. 나아가 현재 목간이 공개될 당시의 적외선 사진만으로는 보고자가 판독했던 '日房个'도 확실한 판독안으로 받아들이기 주저되는 바가 없지 않다. 우선은 판독 불명으로 두고서 앞으로 선본의 적외선 촬영과 재조사를 거쳐 판독안을 확정할 필요가 있다.

보고자는 눈금이 새겨진 모양이 자의 형상과 비슷하지만 당시까지 보고된 자는 단면이 대부분 장방형이고, 방형에 가까운 것이 있으며 모양이 대부분 반듯하다는 점에서 자보다는 처음에는 목간으로 사용되다가 算數의 용도로 재사용한 것으로 추정하였다. 또한 눈금이 새겨진 간격에서 통일성을 찾기 어렵다는 지적도 하였다. 그러나 이후 안성 죽주산성 출토 목간 가운데 자의 용도로 사용된 가늘고 긴 원주형의 목간이 알려진 바가 있으므로 형태상으로 자의 용도가 아니었다고 간주하기는 어려울 듯하다. 사진상으로 보이는 눈금의 간격 또한 나름의 규칙성이 있는 것처럼 보이기 때문에 자로 사용되었을 가능성도 염두에 둘 필요가 있다.

2호 목간은 두 개로 절단된 상태로 출토되었는데, 사진상으로 보아 원주형 목간에 가까운 것으로 보인다. 크기는 길이 9㎝, 너비 1.2㎝ 정도이다. 목간의 상단과 하단 양쪽에 'V'자 형으로 홈을 새겼는데 글자의 흔적은 보이지 않는다. 아마도 발굴 당시에 적외선 촬영을 하지 않은 듯하다. 적외선 촬영을 해봐야 확인되겠지만 글자를 쓰지 않은 목간형 목제품일 가능성도 있다. 용도는 형태로 보아 꼬리표 목간이었을 것으로 추정된다. 그런데 2호 목간의 형태는 월성해자 5호 목간, 월성해자 신출토 6호 목간, 월지(안압지) 229호 목간과 매우 유사하다. 이들은 6~14㎝ 정도의 원주형에 가까운 목간들인데, 다만 모두 아래 쪽에 끈을 묶을 수 있는 홈을 새겼다. 2호 목간은 아래 위에 모두 홈을 새긴 모습만이 차이를 보인다. 이들 목간은 꼬리표로 사용되었던 목간이며, 이는 2호 목간의 용도를 추정하는 데에도 도움이 된다. 신라목간에서는 아래 위에 모두 홈을 새긴 목간을 확인하기 어려운데, 이는 목간 사용에서 나중 시기에 해당하는 특징으로 보아도 좋을 것이다.

10) 참고문헌

최순조, 2013, 「국립경주박물관 남측부지 유적 출토 신명문자료」 『木簡과 文字』 10, 한국목
　　　간학회
신라문화유산연구원, 2014, 『경주 인왕동 왕경유적2』 조사연구총서 73책

7. 경주 황룡사 남측 도로(남측 담장 외곽 정비사업부지) 유적 출토 목간

1) 유적명 : 경주 황룡사 남쪽담장 외곽 정비사업부지 유적

2) 유적 소재지 : 경상북도 경주시 구황동 420번지 일대

3) 유적 유형 : 사찰(도로, 수혈, 구상유구)

4) 목간점수/주요유물 : 1점/'달온심촌주'명 청동접시, '의봉사년개토'명 기와, 목제인장

5) 시대 및 시기 : 신라, 통일신라/6세기~9세기

6) 발굴기관/발굴기간/보고서 간행 : (재)신라문화유산연구원/2015.8.31.~2016.12.12. /2018

7) 소장기관 : 국립경주박물관

8) 유적 개요

이 유적은 황룡사지와 더불어 신라 왕경의 중심부라고 할 수 있는 월성 동북쪽에 위치하고 있으며, 통상적으로 '황룡사지 남측부지' 혹은 '황룡사 광장' 유적 등으로 불리고 있다.

기존 황룡사 발굴조사의 기준점을 활용하여 심초석 정남쪽에 있는 남문을 기준으로 25m 간격으로 동쪽 E1~E6과 서쪽 W1~W6, 남북 방향은 북쪽 경계부터 남쪽으로 S1~S4 구역을 설정하여 발굴조사를 진행하였다. 발굴조사의 결과 황룡사 창건을 위한 대지조성층, 신라시대 도로, 폐와무지 등이 확인되었다.

대지조성층의 발굴 결과 주변으로 주변으로 도로의 배수로가 사방으로 연결되면서 왕경의 동서도로와 남북도로의 양상이 널리 확인되었다. 신라의 방을 구획하는 자료로서의 가치도 높다고 보인다. 조사구역의 서남쪽에서는 주변에 건물지가 없는 통일신라시대의 우물이 확인되었는데, 그 내부에서 '達溫心村主'명 청동접시가 발견되기도 하였다.

동서도로 배수로와 주변에서는 목제 도장, 목제 빗, 목간 등이 출토되었다. 이들 목제 유물과 함께 '習府井井', '漢', '儀鳳四年皆土'명의 통일신라 명문기와 등이 출토되어 동서도로 배수로의 폐기 시기가 7세기 후반 무렵으로 판단된다. 이는 목간의 연대를 추정하는데 참고가 된다.

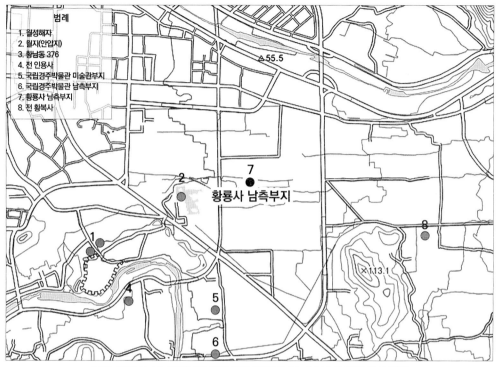

〈경주 황룡사 남측 도로(남측 담장 외곽 정비사업부지)유적 및 주변 유적 현황〉

범례
1. 월성해자
2. 월지(안압지)
3. 황남동 376
4. 전 인용사
5. 국립경주박물관 미술관부지
6. 국립경주박물관 남측부지
7. 황룡사 남측부지
8. 전 황복사

9) 목간 개요

목간으로 보고된 유물은 1점인데, S1W6 동서도로 측구에서 출토되었다. 목재는 소나무이며, 상하단부가 파손되었다. 보고서에 따르면 출토 당시에 한쪽면 중앙부에 글자로 추정되는 묵흔이 2~3자 정도 확인되었다고 한다. 그러나 보고서에는 적외선 사진이나 판독문을 제시하지는 않았다. 이로 보아 발굴 직후 목간의 보존 처리나 적외선 촬영은 이루어진 것 같지 않다. 도면이나 사진상으로 원래 목간의 형태는 장방판형이었을 것으로 추정할 수 있으며, 남아 있는 목간의 크기는 길이 7.6㎝, 너비 2.7㎝, 두께 0.6㎝이다.

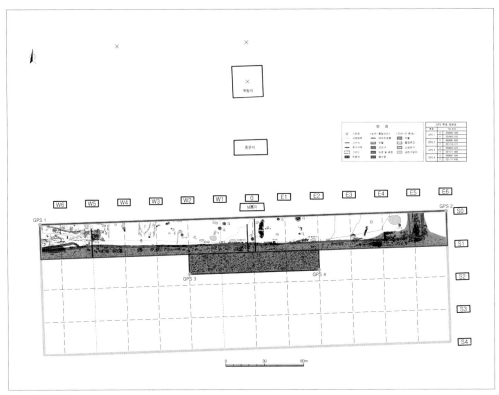

〈황룡사 남측 도로 유구와 목간 출토 위치〉

10) 참고문헌

(재)신라문화유산연구원, 2018, 『皇龍寺 廣場과 都市-황룡사 대지와 후대 유구-Ⅰ』

8. 경주 傳황복사지 출토 목간

1) 유적명 : 경주 낭산 일원 내 추정 고분지 정비 유적(사적 제163호)

2) 유적 소재지 : 경상북도 경주시 구황동 184번지

3) 유적 유형 : 寺址, 도로, 원지

4) 목간점수/주요유물 : 1점/불상, 12지상, 녹유벼루, 귀면와, 비편

5) 시대 및 시기 : 통일신라/8~9세기

6) 발굴기관/발굴기간/보고서 간행 : (재)성림문화재연구원/2019.7.15.~2020.6.9.(4차)/ 미간행

7) 소장기관 : 국립경주박물관

8) 유적 개요

경주 낭산 동록에는 "皇福寺"라고 알려진 寺址가 있어 일찍부터 주목되었다. 『三國遺事』·『三國史記』에는 654년(진덕여왕 8년) 義湘大師(625~702)가 황복사에서 출가했으며, 경명왕도 이 사찰에서 화장했다는 기록이 전한다. 1942년 황복사지 삼층석탑(국보 제37호)을 해체 수리할 당시에는 제2층 옥개석에서 金銅舍利函이 출토되었다. 이 사리함의 명문인 '宗廟聖靈禪院伽藍'은 황복사가 신라의 왕실사원일 것으로 추정하는 유력한 근거가 되었다.

최근 낭산 일원(사적 제163호) 정비사업의 일환으로 낭산 동편 일원에 대한 순차적인 발굴조사가 진행되어 고고학적 기초자료들이 확보되고 있다. 2016년 추정 폐왕릉지 일원에 대한 1차 발굴조사를 시작으로 2017년 추정 황복사 금당지 일원에 대한 2차 발굴조사, 2018년 황복사지 삼층석탑 일원의 건물지·담장 등에 대한 3차 조사가 진행되었다. 이어서 2019년 7월부터 2020년 6월까지 2·3차 발굴조사 범위의 북편 지역을 대상으로 사역과 관련된 건물지 및 담장·회랑지와 연지 및 도로유구 등을 발굴조사하였는데, 연지의 내부에서 귀면와, 와편 등 다수의 유물과 함께 소나무로 제작된 목간 1점이 출토되었다. 이와 함께 수종의 눈금이 새겨진 자(尺)가 출토되었다. 3차 발굴에서는 10호 배수로 내부에서 교란된 채로 '□奉□', '□敎'명의 편이 확인됐다. 이 외에 '眞'·'□神'명 비편 2점이 더 확인됐다.안압지와 황룡사에서 주로 출토되

는 '習部井井', '習府井井'명 평기와가 1차 발굴조사지 남-북 도로에서 다수 출토되었다. 그 외 사찰명인 '鄭(禪?)元寺'명과 '仁伯寺'명 평기와가 확인됐다.

목간이 출토한 연지는 최소 3차례 이상 증개축이 이루어진 것으로 파악되며, 현재까지 그 형태를 유지하며 연지나 소화의 기능을 가진 집수장으로 사용된 것으로 보인다. 조성 시기는 1차는 8세기 중후반, 3차는 석축열 내부에서 청자편이 소량 확인되고 있어 고려시대에 확장한 것으로 추정되며, 2차는 1차와 3자 사이인 9세기에 조성된 것으로 생각된다.

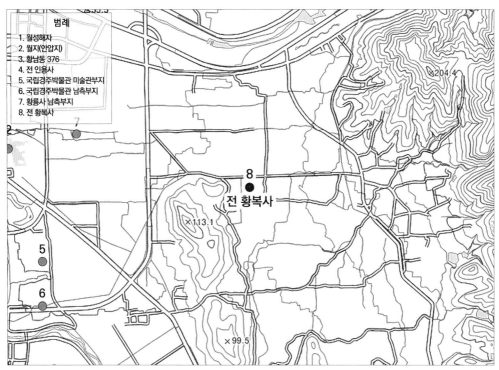

범례
1. 월성해자
2. 월지(안압지)
3. 황남동 376
4. 전 인용사
5. 국립경주박물관 미술관부지
6. 국립경주박물관 남측부지
7. 황룡사 남측부지
8. 전 황복사

〈경주 전황복사지 및 주변 유적 현황〉

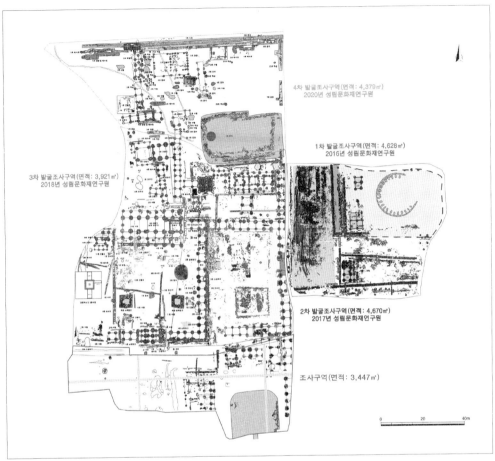

〈경주 전황복사지 유구와 목간 출토 위치〉

9) 목간 개요

목간에는 10자 정도의 글자가 묵서되었다. 목간의 상하단은 반원형으로 둥그렇게 다듬고 있다. 위에서부터 7자는 목간의 가운데에서 내려썼는데, 나머지 3자는 割註같은 형식으로 오른쪽 아래 부분에 작은 글씨로 쓰고 있다. 山旱寺(혹 上軍寺)는 사찰 이름일 가능성이 크다. 迎談은 沙弥의 이름일 가능성이 크다. 卄一年으로 迎談沙弥의 나이로 이해할 수 있다.

이 목간은 〈사찰명+이름+나이〉의 내용으로 구성된 묵서 내용에서 해당 인물의 소속과 신분을 확인하기 위한 용도로 사용된 일종의 名籍이었을 것으로 추정된다. 사찰명이 지금까지 확인되지 않는 山旱寺라는 점, 목간의 형상이 공을 들여 다듬어서 정형화하였다는 점 등에서 이 목간은 일종의 신분증이나 명함으로 사용되었을 가능성이 크다. 고대 중국의 목간 가운데 일종의 명함으로 사용된 名謁이 존재하는데, 아마도 이 사지가 황복사라면 山旱寺라는 외부의 사찰에서 방문한 사미의 신분을 증명하는 명함의 용도로 사용되었다고 여겨진다.

① 보고서 미간(전황복사지 목간)

· 「 山旱寺迎談沙弥　　　廿一年　　　　　　　」

20×3.3×0.8(㎝)

山은 上으로도 읽는다. 이에 "上 즉 왕께서 일찍이 절에 영(조서)을 내린 것을 사미승이 21세(혹 21년)에 받았다."라는 해석이 제시되었다. 山旱를 小豆로 읽고 "황복사 영담 사미승을 위해 소두(팥)"을 보내는 물품꼬리표라는 의견도 있다. 沙弥는 20세 이하의 수학승을 가리킨다. 迎談은 사미의 이름, 법명일 가능성이 있다. 山旱寺는 그의 소속 사원일 가능성이 크다. 21년은 그의 나이일 가능성이 크다. 山旱寺는 전 황복사의 일 시기 사찰명일 수도 있고, 다른 곳의 사찰일 수도 있다. 관련 자료는 아직 보고서가 나오지 않은 상황이고 연구가 진행 중이다.

10) 참고문헌

(재)성림문화재연구원, 2020, 「경주 낭산 일원 내 추정 고분지 정비 유적 4차」 현장설명회 자료

지방 출토 목간

9. 함안 성산산성 출토 목간

1) 유적명 : 성산산성

2) 유적 소재지 : 경상남도 함안군 가야읍 괴산리 조남산

3) 유적 유형 : 관방유적

4) 목간점수/주요유물 : 245짐(하찰, 문서)/도자, 붓, 토기, 기와, 귀면와

5) 시대 및 시기 : 신라/6세기(592년, 6세기 중·후엽)

6) 발굴기관/발굴기간/보고서 간행 : 국립가야문화재연구소/1991~2016/1998, 2004, 2011, 2014, 2017

7) 소장기관 : 국립가야문화재연구소, 국립김해박물관, 국립진주박물관, 함안박물관

8) 유적 개요

함안 성산산성(사적 제67호)은 함안군 가야읍 조남산의 정상부에 조성된 산성으로 국립가야문화재연구소가 가야산성을 조사를 위하여 1991년 발굴조사를 시작하여 2016년 1월에 조사를 완료하였다. 1992년 2차 발굴조사 중 동문지 부근의 뻘층에서 처음 목간 2점이 유기물질과 혼재된 상태로 출토되면서 목간의 발굴이 오랜 기간 계속되었다. 이후 17차에 걸친 발굴조사를 통해 함안 성산산성은 가야산성이 아닌 신라가 가야지역을 병합한 이후에 축조한 산성으로 밝혀졌고, 초기에 막연히 뻘층으로 서술된 목간 출토 유구는 산성의 지형학적인 취약점을 보완하기 위해 의도적으로 조성한 부엽층임이 확인하였다.

성산산성이 위치한 조남산 정상부는 북쪽이 높고 남쪽으로 가면서 낮아지다가 다시 조금 높아지는 오목한 형태이고, 서에서 동으로는 자연 경사를 이루며 낮아진다. 결국 산성 내부의 물은 낮은 곳에 위치한 동쪽 골짜기를 따라 흘러가는데, 이같은 물의 흐름으로 인해 붕괴되기 쉬운 곳에 위치한 동성벽을 보호하기 위하여 부엽층을 조성했던 것이다. 성산산성 목간은 이 부엽층에서만 출토되었는데, 이는 목간이 용도를 다한 후 폐기 또는 보관되어 있다가, 부엽층 조성을 위해 다량의 유기물질이 필요한 사정으로 다른 목제품들과 함께 묻힌 것으로 보인다. 이 부엽층의 발굴 결과 전체 245점의 목간이 출토했던 것이다.

함안 성산산성에서 출토한 245점의 목간은 단일 유적 출토 목간 가운데 최대 수량이며, 현재까지 알려진 고대 한국의 목간 중에서도 가장 많은 비중을 차지하는 자료가 되었기 때문에 1998년 『함안 성산산성Ⅰ』에 처음 27점의 목간이 보고된 이래 많은 연구가 진행되었다. 성산산성 목간의 발굴과 연구가 이어지고, 목간이라는 자료에 대한 관심이 높아지면서 2004년에는 그동안 출토되었던 모든 목간 자료를 집대성한 『한국의 고대목간』이 출간되었다. 성산산성 목간의 출토와 『한국의 고대목간』 출간은 한국 목간 연구의 획기적인 계기가 되었으며, 이같은 목간 연구의 분위기가 진작되자 비록 많은 수는 아니지만 목간 자료의 발굴과 보고가 계속되고 있다.

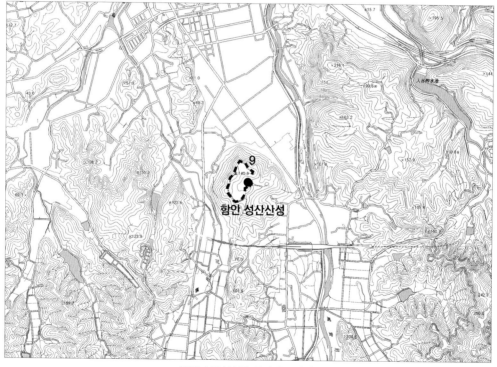

〈함안 성산산성과 목간 출토지점〉

9) 목간 개요

성산산성이 있는 함안 지역은 가야제국의 하나였던 안라국의 중심지였기 때문에 안라국의 멸망 이후 성산산성이 축조되었다.

『일본서기』에 보이는 신라의 아라파사산 축성 기사 등 신라의 안라 영유시기, 관등이름에서 攴의 탈락여부 등을 근거로 561년 혹 그 인근의 시기가 목간연대로서 주목되었다. 壬子年 기년의 목간이 출토된 이후, 532년과 592년이 고려되있는데, 592년에 비중이 두어지고 있다. 관련하여, 561년 이후 592년 사이 긴 시간에 걸쳐 목간이 제작 보관되었다는 주장과 목간 전체의 중심 연대는 592년 혹 그 전후라는 주장이 병립하고 있다. 592년과 관련해서는 589년 수의 중국 통일과 관련하여 펼쳐진 동아시아의 긴장과 대응의 일환으로 해석되기도 한다. 고구려,백제와 왜가 각각 군비확장과 외교태세 강화의 움직임을 보였다. 신라에서는 591년 왕경 남산신성의 축조에 이어 지방에서 592년 함안 성산산성의 강화, 602년과 608년 대구 팔거산성의 보완 등 전국 주요 거점의 군사 강화와 함께 591년 영객부 강화 혹 왜전 개편 등을 통해 동아시아 대제국의 출현에 대비하였다는 시각이다. 즉 592년의 함안 성산산성 일원의 태세강화를 589년 통일대제국 수의 등장과 관련된 신라의 방비의 일환으로 해석하는 견해가 있다.

245점의 성산산성 목간 가운데 3점의 문서목간을 제외하고 모두 짐꼬리표(荷札) 목간의 용도로 사용되었다. 목간의 지명들은 대다수가 신라의 上州지역에 해당하며, 하주 일부 및 왕경의 지명까지도 확인된다. 신라의 지배력이 안정적으로 관철되는 지역에서 수취한 물품 稗, 麥, 米 등의 곡물과 철 등을 새롭게 병합한 가야 고지의 산성으로 조달한 것이다. 산성의 축성이나 재편, 점령지의 재편이나 강화와 관련된 대재적 국가적 사업이 함안에서 이뤄졌던 것이다.

목간은 성, 촌 단위로 제작되었고, 국가의 수취도 성, 촌 단위로 이뤄지고 있었음을 성산산성 목간을 통해 재확인할 수 있다.

성산산성 목간의 대부분은 짐꼬리표 목간이지만, 4점의 문서목간이 출토되어 보고되었다. 문서목간의 내용은 역역 동원과 관련된 보고에 관한 것이다. 즉 성산산성을 중심으로 지방행정이 기능하고 있었으며 대규모의 군자가 성산산성으로 집적되고 있었음을 말해준다. 신라의 지방 거점 지배와 경영을 고찰할 수 있는 중요한 자료다.

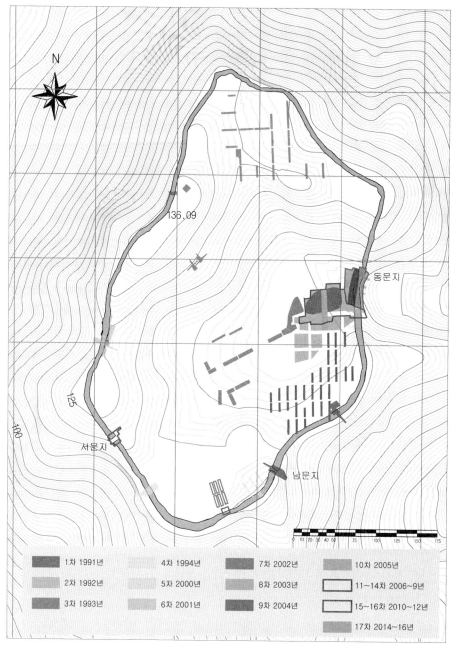

N

136.09

125

100

동문지

서문지

남문지

0 10 20 30 40 50   75   100   125   150   175

1차 1991년	4차 1994년	7차 2002년	10차 2005년
2차 1992년	5차 2000년	8차 2003년	11~14차 2006~9년
3차 1993년	6차 2001년	9차 2004년	15~16차 2010~12년
			17차 2014~16년

〈함안 성산산성 발굴조사 현황〉

※ 목간번호는 "고대목간Ⅱ"에 따름, 조견표는 본장 말미 및 부록 참조.

〈75호 목간〉 다면 목간. 하단 파손. 문서.

4면 가운데 목간의 2면 하단 쪽에만 기재되어 있다. 益丁를 "더뎡" 즉 더덕으로 이해하는 견해도 있다. 丁 즉 인정 22에 다시 4을 더한다는 의미로 보는 견해가 유력하다. 村 단위로 인정의 수배가 이뤄지고 있는 것으로 보인다.

· 「　丁卄二益丁四 村… ×
· 「　丁二益丁十一 村… ×

$$(26.4+\alpha)\times 2\times 1.2(\text{cm}), \text{소나무류}$$

〈186호 목간〉 홈형 다면 목간. 완형.
· 「六月中□多馮城□者村主敬白之烏□□成□之 ∨ 」
· 「□□智一伐大□□也 功六□大城從人士六十日 ∨ 」
· 「□去走石日率此□□更□□□□ ∨ 」
· 「卒日治之人此人烏馮城置不□遣之白 ∨ 」

$$25.0\times 3.4\times 2.8(\text{cm}), \text{소나무류}$$

〈188호 목간〉 확인불가. 다면 목간. 완형.
· 「十一月□□定六十月一卄月十一月五又 」
· 「[　　　　　　　　　] 」

$$29.3\times 1.2\times 1.8(\text{cm}), \text{소나무류}$$

〈218호 목간〉 다면 목간. 완형.
· 「三月中 眞乃滅村主 憹怖白 」

· 「□城在弥卽尒智大舍下智前去白之 」
· 「卽白先節六十日代法稚然 」
· 「伊毛羅及伐尺窲言□法卅代告今卅日食去白之 」

34.4×1.0~1.3×1.6~1.9(㎝)

모두 다면 목간의 형태를 지니고 있으며, 〈186호 목간〉은 하단부에 홈을 새겼다. 판독에 어려움이 있어 자세한 내용을 확정하기는 곤란하지만 아마도 '敬白之', '從人', '六十日', '卒日治之人' 등의 표현에서 □多馮城의 □촙村主가 모종의 사업과 관련해 인력을 동원했던 내용을 정리해서 보고했던 문서목간으로 추정된다. 그렇다면 문서목간에 홈을 새긴 것은 보관이나 이동에서의 편의를 위해서였다고 생각된다. 〈75호 목간〉은 4면의 다면목간으로 하단은 파손되었다. 특이한 점은 1~2면에만 남아 있는 목간의 아래 2/3 부분부터 묵서가 기록되었는데, 윗부분은 수정이나 재활용 등의 이유로 깎아낸 것이 아닌가 의심된다. 丁과 숫자, 村 등의 내용이 확인되는 것에서 촌별로 어떤 사안에 동원된 丁의 수를 정리했던 기록목간으로 추측된다. 〈188호 목간〉은 언뜻 보면 어떤 월별의 내용을 쓴 것처럼 보이기도 하지만, 내용의 연관성을 확인하기 어려운 점에서 글자 연습을 위해 묵서했던 것으로 보인다. 문서목간 가운데 가장 주목을 받은 목간은 〈218호 목간〉이다. 완형의 다면목간으로 57자 정도의 묵서가 남아 있는데, 목간의 상태가 양호하여 판독으로 인한 문제들은 적은 편이다. 이 목간의 대체적인 묵서 내용은 아래와 같다.

1면 3월에 眞乃滅村主가 괴롭고 두려워하며 아뢰기를,[白]

2면 "□城에 계신 弥卽尒智 大舍下智 앞에 나아가 아룁니다"(고 하였습니다).[白之]

3면 곧 아뢰기를,[白] "앞선 때에 60일 代法을 다하지(채우지) 못하였습니다[稚然]."

4면 "伊毛羅 及伐尺이 조목조목 말하기를[条言] '법을 피하여[廻法] 30(일)대법[卅代]을 (행하였음을) 알리고[告]' 지금 30일을 먹고 가버렸습니다."라고 아뢰었습니다.[白之]

이 가운데 本日代法과 卅代, 卅日食 그리고 廻法 등에 대하여 논의가 집중되었다. 代法의 '代' 의 용례들에서 추론한 力役의 交代와 관련된 법일 가능성이 제기되었다. 大舍下智의 下智가 인명, 관등어미설과 함께 足下와 같은 부류로 보는 설 등이 있다. 眞乃滅村主가 □城에 있는 弥卽尒智 大舍에게 力役의 交代와 관련된 내용을 보고했던 문서목간이다. 여기에서 □城을 목간 출토지인 성산산성으로 간주하고 弥卽尒智 大舍를 □城에 파견된 道使로 보기도 한다. □城을 大城으로 추독하기도 한다.

성산산성 목간은 6세기 후반 신라의 국가가 어떻게 운영되었는지를 생생하게 알려주는 자료라고 할 수 있다.

① 고대목간Ⅱ 1호(자전−[城]28, 성산산성Ⅱ−사진57, 출토목간−28, 창원−28, 귀속−가야27)
· 「古阤伊骨利村阿那□智卜利古支 ◎ 」
· 「 稗發   ◎ 」
24.3×2.5×0.7(㎝), 소나무

② 고대목간Ⅱ 2호(자전−[城]29, 성산산성Ⅱ−사진58, 출토목간−29, 창원−29, 귀속−가야28)
· 「古阤新村智利知一尺那□」
· 「豆兮利智稗石 」
21.1×1.9×0.8(㎝), 소나무

③ 고대목간Ⅱ 3호(자전−[城]30, 성산산성Ⅱ−사진59, 출토목간−30, 창원−30, 귀속−가야29)
· 「夷津支阿那古刀羅只豆支 ∨ 」
· 「稗 ∨ 」
19.2×2.0×1.0(㎝), 소나무

④ 고대목간Ⅱ 4호(자전-[城]31, 성산산성Ⅱ-사진60, 출토목간-31, 창원-31, 귀속-가야30)

•「 古阤一古利村末那 ∨ 」

•「 毛羅次尸智稗石 ∨ 」

21.2×2.9×0.5(㎝), 소나무

⑤ 고대목간Ⅱ 5호(자전-[城]32, 성산산성Ⅱ-사진61, 출토목간-32, 창원-32, 귀속-가야31)

·「上弗刀弥村 ∨ 」

·「加古波□稗石 ∨ 」

15.9×1.5×0.5(㎝), 소나무

⑥ 고대목간Ⅱ 6호(자전-[城]33, 성산산성Ⅱ-사진62, 출토목간-33, 창원-33, 귀속-가야32)

·「仇利伐 彤谷村
仇礼支 負 ∨ 」

29.6×3.5×0.7(㎝), 29.3

⑦ 고대목간Ⅱ 7호(자전-[城]34, 성산산성Ⅱ-사진63, 출토목간-34, 창원-34, 귀속-가야33)

·「仇利伐 上彡者村 波婁 ∨ 」

29.0×3.1×1.0(㎝), 소나무

⑧ 고대목간Ⅱ 8호(자전-[城]35, 성산산성Ⅱ-사진64, 출토목간-35, 창원-35, 귀속-가야34)

·「內恩知 奴人 居助支 負 ∨ 」

27.7×3.3×0.6(㎝), 소나무

⑨ 고대목간Ⅱ 9호(자전–[城]35, 성산산성Ⅱ–사진64, 출토목간–35, 창원–35, 귀속–가야34)

· 「仇利伐 只卽智奴 於口支 ∨ 」
　　　　　　負

$$29.6 \times (3.8+\alpha) \times 0.7 (\text{cm}), \text{소나무}$$

⑩ 고대목간Ⅱ 10호(자전–[城]37, 성산산성Ⅱ–사진66, 출토목간–37, 창원–37, 귀속–가야36)

× ⌐ 內只次奴　須礼支 ∨ 」
　　　負

$$(24.4+\alpha) \times 3.5 \times 0.8 (\text{cm}), \text{소나무}$$

⑪ 고대목간Ⅱ 11호(자전–[城]38, 성산산성Ⅱ–사진67, 출토목간–38, 창원–38, 귀속–가야37)

× ⌐ 比口須奴 ×
　　介先利支 負

$$(26.7+\alpha) \times 4.7 \times 0.7 (\text{cm}), \text{소나무}$$

⑫ 고대목간Ⅱ 12호(자전–[城]39, 성산산성Ⅱ–사진68, 출토목간–39, 창원–39, 귀속–가야38)

· 「鄒文比尸河村介利牟利 ∨ 」

$$17.2 \times 2.4 \times 0.5 (\text{cm}), \text{소나무}$$

⑬ 고대목간Ⅱ 13호(자전–[城]40, 성산산성Ⅱ–사진69, 출토목간–40, 창원–40, 귀속–가야39)

· 「阿卜智村介礼負 ∨ 」

$$19.3 \times (2.1+\alpha) \times 1.0 (\text{cm}), \text{소나무}$$

⑭ 고대목간Ⅱ 14호(자전-[城]41, 성산산성Ⅱ-사진70, 출토목간-41, 창원-41, 귀속-가야40)
· 「陳城巴兮支稗 Ｖ 」

16.2×2.1×0.5(㎝), 소나무

⑮ 고대목간Ⅱ 15호(자전-[城]42, 성산산성Ⅱ-사진71, 출토목간-42, 창원-42, 귀속-가야41)
· 「及伐城立□稗石 Ｖ 」

18.1×2.6×0.7(㎝), 소나무

⑯ 고대목간Ⅱ 16호(자전-[城]43, 성산산성Ⅱ-사진72, 출토목간-43, 창원-43, 귀속-가야42)
· 「陽村文尸只 Ｖ 」

14.9×2.5×0.5(㎝), 소나무

⑰ 고대목간Ⅱ 17호(자전-[城]44, 성산산성Ⅱ-사진73, 출토목간-44, 창원-44, 귀속-가야43)
· 「上莫村居利支稗 Ｖ 」

15.8×(2.4+α)×0.7(㎝), 소나무

⑱ 고대목간Ⅱ 18호(자전-[城]45, 성산산성Ⅱ-사진74+104-2, 출토목간-45+95, 창원-45, 귀속-가야44)
· 「夷津阿那休智稗 Ｖ 」

20.6×1.7×0.7(㎝), 소나무

⑲ 고대목간Ⅱ 19호(자전-[城]46, 성산산성Ⅱ-사진75, 출토목간-46, 창원-46, 귀속-가야45)
· 「乃日城鄒選□□支 Ｖ 」

16.1×(2.2+α)×0.3(㎝), 굴피나무류

⑳ 고대목간II 20호(자전–[城]47, 성산산성II–사진76, 출토목간–47, 창원–47, 귀속–가야46)

·「可物智□須麦石 ∨ 」

19.2×1.6×0.6(㎝), 소나무

㉑ 고대목간II 21호(자전–[城]48, 성산산성II–사진77, 출토목간–48, 창원–48, 귀속–가야47)

× 殂鐵十之 ∨ 」

(16.0+α)×2.8×1.3(㎝), 소나무

㉒ 고대목간II 22호(자전–[城]49, 성산산성II–사진78, 출토목간–49, 창원–49, 귀속–가야48)

·「□ □ ∨ 」

19.6×(2.9+α)×0.8(㎝), 밤나무류

㉓ 고대목간II 23호(자전–[城]50, 성산산성II–사진79, 출토목간–50, 창원–50, 귀속–가야49)

× □□□□末□石 ∨ 」

(15.5+α)×(1.7+α)×0.7(㎝), 소나무

㉔ 고대목간II 24호(자전–[城]51, 성산산성II–사진80, 출토목간–52, 창원–52, 귀속–가야50)

·「仇伐阿那舌只稗石 ×

(19.9+α)×2.7×0.5(㎝), 소나무

㉕ 고대목간II 25호(자전–[城]52, 성산산성II–사진81, 출토목간–53, 창원–53, 귀속–가야51)

·「大村主舡麦 」

18.1×2.5×0.6(㎝), 전나무류

㉖ 고대목간Ⅱ 26호(자전─[城]53, 성산산성Ⅱ─사진82, 출토목간─54, 창원─54, 귀속─가야52)

·「鄒文□□□村□本石 」

19.3×2.1×0.4(㎝), 소나무

㉗ 고대목간Ⅱ 27호(자전─[城]54, 성산산성Ⅱ─사진83, 출토목간─55, 창원─55, 귀속─가야53)

× □□ > 」

(15.3+α)×1.7×0.5(㎝), 버드나무류

㉘ 고대목간Ⅱ 28호(자전─[城]55, 성산산성Ⅱ─사진84, 출토목간─56, 창원─56, 귀속─가야54)

·「□蓋□□□□稗 ×

(16.4+α)×2.4×0.7(㎝), 소나무

㉙ 고대목간Ⅱ 29호(자전─[城]56, 성산산성Ⅱ─사진85, 출토목간─57, 창원─57, 귀속─가야55)

· × 弘帝沒利 負 ×

(27.8+α)×1.7×0.6(㎝), 소나무

㉚ 고대목간Ⅱ 30호(자전─[城]57, 성산산성Ⅱ─사진86, 출토목간─59, 창원─59, 귀속─가야56)

·「石蜜日智私 ×

·「勿利乃[兀]花支稗 ×

(13.2+α)×(2.4+α)×0.9(㎝), 소나무

㉛ 고대목간Ⅱ 31호(자전─[城]58, 성산산성Ⅱ─사진87-1, 출토목간─60, 창원─60, 귀속─가야57)

× 巴珎兮城下□ ×

×巴珎兮村 ×
$$(8.7+\alpha)\times2.9\times0.7(㎝), 소나무$$

㉜ 고대목간Ⅱ 32호(자전–[城]59, 성산산성Ⅱ–사진87–2+94–2+102–1, 출토목간–61+75+90,
　창원–61+75+90, 귀속–가야58)
× □節□家䁍夫鄒只□ 」
× □稗石 」
$$(22.9+\alpha)\times2.7\times0.4(㎝), 소나무$$

㉝ 고대목간Ⅱ 33호(자전–[城]60, 성산산성Ⅱ–사진88–1+90–1, 출토목간–62+66, 창
　원–62+66, 귀속–가야59)
× □□□支村 ◎ 」
× □□□奚稗石 ◎ 」
$$(15.1+\alpha)\times1.9\times0.7(㎝), 소나무$$

㉞ 고대목간Ⅱ 34호(자전–[城]61, 성산산성Ⅱ–사진88–2, 출토목간–63, 창원–63, 귀속–가야
　60)
× □萩□尸支 ∨ 」
× 鄒□ ∨ 」
$$(12.6+\alpha)\times1.5\times0.4(㎝), 버드나무류$$

㉟ 고대목간Ⅱ 35호(자전–[城]62, 성산산성Ⅱ–사진89–1, 출토목간–64, 창원–64, 귀속–가야
　61)
·「小伊伐支□□ ×

· 「⌐ ⌐□石 ×

$$(10.1+\alpha)\times2.0\times0.6(\text{cm}), \text{소나무}$$

㊱ 고대목간II 36호(자전-[城]63, 성산산성II-사진89-2, 출토목간-65, 창원-65, 귀속-가야
62)
· 「甘文城卞 ×
· 「阿波□ ×

$$(5.4+\alpha)\times(1.9+\alpha)\times0.6(\text{cm}), \text{소나무}$$

㊲ 고대목간II 37호(자전-[城]64, 성산산성II-사진90-2, 출토목간-67, 창원-67, 귀속-가야
63)
× 加礼□ ×
× 刀稗 ×

$$(3.5+\alpha)\times1.9\times0.3(\text{cm}), \text{소나무}$$

㊳ 고대목간II 38호(자전-[城]65, 성산산성II-사진91-1, 출토목간-68, 창원-68, 귀속-가야
64)
× 居珎只々支□ ×

$$(12.7+\alpha)\times1.6\times0.7(\text{cm}), \text{소나무}$$

㊴ 고대목간II 39호(자전-[城]66, 성산산성II-사진91-2, 출토목간-69, 창원-69, 귀속-가야
65)
· 「千◎竹利 ×

$$(8.3+\alpha)\times2.6\times0.5(\text{cm}), \text{전나무류}$$

⑩ 고대목간 II 40호(자전-[城]67, 성산산성 II -사진92-1, 출토목간-70, 창원-70, 귀속-가야 66)

· 「千竹利 Ⅴ」

$$9.7 \times 2.6 \times 0.5 (\text{cm})$$

⑪ 고대목간 II 41호(자전-[城]68, 성산산성 II -사진92-2, 줄토복간-71, 창원-71, 귀속-가야 67)

× 利次稗石 Ⅴ」

$$(7.2+\alpha) \times 1.3 \times 0.3 (\text{cm}),\ \text{버드나무류}$$

⑫ 고대목간 II 42호(자전-[城]69, 성산산성 II -사진93-1, 출토목간-72, 창원-72, 귀속-가야 68)

× □一伐 稗 Ⅴ」

$$(8.3+\alpha) \times 1.6 \times 0.5 (\text{cm}),\ \text{소나무}$$

⑬ 고대목간 II 43호(자전-[城]70, 성산산성 II -사진93-2, 출토목간-73, 창원-73, 귀속-가야 69)

× 伐稗石 ×

$$(11.5+\alpha) \times (2.6+\alpha) \times 0.7 (\text{cm}),\ \text{소나무}$$

⑭ 고대목간 II 44호(자전-[城]71, 성산산성 II -사진94-1, 출토목간-74, 창원-74, 귀속-가야 70)

· 「及伐城只智稗石 Ⅴ」

$$14.5 \times 2.1 \times 0.6 (\text{cm}),\ \text{소나무}$$

㊺ 고대목간II 45호(자전－[城]72, 성산산성II－사진95－1, 출토목간－76, 창원－76, 귀속－가야 71)

× 伐 夫知居兮 ×

$$(9.2+\alpha)\times2.7\times0.6(\text{cm}), 소나무$$

㊻ 고대목간II 46호(자전－[城]73, 성산산성II－사진95－2, 출토목간－77, 창원－77, 귀속－가야 72)

·「須伐本波居須智 ∨ ×

$$(12.2+\alpha)\times1.8\times0.9(\text{cm}), 소나무$$

㊼ 고대목간II 47호(자전－[城]74, 성산산성II－사진96－1, 출토목간－78, 창원－78, 귀속－가야 73)

× □村𦤧尒支 ∨ 」

$$(14.5+\alpha)\times2.5\times0.5(\text{cm}), 소나무$$

㊽ 고대목간II 48호(자전－[城]75, 성산산성II－사진96－2, 출토목간－79, 창원－79,창원귀속－가 야74)

× 伊伐支□□□稗 ∨ 」

$$(12.4+\alpha)\times1.8\times0.5(\text{cm}), 소나무$$

㊾ 고대목간II 49호(자전－[城]76, 성산산성II－사진97－1, 출토목간－80, 창원－80, 귀속－가야 75)

·「及伐城□□ 稗石 ∨ 」

$$14.7\times(1.8+\alpha)\times0.5(\text{cm}), 밤나무류$$

(50) 고대목간Ⅱ 50호(자전-[城]77, 성산산성Ⅱ-사진97-2, 출토목간-81, 창원-81, 귀속-가야76)

× 伊智支石 」

(7.1+α)×1.8×0.4(㎝), 소나무

(51) 고대목간Ⅱ 51호(자전-[城]78, 성산산성Ⅱ-사진98-1, 출토목간-82, 창원-82, 귀속-가야77)

× 䎿支 」

(7.4+α)×(2.1+α)×0.3(㎝), 소나무

(52) 고대목간Ⅱ 52호(자전-[城]79, 성산산성Ⅱ-사진98-2, 출토목간-83, 창원-83, 귀속-가야78)

·「□□□□ ×

(8.9+α)×2.9×0.9(㎝), 소나무

(53) 고대목간Ⅱ 53호(자전-[城]80, 성산산성Ⅱ-사진99-1, 출토목간-84, 창원-84, 귀속-가야79)

× 蒜尸支 ×

(12.7+α)×3.5×0.9(㎝), 소나무

(54) 고대목간Ⅱ 54호(자전-[城]81, 성산산성Ⅱ-사진99-2, 출토목간-85, 창원-85, 귀속-가야80)

·「伊失兮村□ ×

(10.7+α)×2.2×0.5(㎝), 소나무

(55) 고대목간Ⅱ 55호(자전-[城]82, 성산산성Ⅱ-사진100-1, 출토목간-86, 창원-86, 귀속-가야 81)

× 密鄒加尒支石」

(11.5+α)×2.2×0.8(㎝), 소나무

(56) 고대목간Ⅱ 56호(자전-[城]83, 성산산성Ⅱ-사진100-2, 출토목간-87, 창원-87, 귀속-가야 82)

× 八 ×

(9.9+α)×2.2×0.4(㎝), 소나무

(57) 고대목간Ⅱ 57호(자전-[城]84, 성산산성Ⅱ-사진101-1, 출토목간-88, 창원-88, 귀속-가야 83)

·「艾□□毛珎支一伐 ×

(9.3+α)×1.7×0.4(㎝), 버드나무류

(58) 고대목간Ⅱ 58호(자전-[城]85, 성산산성Ⅱ-사진101-2, 출토목간-89, 창원-89, 귀속-가야 84)

× 丂利沙□ ×

(5.5+α)×1.9×0.5(㎝), 소나무

(59) 고대목간Ⅱ 59호(자전-[城]86, 성산산성Ⅱ-사진102-2, 출토목간-91, 창원-91, 귀속-가야 85)

× □□ ∨」

(9.6+α)×1.6×0.4(㎝), 밤나무류

⑥ 고대목간Ⅱ 60호(자전-[城]87, 성산산성Ⅱ-사진103-1, 출토목간-92, 창원-92, 귀속-가야86)

× □知支 ×

(11.0+α)×3.1×0.7(㎝), 소나무

⑥ 고대목간Ⅱ 61호(자전-[城]89, 성산산성Ⅱ-사진104-1, 출토목간-94, 창원-94, 귀속-가야88)

× □一 ∨ 」

(5.7+α)×2.0×0.4(㎝), 소나무

⑥ 고대목간Ⅱ 62호(자전-[城]90, 성산산성Ⅱ-사진104-3, 출토목간-96, 창원-96, 귀속-가야89)

× □ ×

(3.1+α)×2.9×0.6(㎝), 소나무

⑥ 고대목간Ⅱ 63호(자전-[城]91, 성산산성Ⅱ-사진104-4, 출토목간-97, 창원-97, 귀속-가야90)

× 石 ◎ 」

(6.7+α)×1.9×0.4(㎝), 소나무

⑥ 고대목간Ⅱ 64호(자전-[城]100, 성산산성Ⅳ-사진104-479, 제12차 현장설명회-2006-w1, 암호-06-w1, 귀속-가야1590)

·「甘文城下麦本波大村毛利只 ∨ 」

·「一石 ∨ 」

24.6×(2.6+α)×0.6(㎝), 소나무류

⑥ 고대목간Ⅱ 65호(자전-[城]115, 성산산성Ⅳ-사진111-494, 제12차 현장설명회-2006-w3,
　　암호-06-w3, 귀속-가야1592)

· 「￣￣￣￣」 ×

· 「阿竹只□□□ ×

$$18.2 \times (2+\alpha) \times 0.7(㎝), 소나무$$

⑥ 고대목간Ⅱ 66호(자전-[城]101, 성산산성Ⅳ-사진104-480, 제12차 현장설명회-2006-w4,
　　암호-06-w4, 귀속-가야1593)

· 「∨ 夷津本波只那公末□稗 ×

$$(25.1+\alpha) \times 2.8 \times 1.4(㎝), 소나무$$

⑥ 고대목간Ⅱ 67호(자전-[城]104, 성산산성Ⅳ-사진106-483, 제12차 현장설명회-2006-w10,
　　귀속-가야1594)

· 「仇利伐　　　　　□□奴 □□支負　　　∨」

$$22.1 \times (2.7+\alpha) \times 0.5(㎝), 버드나무속$$

⑥ 고대목간Ⅱ 68호(자전-[城]119, 성산산성Ⅳ-사진113-498, 제12차 현장설명회-2006-w11,
　　암호-06-w11, 귀속-가야1595)

× 器□一石」

$$(20.2+\alpha) \times 2.2 \times 1.3(㎝), 소나무류$$

⑥ 고대목간Ⅱ 69호(자전-[城]116, 성산산성Ⅳ-사진112-495, 제12차 현장설명회-2006-w5,
　　귀속-가야1596)

· 「仇利伐　　不□夫□□　　∨」

$$29.0 \times (4.5 + \alpha) \times 0.9(\text{cm})$$

⑦ 고대목간 II 70호(자전-[城]102, 성산산성IV-사진105-481, 제12차 현장설명회-2006-w6, 암호-06-w6, 귀속-가야1597)
· 「陽村文尸只稗 ∨ 」

$$17.0 \times 2.3 \times 0.5(\text{cm}),\ 소나무류$$

⑦ 고대목간 II 71호(자전-[城]117, 성산산성IV-사진112-496, 제12차 현장설명회-2006-w7, 암호-06-w7, 귀속-가야1598)
· 「買谷村古光斯珎于 ∨ 」
· 「　稗石　∨ 」

$$17.8 \times 2.6 \times 0.7(\text{cm}),\ 소나무류$$

⑦ 고대목간 II 72호(자전-[城]103, 성산산성IV-사진105-482, 제12차 현장설명회-2006-w8, 암호-06-w8, 귀속-가야1599)
· 「勿利村 倦益尒利 ∨ 」
· 「稗石 ∨ 」

$$16.0 \times 1.8 \times 0.8(\text{cm}),\ 소나무류$$

⑦ 고대목간 II 73호(자전-[城]118, 성산산성IV-사진113-497, 제12차 현장설명회-2006-w9, 암호-06-w9, 귀속-가야1600)
· 「次々支村知弥留 ∨ 」
· 「　稗石 ∨ 」

$$12.2 \times 1.6 \times 0.6(\text{cm}),\ 소나무류$$

⑭ 고대목간Ⅱ 74호(자전-[城]105, 성산산성Ⅳ-사진106-484, 제12차 현장설명회-2006-w12,
  암호-06-w12, 귀속-가야1601)
·「好□□六入 ∨ 」

17.2×3.1×0.9(㎝), 소나무류

⑮ 고대목간Ⅱ 75호(자선-[城]127, 성산산성Ⅳ-사신118-507, 제12차 현장설명회-2006-w40,
  암호-06-w40, 귀속-가야1602)
4면체, 4면 중 이웃한 2면 하단에 나란히 글자 있음. 촌의 丁 즉 인정 수 파악 문서로 추정됨.

(1면)·「∨ 丁卄二益丁四 村… ×
(2면)·「∨ 丁二益丁十一 村… ×

(26.4+α)×2×1.2(㎝), 소나무류

⑯ 고대목간Ⅱ 76호(자전-[城]110, 성산산성Ⅳ-사진109-489, 제12차 현장설명회-2006-w15,
  귀속-가야1605)
·「□□∨ 」
·「□□∨ 」

14.4×(1.6+α)×0.5(㎝), 소나무류

⑰ 고대목간Ⅱ 77호(자전-[城]106, 성산산성Ⅳ-사진107-485, 제12차 현장설명회-2006-w16,
  암호-06-w16, 귀속-가야1606)
·「□□□□□利稗 ∨ 」

15.1×1.7×0.6(㎝), 소나무류

⑱ 고대목간Ⅱ 78호(자전-[城]120, 성산산성Ⅳ-사진114-499, 제12차 현장설명회-2006-w17,
　암호-06-w17, 귀속-가야1607)

·「鄒文村內旦利負 ∨ 」

15.0×2.5×0.7(㎝), 소나무류

⑲ 고대목간Ⅱ 79호(자전-[城]107, 성산산성Ⅳ-사진107-486, 제12차 현장설명회-2006-w19,
　암호-06-w19, 귀속-가야1609)

·「□鬲白汝□ ×

·「□□□ ×

(7.5+α)×(1.3+α)×2.0(㎝), 소나무류

⑳ 고대목간Ⅱ 80호(자전-[城]121, 성산산성Ⅳ-사진114-500, 제12차 현장설명회-2006-w24,
　암호-06-w24, 귀속-가야1613)

·「仇利伐　比夕智 奴 先能支 負　◎ ＞ 」

32.2×3.2×0.6(㎝), 소나무류

㉑ 고대목간Ⅱ 81호(자전-[城]108, 성산산성Ⅳ-사진108-487, 제12차 현장설명회-2006-w25,
　암호-06-w25, 귀속-가야1614)

·「王松鳥多伊伐支卜烋 ◎ ＞ 」

23.5×3.8×0.8(㎝), 소나무류

㉒ 고대목간Ⅱ 82호(자전-[城]122, 성산산성Ⅳ-사진115-501, 제12차 현장설명회-2006-w26,
　귀속-가야1615)

× 大□□□ ×

$(7.5+\alpha) \times 2.0 \times 0.5$(㎝), 버드나무속

⑧ 고대목간Ⅱ 83호(자전-[城]109, 성산산성Ⅳ-사진108-488, 제12차 현장설명회-2006-w27, 귀속-가야1616)

×　末甘村
　　借刀利支 負　　◎ 」

$(18.0+\alpha) \times 3.6 \times 0.7$(㎝), 소나무류

⑧ 고대목간Ⅱ 84호(자전-[城]112, 성산산성Ⅳ-사진110-491, 제12차 현장설명회-2006-w28, 귀속-가야1617)

× ⬭ ×
× ⬭ ×

$(13.9+\alpha) \times 1.7 \times 0.7$(㎝), 소나무류

⑧ 고대목간Ⅱ 85호(자전-[城]125, 성산산성Ⅳ-사진116-504, 제12차 현장설명회-2006-w35, 귀속-가야1618)

× 支負 ×
× □□ ×

$(6.9+\alpha) \times 3.1 \times 0.7$(㎝), 소나무류

⑧ 고대목간Ⅱ 86호(자전-[城]113, 성산산성Ⅳ-사진110-492, 제12차 현장설명회-2006-w36, 귀속-가야1619)

× □□□□ ×

$(8.2+\alpha) \times 2.5 \times 0.4$(㎝), 소나무류

⑧⑦ 고대목간Ⅱ 87호(자전–[城]126, 성산산성Ⅳ–사진117–505, 제12차 현장설명회–2006–w37,

　귀속–가야620)

× □□□麦石 ×

$$(8.6+\alpha)\times 2\times 0.5(\text{cm}),\ \text{소나무류}$$

⑧⑧ 고대목간Ⅱ 88호(자전–[城]114, 성산산성Ⅳ–사진111–493, 제12자 현장설명회–2006–w29,

　귀속–가야622)

· 「□□ ∨ 」

· 「□□ ∨ 」

$$20.1\times(1.9+\alpha)\times 0.5(\text{cm})$$

⑧⑨ 고대목간Ⅱ 89호(자전–[城]123, 성산산성Ⅳ–사진115–502, 제12차 현장설명회–2006–w30,

　암호–06–w30, 귀속–가야623)

· 「古阤伊骨村阿那 ∨ 」

· 「仇利稿支稗發 ∨ 」

$$13.4\times 2.3\times 0.5(\text{cm}),\ \text{소나무류}$$

⑨⑩ 고대목간Ⅱ 90호(자전–[城]111, 성산산성Ⅳ–사진109–490, 제12차 현장설명회–2006–w31,

　귀속–가야624)

· 「□□ ∨ 」

· 「一古西支 負 ∨ 」

$$24.3\times(3.0+\alpha)\times 0.7(\text{cm})$$

�91 고대목간Ⅱ 91호(자전-[城]124, 성산산성Ⅳ-사진116-503, 제12차 현장설명회-2006-w32, 암호-06-w32, 귀속-가야1625)

· 「丈□利村 □□□□□ Ｖ 」

20.7×1.7×0.7(㎝), 소나무류

㉒ 고대목간Ⅱ 92호(자전-[城]128, 성산산성Ⅳ-사진117-506, 제12차 현장설명회-2007-w1, 암호-07-w1, 귀속-가야1982)

× □□烋弥支稗石 Ｖ 」

(17.5+α)×2.5×0.8(㎝), 소나무류

㉓ 고대목간Ⅱ 93호(자전-[城]129, 성산산성Ⅳ-사진119-508, 제12차 현장설명회-2007-w4, 귀속-가야1985)

· 「奇盖次介利□介稗 Ｖ 」
· 「⌐ ⌐ Ｖ 」

20.6×(2.1+α)×0.8(㎝), 소나무류

㉔ 고대목간Ⅱ 94호(자전-[城]130, 성산산성Ⅳ-사진119-509, 제12차 현장설명회-2007-w5, 귀속-가야1986)

× □皮窃支石 Ｖ 」

(11.4+α)×1.7×0.8(㎝), 소나무류

㉕ 고대목간Ⅱ 95호(자전-[城]131, 성산산성Ⅳ-사진120-510, 제12차 현장설명회-2007-w6, 귀속-가야1987)

· 「仇伐末那 沙刀礼奴 Ｖ 」
· 「弥次旬稗石 Ｖ 」

19.8×2.0×0.5(㎝), 소나무류

⑯ 고대목간Ⅱ 96호(자전-[城]132, 성산산성Ⅳ-사진120-511, 제12차 현장설명회-2007-w7,
　귀속-가야1988)
·「丘伐稗 」
14.1×2.8×0.7(㎝), 전나무속

⑰ 고대목간Ⅱ 97호(자전-[城]133, 성산산성Ⅳ-사진121-512, 제12차 현장설명회-2007-w8,
　귀속-가야1989)
×□□一伐奴人毛利支負 ∨ 」
(26.1+α)×3.2×0.5(㎝), 소나무류

⑱ 고대목간Ⅱ 98호(자전-[城]134, 성산산성Ⅳ-사진121-513, 제12차 현장설명회-2007-w9,
　귀속-가야1990)
× 本波破智福□古□ ×
× 支云稗石 ×
(16.6+α)×1.8×0.2(㎝), 버드나무속

⑲ 고대목간Ⅱ 99호(자전-[城]135, 성산산성Ⅳ-사진122-514, 제12차 현장설명회-2007-w10,
　귀속-가야1991)
·「古阤新村匠□利 」
·「沙礼 」
20.4×2.1×0.6(㎝), 버드나무속

⑩ 고대목간 II 100호(자전–[城]136, 성산산성IV–사진122–515, 제12차 현장설명회–2007–w11, 암호–07–w11, 귀속–가야1992)

· 「古阤一古利村末那 ∨ ×

· 「殆利夫稗□ ∨ ×

$$(16.7+\alpha) \times 2.5 \times 0.5(\text{cm}), \text{소나무류}$$

⑩ 고대목간 II 101호(자전–[城]137, 성산산성IV–사진123–516, 제12차 현장설명회–2007–w12, 귀속–가야1993)

· 「伊伐支烏利礼稗石 ×

$$(13.5+\alpha) \times (1.9+\alpha) \times 0.6(\text{cm}), \text{소나무류}$$

⑩ 고대목간 II 102호(자전–[城]138, 성산산성IV–사진123–517, 제12차 현장설명회–2007–w13, 귀속–가야1994)

· 「眞尒密奴那智石 ∨ 」

$$23.8 \times 2.0 \times 0.5(\text{cm}), \text{소나무류}$$

⑩ 고대목간 II 103호(자전–[城]139, 성산산성IV–사진124–518, 제12차 현장설명회–2007–w14, 귀속–가야1995)

· 「古阤一古利村末那仇□… ×

· 「稗石 ×

$$(21.2+\alpha) \times 2.5 \times 0.4(\text{cm}), \text{소나무류}$$

⑩ 고대목간 II 104호(자전–[城]140, 성산산성IV–사진124–519, 제12차 현장설명회–2007–w15, 암호–07–w15, 귀속–가야1996)

· 「勿思伐 豆只稗一石 ∨ 」

$15.2 \times 2.0 \times 0.4(\text{cm})$, 소나무류

⑩⑤ 고대목간Ⅱ 105호(자전-[城]141, 성산산성Ⅳ-사진125-520, 제12차 현장설명회-2007-w16,
귀속-가야1997)

· 「苛盖尒欲弥支稗 ∨ 」

$17.0 \times (1.6+\alpha) \times 0.4(\text{cm})$, 소나무류

⑩⑥ 고대목간Ⅱ 106호(자전-[城]142, 성산산성Ⅳ-사진125-521, 제12차 현장설명회-2007-w17,
귀속-가야1998)

· 「古阤一古利村□ ×
· 「乃兮支稗石 ×

$(18.3+\alpha) \times 2.4 \times 0.5(\text{cm})$, 소나무류

⑩⑦ 고대목간Ⅱ 107호(자전-[城]143, 성산산성Ⅳ-사진126-522, 제12차 현장설명회-2007-w18,
귀속-가야1999)

· 「□□伐 □□只□ ∨ 」
　　　　 □伐支負

$24.8 \times 2.8 \times 0.6(\text{cm})$

⑩⑧ 고대목간Ⅱ 108호(자전-[城]144, 성산산성Ⅳ-사진126-523, 제12차 현장설명회-2007-w19,
귀속-가야2000)

· 「赤城□□□羅石 ∨ 」

$15.5 \times 2.1 \times 0.5(\text{cm})$, 소나무류

⑩ 고대목간Ⅱ 109호(자전-[城]145, 성산산성Ⅳ-사진127-524, 제12차 현장설명회-2007-w20,
귀속-가야2001)

· 「仇□□ □□智 ◎ 」

32.0×4.1×0.8(㎝), 소나무류

⑩ 고대목간Ⅱ 110호(자전-[城]146, 성산산성Ⅳ-사진127-525, 제12차 현장설명회-2007-w21,
귀속-가야2002)

× □豆留只□伐 ∨ 」

(13.3+α)×2.1×0.6(㎝), 소나무류

⑪ 고대목간Ⅱ 111호(자전-[城]147, 성산산성Ⅳ-사진128-526, 제12차 현장설명회-2007-w22,
귀속-가야2003)

· 「奇盖奈夷利稗 ∨ 」

16.4×1.6×0.6(㎝), 소나무류

⑫ 고대목간Ⅱ 112호(자전-[城]148, 성산산성Ⅳ-사진128-527, 제12차 현장설명회-2007-w23,
암호-07-w23, 귀속-가야2004)

· 「及伐城文尸伊稗石 ∨ 」

15.6×1.9×0.8(㎝)

⑬ 고대목간Ⅱ 113호(자전-[城]149, 성산산성Ⅳ-사진129-528, 제12차 현장설명회-2007-w24,
암호-07-w24, 귀속-가야2005)

· 「及伐城文尸伊急伐尺稗石 ∨ 」

15.5×(2.0+α)×0.5(㎝), 소나무류

⑭ 고대목간Ⅱ 114호(하부결실)(자전-[城]150, 성산산성Ⅳ-사진129-529, 제12차 현장설명회-2007-w25, 귀속-가야2006)

· 「古阤一古利村阿那弥伊□囚 Ｖ 」

· 「稗石 Ｖ 」

21.6×2×0.5(㎝), 소나무류

⑮ 고대목간Ⅱ 115호(자전-[城]151, 성산산성Ⅳ-사진130-530, 제12차 현장설명회-2007-w26, 귀속-가야2007)

× 古心□村□ □稗石 Ｖ 」

(17.8+α)×2.0×0.5(㎝), 소나무류

⑯ 고대목간Ⅱ 116호(자전-[城]152, 성산산성Ⅳ-사진130-531, 제12차 현장설명회-2007-w27, 귀속-가야2008)

· 「仇利伐 郝豆智奴人
　　　　　□支負 Ｖ 」

21.8×3.9×0.8(㎝)

⑰ 고대목간Ⅱ 117호(자전-[城]153, 성산산성Ⅳ-사진131-532, 제12차 현장설명회-2007-w28, 귀속-가야2009)

· 「巾夫支城夫酒只 Ｖ ×

· 「稗一石 Ｖ ×

(13.5+α)×2.1×0.6(㎝)

⑱ 고대목간Ⅱ 118호(자전–[城]154, 성산산성Ⅳ–사진131–533, 제12차 현장설명회–2007–w29, 암호–07–w29, 귀속–가야2010)
·「波阤密村沙毛 ∨ 」
·「　稗石 ∨ 」

14.9×2.5×0.5(㎝), 소나무류

⑲ 고대목간Ⅱ 119호(자전–[城]155, 성산산성Ⅳ–사진132–534, 제12차 현장설명회–2007–w30, 귀속–가야2011)
·「夷津支士石村末□□然 ∨ 」
·「麦 ∨ 」

18.3×2×0.8(㎝), 소나무류

⑳ 고대목간Ⅱ 120호(자전–[城]156, 성산산성Ⅳ–사진132–535, 제12차 현장설명회–2007–w31, 귀속–가야2012)
·「仇利伐 仇阤知一伐奴人 毛利支負 ∨ 」

24.3×(3+α)×0.6(㎝), 소나무류

㉑ 고대목간Ⅱ 121호(자전–[城]157, 성산산성Ⅳ–사진133–536, 제12차 현장설명회–2007–w32, 귀속–가야2013)
·「伊勿□□ ∨ 」
·「□□ ∨ 」

20.5×(2.2+α)×0.6(㎝), 소나무류

⑫ 고대목간Ⅱ 122호(자전—[城]158, 성산산성Ⅳ—사진133—537, 제12차 현장설명회—2007—w33,
　 암호—07—w33, 귀속—가야2014)

· 「古阤一古利村末那沙見 ∨ 」

· 「日糸利稗石 ∨ 」

　　　　　　　　　　19.8×2.4×0.6(㎝), 소나무류

⑬ 고대목간Ⅱ 123호(자전—[城]159, 성산산성Ⅳ—사진134—538, 제12차 현장설명회—2007—w34,
　 암호—07—w34, 귀속—가야2015)

「伊大兮村 稗石∨」

　　　　　　　　　　15.0×1.5×0.5(㎝), 소나무류

⑭ 고대목간Ⅱ 124호(자전—[城]160, 성산산성Ⅳ—사진134—539, 제12차 현장설명회—2007—w35,
　 귀속—가야2016)

「秋彡利村∨」

「□□只稗石∨」

　　　　　　　　　　16.5×2.2×0.5(㎝), 소나무류

⑮ 고대목간Ⅱ 125호(자전—[城]161, 성산산성Ⅳ—사진135—540, 제12차 현장설명회—2007—w36,
　 귀속—가야2017)

「栗村 稗石」

　　　　　　　　　　14.0×2×0.4(㎝), 소나무류

⑯ 고대목간Ⅱ 126호(자전—[城]162, 성산산성Ⅳ—사진135—541, 제12차 현장설명회—2007—w37,
　 암호—07—w37, 귀속—가야2018)

· 「∨ 仇伐阿那内□買子 」

·「∨ 一支買 稗石 」

13.8×1.7×0.5(㎝), 소나무류

⑫ 고대목간Ⅱ 127호(자전-[城]163, 성산산성Ⅳ-사진136-542, 제12차 현장설명회-2007-w38,
귀속-가야2019)

「古阤□利村□ ×

「稗石 ×

(11.2+α)×1.7×0.3(㎝), 소나무류

⑱ 고대목간Ⅱ 128호(자전-[城]164, 성산산성Ⅳ-사진136-543, 제12차 현장설명회-2007-w39,
귀속-가야2020)

「眞□□□□」

25.2×2.0×0.9(㎝), 소나무류

⑲ 고대목간Ⅱ 129호(자전-[城]165, 성산산성Ⅳ-사진137-544, 제12차 현장설명회-2007-w40,
귀속-가야2021)

·「巾夫支城□□支稗一 ∨ 」

15.1×2×0.9(㎝), 굴피나무속

⑳ 고대목간Ⅱ 130호(자전-[城]166, 성산산성Ⅳ-사진137-545, 제12차 현장설명회-2007-w41,
귀속-가야2022)

× 居利負 ∨ 」

19.8×3.6×0.7(㎝), 소나무류

⒀ 고대목간Ⅱ 131호(자전-[城]167, 성산산성Ⅳ-사진138-546, 제12차 현장설명회-2007-w42, 귀속-가야2023)

· 「及伐城登奴稗石 ∨ 」

　　　　　　　　　21.9×1.7×0.5(㎝), 소나무류

⒀ 고대목간Ⅱ 132호(자전-[城]168, 성산산성Ⅳ-사진138-547, 제12차 현상설명회-2007-w43, 귀속-가야2024)

· 「伊伐支村□只稗石 ∨ 」

　　　　　　　　　19.5×2.3×0.9(㎝), 소나무류

⒀ 고대목간Ⅱ 133호(자전-[城]169, 성산산성Ⅳ-사진139-548, 제12차 현장설명회-2007-w44, 귀속-가야2025)

· 「夷津支城下麦王□□珎兮村 ∨ 」
· 「弥次二石 ∨ 」

　　　　　　　　　32.5×3.3×1.1(㎝), 소나무류

⒀ 고대목간Ⅱ 134호(자전-[城]170, 성산산성Ⅳ-사진139-549, 제12차 현장설명회-2007-w45, 암호-07-w45, 귀속-가야2026)

· 「甘文城下□米十一斗石喙□村卜只次持□ ∨ 」

　　　　　　　　　34.4×2.9×1.3(㎝), 소나무류

⒀ 고대목간Ⅱ 135호(자전-[城]171, 성산산성Ⅳ-사진140-550, 제12차 현장설명회-2007-w46, 암호-07-w46, 귀속-가야2027)

· 「小伊伐支村能毛礼 ∨ ×
· 「稗石 ∨ ×

$(10.9+\alpha) \times 2 \times 0.3$(㎝), 소나무류

⑬⑯ 고대목간Ⅱ 136호(자전—[城]172, 성산산성Ⅳ—사진140—551, 제12차 현장설명회—2007—w47,
　　 암호—07—w47, 귀속—가야2028)

· 「珎淂智□ 仇⊠稗石 ∨ 」

$20.0 \times 1.5 \times 0.7$(㎝), 소나무류

⑬⑰ 고대목간Ⅱ 137호(자전—[城]173, 성산산성Ⅳ—사진141—552, 제12차 현장설명회—2007—w48,
　　 귀속—가야2029)

· 「∨ 丘伐稗石 」

$13.8 \times 2.6 \times 0.4$(㎝), 소나무류

⑬⑱ 고대목간Ⅱ 138호(자전—[城]174, 성산산성Ⅳ—사진141—553, 제12차 현장설명회—2007—w49,
　　 귀속—가야2030)

× □尒利稗 ∨ 」

$(8.5+\alpha) \times 1.8 \times 0.8$(㎝), 소나무류

⑬⑲ 고대목간Ⅱ 139호(자전—[城]175, 성산산성Ⅳ—사진142—554, 제12차 현장설명회—2007—w50,
　　 귀속—가야2031)

· 「□□ ×
· 「□□ ×

$(17.3+\alpha) \times (1.7+\alpha) \times 0.4$(㎝), 버드나무속

⑭ 고대목간Ⅱ 140호(자전-[城]176, 성산산성Ⅳ-사진142-555, 제12차 현장설명회-2007-w51,

귀속-가야2032)

· 「前□□谷支 ∨ 」

15.5×(1.9+α)×0.5(㎝), 팽나무속

⑭ 고대목간Ⅱ 141호(자전-[城]177, 성산산성Ⅳ-사진143-556, 제12차 현상설명회-2007-w52,

암호-07-w52, 귀속-가야2033)

· 「鄒文前那牟只村 ∨ 」

· 「伊□習 ∨ 」

16.5×(1.9+α)×0.5(㎝), 소나무류

⑭ 고대목간Ⅱ 142호(자전-[城]178, 성산산성Ⅳ-사진143-557, 제12차 현장설명회-2007-w53,

귀속-가야2034)

· 「仇利伐　習彤村
　　　　　牟利之負　∨ 」

28.6×(3.2+α)×0.7(㎝), 소나무류

⑭ 고대목간Ⅱ 143호(자전-[城]179, 성산산성Ⅳ-사진144-558, 제12차 현장설명회-2007-w54,

암호-07-w54, 귀속-가야2035)

· 「赤伐支村助吏支稗 ∨ 」

17.6×2.5×1.0(㎝), 소나무류

⑭ 고대목간Ⅱ 144호(자전-[城]180, 성산산성Ⅳ-사진144-559, 제12차 현장설명회-2007-w55,

귀속-가야2036)

· 「仇利伐 今尒次負 ∨ 」

25.2×3.7×1.0(㎝), 소나무류

⑮ 고대목간Ⅱ 145호(자전−[城]181, 성산산성Ⅳ−사진145−560, 제12차 현장설명회−2007−w56,
　암호−07−w56, 귀속−가야2037)
·「屈斯旦利今部牟者足 □ ×

(15.9+α)×(2.2+α)×0.4(㎝), 소나무류

⑯ 고대목간Ⅱ 146호(자전−[城]182, 성산산성Ⅳ−사진145−561, 제12차 현장설명회−2007−w57,
　암호−07−w57, 귀속−가야2038)
·「古阤本波豆物烈智□ Ｖ 」
·「勿大兮 Ｖ 」

16.9×(1.4+α)×0.4(㎝), 버드나무속

⑰ 고대목간Ⅱ 147호(자전−[城]183, 성산산성Ⅳ−사진146−562, 제12차 현장설명회−2007−w58,
　암호−07−w58, 귀속−가야2039)
·「伊智支村彗□利 Ｖ 」
·「稗 Ｖ 」

12.3×1.8×0.5(㎝), 소나무류

⑱ 고대목간Ⅱ 148호(자전−[城]186, 성산산성Ⅳ−사진147−565, 제12차 현장설명회−2007−A,
　암호−07−A1, 귀속−가야2042)
·「蘇智密村晏 ×

(9.5+α)×1.7×0.6(㎝), 소나무류

⑭ 고대목간Ⅱ 149호(자전-[城]187, 성산산성Ⅳ-사진148-566, 제12차 현장설명회-2007-B, 귀속-가야2043)

× 稗石 ×

$$(7.1+\alpha)\times1.8\times0.4(\text{cm}),\ 소나무류$$

⑮ 고대목간Ⅱ 150호(성산산성Ⅳ-사진174-616, 제12차 현장설명회-2007-C, 귀속-가야2044)

× ⬜⬜ V 」

$$(7.8+\alpha)\times2.6\times1.1(\text{cm})$$

⑮ 고대목간Ⅱ 151호(자전-[城]188, 성산산성Ⅳ-사진148-567, 제12차 현장설명회-2007-D, 귀속-가야2045)

·「伊竹支⬜⬜⬜ 」

$$11.9\times2.7\times0.7(\text{cm}),\ 소나무류$$

⑮ 고대목간Ⅱ 152호(자전-[城]189, 성산산성Ⅳ-사진149-568, 제12차 현장설명회-2007-E, 귀속-가야2046)

× ⬜支負稗 ×

$$(10.5+\alpha)\times2.7\times0.3(\text{cm}),\ 소나무류$$

⑮ 고대목간Ⅱ 153호(자전-[城]190, 성산산성Ⅳ-사진149-569, 제12차 현장설명회-2007-F, 귀속-가야2047)

× ⬜⬜⬜⬜⬜ ×

× 稗 ×

$$(9.1+\alpha)\times1.6\times0.6(\text{cm}),\ 소나무류$$

⑮④ 고대목간Ⅱ 154호(자전−[城]191, 성산산성Ⅳ−사진150−570, 제12차 현장설명회−2007−G, 귀속−가야2048)

× □牟知 ×

$(5.3+\alpha)\times1.8\times0.4$(㎝), 활엽수재

⑮⑤ 고대목간Ⅱ 155호(자전−[城]192, 성산산성Ⅳ−사진150−571, 제12차 현장설명회−2007−H, 귀속−가야2049)

× □□□ ×

$(6.9+\alpha)\times1.9\times0.3$(㎝), 활엽수재

⑮⑥ 고대목간Ⅱ 156호(자전−[城]193, 성산산성Ⅳ−사진151−572, 제12차 현장설명회−2007−ㅣ, 귀속−가야2050)

× □□稗石 ×

$(5.1+\alpha)\times2.3\times0.3$(㎝), 버드나무속

⑮⑦ 고대목간Ⅱ 157호(자전−[城]184, 성산산성Ⅳ−사진146−563, 제12차 현장설명회−2007−w61, 암호−07−w30, 귀속−가야2051)

·「買谷村物礼利 ◎ 」
·「斯珎于稗石 ◎ 」

$15.3\times2.3\times0.5$(㎝), 소나무류

⑮⑧ 고대목간Ⅱ 158호(성산산성Ⅳ−사진174−617, 제12차 현장설명회−2007−w62, 귀속−가야2052)

·「　　Ⅴ」

$15.2\times3.8\times0.5$(㎝)

⑮⑨ 고대목간II 159호(자전-[城]185, 성산산성IV-사진147-564, 제12차 현장설명회-2007-w64,
　암호-07-w64, 귀속-가야2054)
· 「上弗刀弥村 ◎ 」
· 「敬麻古稗石 ◎ 」

12.1×2.1×0.4(㎝), 소나무류

⑯⓪ 고대목간II 160호(자전-[城]196, 성산산성IV-사진152-575, 귀속-가야2055)

× □□□ □□□　×
　　　　 □□□

(21.8+α)×3.7×0.8(㎝), 소나무류

⑯① 고대목간II 161호(자전-[城]194, 성산산성IV-사진151-573, 귀속-가야2056)
× □□□□□稗石 ×

(18.8+α)×2.2×0.8(㎝), 소나무류

⑯② 고대목간II 162호(자전-[城]195, 성산산성IV-사진152-574, 귀속-가야2057)
· 「甘文□宍大只伐□原石 」

21.2×1.6×0.8(㎝), 소나무류

⑯③ 고대목간II 163호(자전-[城]197, 성산산성IV-사진153-576, 제12차 현장설명회-T304, 암
　호-07-w304, 귀속-가야2058)
· 「夷□□臧下麦烏列支負 ∨ 」
· 「□□□石 ∨ 」

23.0×(2.4+α)×1.0(㎝), 소나무류

⑱ 고대목간Ⅱ 164호(자전-[城]198, 성산산성Ⅳ-사진153-577, 제12차 현장설명회-T370, 암
   호-07-w370, 귀속-가야2060)
 ·「□史□於勞尸兮 ∨ 」

   30.9×2.2×0.8(㎝), 소나무류

⑱ 고대목간Ⅱ 165호(자전-[城]199, 성산산성Ⅳ-사진154-578, 귀속-가야2390)
 × 之毛羅稗 ∨ 」

   (12.6+α)×1.5×0.8(㎝), 소나무류

⑱ 고대목간Ⅱ 166호(자전-[城]200, 성산산성Ⅳ-사진154-579, 귀속-가야2391)
 × 麻旦□利 ∨ 」
 × 麻古稗石 ∨ 」

   (14.9+α)×(2.3+α)×0.3(㎝), 소나무류

⑱ 고대목간Ⅱ 167호(자전-[城]201, 성산산성Ⅳ-사진155-580, 귀속-가야2641)
 ·「仇□□稗石 ∨ 」

   17.5×1.6×0.5(㎝), 소나무류

⑱ 고대목간Ⅱ 168호(자전-[城]202, 성산산성Ⅳ-사진155-581, 귀속-가야2618)
 ·「□□賓村甘斯 ∨ 」
 ·「匚 ⊐ ∨ 」

   15.9×2.3×0.7(㎝), 소나무류

⑱ 고대목간Ⅱ 169호(자전-[城]203, 성산산성Ⅳ-사진156-582, 귀속-가야2619)
 ·「仇利伐 記本礼兮 負∨」

24.3×3.8×0.4(㎝), 소나무류

⑰ 고대목간Ⅱ 170호(자전―[城]204, 성산산성Ⅳ―사진156―583, 귀속―가야2620)

· 「仇□伐 ⬚ ⬚ ◎ ∨ 」

29.1×3.8×0.4(㎝), 소나무류

⑰ 고대목간Ⅱ 171호(자전―[城]207, 성산산성Ⅳ―사진158―586, 귀속―가야2624)

× □眞 ∨ 」

(10.3+α)×3.1×0.5(㎝), 소나무류

⑰ 고대목간Ⅱ 172호(자전―[城]224, 성산산성Ⅳ―사진166―602, 귀속―가야2625)

· 「豆支村 ⬚ ⬚ ×

(14.9+α)×2.9×0.7(㎝), 소나무류

⑰ 고대목간Ⅱ 173호(자전―[城]208, 성산산성Ⅳ―사진158―587, 귀속―가야2627)

· 「仇利伐 ∨ 」
· 「□伐彡□村 伊面於支負 ∨ 」

28.5×(4.6+α)×0.7(㎝), 소나무류

⑰ 고대목간Ⅱ 174호(자전―[城]209, 성산산성Ⅳ―사진159―588, 귀속―가야2628)

· 「□智□□ ∨ 」
· 「稗石 ∨ 」

14.5×(2.1+α)×0.6(㎝), 소나무류

⑰⑤고대목간Ⅱ 175호(자전−[城]210, 성산산성Ⅳ−사진159−589, 귀속−가야2629)
×□□×

(12.0+α)×2.9×0.6(㎝), 소나무류

⑰⑥고대목간Ⅱ 176호(자전−[城]211, 성산산성Ⅳ−사진160−590, 귀속−가야2630)
·「及伐城日次利稗石 ∨ 」

16.8×2.6×0.8(㎝), 소나무류

⑰⑦고대목간Ⅱ 177호(자전−[城]212, 성산산성Ⅳ−사진160−591, 귀속−가야2631)
·「□□ □□
□ □   ∨ 」

21.8×2.5×0.6(㎝), 소나무류

⑰⑧고대목간Ⅱ 178호(자전−[城]213, 성산산성Ⅳ−사진161−592, 귀속−가야2632)
×□□×

(15.1+α)×1.9×0.3(㎝), 소나무류

⑰⑨고대목간Ⅱ 179호(자전−[城]214, 성산산성Ⅳ−사진161−593, 귀속−가야2633)
·「及伐城文日□稗石 ∨ 」

16.4×(2.7+α)×0.4(㎝), 소나무류

⑱⑩고대목간Ⅱ 180호(자전−[城]215, 성산산성Ⅳ−사진162−594, 귀속−가야2635)
·「奇盖奈□ ×

(8.3+α)×3.2×0.3(㎝), 소나무류

⑱ 고대목간Ⅱ 181호(자전−[城]216, 성산산성Ⅳ−사진162−595, 귀속−가야2636)

× 古阤一古利村本波 ∨ 」

× 阤々支稗發 ∨ 」

(15.8+α)×2.2×0.8(㎝), 소나무류

⑲ 고대목간Ⅱ 182호(자전−[城]217, 성산산성Ⅳ−사진163−596, 귀속−가야2637)

·「□ □ ∨ 」

20.6×2.6×0.9(㎝), 소나무류

⑱ 고대목간Ⅱ 183호(자전−[城]218, 성산산성Ⅳ−사진163−597, 귀속−가야2639)

·「正月中比思伐古尸次阿尺夷喙 ∨ 」

·「羅兮□及伐尺幷作前瓷酒四斗瓮 ∨ 」

20.8×(1.3+α)×0.7(㎝), 소나무류

⑱ 고대목간Ⅱ 184호(자전−[城]219, 성산산성Ⅳ−사진164−598, 귀속−가야2640)

·「∨ □皂冠村 」

·「∨ 此負刀寧負盜人有 」

20.9×2.7×0.4(㎝), 소나무류

⑱ 고대목간Ⅱ 185호(자전−[城]220, 성산산성Ⅳ−사진164−599, 귀속−가야2641)

·「帶支村烏多支米一石 ∨ 」

20.3×2.1×1.2(㎝), 소나무류

⑱ 고대목간Ⅱ 186호(자전−[城]221, 성산산성Ⅳ−사진165−600, 귀속−가야2645)

·「六月中□多馮城□啻村主敬白之烏□□成□之 ∨ 」

· 「□□智一伐大□□也 功六□大城從人士六十日 ∨ 」

· 「□去走石日率此□□更□□□□ ∨ 」

· 「卒日治之人此人烏馮城置不□遣之白 ∨ 」

25.0×3.4×2.8(㎝), 소나무류

⑱⑦고대목간Ⅱ 187호(자전-[城]222, 성산산성Ⅳ-사진166-601, 귀속-가야2954)

· 「□　□」

15.7×1.2×1.0(㎝), 소나무류

⑱⑧고대목간Ⅱ 188호(자전-[城]223, 성산산성Ⅳ-사진167-603, 귀속-가야2956)

· 「十一月□□定六十月一卄月十一□五又 」

· 「□□□□□□□□□□□□□□ 」

29.3×1.2×1.8(㎝), 소나무류

⑱⑨고대목간Ⅱ 189호(성산산성Ⅴ-사진88-163, 귀속-가야4685)

· 「古阤一古利村本彼 ∨ 」

· 「阤々只稗發 ∨ 」

18.2×2.2×0.4(㎝)

⑲⑩고대목간Ⅱ 190호(성산산성Ⅴ-사진88-164, 귀속-가야4686)

· 「三月中鐵山下麦十五斗 ∨ 」

· 「左旅□河礼村波利足 ∨ 」

17.3×2.6×0.4(㎝)

⑲ 고대목간Ⅱ 191호(성산산성Ⅴ-사진88-165, 귀속-가야4687)

· 「甘文城下麦十五石甘文 ∨ 」

· 「本波加本斯稗一石之 ∨ 」

$$19.4 \times 2.2 \times 0.6 (㎝)$$

⑲ 고대목간Ⅱ 192호(성산산성Ⅴ-사진88-166, 귀속-가야4688)

· 「古阤伊未□上干一大兮伐 ∨ 」

· 「豆幼去 ∨ 」

$$20.8 \times 2.0 \times 0.6 (㎝)$$

⑲ 고대목간Ⅱ 193호(성산산성Ⅴ-사진88-167, 귀속-가야4689)

× □尸□□□亦兮 ∨ 」   * 홈에 끈의 흔적이 있다.

$$(11.0 + \alpha) \times 1.8 \times 0.8 (㎝)$$

⑲ 고대목간Ⅱ 194호(성산산성Ⅴ-사진89-169, 귀속-가야4691)

× □ □ ∨ 」

× □ □ ∨ 」

$$(18.0 + \alpha) \times 2.4 \times 0.7 (㎝)$$

⑲ 고대목간Ⅱ 195호(성산산성Ⅴ-사진89-170, 귀속-가야4692)

× □稗十五斗 ∨ 」

$$(12.0 + \alpha) \times 2.0 \times 0.5 (㎝)$$

⑲ 고대목간Ⅱ 196호(성산산성Ⅴ-사진89-171, 귀속-가야4693)

· 「盖山鄒勿負稗 ∨ 」

$$20.1 \times 2.3 \times 0.6 \text{ (cm)}$$

⑲⑦ 고대목간Ⅱ 197호(성산산성Ⅴ-사진89-172, 귀속-가야4694)

× 村虎弥稗石 ∨ 」

$$(10.7+\alpha) \times 1.8 \times 0.4 \text{(cm)}$$

⑲⑧ 고대목간Ⅱ 198호(성산산성Ⅴ-사진89-173, 귀속-가야4695)

× 吾礼□只公 ∨ 」

$$(10.8+\alpha) \times 1.9 \times 0.8 \text{(cm)}$$

⑲⑨ 고대목간Ⅱ 199호(성산산성Ⅴ-사진89-174, 귀속-가야4696)

·「∨ 敢師智 ×

$$(6.6+\alpha) \times 2.0 \times 0.9 \text{(cm)}$$

⑳⓪ 고대목간Ⅱ 200호(성산산성Ⅴ-사진90-175, 귀속-가야4697)

× □那只䜌米 ∨ ×

$$(9.1+\alpha) \times 2.0 \times 0.5 \text{(cm)}$$

⑳① 고대목간Ⅱ 201호(17차 발굴조사-2, 귀속-가야5581)

× 夫村 ∨ 」

× □利夫稗石 ∨ 」

$$(11.8+\alpha) \times 2.0 \times 0.4 \text{(cm)}$$

⑳② 고대목간Ⅱ 202호(17차 발굴조사-3, 귀속-가야5582)

× □西毛礼 ∨ 」

$$(7.0+\alpha) \times 2.0 \times 0.8 \sim 1.0(\text{cm})$$

⑳ 고대목간Ⅱ 203호(17차 발굴조사-5, 귀속-가야5583)

· 「今囧巴漱宿尒財利支稗 ∨ 」

$$15.1 \times 1.4 \times 1.2(\text{cm})$$

⑳ 고대목간Ⅱ 204호(17차 발굴조사-7, 귀속-가야5584)

× ☐☐☐☐☐ 」

× 稗石 」

$$(10.8+\alpha) \times 1.7 \times 0.5 \sim 0.9(\text{cm})$$

⑳ 고대목간Ⅱ 205호(17차 발굴조사-6, 귀속-가야5585)

· 「盖村仇之毛羅稗 ∨ 」

$$20.5 \times 2.6 \times 0.6(\text{cm})$$

⑳ 고대목간Ⅱ 206호(17차 발굴조사-8, 귀속-가야5586)

· 「☐ ☐ ∨ 」

· 「☐ ☐ ∨ 」

$$21.0 \times 2.5 \times 0.7(\text{cm})$$

⑳ 고대목간Ⅱ 207호(17차 발굴조사-11, 귀속-가야5587)

· 「丘伐末那早尸智居伐尺奴 」

· 「能利智稗石 」

$$20.7 \times 2.1 \times 0.7(\text{cm})$$

(208) 고대목간Ⅱ 208호(17차 발굴조사-12, 귀속-가야5588)

× □身礼豆智 ∨ 」

(11.7+α)×2.0×0.7(㎝)

(209) 고대목간Ⅱ 209호(17차 발굴조사-10, 귀속-가야5589)

·「仇利伐 上彡者村 □□□□ ∨ 」

28.8×3.7×0.9(㎝)

(210) 고대목간Ⅱ 210호(17차 발굴조사-13, 귀속-가야5590)

·「□ □ ∨」

15.9×2.3×0.4(㎝)

(211) 고대목간Ⅱ 211호(17차 발굴조사-14, 귀속-가야5591)

·「巾夫支城 仇智支稗 ×

(13.7+α)×2.1×0.3(㎝)

(212) 고대목간Ⅱ 212호(17차 발굴조사-15, 귀속-가야5592)

·「丘利伐 卜今智上干支 奴
□□□支 負 ∨ 」

21.9×3.5×0.4~1.3(㎝)

(213) 고대목간Ⅱ 213호(17차 발굴조사-16, 귀속-가야5593)

·「仇利伐 夫及知一伐 奴人
宍巴礼 負 ∨ 」

$$21.7 \times 2.6 \times 0.5 \text{(cm)}$$

㉔ 고대목간Ⅱ 214호(17차 발굴조사-18, 귀속-가야5594)
· 「沙喙部負 Ⅴ 」　　* 홈에 끈의 흔적

$$17.6 \times 2.8 \times 0.4 \text{(cm)}$$

㉕ 고대목간Ⅱ 215호(17차 발굴조사-17, 귀속-가야5595)
· 「甘文城下麦十五石甘文本波　×
· 「伊次只去之 ×

$$(22.8+\alpha) \times 1.9 \times 0.9 \text{(cm)}$$

㉖ 고대목간Ⅱ 216호(17차 발굴조사-19, 귀속-가야5596)
· 「小南兮城麦十五斗石大村 ×

$$(16.1+\alpha) \times 2.5 \times 0.7 \sim 1.0 \text{(cm)}$$

㉗ 고대목간Ⅱ 217호(17차 발굴조사-20, 귀속-가야5597)
· 「□□　□□ 」

$$22.2 \times 2.0 \sim 2.9 \times 0.5 \sim 1.1 \text{(cm)}$$

㉘ 고대목간Ⅱ 218호(17차 발굴조사-1, 귀속-가야5598)
· 「三月中 眞乃滅村主 憹怖白 」
· 「□城在弥卽尒智大舍下智前去白之 」
· 「卽白先節六十日代法稚然」
· 「伊毛罹及伐尺寀言□法卅代告今卅日食去白之 」

$$34.4 \times 1.0 \sim 1.3 \times 1.6 \sim 1.9 \text{(cm)}$$

㉙ 고대목간 II 219호(17차 발굴조사—21, 귀속—가야5599)

·「壬子年□□大村□刀只 ∨ 」

·「米一石 ∨ 」

22.7×4.0×0.8(㎝)

㉒ 고대목간 II 220호(17차 발굴조사—22, 귀속—가야5600)

·「皮牛利烋鳥 ∨ 」

·「六□□□□ ∨ 」

20.3×1.9×0.7(㎝)

㉑ 고대목간 II 221호(17차 발굴조사—23, 귀속—가야5601)

·「此發□德石莫杖□ 」

20.0×2.0×0.5~1.1(㎝)

㉒ 고대목간 II 222호(자전—[城]1, 성산산성 I —사진39—1, 출토목간—3, 창원—3, 귀속—진주
1263)

× 仇利伐　上彡者村 波
　　　　　　　婁　　　×

(23.6+α)×4.4×0.7(㎝), 소나무류

㉒ 고대목간 II 223호(자전—[城]2, 성산산성 I —사진39—2, 출토목간—24, 창원—24, 귀속—김해
1264)

× □介□利 ◎ 」

(11.7+α)×3.6×0.5(㎝), 소나무류

㉔고대목간Ⅱ 224호(자전–[城]3, 성산산성Ⅰ–사진39–3, 출토목간–23, 창원–23, 귀속–김해 1265)

× 知上干支 ∨ 」

$$(8.0+\alpha)\times2.5\times0.5(㎝), 소나무류$$

㉕고대목간Ⅱ 225호(자전–[城]6, 성산산성Ⅰ–사진39–5, 출토목간–10, 창원–10, 귀속–진주 1268)

·「甘文本波居村旦利村伊竹伊 」

$$22.7\times2.6\times0.5(㎝), 소나무류(추정)$$

㉖고대목간Ⅱ 226호(자전–[城]7, 성산산성Ⅰ–사진39–6, 출토목간–6, 창원–6, 귀속–김해 1269)

·「王松鳥多伊伐支乞負支 ∨ 」

$$20\times2.8\times0.6(㎝), 소나무류$$

㉗고대목간Ⅱ 227호(자전–[城]8, 성산산성Ⅰ–사진39–7, 출토목간–11, 창원–11, 귀속–김해 1270)

·「鳥欣弥村卜兮稗石 ∨ 」

$$17.7\times1.7\times0.5(㎝), 소나무류$$

㉘고대목간Ⅱ 228호(자전–[城]9, 성산산성Ⅰ–사진39–8, 출토목간–12, 창원–12, 귀속–김해 1271)

·「上莫村居利支稗 ∨ 」

$$17.3\times1.6\times0.5(㎝), 소나무류$$

㉙고대목간Ⅱ 229호(자전-[城]10, 성산산성Ⅰ-사진40-1, 출토목간-7, 창원-7, 귀속-김해 1272)

· 「仇伐干好□村 卑尸稗石 ◎ 」

　　　　　　　　20.3×2.8×0.4(㎝), 밤나무

㉚고대목간Ⅱ 230호(자전-[城]11, 성산산성Ⅰ-사진40-2, 출토목간-8, 창원-8, 귀속-진주 1273)

· 「及伐城□乃巴稗 Ⅴ 」

　　　　　　　　20.8×2.8×0.7(㎝), 소나무류

㉛고대목간Ⅱ 231호(자전-[城]12, 성산산성Ⅰ-사진40-3, 출토목간-18, 창원-18, 귀속-김해 1274)

· 「□□□□□□□ Ⅴ 」

　　　　　　　　21.1×2.5× 0.9(㎝), 소나무류

㉜고대목간Ⅱ 233호(자전-[城]13, 성산산성Ⅰ-사진40-4, 출토목간-1, 창원-1, 귀속-김해 1275)

· 「仇利伐　上彡者村　　　×

· 「乞利　　×

　　　　　　　　(23.5+α)×3.0×0.9(㎝), 소나무류

㉝고대목간Ⅱ 233호(자전-[城]14, 성산산성Ⅰ-사진40-5, 출토목간-9, 창원-9, 귀속-김해 1276)

· 「竹尸□牟√于支稗一 Ⅴ 」

18.6×2.5×0.8(㎝), 소나무류

㉞ 고대목간Ⅱ 234호(자전-[城]15, 성산산성Ⅰ-사진40-6, 출토목간-17, 창원-17, 귀속-김해
  1277)

  × 前谷村 阿足只   ×
    負

(16.7+α)×3.4×0.5(㎝), 소나무류

㉟ 고대목간Ⅱ 235호(자전-[城]16, 성산산성Ⅰ-사진41-1, 출토목간-19, 창원-19, 귀속-김해
  1278)

· 「□ □ ×

(16.0+α)×3.3×0.6(㎝), 소나무류

㊱ 고대목간Ⅱ 236호(자전-[城]17, 성산산성Ⅰ-사진40-7, 출토목간-2, 창원-2, 귀속-진주
  1279)

·「甘文城下麦甘文本波王□ Ｖ 」
·「□利村劦利兮負 Ｖ 」

19.7×2.0×0.6(㎝), 소나무류

㊲ 고대목간Ⅱ 237호(자전-[城]18, 성산산성Ⅰ-사진41-2, 출토목간-16, 창원-16, 귀속-김해
  1280)

  言貯只一石 」

(17.9+α)×1.9×0.3(㎝), 소나무류

㉓⑧ 고대목간Ⅱ 238호(자전-[城]20, 성산산성Ⅰ-사진41-3, 출토목간-13, 창원-13, 귀속-김해
　　1282)

・「陳城巴分支稗 ∨ 」

$$15.9 \times 2.2 \times 0.7 (\text{cm}), \text{소나무류}$$

㉓⑨ 고대목간Ⅱ 239호(자전-[城]21, 성산산성Ⅰ-사진41-4, 출토목간-20, 창원-20, 귀속-진주
　　1283)

・ × 古阤伊骨利村□ 」
・ × 仇仍支稗發 」

$$(12.6+\alpha) \times 2.2 \times 0.5 (\text{cm}), \text{소나무류}$$

㉔⓪ 고대목간Ⅱ 240호(자전-[城]22, 성산산성Ⅰ-사진41-5, 출토목간-22, 창원-22, 귀속-김해
　　1284)

・「夷津支末那介利知 ×

$$(10.4+\alpha) \times 2.0 \times 0.4 (\text{cm}), \text{소나무류}$$

㉔① 고대목간Ⅱ 241호(자전-[城]23, 성산산성Ⅰ-사진41-6, 출토목간-15, 창원-15, 귀속-김해
　　1285)

× 家村□毛□ ∨ 」

$$(15.9+\alpha) \times 1.8 \times (0.4{\sim}0.9) (\text{cm}), \text{소나무류}$$

㉔② 고대목간Ⅱ 242호(자전-[城]24, 성산산성Ⅰ-사진41-7, 출토목간-14, 창원-14, 귀속-김해
　　1286)

・「大村伊息智一伐 ∨ 」

$$16 \times 2.5 \times (0.4{\sim}1.0) (\text{cm}), \text{소나무류}$$

㉔ 고대목간Ⅱ 243호(자전–[城]25, 성산산성Ⅰ–사진42–1, 출토목간–4, 창원–4, 귀속–김해 1287)

· 「仇利伐　　仇□尒一伐　　∨」
　　　　　　尒利□負

22.8×(3.3~3.8)×(0.6~0.9)(㎝), 활엽수재

㉔ 고대목간Ⅱ 244호(자전–[城]26, 성산산성Ⅰ–사진42–2, 출토목간–5, 창원–5, 귀속–진주 1288)

· 「仇利伐 □德知一伐奴人 □ ×

(20.3+α)×3.1×0.6(㎝), 소나무류

㉕ 고대목간Ⅱ 245호(자전–[城]27, 성산산성Ⅰ–사진42–3, 출토목간–21, 창원–21, 귀속–김해 1289)

· 「屈仇□□村 ×
· 「稗石×

(12.7+α)×2.6×0.5(㎝), 소나무류

〈함안성산산성 목간 조견표〉

①	고대목간Ⅱ-1호(자전-[城]28, 성산산성Ⅱ-사진57, 출토목간-28, 창원-28, 귀속-가야27)
②	고대목간Ⅱ-2호(자전-[城]29, 성산산성Ⅱ-사진58, 출토목간-29, 창원-29, 귀속-가야28)
③	고대목간Ⅱ-3호(자전-[城]30, 성산산성Ⅱ-사진59, 출토목간-30, 창원-30, 귀속-가야29)
④	고대목간Ⅱ-4호(자전-[城]31, 성산산성Ⅱ-사진60, 출토목간-31, 창원-31, 귀속-가야30)
⑤	고대목간Ⅱ-5호(자전-[城]32, 성산산성Ⅱ-사진61, 출토목간-32, 창원-32, 귀속-가야31)
⑥	고대목간Ⅱ-6호(자전-[城]33, 성산산성Ⅱ-사진62, 출토목간-33, 창원-33, 귀속-가야32)
⑦	고대목간Ⅱ-7호(자전-[城]34, 성산산성Ⅱ-사진63, 출토목간-34, 창원-34, 귀속-가야33)
⑧	고대목간Ⅱ-8호(자전-[城]35, 성산산성Ⅱ-사진64, 출토목간-35, 창원-35, 귀속-가야34)
⑨	고대목간Ⅱ-9호(자전-[城]36, 성산산성Ⅱ-사진65, 출토목간-36, 창원-36, 귀속-가야35)
⑩	고대목간Ⅱ-10호(자전-[城]37, 성산산성Ⅱ-사진66, 출토목간-37, 창원-37, 귀속-가야36)
⑪	고대목간Ⅱ-11호(자전-[城]38, 성산산성Ⅱ-사진67, 출토목간-38, 창원-38, 귀속-가야37)
⑫	고대목간Ⅱ-12호(자전-[城]39, 성산산성Ⅱ-사진68, 출토목간-39, 창원-39, 귀속-가야38)
⑬	고대목간Ⅱ-13호(자전-[城]40, 성산산성Ⅱ-사진69, 출토목간-40, 창원-40, 귀속-가야39)
⑭	고대목간Ⅱ-14호(자전-[城]41, 성산산성Ⅱ-사진70, 출토목간-41, 창원-41, 귀속-가야40)
⑮	고대목간Ⅱ-15호(자전-[城]42, 성산산성Ⅱ-사진71, 출토목간-42, 창원-42, 귀속-가야41)
⑯	고대목간Ⅱ-16호(자전-[城]43, 성산산성Ⅱ-사진72, 출토목간-43, 창원-43, 귀속-가야42)
⑰	고대목간Ⅱ-17호(자전-[城]44, 성산산성Ⅱ-사진73, 출토목간-44, 창원-44, 귀속-가야43)
⑱	고대목간Ⅱ-18호(자전-[城]45, 성산산성Ⅱ-사진74+104-2, 출토목간-45+95, 창원-45, 귀속-가야44)
⑲	고대목간Ⅱ-19호(자전-[城]46, 성산산성Ⅱ-사진75, 출토목간-46, 창원-46, 귀속-가야45)
⑳	고대목간Ⅱ-20호(자전-[城]47, 성산산성Ⅱ-사진76, 출토목간-47, 창원-47, 귀속-가야46)
㉑	고대목간Ⅱ-21호(자전-[城]48, 성산산성Ⅱ-사진77, 출토목간-48, 창원-48, 귀속-가야47)
㉒	고대목간Ⅱ-22호(자전-[城]49, 성산산성Ⅱ-사진78, 출토목간-49, 창원-49, 귀속-가야48)
㉓	고대목간Ⅱ-23호(자전-[城]50, 성산산성Ⅱ-사진79, 출토목간-50, 창원-50, 귀속-가야49)
㉔	고대목간Ⅱ-24호(자전-[城]51, 성산산성Ⅱ-사진80, 출토목간-52, 창원-52, 귀속-가야50)
㉕	고대목간Ⅱ-25호(자전-[城]52, 성산산성Ⅱ-사진81, 출토목간-53, 창원-53, 귀속-가야51)
㉖	고대목간Ⅱ-26호(자전-[城]53, 성산산성Ⅱ-사진82, 출토목간-54, 창원-54, 귀속-가야52)

㉗	고대목간Ⅱ-27호(자전-[城]54, 성산산성Ⅱ-사진83, 출토목간-55, 창원-55, 귀속-가야53)
㉘	고대목간Ⅱ-28호(자전-[城]55, 성산산성Ⅱ-사진84, 출토목간-56, 창원-56, 귀속-가야54)
㉙	고대목간Ⅱ-29호(자전-[城]56, 성산산성Ⅱ-사진85, 출토목간-57, 창원-57, 귀속-가야55)
㉚	고대목간Ⅱ-30호(자전-[城]57, 성산산성Ⅱ-사진86, 출토목간-59, 창원-59, 귀속-가야56)
㉛	고대목간Ⅱ-31호(자전-[城]58, 성산산성Ⅱ-사진87-1, 출토목간-60, 창원-60, 귀속-가야57)
㉜	고대목간Ⅱ-32호(자전-[城]59, 성산산성Ⅱ-사진87-2+94-2+102-1, 출투목간-61+75+90, 창원-61+75+90, 귀속-가야58)
㉝	고대목간Ⅱ-33호(자전-[城]60, 성산산성Ⅱ-사진88-1+90-1, 출토목간-62+66, 창원-62+66, 귀속-가야59)
㉞	고대목간Ⅱ-34호(자전-[城]61, 성산산성Ⅱ-사진88-2, 출토목간-63, 창원-63, 귀속-가야60)
㉟	고대목간Ⅱ-35호(자전-[城]62, 성산산성Ⅱ-사진89-1, 출토목간-64, 창원-64, 귀속-가야61)
㊱	고대목간Ⅱ-36호(자전-[城]63, 성산산성Ⅱ-사진89-2, 출토목간-65, 창원-65, 귀속-가야62)
㊲	고대목간Ⅱ-37호(자전-[城]64, 성산산성Ⅱ-사진90-2, 출토목간-67, 창원-67, 귀속-가야63)
㊳	고대목간Ⅱ-38호(자전-[城]65, 성산산성Ⅱ-사진91-1, 출토목간-68, 창원-68, 귀속-가야64)
㊴	고대목간Ⅱ-39호(자전-[城]66, 성산산성Ⅱ-사진91-2, 출토목간-69, 창원-69, 귀속-가야65)
㊵	고대목간Ⅱ-40호(자전-[城]67, 성산산성Ⅱ-사진92-1, 출토목간-70, 창원-70, 귀속-가야66)
㊶	고대목간Ⅱ-41호(자전-[城]68, 성산산성Ⅱ-사진92-2, 출토목간-71, 창원-71, 귀속-가야67)
㊷	고대목간Ⅱ-42호(자전-[城]69, 성산산성Ⅱ-사진93-1, 출토목간-72, 창원-72, 귀속-가야68)
㊸	고대목간Ⅱ-43호(자전-[城]70, 성산산성Ⅱ-사진93-2, 출토목간-73, 창원-73, 귀속-가야69)
㊹	고대목간Ⅱ-44호(자전-[城]71, 성산산성Ⅱ-사진94-1, 출토목간-74, 창원-74, 귀속-가야70)
㊺	고대목간Ⅱ-45호(자전-[城]72, 성산산성Ⅱ-사진95-1, 출토목간-76, 창원-76, 귀속-가야71)
㊻	고대목간Ⅱ-46호(자전-[城]73, 성산산성Ⅱ-사진95-2, 출토목간-77, 창원-77, 귀속-가야72)
㊼	고대목간Ⅱ-47호(자전-[城]74, 성산산성Ⅱ-사진96-1, 출토목간-78, 창원-78, 귀속-가야73)
㊽	고대목간Ⅱ-48호(자전-[城]75, 성산산성Ⅱ-사진96-2, 출토목간-79, 창원-79, 귀속-가야74)
㊾	고대목간Ⅱ-49호(자전-[城]76, 성산산성Ⅱ-사진97-1, 출토목간-80, 창원-80, 귀속-가야75)
㊿	고대목간Ⅱ-50호(자전-[城]77, 성산산성Ⅱ-사진97-2, 출토목간-81, 창원-81, 귀속-가야76)
⑤①	고대목간Ⅱ-51호(자전-[城]78, 성산산성Ⅱ-사진98-1, 출토목간-82, 창원-82, 귀속-가야77)
⑤②	고대목간Ⅱ-52호(자전-[城]79, 성산산성Ⅱ-사진98-2, 출토목간-83, 창원-83, 귀속-가야78)

(53)	고대목간Ⅱ-53호(자전-[城]80, 성산산성Ⅱ-사진99-1, 출토목간-84, 창원-84, 귀속-가야79)
(54)	고대목간Ⅱ-54호(자전-[城]81, 성산산성Ⅱ-사진99-2, 출토목간-85, 창원-85, 귀속-가야80)
(55)	고대목간Ⅱ-55호(자전-[城]82, 성산산성Ⅱ-사진100-1, 출토목간-86, 창원-86, 귀속-가야81)
(56)	고대목간Ⅱ-56호(자전-[城]83, 성산산성Ⅱ-사진100-2, 출토목간-87, 창원-87, 귀속-가야82)
(57)	고대목간Ⅱ-57호(자전-[城]84, 성산산성Ⅱ-사진101-1, 출토목간-88, 창원-88, 귀속-가야83)
(58)	고대목간Ⅱ-58호(자전-[城]85, 성산산성Ⅱ-사진101-2, 출토목간-89, 창원-89, 귀속-가야84)
(59)	고대목간Ⅱ-59호(자전-[城]86, 성산산성Ⅱ-사진102-2, 출토목간-91, 창원-91, 귀속-가야85)
(60)	고대목간Ⅱ-60호(자전-[城]87, 성산산성Ⅱ-사진103-1, 출토목간-92, 창원-92, 귀속-가야86)
(61)	고대목간Ⅱ-61호(자전-[城]89, 성산산성Ⅱ-사진104-1, 출토목간-94, 창원-94, 귀속-가야88)
(62)	고대목간Ⅱ-62호(자전-[城]90, 성산산성Ⅱ-사진104-3, 출토목간-96, 창원-96, 귀속-가야89)
(63)	고대목간Ⅱ-63호(자전-[城]91, 성산산성Ⅱ-사진104-4, 출토목간-97, 창원-97, 귀속-가야90)
(64)	고대목간Ⅱ-64호(자전-[城]100, 성산산성Ⅳ-사진104-479, 제12차 현장설명회-2006-w1, 암호-06-w1, 귀속-가야1590)
(65)	고대목간Ⅱ-65호(자전-[城]115, 성산산성Ⅳ-사진111-494, 제12차 현장설명회-2006-w3, 암호-06-w3, 귀속-가야1592)
(66)	고대목간Ⅱ-66호(자전-[城]101, 성산산성Ⅳ-사진104-480, 제12차 현장설명회-2006-w4, 암호-06-w4, 귀속-가야1593)
(67)	고대목간Ⅱ-67호(자전-[城]104, 성산산성Ⅳ-사진106-483, 제12차 현장설명회-2006-w10, 귀속-가야1594)
(68)	고대목간Ⅱ-68호(자전-[城]119, 성산산성Ⅳ-사진113-498, 제12차 현장설명회-2006-w11, 암호-06-w11, 귀속-가야1595)
(69)	고대목간Ⅱ-69호(자전-[城]116, 성산산성Ⅳ-사진112-495, 제12차 현장설명회-2006-w5, 귀속-가야1596)
(70)	고대목간Ⅱ-70호(자전-[城]102, 성산산성Ⅳ-사진105-481, 제12차 현장설명회-2006-w6, 암호-06-w6, 귀속-가야1597)
(71)	고대목간Ⅱ-71호(자전-[城]117, 성산산성Ⅳ-사진112-496, 제12차 현장설명회-2006-w7, 암호-06-w7, 귀속-가야1598)
(72)	고대목간Ⅱ-72호(자전-[城]103, 성산산성Ⅳ-사진105-482, 제12차 현장설명회-2006-w8, 암호-06-w8, 귀속-가야1599)
(73)	고대목간Ⅱ-73호(자전-[城]118, 성산산성Ⅳ-사진113-497, 제12차 현장설명회-2006-w9, 암호-06-w9, 귀속-가야1600)

(74)	고대목간Ⅱ-74호(자전-[城]105, 성산산성Ⅳ-사진106-484, 제12차 현장설명회-2006-w12, 암호-06-w12, 귀속-가야1601)
(75)	고대목간Ⅱ-75호(자전-[城]127, 성산산성Ⅳ-사진118-507, 제12차 현장설명회-2006-w40, 암호-06-w40, 귀속-가야1602)
(76)	고대목간Ⅱ-76호(자전-[城]110, 성산산성Ⅳ-사진109-489, 제12차 현장설명회-2006-w15, 귀속-가야1605)
(77)	고대목간Ⅱ-77호(자전-[城]106, 성산산성Ⅳ-사진107-485, 제12차 현장설명회-2006-w16, 암호-06-w16, 귀속-가야1606)
(78)	고대목간Ⅱ-78호(자전-[城]120, 성산산성Ⅳ-사진114-499, 제12차 현장설명회-2006-w17, 암호-06-w17, 귀속-가야1607)
(79)	고대목간Ⅱ-79호(자전-[城]107, 성산산성Ⅳ-사진107-486, 제12차 현장설명회-2006-w19, 암호-06-w19, 귀속-가야1609)
(80)	고대목간Ⅱ-80호(자전-[城]121, 성산산성Ⅳ-사진114-500, 제12차 현장설명회-2006-w24, 암호-06-w24, 귀속-가야1613)
(81)	고대목간Ⅱ-81호(자전-[城]108, 성산산성Ⅳ-사진108-487, 제12차 현장설명회-2006-w25, 암호-06-w25, 귀속-가야1614)
(82)	고대목간Ⅱ-82호(자전-[城]122, 성산산성Ⅳ-사진115-501, 제12차 현장설명회-2006-w26, 귀속-가야1615)
(83)	고대목간Ⅱ-83호(자전-[城]109, 성산산성Ⅳ-사진108-488, 제12차 현장설명회-2006-w27, 귀속-가야1616)
(84)	고대목간Ⅱ-84호(자전-[城]112, 성산산성Ⅳ-사진110-491, 제12차 현장설명회-2006-w28, 귀속-가야1617)
(85)	고대목간Ⅱ-85호(자전-[城]125, 성산산성Ⅳ-사진116-504, 제12차 현장설명회-2006-w35, 귀속-가야1618)
(86)	고대목간Ⅱ-86호(자전-[城]113, 성산산성Ⅳ-사진110-492, 제12차 현장설명회-2006-w36, 귀속-가야1619)
(87)	고대목간Ⅱ-87호(자전-[城]126, 성산산성Ⅳ-사진117-505, 제12차 현장설명회-2006-w37, 귀속-가야1620)
(88)	고대목간Ⅱ-88호(자전-[城]114, 성산산성Ⅳ-사진111-493, 제12차 현장설명회-2006-w29, 귀속-가야1622)
(89)	고대목간Ⅱ-89호(자전-[城]123, 성산산성Ⅳ-사진115-502, 제12차 현장설명회-2006-w30, 암호-06-w30, 귀속-가야1623)

⑨⓪	고대목간II-90호(자전-[城]111, 성산산성IV-사진109-490, 제12차 현장설명회-2006-w31, 귀속-가야1624)
⑨①	고대목간II-91호(자전-[城]124, 성산산성IV-사진116-503, 제12차 현장설명회-2006-w32, 암호-06-w32, 귀속-가야1625)
⑨②	고대목간II-92호(자전-[城]128, 성산산성IV-사진117-506, 제12차 현장설명회-2007-w1, 암호-07-w1, 귀속-가야1982)
⑨③	고대목간II-93호(자전-[城]129, 성산산성IV-사진119-508, 제12차 현장설명회-2007-w4, 귀속-가야1985)
⑨④	고대목간II-94호(자전-[城]130, 성산산성IV-사진119-509, 제12차 현장설명회-2007-w5, 귀속-가야1986)
⑨⑤	고대목간II-95호(자전-[城]131, 성산산성IV-사진120-510, 제12차 현장설명회-2007-w6, 귀속-가야1987)
⑨⑥	고대목간II-96호(자전-[城]132, 성산산성IV-사진120-511, 제12차 현장설명회-2007-w7, 귀속-가야1988)
⑨⑦	고대목간II-97호(자전-[城]133, 성산산성IV-사진121-512, 제12차 현장설명회-2007-w8, 귀속-가야1989)
⑨⑧	고대목간II-98호(자전-[城]134, 성산산성IV-사진121-513, 제12차 현장설명회-2007-w9, 귀속-가야1990)
⑨⑨	고대목간II-99호(자전-[城]135, 성산산성IV-사진122-514, 제12차 현장설명회-2007-w10, 귀속-가야1991)
⑩⓪	고대목간II-100호(자전-[城]136, 성산산성IV-사진122-515, 제12차 현장설명회-2007-w11, 암호-07-w11, 귀속-가야1992)
⑩①	고대목간II-101호(자전-[城]137, 성산산성IV-사진123-516, 제12차 현장설명회-2007-w12, 귀속-가야1993)
⑩②	고대목간II-102호(자전-[城]138, 성산산성IV-사진123-517, 제12차 현장설명회-2007-w13, 귀속-가야1994)
⑩③	고대목간II-103호(자전-[城]139, 성산산성IV-사진124-518, 제12차 현장설명회-2007-w14, 귀속-가야1995)
⑩④	고대목간II-104호(자전-[城]140, 성산산성IV-사진124-519, 제12차 현장설명회-2007-w15, 암호-07-w15, 귀속-가야1996)
⑩⑤	고대목간II-105호(자전-[城]141, 성산산성IV-사진125-520, 제12차 현장설명회-2007-w16, 귀속-가야1997)

⑩⑥	고대목간Ⅱ-106호(자전-[城]142, 성산산성Ⅳ-사진125-521, 제12차 현장설명회-2007-w17, 귀속-가야1998)
⑩⑦	고대목간Ⅱ-107호(자전-[城]143, 성산산성Ⅳ-사진126-522, 제12차 현장설명회-2007-w18, 귀속-가야1999)
⑩⑧	고대목간Ⅱ-108호(자전-[城]144, 성산산성Ⅳ-사진126-523, 제12차 현장설명회-2007-w19, 귀속-가야2000)
⑩⑨	고대목간Ⅱ-109호(자전 [城]145, 성산산성Ⅳ-사진127-524, 제12차 현장선명회-2007-w20, 귀속-가야2001)
⑪⑩	고대목간Ⅱ-110호(자전-[城]146, 성산산성Ⅳ-사진127-525, 제12차 현장설명회-2007-w21, 귀속-가야2002)
⑪⑪	고대목간Ⅱ-111호(자전-[城]147, 성산산성Ⅳ-사진128-526, 제12차 현장설명회-2007-w22, 귀속-가야2003)
⑪⑫	고대목간Ⅱ-112호(자전-[城]148, 성산산성Ⅳ-사진128-527, 제12차 현장설명회-2007-w23, 암호-07-w23, 귀속-가야2004)
⑪⑬	고대목간Ⅱ-113호(자전-[城]149, 성산산성Ⅳ-사진129-528, 제12차 현장설명회-2007-w24, 암호-07-w24, 귀속-가야2005)
⑪⑭	고대목간Ⅱ-114호(자전-[城]150, 성산산성Ⅳ-사진129-529, 제12차 현장설명회-2007-w25, 귀속-가야2006)
⑪⑮	고대목간Ⅱ-115호(자전-[城]151, 성산산성Ⅳ-사진130-530, 제12차 현장설명회-2007-w26, 귀속-가야2007)
⑪⑯	고대목간Ⅱ-116호(자전-[城]152, 성산산성Ⅳ-사진130-531, 제12차 현장설명회-2007-w27, 귀속-가야2008)
⑪⑰	고대목간Ⅱ-117호(자전-[城]153, 성산산성Ⅳ-사진131-532, 제12차 현장설명회-2007-w28, 귀속-가야2009)
⑪⑱	고대목간Ⅱ-118호(자전-[城]154, 성산산성Ⅳ-사진131-533, 제12차 현장설명회-2007-w29, 암호-07-w29, 귀속-가야2010)
⑪⑲	고대목간Ⅱ-119호(자전-[城]155, 성산산성Ⅳ-사진132-534, 제12차 현장설명회-2007-w30, 귀속-가야2011)
⑫⑩	고대목간Ⅱ-120호(자전-[城]156, 성산산성Ⅳ-사진132-535, 제12차 현장설명회-2007-w31, 귀속-가야2012)
⑫⑪	고대목간Ⅱ-121호(자전-[城]157, 성산산성Ⅳ-사진133-536, 제12차 현장설명회-2007-w32, 귀속-가야2013)

㉒	고대목간Ⅱ-122호(자전-[城]158, 성산산성Ⅳ-사진133-537, 제12차 현장설명회-2007-w33, 암호-07-w33, 귀속-가야2014)
㉓	고대목간Ⅱ-123호(자전-[城]159, 성산산성Ⅳ-사진134-538, 제12차 현장설명회-2007-w34, 암호-07-w34, 귀속-가야2015)
㉔	고대목간Ⅱ-124호(자전-[城]160, 성산산성Ⅳ-사진134-539, 제12차 현장설명회-2007-w35, 귀속-가야2016)
㉕	고대목간Ⅱ-125호(자전-[城]161, 성산산성Ⅳ-사진135-540, 제12차 현장실명회-2007-w36, 귀속-가야2017)
㉖	고대목간Ⅱ-126호(자전-[城]162, 성산산성Ⅳ-사진135-541, 제12차 현장설명회-2007-w37, 암호-07-w37, 귀속-가야2018)
㉗	고대목간Ⅱ-127호(자전-[城]163, 성산산성Ⅳ-사진136-542, 제12차 현장설명회-2007-w38, 귀속-가야2019)
㉘	고대목간Ⅱ-128호(자전-[城]164, 성산산성Ⅳ-사진136-543, 제12차 현장설명회-2007-w39, 귀속-가야2020)
㉙	고대목간Ⅱ-129호(자전-[城]165, 성산산성Ⅳ-사진137-544, 제12차 현장설명회-2007-w40, 귀속-가야2021)
㉚	고대목간Ⅱ-130호(자전-[城]166, 성산산성Ⅳ-사진137-545, 제12차 현장설명회-2007-w41, 귀속-가야2022)
㉛	고대목간Ⅱ-131호(자전-[城]167, 성산산성Ⅳ-사진138-546, 제12차 현장설명회-2007-w42, 귀속-가야2023)
㉜	고대목간Ⅱ-132호(자전-[城]168, 성산산성Ⅳ-사진138-547, 제12차 현장설명회-2007-w43, 귀속-가야2024)
㉝	고대목간Ⅱ-133호(자전-[城]169, 성산산성Ⅳ-사진139-548, 제12차 현장설명회-2007-w44, 귀속-가야2025)
㉞	고대목간Ⅱ-134호(자전-[城]170, 성산산성Ⅳ-사진139-549, 제12차 현장설명회-2007-w45, 암호-07-w45, 귀속-가야2026)
㉟	고대목간Ⅱ-135호(자전-[城]171, 성산산성Ⅳ-사진140-550, 제12차 현장설명회-2007-w46, 암호-07-w46, 귀속-가야2027)
㊱	고대목간Ⅱ-136호(자전-[城]172, 성산산성Ⅳ-사진140-551, 제12차 현장설명회-2007-w47, 암호-07-w47, 귀속-가야2028)
㊲	고대목간Ⅱ-137호(자전-[城]173, 성산산성Ⅳ-사진141-552, 제12차 현장설명회-2007-w48, 귀속-가야2029)

⑬⑧	고대목간II-138호(자전-[城]174, 성산산성IV-사진141-553, 제12차 현장설명회-2007-w49, 귀속-가야2030)
⑬⑨	고대목간II-139호(자전-[城]175, 성산산성IV-사진142-554, 제12차 현장설명회-2007-w50, 귀속-가야2031)
⑭⑩	고대목간II-140호(자전-[城]176, 성산산성IV-사진142-555, 제12차 현장설명회-2007-w51, 귀속-가야2032)
⑭①	고대목산II-141호(자전-[城]177, 성신산성IV-사진143-556, 제12차 현장설명회-2007-w52, 암호-07-w52, 귀속-가야2033)
⑭②	고대목간II-142호(자전-[城]178, 성산산성IV-사진143-557, 제12차 현장설명회-2007-w53, 귀속-가야2034)
⑭③	고대목간II-143호(자전-[城]179, 성산산성IV-사진144-558, 제12차 현장설명회-2007-w54, 암호-07-w54, 귀속-가야2035)
⑭④	고대목간II-144호(자전-[城]180, 성산산성IV-사진144-559, 제12차 현장설명회-2007-w55, 귀속-가야2036)
⑭⑤	고대목간II-145호(자전-[城]181, 성산산성IV-사진145-560, 제12차 현장설명회-2007-w56, 암호-07-w56, 귀속-가야2037)
⑭⑥	고대목간II-146호(자전-[城]182, 성산산성IV-사진145-561, 제12차 현장설명회-2007-w57, 암호-07-w57, 귀속-가야2038)
⑭⑦	고대목간II-147호(자전-[城]183, 성산산성IV-사진146-562, 제12차 현장설명회-2007-w58, 암호-07-w58, 귀속-가야2039)
⑭⑧	고대목간II-148호(자전-[城]186, 성산산성IV-사진147-565, 제12차 현장설명회-2007-A, 암호-07-A1, 귀속-가야2042)
⑭⑨	고대목간II-149호(자전-[城]187, 성산산성IV-사진148-566, 제12차 현장설명회-2007-B, 귀속-가야2043)
⑮⑩	고대목간II-150호(성산산성IV-사진174-616, 제12차 현장설명회-2007-C, 귀속-가야2044)
⑮①	고대목간II-151호(자전-[城]188, 성산산성IV-사진148-567, 제12차 현장설명회-2007-D, 귀속-가야2045)
⑮②	고대목간II-152호(자전-[城]189, 성산산성IV-사진149-568, 제12차 현장설명회-2007-E, 귀속-가야2046)
⑮③	고대목간II-153호(자전-[城]190, 성산산성IV-사진149-569, 제12차 현장설명회-2007-F, 귀속-가야2047)

⑭	고대목간II-154호(자전-[城]191, 성산산성IV-사진150-570, 제12차 현장설명회-2007-G, 귀속-가야2048)
⑮	고대목간II-155호(자전-[城]192, 성산산성IV-사진150-571, 제12차 현장설명회-2007-H, 귀속-가야2049)
⑯	고대목간II-156호(자전-[城]193, 성산산성IV-사진151-572, 제12차 현장설명회-2007-I, 귀속-가야2050)
⑰	고대목간II-157호(자전-[城]184, 성산산성IV-사진146-563, 제12차 현장설명회-2007-w61, 암호-07-w30, 귀속-가야2051)
⑱	고대목간II-158호(성산산성IV-사진174-617, 제12차 현장설명회-2007-w62, 귀속-가야2052)
⑲	고대목간II-159호(자전-[城]185, 성산산성IV-사진147-564, 제12차 현장설명회-2007-w64, 암호-07-w64, 귀속-가야2054)
⑳	고대목간II-160호(자전-[城]196, 성산산성IV-사진152-575, 귀속-가야2055)
㉑	고대목간II-161호(자전-[城]194, 성산산성IV-사진151-573, 귀속-가야2056)
㉒	고대목간II-162호(자전-[城]195, 성산산성IV-사진152-574, 귀속-가야2057)
㉓	고대목간II-163호(자전-[城]197, 성산산성IV-사진153-576, 제12차 현장설명회-T304, 암호-07-w304, 귀속-가야2058)
㉔	고대목간II-164호(자전-[城]198, 성산산성IV-사진153-577, 제12차 현장설명회-T370, 암호-07-w370, 귀속-가야2060)
㉕	고대목간II-165호(자전-[城]199, 성산산성IV-사진154-578, 귀속-가야2390)
㉖	고대목간II-166호(자전-[城]200, 성산산성IV-사진154-579, 귀속-가야2391)
㉗	고대목간II-167호(자전-[城]201, 성산산성IV-사진155-580, 귀속-가야2641)
㉘	고대목간II-168호(자전-[城]202, 성산산성IV-사진155-581, 귀속-가야2618)
㉙	고대목간II-169호(자전-[城]203, 성산산성IV-사진156-582, 귀속-가야2619)
㉚	고대목간II-170호(자전-[城]204, 성산산성IV-사진156-583, 귀속-가야2620)
㉛	고대목간II-171호(자전-[城]207, 성산산성IV-사진158-586, 귀속-가야2624)
㉜	고대목간II-172호(자전-[城]224, 성산산성IV-사진166-602, 귀속-가야2625)
㉝	고대목간II-173호(자전-[城]208, 성산산성IV-사진158-587, 귀속-가야2627)
㉞	고대목간II-174호(자전-[城]209, 성산산성IV-사진159-588, 귀속-가야2628)
㉟	고대목간II-175호(자전-[城]210, 성산산성IV-사진159-589, 귀속-가야2629)
㊱	고대목간II-176호(자전-[城]211, 성산산성IV-사진160-590, 귀속-가야2630)

⑰	고대목간Ⅱ-177호(자전-[城]212, 성산산성Ⅳ-사진160-591, 귀속-가야2631)
⑱	고대목간Ⅱ-178호(자전-[城]213, 성산산성Ⅳ-사진161-592, 귀속-가야2632)
⑲	고대목간Ⅱ-179호(자전-[城]214, 성산산성Ⅳ-사진161-593, 귀속-가야2633)
⑱	고대목간Ⅱ-180호(자전-[城]215, 성산산성Ⅳ-사진162-594, 귀속-가야2635)
⑱	고대목간Ⅱ-181호(자전-[城]216, 성산산성Ⅳ-사진162-595, 귀속-가야2636)
⑱	고대목간Ⅱ-182호(자전-[城]217, 성산산성Ⅳ-사진163-596, 귀속-가야2637)
⑱	고대목간Ⅱ-183호(자전-[城]218, 성산산성Ⅳ-사진163-597, 귀속-가야2639)
⑱	고대목간Ⅱ-184호(자전-[城]219, 성산산성Ⅳ-사진164-598, 귀속-가야2640)
⑱	고대목간Ⅱ-185호(자전-[城]220, 성산산성Ⅳ-사진164-599, 귀속-가야2641)
⑱	고대목간Ⅱ-186호(자전-[城]221, 성산산성Ⅳ-사진165-600, 귀속-가야2645)
⑱	고대목간Ⅱ-187호(자전-[城]222, 성산산성Ⅳ-사진166-601, 귀속-가야2954)
⑱	고대목간Ⅱ-188호(자전-[城]223, 성산산성Ⅳ-사진167-603, 귀속-가야2956)
⑱	고대목간Ⅱ-189호(성산산성Ⅴ-사진88-163, 귀속-가야4685)
⑲	고대목간Ⅱ-190호(성산산성Ⅴ-사진88-164, 귀속-가야4686)
⑲	고대목간Ⅱ-191호(성산산성Ⅴ-사진88-165, 귀속-가야4687)
⑲	고대목간Ⅱ-192호(성산산성Ⅴ-사진88-166, 귀속-가야4688)
⑲	고대목간Ⅱ-193호(성산산성Ⅴ-사진88-167, 귀속-가야4689)
⑲	고대목간Ⅱ-194호(성산산성Ⅴ-사진89-169, 귀속-가야4691)
⑲	고대목간Ⅱ-195호(성산산성Ⅴ-사진89-170, 귀속-가야4692)
⑲	고대목간Ⅱ-196호(성산산성Ⅴ-사진89-171, 귀속-가야4693)
⑲	고대목간Ⅱ-197호(성산산성Ⅴ-사진89-172, 귀속-가야4694)
⑲	고대목간Ⅱ-198호(성산산성Ⅴ-사진89-173, 귀속-가야4695)
⑲	고대목간Ⅱ-199호(성산산성Ⅴ-사진89-174, 귀속-가야4696)
⑳	고대목간Ⅱ-200호(성산산성Ⅴ-사진90-175, 귀속-가야4697)
㉑	고대목간Ⅱ-201호(17차 발굴조사-2, 귀속-가야5581)
㉒	고대목간Ⅱ-202호(17차 발굴조사-3, 귀속-가야5582)
㉓	고대목간Ⅱ-203호(17차 발굴조사-5, 귀속-가야5583)
㉔	고대목간Ⅱ-204호(17차 발굴조사-7, 귀속-가야5584)

⑳⑤	고대목간II-205호(17차 발굴조사-6, 귀속-가야5585)
⑳⑥	고대목간II-206호(17차 발굴조사-8, 귀속-가야5586)
⑳⑦	고대목간II-207호(17차 발굴조사-11, 귀속-가야5587)
⑳⑧	고대목간II-208호(17차 발굴조사-12, 귀속-가야5588)
⑳⑨	고대목간II-209호(17차 발굴조사-10, 귀속-가야5589)
㉑⓪	고대목간II-210호(17차 발굴조사-13, 귀속-가야5590)
㉑①	고대목간II-211호(17차 발굴조사-14, 귀속-가야5591)
㉑②	고대목간II-212호(17차 발굴조사-15, 귀속-가야5592)
㉑③	고대목간II-213호(17차 발굴조사-16, 귀속-가야5593)
㉑④	고대목간II-214호(17차 발굴조사-18, 귀속-가야5594)
㉑⑤	고대목간II-215호(17차 발굴조사-17, 귀속-가야5595)
㉑⑥	고대목간II-216호(17차 발굴조사-19, 귀속-가야5596)
㉑⑦	고대목간II-217호(17차 발굴조사-20, 귀속-가야5597)
㉑⑧	고대목간II-218호(17차 발굴조사-1, 귀속-가야5598)
㉑⑨	고대목간II-219호(17차 발굴조사-21, 귀속-가야5599)
㉒⓪	고대목간II-220호(17차 발굴조사-22, 귀속-가야5600)
㉒①	고대목간II-221호(17차 발굴조사-23, 귀속-가야5601)
㉒②	고대목간II-222호(자전-[城]1, 성산산성 I -사진39-1, 출토목간-3, 창원-3, 귀속-진주1263)
㉒③	고대목간II-223호(자전-[城]2, 성산산성 I -사진39-2, 출토목간-24, 창원-24, 귀속-김해1264)
㉒④	고대목간II-224호(자전-[城]3, 성산산성 I -사진39-3, 출토목간-23, 창원-23, 귀속-김해1265)
㉒⑤	고대목간II-225호(자전-[城]6, 성산산성 I -사진39-5, 출토목간-10, 창원-10, 귀속-진주1268)
㉒⑥	고대목간II-226호(자전-[城]7, 성산산성 I -사진39-6, 출토목간-6, 창원-6, 귀속-김해1269)
㉒⑦	고대목간II-227호(자전-[城]8, 성산산성 I -사진39-7, 출토목간-11, 창원-11, 귀속-김해1270)
㉒⑧	고대목간II-228호(자전-[城]9, 성산산성 I -사진39-8, 출토목간-12, 창원-12, 귀속-김해1271)
㉒⑨	고대목간II-229호(자전-[城]10, 성산산성 I -사진40-1, 출토목간-7, 창원-7, 귀속-김해1272)
㉓⓪	고대목간II-230호(자전-[城]11, 성산산성 I -사진40-2, 출토목간-8, 창원-8, 귀속-진주1273)
㉓①	고대목간II-231호(자전-[城]12, 성산산성 I -사진40-3, 출토목간-18, 창원-18, 귀속-김해1274)
㉓②	고대목간II-232호(자전-[城]13, 성산산성 I -사진40-4, 출토목간-1, 창원-1, 귀속-김해1275)

㉝	고대목간II-233호(자전-[城]14, 성산산성 I -사진40-5, 출토목간-9, 창원-9, 귀속-김해1276)
㉞	고대목간II-234호(자전-[城]15, 성산산성 I -사진40-6, 출토목간-17, 창원-17, 귀속-김해1277)
㉟	고대목간II-235호(자전-[城]16, 성산산성 I -사진41-1, 출토목간-19, 창원-19, 귀속-김해1278)
㊱	고대목간II-236호(자전-[城]17, 성산산성 I -사진40-7, 출토목간-2, 창원-2, 귀속-진주1279)
㊲	고대목간II-237호(자전-[城]18, 성산산성 I -사진41-2, 출토목간-16, 창원-16, 귀속-김해1280)
㊳	고대목간II-238호(자전-[城]20, 성산산성 I -사진41-3, 출토목간-13, 창원-13, 귀속-김해1282)
㊴	고대목간II-239호(자전-[城]21, 성산산성 I -사진41-4, 출토목간-20, 창원-20, 귀속-진주1283)
㊵	고대목간II-240호(자전-[城]22, 성산산성 I -사진41-5, 출토목간-22, 창원-22, 귀속-김해1284)
㊶	고대목간II-241호(자전-[城]23, 성산산성 I -사진41-6, 출토목간-15, 창원-15, 귀속-김해1285)
㊷	고대목간II-242호(자전-[城]24, 성산산성 I -사진41-7, 출토목간-14, 창원-14, 귀속-김해1286)
㊸	고대목간II-243호(자전-[城]25, 성산산성 I -사진42-1, 출토목간-4, 창원-4, 귀속-김해1287)
㊹	고대목간II-244호(자전-[城]26, 성산산성 I -사진42-2, 출토목간-5, 창원-5, 귀속-진주1288)
㊺	고대목간II-245호(자전-[城]27, 성산산성 I -사진42-3, 출토목간-21, 창원-21, 귀속-김해1289)

10) 참고문헌

국립창원문화재연구소, 1998, 『함안 성산산성』

김창호, 1998, 「咸安 城山山城 出土 木簡에 대하여」『咸安 城山山城 I 』

윤선태, 1999, 「咸安 城山山城 出土 新羅木簡의 用途」『진단학보』88, 진단학회

朴相珍, 2000, 「출토 木簡출토 목간의 재질분석 - 함안 성산산성 출토목간을 중심으로 -」『韓國古代史研究』19, 한국고대사학회

朴鍾益, 2000, 「咸安 城山山城 發掘調査와 木簡」『韓國古代史研究』19, 한국고대사학회

謝桂華, 2000, 「중국에서 출토된 魏晋代 이후의 漢文簡紙文書와 城山山城 출토 木簡」『韓國古代史研究』19, 한국고대사학회

李成市, 2000, 「韓國木簡연구의 현황과 咸安城山山城 출토의 木簡」『韓國古代史研究』19, 한국고대사학회

주보돈, 2000, 「咸安 城山山城 出土 木簡의 基礎的 檢討」 『韓國古代史研究』 19, 한국고대사
학회

李鎔賢, 2001, 『韓國古代木簡硏究』, 高麗大 博士論文

國立慶州博物館, 2002, 『文字로 본 新羅-新羅人의 記錄과 筆跡-』

박종익, 2002, 「咸安 城山山城 出土木簡의 性格 檢討」 『韓國考古學報』 4, 한국고고학회

이용현, 2002, 「함안 성산산성 출토 목간과 6세기 신라의 지방경영」 『동원학술논문집』 5,
한국고고미술연구소

國立昌原文化財硏究所, 2004, 『韓國의 古代木簡』

국립창원문화재연구소, 2004a, 『함안 성산산성Ⅱ』

국립창원문화재연구소, 2004b, 『함안 성산산성Ⅲ』

館野和己, 2004, 「日本 古代의 木簡」 『한국의 고대목간』, 국립창원문화재연구소

박상진·강애경, 2004, 「城山山城 出土 木簡의 樹種」 『한국의 고대목간』, 국립창원문화재연
구소

손환일, 2004, 「咸安 城山山城 출토 木簡의 書體에 대한 고찰」 『한국의 고대목간』, 국립창원
문화재연구소

申昌秀·李柱憲, 2004, 「韓國の古代木簡出土遺跡について－城山山城木簡の出土樣相と意
味－」 『古代文化』 56-11

양석진, 2004, 「咸安 城山山城 出土 木簡의 科學的 保存處理」 『한국의 고대목간』, 국립창원
문화재연구소

윤선태, 2004, 「한국 고대 목간의 출토현황과 전망」 『韓國의 古代木簡』, 국립창원문화재연구소

윤재석, 2004, 「中國의 竹·木簡」 『한국의 고대목간』, 국립창원문화재연구소

이경섭, 2004, 「咸安 城山山城 木簡의 研究現況과 課題」 『新羅文化』 23, 동국대학교 신라문
화연구소

이수훈, 2004, 「咸安 城山山城 出土 木簡의 稗石과 負」 『지역과 역사』 15, 부경역사연구소

이용현, 2004, 「咸安 城山山城 出土 木簡」 『韓國의 古代木簡』, 국립창원문화재연구소

鄭桂玉, 2004, 「함안 성산산성 출토 목간에 대하여」『新羅史學報』1, 신라사학회

김재홍, 2005, 「함안 성산산성 목간과 촌락사회의 변화」『국사관논총』106, 국사편찬위원회

이경섭, 2005, 「城山山城 출토 荷札木簡의 製作地와 機能」『韓國古代史研究』37, 한국고대
　　　사학회

李成市, 2005, 「朝鮮の文書行政 - 六世紀の新羅 - 」『文字と古代日本』2, 吉川弘文館

이용현, 2005, 「함안 성산산성 출토 목간의 성격론-2차 보고분을 중심으로-」『고고학지』
　　　14, 한국고고미술연구소

國立昌原文化財研究所, 2006, 『(개정판)韓國의 古代木簡』

이용현, 2006, 『韓國木簡基礎研究』, 신서원

국립가야문화재연구소, 2007, 『함안 성산산성 출토목간 의의』

김희만, 2007, 「咸安 城山山城 出土 木簡과 新羅의 外位制」『경주사학』26, 동국대학교사학회

三上喜孝, 2007, 「일본고대목간에서 본 함안 성산산성 목간의 특징」『함안 성산산성 출토목
　　　간 의의』, 국립가야문화재연구소

이경섭, 2007, 「함안 성산산성 출토 제첨축과 고대 동아시아세계의 문서표지 목간」『역사와
　　　현실』65, 한국역사연구회

이성준, 2007, 「함안 성산산성 목간 집중 출토지 발굴조사 성과」『함안 성산산성 출토 목
　　　간』, 국립가야문화재연구소

이수훈, 2007, 「新羅 中古期 행정촌·자연촌 문제의 검토 - 城山山城 木簡과 冷水里碑를 중심
　　　으로 - 」『韓國古代史研究』48, 한국고대사학회

이용현, 2007, 「함안성산산성 출토 목간의 負, 本波, 奴人 시론」, 신라사학회 제67차 학술발
　　　표회 발표문

전덕재, 2007, 「중고기 신라의 지방행정체계와 郡의 성격」『韓國古代史研究』48, 한국목간
　　　학회

전덕재, 2007, 「함안 성산산성 목간의 내용과 중고기 신라의 수취체계」『역사와 현실』65,
　　　한국역사연구회

早稻田大学 朝鮮文化研究所 編, 2007, 『韓國出土木簡の世界』, 雄山閣

平川南, 2007, 「함안 성산산성 출토 목간」 『함안 성산산성 출토 목간』, 국립가야문화재연구소

고광의, 2008, 「6~7세기 新羅 木簡의 書體와 書藝史的 의의」 『木簡과 文字』 1, 한국목간학회

橋本繁, 2008, 「韓国木簡のフィールド調査と古代史研究―咸安・城山山城木簡の共同調査
　　　　より」 『史滴』 30, 早稻田大学東洋史懇話会

권인한, 2008, 「고대 지명 형태소 '本波/本彼'에 대하여」 『木簡과 文字』 2, 한국목간학회

권인한, 2008, 「함안 성산산성 목간 속의 고유명사 표기에 대하여」 『史林』 31, 수선사학회

박성현, 2008, 「신라 城址 출토 문자 자료의 현황과 분류」 『木簡과 文字』 2, 한국목간학회

박종익, 2008, 「함안 성산산성 출토 負銘 木簡의 검토」 『고인쇄문화』 15, 청주고인쇄박물관

윤선태, 2008, 「신라의 문자자료에 보이는 부호와 공백」 『구결연구』 21, 구결학회

전덕재, 2008, 「함안 성산산성 목간의 연구현황과 쟁점」 『新羅文化』 31, 동국대학교 신라문
　　　　화연구소

국립가야문화재연구소·국립부여박물관, 2009, 『고대의 목간, 그리고 산성』

국립부여박물관·국립가야문화재연구소, 2009, 『나무 속 암호, 목간』

橋本繁, 2009, 「城山山城木簡と六世紀新羅の地方支配」 『東アジア古代出土文字資料の研
　　　　究』, 工藤元男·李成市編, 雄山閣

橋本繁, 2009, 「韓国木簡研究の現在」 『歴史評論』 715, 歴史科学協議会

김창석, 2009, 「新羅 中古期의 奴人과 奴婢-城山山城 木簡과 〈鳳坪碑〉의 분석을 중심으로-」
　　　　『韓國古代史研究』 54, 한국고대사학회

전덕재, 2009, 「함안 성산산성 출토 신라 하찰목간의 형태와 제작지의 검토」 『木簡과 文字』
　　　　3, 한국목간학회

早稻田大学朝鮮文化研究所·大韓民国国立加耶文化財研究所, 2009, 『日韓共同研究資料集成
　　　　安城山山城木簡』, 雄山閣

홍기승, 2009, 「신라 지방지배 방식의 변화와 '村'」 『韓國古代史研究』 55, 한국고대사학회

三上喜孝, 2010, 「고고자료로서의 목간」 『韓國古代史研究』 57, 한국목간학회

이수훈, 2010, 「城山山城 木簡의 本波와 阿那·末那」 『역사와 세계』 38, 효원사학회

李泳鎬, 2010, 「新羅의 新發見 文字資料와 研究動向」 『韓國古代史研究』 57, 韓國古代史學會

국립가야문화재연구소, 2011, 『韓國木簡字典』

국립가야문화재연구소, 2011, 『함안 성산산성 발굴조사 보고서IV』

손환일, 2011, 『한국 목간의 기록문화와 서체』, 서화미디어

이경섭, 2011, 「성산산성 출토 신라 짐꼬리표 목간의 地名 문제와 제작 단위」 『新羅史學報』 23, 신라사학회

국립가야문화재연구소, 2012, 『함안 성산산성 I -고대환경복원연구 결과보고서-』

국립가야문화재연구소·국립김해박물관, 2012, 『나무, 사람 그리고 문화 – 함안 성산산성 출토 목기』, 국립가야문화재연구소

윤선태, 2012, 「咸安 城山山城 出土 新羅 荷札의 再檢討」 『史林』 41, 수선사학회

이경섭, 2012, 「新羅의 奴人-城山山城 木簡과〈蔚珍鳳坪碑〉를 중심으로-」 『韓國古代史研究』 68, 한국고대사학회

이수훈, 2012, 「城山山城 木簡의 '城下麥'과 輸送體系」 『지역과 역사』 30, 부경역사연구소

전덕재, 2012, 「한국의 고대목간과 연구동향」 『木簡과 文字』 9, 한국목간학회

이경섭, 2013, 『신라 목간의 세계』, 경인문화사

이경섭, 2013, 「新羅 木簡文化의 전개와 특성」 『민족문화논총』 54, 영남대학교 민족문화연구소

이경섭, 2013, 「新羅木簡의 출토현황과 분류체계 확립을 위한 試論」 『新羅文化』 42, 동국대학교 신라문화연구소

이경섭, 2013, 「함안 城山山城 출토 新羅木簡 연구의 흐름과 전망」 『木簡과 文字』 10, 한국목간학회

이승재, 2013, 「함안 성산산성 221호 목간의 해독」 『한국문화』 61, 규장각한국학연구소

최상기, 2013, 「함안 성산산성 출토 목간의 정리현황 검토」 『木簡과 文字』 11, 한국목간학회

국립가야문화재연구소, 2014, 『함안 성산산성 발굴조사 보고서V』

이수훈, 2014, 「6세기 新羅 奴人의 성격-〈蔚珍鳳坪新羅碑〉와 〈城山山城木簡〉을 중심으로」 『한국민족문화』 52, 부산대학교 한국민족문화연구소

양석진·민경선, 2015, 「함안 성산산성 출토 목간 신자료」 『木簡과 文字』 14, 한국목간학회

윤상덕, 2015, 「咸安 城山山城 築造年代에 대하여」 『木簡과 文字』 14, 한국목간학회

이용현, 2015, 「함안 성산산성 출토 목간 221호의 국어학적 의의」 『구결연구』 34, 구결학회

이주헌, 2015, 「함안 성산산성 부엽층과 출토유물의 검토」 『木簡과 文字』 14, 한국목간학회

이주헌, 2015, 「함안 성산산성 부엽층과 출토유물의 검토」 『中央考古研究』 16, 中央文化財研究院

김창석, 2016, 「함안 성산산성 木簡을 통해 본 新羅의 지방사회 구조와 수취」 『백제문화』 54, 공주대학교 백제문화연구소

윤선태, 2016, 「신라 초기 외위 체계와 '급벌척'」 『동국사학』 61, 동국역사문화연구소

윤선태, 2016, 「한국 고대목간의 연구현황과 과제」 『新羅史學報』 38, 신라사학회

한정훈, 2016, 「고대 목간의 형태 재분류와 고려 목간과의 비교 - 성산산성 목간을 중심으로」 『木簡과 文字』 16, 한국목간학회

Nari Kang, 2017, 「A Study of Past Research on Sŏngsan Fortress Wooden Tablets and an Examination of Exacavated Wooden Tablet Documents」 『International Journal of Korean History』 22-2, Center for Korean History

국립가야문화재연구소, 2017, 『韓國의 古代木簡Ⅱ』

국립가야문화재연구소, 2017, 『함안 성산산성 발굴조사보고서Ⅵ』

김창석, 2017, 「咸安 城山山城 17차 발굴조사 출토 四面木簡(23번)에 관한 試考」 『韓國史研究』 177, 한국사연구회

박남수, 2017, 「신라 법흥왕대 '及伐尺'과 성산산성 출토 목간의 '役法'」 『新羅史學報』 40, 신라사학회

徐榮教, 2017, 「阿羅 波斯山 신라 城의 위치와 城山山城 축조시기」 『韓國古代史探究』 26, 韓國古代史探究學會

손환일, 2017, 「함안 성산산성 출토 목간의 의미와 서체 – 17차 발굴조사 성과 발표문을 중심으로 –」『韓國史學史學報』 35, 韓國史學史學會

윤선태, 2017, 「함안 성산산성 출토 신라목간의 연구 성과와 전망」『한국의 고대목간 2』, 국립가야문화재연구소

이수훈, 2017, 「함안 성산산성 출토 4면 목간의 '代'」『역사와 경계』 105, 경남사학회

전덕재, 2017, 「중고기 신라의 대(代)와 대법(代法)에 대한 고찰」『역사와 현실』 105, 한국역사연구회

정현숙, 2017, 「함안 성산산성 목간의 서체 연구」『한국의 고대목간 2』, 국립가야문화재연구소

최장미, 2017, 「함안 성산산성 제17차 발굴조사 출토 목간 자료 검토」『木簡과 文字』 18, 한국목간학회

橋本繁, 2018, 「韓国·咸安城山山城木簡研究の最前線」『古代文化』 70-3, 古代学協会

김창호, 2018, 『古新羅 金石文과 木簡』, 주류성

김창호, 2018, 「함안 성산산성 목간(1)」『古新羅 金石文과 木簡』, 주류성

김창호, 2018, 「함안 성산산성 목간(2)」『古新羅 金石文과 木簡』, 주류성

주보돈, 2018, 『한국 고대사의 기본 사료』, 주류성

權仁瀚, 2018, 「신출토 함안 목간에 대한 언어문화사적 연구」『木簡과 文字』 21, 한국목간학회

김창호, 2018, 「咸安 城山山城 木簡의 新考察」『문화사학』 60, 한국문화사학회

박현정, 2018, 「함안 성산산성 목간의 개요」『木簡과 文字』 21, 한국목간학회

이경섭, 2018, 「금석문과 목간으로 본 6세기 신라의 촌락 구조」『사학연구』 132, 한국사학회

이재환, 2018, 「함안 성산산성 출토 신라 荷札의 성격에 대한 새로운 접근」『韓國史研究』 182, 한국사연구회

정인태, 2018, 「함안 성산산성 축조기법의 특징」『木簡과 文字』 21, 한국목간학회

홍승우, 2018, 「함안 성산산성 목간의 물품 기재방식과 성하목간의 서식」『木簡과 文字』 21, 한국목간학회

강나리, 2019, 「신라 중고기의 '代法'과 역역동원체계 -함안 성산산성 출토 218호 목간을 중

심으로」『韓國古代史研究』93, 한국고대사학회

김재홍, 2019, 「함안 성산산성과 출토 목간의 연대」『木簡과 文字』22, 한국목간학회

李鎔賢, 2019, 「咸安 城山山城 出土 文書木簡 가야5598의 檢討 - 周邊 文字資料와의 多角的 比較를 通해 -」『木簡과 文字』23, 한국목간학회

이재환, 2019, 「함안 성산산성 출토 문서목간과 力役 동원의 문서 행정」『木簡과 文字』22, 한국목간학회

홍기승, 2019, 「함안 성산산성 목간으로 본 6세기 신라 촌락사회와 지배방식」『木簡과 文字』22, 한국목간학회

홍승우, 2019, 「함안 성산산성 출토 부찰목간의 지명 및 인명 기재방식과 서식」『목간과 문자』22, 한국목간학회

강나리, 2020, 「함안 성산산성 출토 '壬子年' 목간과 신라의 부세 감면제」『先史와 古代』63, 韓國古代學會

橋本繁, 2020, 「古代朝鮮の出土文字史料と「東アジア文化圏」」『唐代史研究』23, 唐代史研究会

權仁瀚, 2020, 「함안 성산산성 목간의 고유명사 표기자 분석」『木簡과 文字』25, 한국목간학회

김창호, 2020, 『韓國 古代 木簡』, 주류성

김창호, 2020, 「성산산성 목간의 本波, 阿那, 末那 등에 대하여」『韓國 古代 木簡』, 주류성

김창호, 2020, 「함안 성산산성 목간으로 본 신라의 지방 통치 체제」『韓國 古代 木簡』, 주류성

김창호, 2020, 「함안 성산산성 목간의 성격」『韓國 古代 木簡』, 주류성

김창호, 2020, 「함안 성산산성 목간의 성촌명」『韓國 古代 木簡』, 주류성

김창호, 2020, 「함안 성산산성의 城下麥 목간」『韓國 古代 木簡』, 주류성

이경섭, 2020, 「성산산성 목간과 신라사 연구」『韓國古代史研究』97, 한국고대사학회

李鎔賢, 2020, 「함안 성산산성 목간의 연대 - 壬子年 해석을 중심으로 -」『新羅史學報』50, 新羅史學會

이재환, 2020, 「고대 한반도의 목간문화 변용과 다면목간의 '편철'」『中央史論』52, 中央史

學研究所

김도영, 2021, 「함안 성산산성 출토 목간의 제작 유형과 제작 단위」『木簡과 文字』 26, 한국 목간학회

이용현, 2021, 「城山山城 木簡으로 본 新羅의 地方經營과 物流」『동서인문』 17, 경북대학교 인문학술원

방국화, 2021, 「신라·백제 문자문화와 일본 문사문화의 비교연구- 출토문자자료를 중심으로-」『영남학』 77, 경북대 영남문화연구원

10. 경산 소월리 유적 출토 목간

1) **유적명** : 경산 경산지식산업지구 진입도로 개설공사 부지 유적

2) **유적 소재지** : 경산시 와촌면 소월리 1186번지

3) **유적 유형** : 생활유적, 고상식건물지, 수혈, 주혈, 가마

4) **목간점수/주요유물** : 1점/인면문옹형토기, 토기, 기와

5) **시대 및 시기** : 신라/6~7세기

6) **발굴기관/발굴기간/보고서 간행** : (재)화랑문화재연구원/2019.8.25.~2019.11./미간행

7) **소장기관** : 국립경주문화재연구소

8) **유적 개요**

소월리 목간이 출토한 곳은 경북 경산 경산지식산업지구 진입도로 개설공사 부지(경산시 와촌면 소월리 1186번지) 내 2구역이다. 이곳은 북서에서 남동으로 이어지는 골짜기의 상류부이며, 근처에 소월지가 위치한다. 조사 지역은 주능선에서 남쪽으로 분기한 해발 79~99m 지점으로 이곳은 2019년 8월 26일부터 (재)화랑문화재연구원에서 Ⅰ구역과 Ⅱ구역으로 나누어 발굴조사를 실시했다. 그 결과 전체적으로 삼국~통일신라시대의 고상 건물지, 수혈, 가마, 주혈군, 고려~조선시대 토광묘, 수혈 등 670여 기의 유구가 발견되었다. Ⅱ구역의 경우 3개의 토층이 나타나는데, 위쪽부터 Ⅰ층은 현대 경작층, Ⅱ층은 삼국시대 문화층, Ⅲ층은 갱신세층으로 나누어진다. 목간이 발견된 곳은 107호 수혈인데, 수혈의 지름은 1.6m 가량이며, Ⅲ층을 수직에 가까운 사선으로 굴착하여 조성되었다. 그 내부 토층은 갈색 沙質粘土層, 그 아래의 灰靑色 泥土層으로 나눌 수 있다. 유물은 지표 아래 30㎝ 지점의 갈색 沙質粘土層에서 완, 개, 고배편이 출토되었으며, 지표 아래 80㎝ 지점의 灰靑色 泥土層에서 人面裝飾甕 1점과 시루 1점이 출토되었다. 목간은 人面裝飾甕과 시루 근처에서 출토되었는데, 출토된 층위는 옹과 시루가 출토된 것보다 아래층이다. 그런데 목간과 함께 있었던 것은 싸리나무로 추정되는 다발과 자귀로 추정되는 목제 유물이었다. 목간은 다발과 자귀 아래에서 이들과 나란한 형태로 발견되었는데 목간은 다발 중간 아래에 놓여있고, 그 끝부분이 다발보다 더 길게 노출되어 있었다.

목간의 제원은 최대 길이 74.2㎝, 최대 직경 4.3㎝, 최소 직경 2.8㎝로 막대형이며, 그 단면은 원형이다. 그리고 중간 부분은 약간 휘어져 있으며 알 수 없는 이물질이 붙어있다. 목간의 위쪽은 자연적으로 파손된 것으로 추정되고 아래쪽에는 끈을 묶기 위한 용도로 판 홈이 둘러졌다.

A면：「［ ］□□□□□□□□冊負 甘末谷畓七結 堤上一結 仇弥谷三結 堤下冊負　　　×

B면：「［ ］□□□□乃刀□畓冊負 谷門弥珎上田三半 下只□□下田七負 内利田七負 仇利谷次卪 五負四□ □×

C면：「上只尸谷畓□七 結 赴文大五吉□負　　　×　　　　　　　　　×

D면　　　　　　　　　　　　　　　　　　［　　　　　　　］□□ 柱柱 邱阝　　　×

E면：「畓中 三結冊負□ 得□□□□冊負　　　　　　□堤 堤堤 心心匹□　　　×

$$(74.2+\alpha)\times 4.3 \times 2.8 (\text{㎝})$$

번호	지명	토지 종류	토지 면적	비고
A-1	?	?	? 40負	
2	甘末谷	畓	□□	
3	堤上		1結	
4	仇弥谷		3結	
5	堤下		40負	
B-1	…□乃□□	畓	40負	
2	谷門弥珎上	田	3結50負?	원문은 '三半'이며 3.5負일 가능성도 있다
3	下只□□下	田	7負	
4	內利	田	□負	
5	仇利谷次□		5負	
C-1	下只尸谷	畓	2結	
2	北□□		□負	
E-1	?	畓	13結40負	
2	得□□□		3結40負	

홈 위쪽에는 덩어리 형태의 이물질이 붙어있다. 목간 표면에는 글자를 작성하기 위해 다듬은 흔적이 있는데 일정한 방향으로 가공한 것이 아니어서 다듬은 면적이나 방향이 불규칙하다. 이러한 가공형태로 인해 목간의 글자가 기재된 면을 구분하기 어렵다.

당초 목간의 출토 상황과 홈이 둘러진 형태로 인해 싸리다발 추정 유물과 목간이 서로 연관 있을 것으로 추정되기도 한다. 공반된 인면투각옹 혹 인면투각토기는 주술적인 용도로 추정되고 있다. 토지신, 자연신, 혹은 水神, 도교의 신 등의 설이 제기되고 있다. 토지신, 토착신과 관련해서는 민족지적 사례에서 영동신과의 연관짓는 설이 있다. 전체적으로 목간 출토 수혈은 제사, 의례와 관련지어 해석되고 있다.

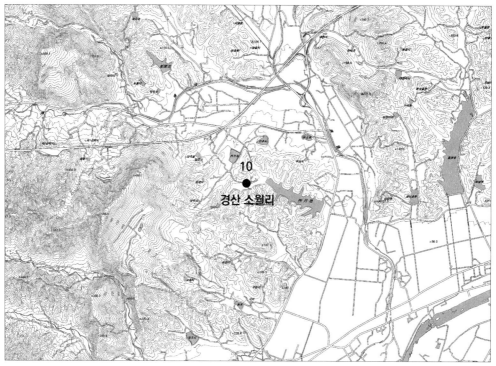

〈경산 소월리 유적의 위치〉

9) 목간 개요

소월리 목간의 출토로 6세기 무렵 신라사회에서 토지 면적의 파악을 結負制에 입각해서 이루어졌음이 확인되었다. 나아가 토지의 종류가 기본적으로 畓과 田으로 구분되었다는 점에서 의미있다. 그러나 목간에서 확이되는 지명들이 어느 정도 규모의 촌락인지를 말하기가 어려우며 토지 면적 또한 그 면적의 편차에서 해당 지명의 전체 토지 면적인지도 분명하지 않다. 소월리 목간은 '지명+토지 종류+토지 면적'의 내용으로 작성되었다.

토지 면적이 제일 큰 것은 E-1의 13結40負이고 제일 작은 것은 B-5의 5負로 268배나 차이가 난다. 목간에 보이는 면적이 다 독립된 숫자인지 아니면 예를 들어 A-4 仇弥谷의 3結 안에 A-5 堤下 40負가 포함되는 등 小計도 있었는지 알 수 없다. E-1의 13결40부를 A~D면의 면적을 합계한 것으로 보는 견해도 있지만, 그런데 목간의 기재양식으로는 그렇게 볼 만한 근거가 없다고 보이므로 모든 숫자를 독립적으로 파악하는 것으로 보는 것이 합리적이라고 생각된다.

〈경산 소월리 유적 2-II구역 유구 배치도〉

소월리 목간처럼 토지 면적을 기록한 자료로 정창원 소장 신라 촌락문서가 있다. 토지 면적 부분만을 정리하면 아래와 같다.

	畓	田	麻田	합계
A촌	102結 2負 4束	62結10負 5束	1結 9負	165結21負9束
B촌	63結64負 9束	119結 5負 8束	?	182結70負7束+α
C촌	71結67負	58結 7負 1束	1結 ?負	130結74負1束+α
D촌	29結19負	77結19負	1結 8負	107結46負

소월리 목간은 지명 다음 토지 종류 항목이 없는 경우도 있어서 촌락문서처럼 田과 畓을 구분해서 계산할 수 없다. 모든 면적을 합해보면 총계는 27결62부+α가 된다. 한편 촌락문서에 기록된 각 村의 畓, 田, 麻田을 합하면 107~182결이 된다. 소월리 목간이 일부 파손되었고 또 위에 더 길었을 것을 감안해도 한 촌 이상의 경작지 면적을 기록한 것으로는 생각하기 어렵다. 즉 소월리 목간에 보이는 지명들은 촌락문서의 한 村 정도 안의 지명으로 볼 수 있을 것이다. 아마도 지방에서는 촌락 단위의 토지 면적을 파악한 유사한 목간들이 조세의 부과 등을 위해서 제작되었던 것으로 보인다. 촌 단위의 토지 파악을 위해서 제작되었던 목간이라고 추정된다.

10) 참고문헌

(재)화랑문화재연구원, 2019, 「경산지식산업지구 진입도로 개설공사부지내 2구역(소월리유물산포지2) 발굴조사」 현장설명회 자료

손환일, 2020, 「경산 소월리 출토 목간의 내용과 서체」 『한국고대사탐구』 34, 한국고대사탐구학회

오승연·김상현, 2020, 「투각 인면문 옹형 토기가 출토된 경산 소월리 유적」, 『2019 한국 고고학 저널』, 국립문화재연구소

전경효, 2020, 「경산 소월리 목간의 기초적 검토」 『木簡과 文字』 24, 한국목간학회

(재)화랑문화재연구원, 2021, 「경산지식산업지구 진입도로 개설공사부지 내 2구역 발굴조사 부분완료 약식보고서」

김상현, 2021, 「경산 소월리 유적 발굴조사 성과」『동서인문』 16, 경북대 인문학술원

김재호, 2021, 「조선 후기 금호강 유역의 농업과 수리시설」『동서인문』 17, 경북대학교 인문학술원

김재홍, 2021, 「금호강 유역 신라 소월리 목간의 '堤'와 水利碑의 '塢'·'堤'」『동서인문』 16, 경북대 인문학술원

蘭德, 2021, 「從出土文獻研究早期中國的防洪和灌漑系統」『東西人文』, 慶北大 人文學術院

凌文超, 2021, 「走馬樓吳簡"隱核波田簿"的析分與綴連」『東西人文』 16, 慶北大 人文學術院

三上喜孝, 2021, 「古代日本における人面墨書土器と祭祀」『東西人文』 16, 慶北大 人文學術院

楊華·王謙, 2021, 「簡牘所見水神與禜祭」『東西人文』 16, 慶北大 人文學術院

이동주, 2021, 「 경산 소월리 출토 목간과 유구의 성격」『동서인문』 16, 경북대 인문학술원

이용현, 2021, 「경산 소월리 유적 출토 人面透刻土器와 목간의 기능 」『동서인문』 16, 경북대 인문학술원

이용현, 2021, 「慶山 所月里 文書 木簡의 성격 -村落 畓田 基礎 文書-」『木簡과 文字』 27, 한국목간학회

이용현, 2021, 「城山山城 木簡으로 본 新羅의 地方經營과 物流-城下麥 서식과 本波·喙 분석을 중심으로-」『동서인문』 17, 경북대학교 인문학술원

정현숙, 2021, 「경산 소월리 목간의 서예사적 고찰」『동서인문』 16, 경북대 인문학술원

平川 南, 2021, 「古代人の開発と死への恐れ·祈り」『東西人文』 16, 慶北大 人文學術院

홍승우, 2021, 「경산 소월리 목간의 내용과 성격」『동서인문』 16, 경북대 인문학술원

11. 하남 이성산성 출토 목간

1) **유적명** : 하남 이성산성

2) **유적 소재지** : 경기도 하남시 춘궁동 산36

3) **유적 유형** : 관방유적, 연지, 건물지

4) **목간점수/주요유물** : 14점/토기, 기와, 벼루, 목제자

5) **시대 및 시기** : 신라~통일신라/6~7세기

6) **발굴기관/발굴기간/보고서 간행** : 한양대학교 박물관/1986~2010/2000

7) **소장기관** : 한양대박물관

8) **유적 개요**

이성산성은 경기도 하남시 춘궁동 산36번지 해발 209.8m의 이성산에 위치하며 사적 제422호이다. 성벽의 전체 둘레는 1,665m이며 성 내부의 면적은 약 128,891㎡로 삼국시대의 산성 중 큰 규모에 속한다. 산성의 규모나 내부의 건물지 분포와 구조 등으로 볼 때 군사적인 목적만이 아니라 행정중심지로서의 역할도 수행하였던 것으로 보인다. 신라는 553년 한강유역으로 진출하여 신주(新州)를 설치했는데 그 치소는 광주 일대에 있었던 것으로 추정되고 있다.

산성 내부의 A지구와 C지구에서 저수지가 확인되었는데, A지구 저수지는 2차에 걸쳐서 축조되었다. 1차 저수지는 산성의 축성과 함께 형성되었으며, 1차 저수지가 자연퇴적되면서 저수지로서의 기능을 상실하자 내부를 파내고 장방형의 2차 저수지를 축조하였다. 이들 저수지에서 모두 목간이 출토되었다. 발굴조사에서 전체 38점의 목간이 출토되었지만 묵흔이 확인되는 것은 13점 정도이며, 그나마 의미 있는 판독이 가능한 것은 이른바 무진년 목간 정도이다. 무진년 목간은 A지구 1차 저수지에서 수습되었다. 목간 이외의 문자유물로 주목되는 것은 70여 점 정도가 알려진 벼루(편)이다. 이는 곧 목간과 더불어 이성산성에서 문서행정 혹은 다양한 문자생활이 이루어지고 있었음을 말해준다.

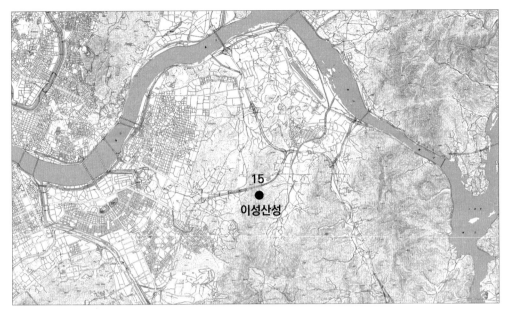

〈하남 이성산성의 위치〉

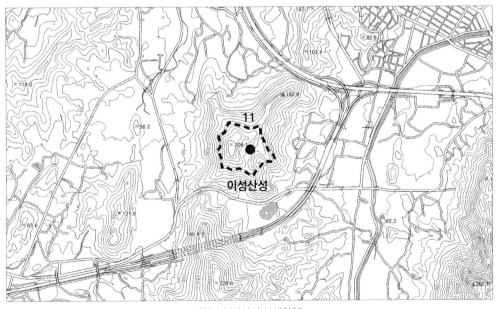

〈하남 이성산성 상세위치〉

9) 목간 개요

목간과 함께 출토된
A지구 1차 저수지의
유물들은 통일기 이전
6~7세기의 것으로 추
정된다. 이 무렵 한강
유역을 둘러싼 고구려
와 신라의 대립이 격화
된다. 이에 목간의 戊辰
年을 608년으로 보고
있다.

수성도사·촌주 다음
에 위치한 '前'을 '~에게
보내다'의 용례라고 지
적하고, 중국 六朝시대
의 문서형식에 영향을

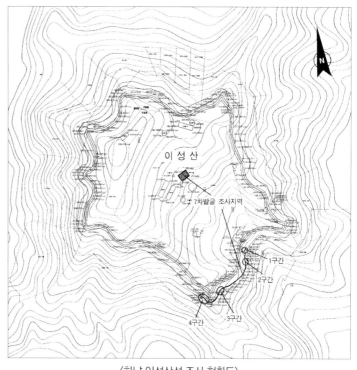

〈하남 이성산성 조사 현황도〉

받았을 것으로 보이는 고대 일본의 '모(某)의 앞(前)에 아룁니다(申 혹은 白)'(이른바 前白목간)
라는 서식의 목간과 비교되었다. 남한성도사가 발신인, 수성도사와 촌주는 수신인이며 문서의
발신 일자와 시간대가 기재된 것이라고 파악되고 있다.

朋과 관련해서는 새벽으로 보는 견해, 朋으로 읽고 "무리지어"라고 해석하는 견해가 있다.
이를 참조하여 이들 문구는 '… 등 앞에 함께/더불어/무리지어(朋) 삼가 아룁니다'와 '…등 앞에
함께/더불어/무리지어(朋) 아룁니다' 정도로 해석할 수 있다는 견해도 있다. 무진년 목간의 수
신이 須城道使와 (須城)村主라는 도사+촌주의 복수 형태인 점에서 발신자도 복수였을 가능성
도 타진되고 있다. 남한성의 도사와 (남한성의)某某[촌주였을 가능성이 있다] 등이 함께 문서를
보낸다는 내용이 기재되었을 가능성이 있다. 목간의 전체적인 내용은 하단부가 파손되고 다른

면의 묵서 판독에 어려움이 있어 곤란하지만, 城火 즉 성의 화재와 관련하여 무엇인가의 조처를 수성 도사와 촌주에게 요청(혹은 지시)하는 내용으로 추정되고 있다.

그 외에 2000년(8차) 이성산성의 C지구 저수지 조사에서 출토된 목간 가운데는, 고구려 관명인 褥薩로 판독된 목간이 있다. 다만, 이를 근거할 만한 사진자료가 불충분하여 그 실상은 오리무중이다.

① 보고서 Ⅲ차-1호(자전-[二]1, 보고서 도판 102, 창원-118, 암호-118)

다면목간. 하단 파손. 前白문서다. 무진년 608년 정월 12일 새벽에 남한성도사가 須城道使村主 에게 보낸 문서로 보는 것이 정설이다. 南漢城 이하는 문서의 내용이데 결락이 많아 정확한 이해가 어렵다. 城火로 보아 성의 화재 등이 내용에 들어 있었던 것으로 보인다. 당시 이성산성을 중심으로 주변 성들 간의 통신 네트워크가 존재했음을 보여주는 자료이다. 1차 저수지 S_1E_3 출토

· 「戊辰年正月十二日明南漢城道使　　　×

· 「須城道使村主前南漢城城火□　　　×

· 「城上□廂黃去□□得賜□　　　×

$$(15+\alpha)\times1.3\times0.9(cm)$$

② 보고서 8차 1호

· 「辛卯五月八日向三□北吳□□□前褥薩郭□□□六月九日」

· 「□□□□密計□□罰百濟□□□□□九月八日□□□」

· 「□□□大九□□□」

· 「□□□□前 高□大九乃使□□」

$$35\times(1.1\sim1.2)\times(0.9\sim1.0)(cm)$$

판독문은 보고서에 따름

③ 보고서 8차 2호

· 「□□□□平干□」

$$25 \times (1.4\sim2.7) \times (0.5\sim1.1)(\text{cm})$$

판독문은 보고서에 따름

10) 참고문헌

漢陽大學校博物館, 1987, 『이성산성 발굴조사 중간보고서』

漢陽大學校博物館, 1988, 『이성산성 2차발굴조사 중간보고서』

漢陽大學校·京畿道, 1991, 『二城山城 三次發掘調査報告書』

朱甫暾, 1991, 「二聖山城 出土의 木簡과 道使」 『경북사학』 14, 경북사학회

漢陽大學校博物館, 1992, 『이성산성 4차발굴조사보고서』

김창호, 1992, 「二聖山城 출토의 木簡 年代 問題」 『한국상고사학보』 10, 한국상고사학회

李道學, 1993, 「二聖山城 出土 木簡의 檢討」 『한국상고사학보』 12, 한국상고사학회

國立慶州博物館, 2002, 『文字로 본 新羅-新羅人의 記錄과 筆跡-』

國立昌原文化財研究所, 2004, 『韓國의 古代木簡』

윤선태, 2004, 「한국 고대 목간의 출토현황과 전망」 『韓國의 古代木簡』, 국립창원문화재연구소

國立昌原文化財研究所, 2006, 『개정판 韓國의 古代木簡』

漢陽大學校博物館, 2006, 『(이성산성발굴20주년기념특별전)二聖山城』

이용현, 2006, 『韓國木簡基礎研究』, 신서원

박성현, 2008, 「신라 城址 출토 문자 자료의 현황과 분류」 『木簡과 文字』 2, 한국목간학회

국립가야문화재연구소·국립부여박물관, 2009, 『고대의 목간, 그리고 산성』

국립부여박물관·국립가야문화재연구소, 2009, 『나무 속 암호, 목간』

국립가야문화재연구소, 2011, 『韓國木簡字典』

이경섭, 2011, 「이성산성 출토 문자유물을 통해서 본 신라 지방사회의 문서행정」 『역사와
현실』 81, 한국역사연구회

이경섭, 2013, 『신라 목간의 세계』, 경인문화사

윤선태, 2016, 「한국 고대목간의 연구현황과 과제」 『新羅史學報』 38, 신라사학회

橋本繁, 2020, 「古代朝鮮の出土文字史料と「東アジア文化圏」」 『唐代史研究』 23, 唐代史研究会

주보돈, 2018, 『한국 고대사의 기본 사료』, 주류성

김창호, 2020, 『韓國 古代 木簡』, 주류성

12. 서울 아차산성 출토 목간

1) 유적명 : 서울 아차산성(사적 제234호)

2) 유적 소재지 : 서울특별시 광진구 워커힐로 177번지(광장동 5-11번지)

3) 유적 유형 : 관방유적

4) 목간점수/주요유물 : 1점/명문기와, 토기

5) 시대 및 시기 : 신라~통일신라/6~7세기

6) 발굴기관/발굴기간/보고서 간행 : 한국고고환경연구소/2015.8.25.~2018.11.30.
/2020

7) 소장기관 : 한성백제박물관

8) 유적 개요

사적 제234호 阿且山城은 서울특별시 광진구 워커힐로 117 일대에 위치하고 있다. 아차산성은 아차산의 마지막 봉우리를 이루는 곳에 위치하여 한강 건너 풍납토성과 몽촌토성 일대를 조망할 수 있다. 북쪽으로 아차산 보루를 비롯하여 용마산 보루, 시루봉·망우산 보루까지 연결되는 유적의 입지를 가지고 있다.

삼국시대 阿旦城으로 비정하는데, 阿且城, 長漢城 등으로도 불리었던 아차산성은 475년 고구려가 백제 한성을 공략 당시 백제 개로왕을 살해한 아단성으로 추정된다. 아차산성에 대한 기록은 백제는 책계왕(286~298) 원년에 고구려의 침략에 대한 대비 차원에서 아단성과 사성을 수리하는 기록에서 처음 등장하는데, 「광개토왕릉비」 영락 6년(396)조에 광개토왕이 아단성을 공취하였다는 기록이 확인된다. 이후 475년 장수왕의 한성 공략과정에서 고구려군은 南城에서 도망가는 개로왕을 붙잡아 아단성 아래로 옮겨서 죽였다. 이후 아단성은 고구려가 한성을 공략하는 주요 거점이 되었을 것으로 추정된다. 고구려는 한강 북안에 보루군을 설치하고 운용하며 이 지역에 주둔하였다.

551년 백제의 성왕이 신라와 연대하여 한강 유역을 되찾았으나, 553년 7월 신라가 백제의 동북쪽 변방을 빼앗아 新州를 설치함으로써 한강유역을 장악하였다. 신주의 치소는 이성산성의 발굴성과를 감안하면 하남시 춘궁동 일대로 추정된다. 이후 아차산 일대의 영유권도 자연스럽게 신라로 귀속되었을 것이다. 신주는 시기가 경과함에 따라 北漢山州→南川州 →북한산주 등으로 변화하는데, 북한산주의 치소가 아차산성이었을 가능성이 큰 것으로 이해되고 있다.

아차산성에 대한 조사는 1994년 구리시와 구리문화원의 지표조사를 시작으로 1995년 서울특별시 광진구의 아차산성 종합복원계획이 수립되면서 지속적인 조사가 이루어졌다. 1996년 서북쪽 장대지에서 남쪽으로 이어지는 성벽구간을 보수공사하였으며, 1997년에는 국립문화재연구소에서 노출된 성벽을 포함하는 60여 미터 구간에 대한 수습발굴을 실시하였다. 또한 명지대학교부설 한국 건축문화연구소에서는 노출된 구간에 대한 실측조사를 실시하였다. 이를 계기로 종합적인 정비 및 복원계획이 수립되어야 한다는 의견 속에서 기초학술조사가 실시되었다. 이때 성벽과 성 내부 지형에 대한 측량, 성 내부 유구에 대한 현황조사 등이 이루어진다.

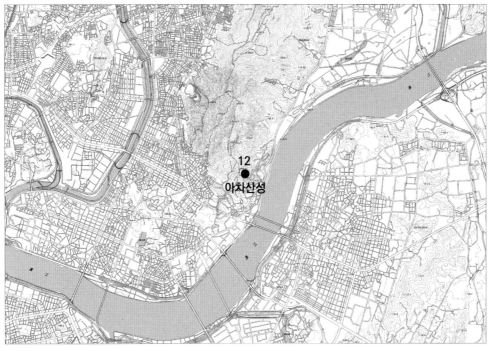

〈서울 아차산성의 위치〉

1999년에는 서울대와 건국대, 세종대, 명지대 등이 참여하는 연합조사단이 구성되어 성벽조사와 성 내부 유구에 대한 조사로 나뉘어 실시하였는데, 성벽과 내부 평탄지를 포함하는 5개 지점에 대하여 시굴조사를 하였다. 2013년 광진구청이 아차산성 종합정비계획을 다시 수립하였고, 아차산성의 연차적인 복원·정비를 위한 학술조사의 필요성이 제기되었다. 이후 아차산성의 남벽 구간의 배수관 하부로 누수가 진행되면서 남벽구간에 대한 우선정비가 필요하게 되었다. 이에 2015년 8월 25일부터 2018년 11월 30일까지 총 4차에 걸쳐 남벽과 내부공간(남쪽성벽·배수시절·집수시설 등)에 대한 발굴조사를 진행하였다. 목간은 이 당시 집수시설 조사과정에서 출토되었다.

9) 목간 개요

최근에 이루어진 아차산성 남벽 일대와 배수·집수시설 조사 유구는 1문화층에서 생활과 관련된 구들과 배수시설, 2문화층에서는 치수와 직접적인 관계가 있는 성벽 입수구와 이와 연결

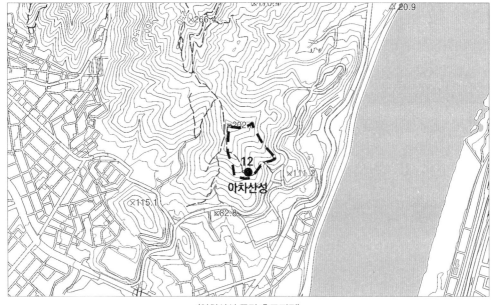

〈아차산성 목간 출토지점〉

〈아차산성 남벽 일대 조사구역도〉

된 배수시설이, 3문화층에서는 집수시설이 확인되었다.

집수시설은 유구의 하층에 형성되었으며, 체성부와 약 15m 이격되어 남-북으로 형성된 계곡부 중앙에 위치하고 있다. 규모는 석벽상단을 기준으로 남벽 12.5m, 북벽 6.5m, 동벽 12m, 깊이 1.2m 내외이다. 평면 형태는 사다리꼴이며, 단면은 북쪽에서 남쪽으로 약간 경사지게 축조하였다. 집수지 내부 뻘층에서는 각종 목기, 씨앗과 함께 목간이 확인되었다. 보고서에는 묵흔이 있는 목간 1점이 보고되었으며, 목간으로 추정되는 목간형 목제품들에서는 묵흔이 확인되지 않았다. 묵흔이 확인되는 것도 현재로서는 판독이 어려운 형편이다. 묵흔의 양상으로 보아 여섯 글자 정도로 보이지만 출토 당시의 사진이나 적외선 사진을 통해서도 문자를 확인하기는 어려운 실정이다.

묵흔이 확인된 것은 기본적으로 장방형의 다면목간 형태를 지니며 아래로 갈수록 넓어지는 모양인데, 목간으로 사용 후 폐기되거나 재활용되면서 목간을 깎아서 사용했을 가능성이 있다. 현재 길이는 12.4㎝, 폭은 2.1㎝, 두께는 1㎝이다. 목간형 목제품으로 추정되는 유물 가운데 묵흔이 있는 것과 비슷한 형태의 것들이 확인된다.

　아차산성 출토 목간은 비록 문자를 판독하기는 어려운 상황이지만, 이성산성 목간과 출토 양상이 비슷한 점과 이성산성과 아차산성의 운영 등을 염두에 둘 때, 한강 변의 주요 거점성에서 이루어졌을 각종 문서행정의 양상을 비교 유출할 수 있는 정보를 제공하고 있다고 볼 수 있을 것이다.

　기타 문자유물로 명문기와가 출토하였는데, '官', '漢', '北漢' 등의 명문이 확인된다. '北漢'의 경우 1925년 을축년 대홍수로 발견된 하남 선리유적에서 수습된 '北漢受' 명문기와와 글자형태가 유사하다고 한다. 명문기와는 아니지만 연화문화당도 내성벽에서 출토되었는데 각각 홍련봉 1보루와 호로고루, 아차산성 망대지에서 출토된 것과 흡사한 형태를 보이고 있는 점이 특징적이다.

10) 참고문헌

윤선태, 2002, 「韓國 古代의 尺度와 그 變化」 『국사관논총』 98, 국사편찬위원회

광진구·한강문화재연구원, 2013, 『아차산성 종합정비계획』

최인건, 2018, 「아차산성 발굴성과 및 목간 소개」 『木簡과 文字』 21, 한국목간학회

한국고고환경연구소, 2020, 『아차산성-남벽 및 배수구-』

13. 김해 양동산성 출토 목간

1) 유적명 : 김해 양동산성

2) 유적 소재지 : 김해시 주촌면 양동리 산39-1번지

3) 유적 유형 : 산성, 집수지

4) 목간점수/주요유물 : 3점/도기, 기와

5) 시대 및 시기 : 신라/583년(집수지 6세기 후반~7세기 초)

6) 발굴기관/발굴기간/보고서 간행 : 대성동고분박물관/2017.11.27.~12.29., 2018.4.
12.~7.24./2020

7) 소장기관 : 대성동고분박물관

8) 유적 개요

김해 양동산성 목간은 대성동고분박물관이 2018년 4월 12일부터 7월 24일까지 진행한 김
해 양동산성 2차 발굴조사에서 출토되었다. 양동산성은 김해시 주촌면 양동리 매봉산
(338.1m) 일원에 위치하며 동서 방향인 금동산, 석룡산, 관봉, 용지봉으로 이어지는 산릉의 중
간지점에 위치한다. 남동쪽으로는 크고 작은 소지류가 발달하여 여러 방향의 하곡을 따라 낙동
강에 합류하며 소지류 유역에는 충적지대가 형성되어 있다. 주변 유적으로는 양동리 고분군,
망덕리 고분군, 후포 고분군, 신기산성 등이 위치하는데, 남해에서 관동-칠산동-양동리-망덕
리 고분군 등 가야의 주요 집단으로 가는 항로를 조망하기 좋은 곳에 위치한다.

대성동고분박물관에서는 산성 내의 집수지를 집중적으로 조사하기 위해 두 차례에 걸친 발
굴조사를 진행했는데, 1차는 집수지의 평면 노출과 바닥 확인을 위하여 내부조사를 진행하였
으며, 2차는 집수지의 구조와 축조 시기를 구명하기 위하여 발굴조사를 진행하였다. 2차 조사
에서는 집수지를 이등분한 후 동쪽 170㎡만을 대상으로 내부 조사하였으며, 목간은 2차 발굴
과정에서 출토되었다.

양동산성의 성벽과 문지는 백제와 신라의 혼합적인 요소들이 확인되고, 산성의 축조는 대체
로 6세기로 추정된다. 집수지의 평면은 장방형이며, 3단계의 호안석축을 계단식으로 쌓았다.

그 축조방식은 전형적인 신라 집수지와는 다르다고 보이지만, 532년 금관가야의 멸망 이후 축조되었을 것으로 추정된다. 보고서에는 집수지에서 함께 출토된 토기의 편년을 대체로 6세기 후반에서 7세기 초로 보고 있다.

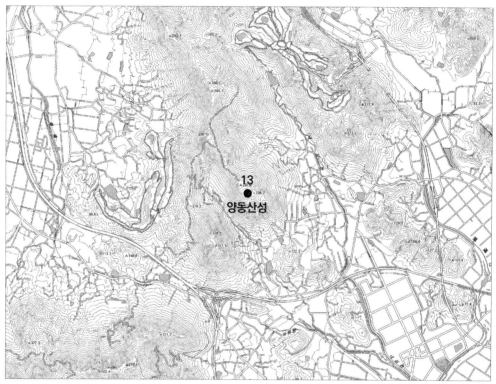

〈김해 양동산성 상세위치〉

9) 목간 개요

1호 목간은 단면 묵서목간으로 세장방형의 홈형 목간으로 제작되었던 것 같다. 상단 일부는 파손되었지만, 완형에 가까운 것으로 추정된다. 하단은 비교적 완형인 듯한데 홈이 있다. 이들 목간은 짐꼬리표[荷札]로 보인다.

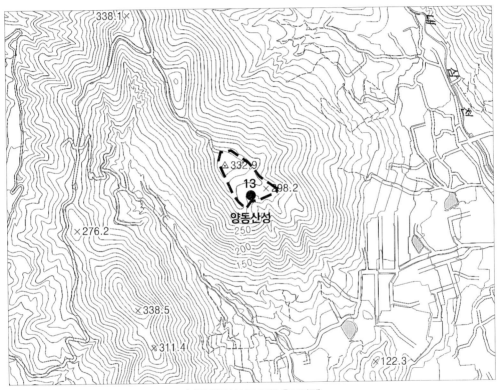

〈김해 양동산성과 목간 출토지점〉

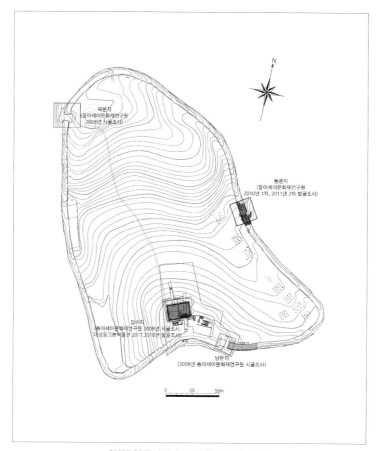

〈김해 양동산성과 목간 출토 상세 위치〉

① 보고서 128(사진 29)

· 「癸卯年七月栗村百刀公□日除 麦石∨」

$$26.8 \times 2.5 \times 0.7 (\text{cm})$$

癸卯年은 583년

② 보고서 129(사진 30)

· ☐麦六十☐石」

11.7×2.2×1.4(㎝)

③ 보고서 130(사진 31)

·「☐☐☐☐☐其知村 ☐☐ ☐ 」

25.7×2.6×0.7(㎝)

1호 목간의 '癸卯年'을 583년으로 비정하고 나머지 목간들도 583년 무렵의 자료로 간주되었다. 나아가 2호 목간의 '石'자 앞에 물건을 세는 단위(의존명사)인 '个'자를 표기한 점에서 60개나 되는 곡물(보리)의 '섬(石)'을 하나의 목간에 기재한 점을 중요한 특징으로 거론하였다. 즉 이 목간의 석은 용량의 단위가 아닌 '짚으로 엮어 만든 용기(가마니와 유사)'로 해석할 것을 주장하였다. 그렇다면 함안 성산산성 출토 목간의 '稗石'·'麦石' 등에 사용된 '石(섬)'의 의미를 용량을 나타내는 단위로 볼 수 없으며, 곡식과 숯 등을 담는데 사용하는 '짚으로 엮어 만든 용기(가마니와 유사)'라고 이해하였다. 이를 근거로 양동산성으로 운송된 곡물을 창고에 저장하면서 제작된 묶음꼬리표 목간이었을 것으로 추정한다. 3호 목간의 '王形室'을 양동산성 안에 존재한 특정한 건물의 명칭이라고 보고 '其知村'의 어떤 물품에 부착된 짐꼬리표였을 가능성이 높다고 보았다.

2호 목간에서 六十☐石의 ☐를 个로 판독하기도 한다. 3호 목간은 "王形室背此其知村…"로 판독하는 견해도 있다.

10) 참고문헌

대성동고분박물관, 2020, 『김해 양동산성 집수지 유적』

이수훈, 2020, 「김해 양동산성 출토 목간의 검토」 『역사와 세계』 58, 효원사학회

14. 김해 봉황동 유적 출토 목간

1) **유적명** : 김해 봉황동 저습지 유적

2) **유적 소재지** : 김해 봉황동 408-2·10·11번지

3) **유적 유형** : 생활유적, 저습지, 주거지, 목책열

4) **목간점수/주요유물** : 1점(논어), 토기, 기와

5) **시대 및 시기** : 신라/6~8세기

6) **발굴기관/발굴기간/보고서 간행** : 부산대학교 박물관/2000.4.~2000.5./2007

7) **소장기관** : 국립김해박물관

8) **유적 개요**

김해 봉황동유적은 會峴里貝塚과 그 서쪽에 인접한 鳳凰臺遺蹟이 사적 제2호로 통합된 유적으로서, 한반도 남부지방의 생활상을 엿볼 수 있는 복합유적 가운데 하나이다. 목간은 봉황대 구릉 북단에 해당하는 봉황동 408번지의 주택신축부지에 대한 시굴조사 과정에서 출토되었다. 조사결과 주거지, 竪穴, 우물, 저습지 등의 유구가 노출되었는데, 주거지에서는 화덕과 온돌 시설, 벽체 일부가 확인되었고, 저습지에서는 木柵列이 인위적으로 깐 나뭇가지들과 함께 노출되었다. 출토유물은 실생활에 사용된 도질토기와 연질토기가 주를 이루고 있어 금관가야가 해체된 이후인 6~8세기대의 유적으로 추정되고 있다.

목간은 다면목간으로 4면에 53~57자 정도의 묵서가 남아 있다. 내용은 論語 제5편 公冶長"의 일부 구절이다.

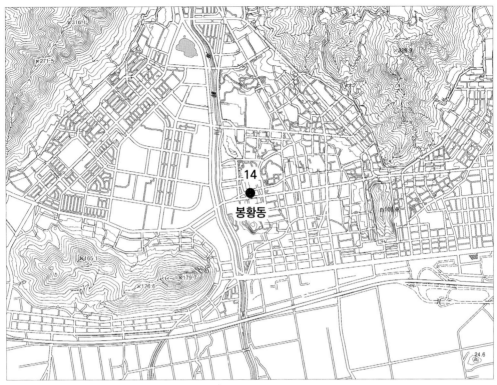

〈김해 봉황동 유적의 위치〉

9) 목간 개요

　발굴보고서에서는 이것과 동일한 층위에서 함께 출토된 토기의 유형에 근거하여 목간의 연대를 6세기 후반~7세기 초반이라고 추정하였다. 公冶長의 장구와 잔존 목간의 묵서 내용을 복원하면 본래의 길이는 훨씬 더 길었던 것으로 추정되고 있다. 계산에 따라 125~146㎝ 정도라고 가설이 있다. 장대한 논어 목간을 제작한 것은 기본적으로 소경이나 지방의 관리가 논어를 학습하기 위한 용도로 사용했다고 이해하는 설, 학습 교재로서 사용된 것이라는 설, 신라의 소경이나 지방의 학교에서 행한 석전 의식에서 사용되었을 가능성이 제기되었다. 아울러 이것이 위세를 과시하기 위한 시각목간이라는 설도 있다.

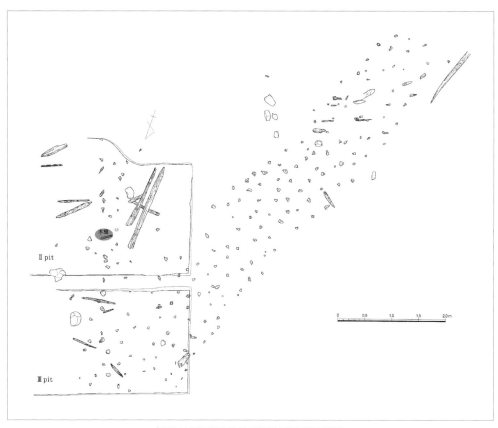

〈김해 봉황동유적 유구 배치와 목간 출토 위치〉

① 보고서에 특정 명칭없음(자전–[鳳]1, 창원–147, 암호–147)

Ⅰ· ×不□人之加諸我吾亦欲无加諸人子×　　　(앞　면)

　　　文也?

Ⅱ· ×□□子謂子産有君子道四焉其×　　　　(좌측면)

Ⅲ· ×已□□□色舊令尹之政必以告新×　　　(뒷　면)

Ⅳ· ×□之何如子曰淸矣□仁□□曰未知×　　(우측면)

　　　　　　　　(20.6+α)×(1.5~2.1)(㎝)

10) 참고문헌

橋本繁, 2004, 「金海出土『論語』木簡と新羅社會」『朝鮮學報』193

이용현, 2006, 『韓國木簡基礎研究』, 신서원

橋本繁, 2007, 「金海出土『論語』木簡について」『韓國出土木簡の世界』, 雄山閣

橋本繁, 2007, 「東アジアにおける文字文化の傳播 - 朝鮮半島出土『論語』木簡の檢討を中心に - 」『古代東アジアの社會と文化』, 福井重雅先生古稀·退職記念論集, 汲古書院

부산대학교 박물관, 2007, 『金海 鳳凰洞 低濕地遺蹟』

윤재석, 2011, 「한국·중국·일본 출토 논어목간의 비교 연구」『동양사학연구』114, 동양사학회

하시모토 시게루, 2012, 「한국에서 출토된 『논어』 목간의 형태와 용도」『지하(地下)의 논어, 지상(紙上)의 논어』, 김경호 편, 성균관대학교 출판부

橋本繁, 2014, 『韓国古代木簡の研究』, 吉川弘文館

김재홍, 2017, 「고대 목간(木簡), 동아시아의 문자 정보 시스템」『내일을 여는 역사』67, 내일을 여는 역사재단

戴卫红, 2017, 『韩国木简研究』, 广西师范大学出版社

孫煥一, 2017, 「한국 고대의 유교경전 기록과 목간(木簡)의 서체(書體)」『한국사상과 문화』87, 한국사상문화학회

국립김해박물관 편, 2018, 『가야문화권의 문자자료』

남권희, 2020, 「한국 도서관사 연구자료로서의 목간기록 및 서지자료로서의 목간 분석」『書誌學研究』84, 韓國書誌學會

三上喜孝 著, 2020, 「古代 日本 論語 木簡의 特質 - 한반도 출토 論語 木簡과의 비교를 통해서 - 」『木簡과 文字』25, 한국목간학회

정동준, 2020, 「동아시아의 典籍交流와 『論語』 목간」『목간과 문자』24, 한국목간학회

李成市·山田章人, 2021, 「동아시아의 문자 교류와 논어 - 한반도 논어 목간을 중심으로 - 」

『木簡과 文字』 26, 한국목간학회

채미하, 2021, 「신라의 유가 교육과 『논어』」 『木簡과 文字』 26, 한국목간학회

하시모토 시게루, 2021, 「한국 출토 『論語』 목간의 원형 복원과 용도」 『木簡과 文字』 26, 한
국목간학회

15. 인천 계양산성 출토 목간

1) 유적명 : 계양산성

2) 유적 소재지 : 인천광역시 계양구 계산동 산 1

3) 유적 유형 : 관방유적

4) 목간점수/주요유물 : 2점(논어)/토기, 기와

5) 시대 및 시기 : 통일신라시대

6) 발굴기관/발굴기간/보고서 간행 : 선문대학교 고고연구소/2003~2005/2008

7) 소장기관 : 인천계양산성박물관

8) 유적 개요

인천광역시 계양구 계산동 일원에 있는 계양산성의 발굴조사는 선문대학교 고고연구소에 의해 실시되었다. 계양산성이 위치해 있는 계양구는 한강의 咽喉之地로, 역사적으로도 삼국시대로부터 조선시대에 이르기까지 정치·군사적으로는 물론 대외무역의 주요 전진기지 역할을 했다. 특히 계양산성은 한성 백제 시기 한강의 관문으로서 역사적·문화적·군사적으로 매우 중요한 성이다. 1999년부터 지표조사를 실시하고 2003년에는 계양산성내 서벽을 발굴 조사하여 계양산성의 성벽 구조를 파악한 바 있다. 이어서 2005년에는 동문지 내의 집수정의 성격 파악과 동벽 확인을 위한 발굴이 계속되었다.

집수정 내부의 석축의 형태는 내어쌓기 식으로 아래로 좁혀가면서 계단을 만들어가는 다각형식이다. 집수정의 원형 외연의 직경은 13m이고, 저부의 다각형석축의 직경은 약 6m로드러났다. 집수정 상부에서부터 집수정 저부 암반층의 기저까지의 깊이는 약 5m이다. 집수정의 내부조사에서 묵서가 있는 목간을 비롯하여 토기편과 기와편 그리고 가공된 목재 등과 獸骨, 貝殼類, 龜甲, 과일 씨앗 등도 함께 제7층위에서 출토되었다. 특히 목간은 형태가 5각형으로 되었으며, 지금 남아 있는 길이가 14㎝이고 각 면의 크기는 약 1.5㎝이다. 북측 호안석축 상부에서 출토된 기와 가운데 '主夫吐' 명의 기와가 출토되었다. 「삼국사기」는 이 일대를 主夫吐郡이라고 일컫은 사실을 기록하고 있다.

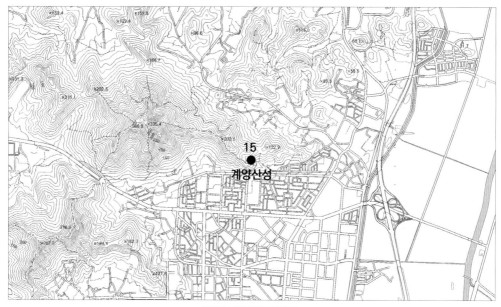

〈인천 계양산성의 위치〉

〈인천 계양산성 상세위치〉

9) 목간 개요

계양산성 목간은 5면의 다면목간 형태를 지니고 있으며, 김해 봉황동 논어 목간과 마찬가지로『論語』公冶長篇의 일부 내용을 전하고 있다. 발굴보고서에 따르면, 이 목간도 '1章 1觚'라는 서사 원칙이 있고, 문자를 확인할 수 있는 제3면의 한 글자가 약 1.3㎝ 정도의 공간을 차지한다고 추정하면, 본래의 길이는 대략 96㎝라고 추정할 수 있다. 목간은 제1 집수정의 바닥 부분(Ⅶ층)에서 출토되었다. 공반 원저단경호의 특징은 4~5세기의 백제토기와 공통점을 가지고 있기 때문에, 목간의 사용연대를 동일시기로 파악되고 있다. 현존 길이는 13.8㎝인데, 원래 길이는

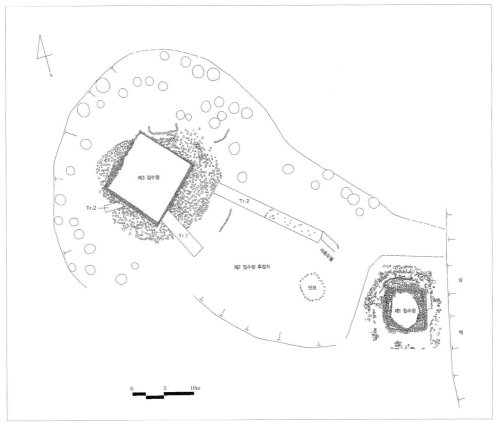

〈인천 계양산성 유구 배치와 목간 출토 집수정〉

1m를 넘는 장대한 목간이었다고 추정되고 있다.

① 보고서 1호(자전-[桂]1, 암호-계1)

Ⅰ· ×賤君子□若人□　×

Ⅱ· ×吾斯之未能信子□×

Ⅲ· ×□不知其仁也求也×

Ⅳ· ×[　　　　　　　　×

Ⅴ· ×[□□□□]子曰吾×

$$(13.8+\alpha) \times 1.8\text{(㎝)}$$

② 보고서 2호

「□□□子□□□」

$$49.3 \times 2.5\text{(㎝)}$$

5각형 막대형 목간으로, 글자는 하단부에 있다.

10) 참고문헌

橋本繁, 2007, 「東アジアにおける文字文化の傳播 - 朝鮮半島出土『論語』木簡の檢討を中心に - 」『古代東アジアの社會と文化』, 福井重雅先生古稀·退職記念論集, 汲古書院

선문대학교 고고연구소, 2008, 『계양산성발굴조사보고서』

윤재석, 2011, 「한국·중국·일본 출토 논어목간의 비교 연구」『동양사학연구』 114, 동양사학회

김경호 편, 2012, 『지하(地下)의 논어, 지상(紙上)의 논어』, 성균관대학교 출판부

하시모토 시게루(橋本繁), 2012, 「한국에서 출토된 『논어』 목간의 형태와 용도」『지하(地下)의

논어, 지상(紙上)의 논어』, 김경호 편, 성균관대학교 출판부

김재홍, 2017, 「고대 목간(木簡), 동아시아의 문자 정보 시스템」『내일을 여는 역사』 67, 내일을 여는 역사재단

戴卫红, 2017, 『韩国木简研究』, 广西师范大学出版社

孫煥一, 2017, 「한국 고대의 유교경전 기록과 목간(木簡)의 서체(書體)」『한국사상과 문화』 87, 한국사상문화학회

橋本繁, 2019, 「'시각목간(視覺木簡)'의 정치성」『문자와 고대한국 1 기록과 지배』, 한국목간학회 편, 주류성

남권희, 2020, 「한국 도서관사 연구자료로서의 목간기록 및 서지자료로서의 목간 분석」『書誌學研究』 84, 韓國書誌學會

三上喜孝 著, 2020, 「古代 日本 論語 木簡의 特質 - 한반도 출토 論語 木簡과의 비교를 통해서 -」『木簡과 文字』 25, 한국목간학회

정동준, 2020, 「동아시아의 典籍交流와 『論語』 목간」『목간과 문자』 24, 한국목간학회

李成市·山田章人, 2021, 「동아시아의 문자 교류와 논어 - 한반도 논어 목간을 중심으로 -」『木簡과 文字』 26, 한국목간학회

채미하, 2021, 「신라의 유가 교육과 『논어』」『木簡과 文字』 26, 한국목간학회

하시모토 시게루, 2021, 「한국 출토 『論語』 목간의 원형 복원과 용도」『木簡과 文字』 26, 한국목간학회

16. 부산 배산성 출토 목간

1) **유적명** : 부산 배산성지 유적

2) **유적 소재지** : 부산광역시 연제구 연산동 산61번지

3) **유적 유형** : 관방유적, 건물지, 연지

4) **목간점수/주요유물** : 2점(문서)/ 기와, 토기, 삿자리

5) **시대 및 시기** : 신라~통일신라/7세기

6) **발굴기관/발굴기간/보고서 간행** : 부산박물관/2016~2017/2019

7) **소장기관** : 부산박물관

8) **유적 개요**

배산성지 주변에는 부산의 삼국시대 주요 유적이 분포하고, 지표조사를 통해 삼국시대 유물이 다수 채집되어 오래 전부터 삼국시대 산성으로 추정되어 왔다. 부산박물관은 2016년 시굴조사를 실시했는데, 배산성지 체성은 내·외벽과 외벽에 기단보축을 갖춘 고대 석축산성으로 확인되었다. 정상부에서는 건물지 1기를 확인하였으며, 기존에 알려진 우물터는 집수지로 확인되었다. 또한, 집수지의 동남쪽에서 새로운 집수지를 찾았다. 2017년 본격적인 발굴조사 과정에 집수지 두 곳에서 각각 목간 1점씩이 출토됐다.

1호 집수지 바닥에서 출토된 木簡편은 전면에 묵서가 있지만, 잔존 길이 6㎝, 너비 3㎝의 파편인데다가 글자도 1~2자 정도로 서체의 획수가 부정확하여 전체적인 판독이 어려운 상태이다. 2호 집수지 바닥에서 출토된 목간은 잔존 길이 29㎝, 너비 6㎝ 정도로, 1호 집수지에서 출토된 목간보다 크기나 잔존 상태가 월등히 양호하다. 목간 중앙과 오른쪽 상단 부위에는 묵서가 비교적 뚜렷하게 확인되는데 50여 자가 확인된다.

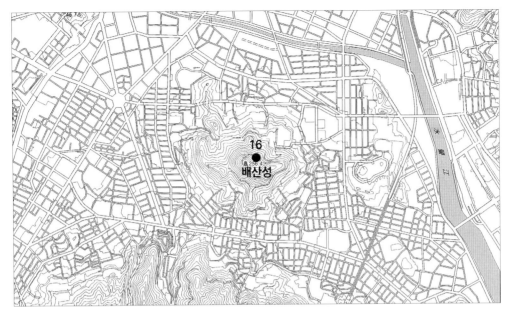

〈부산 배산성의 위치〉

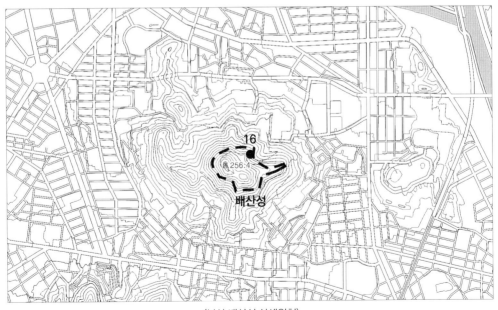

〈부산 배산성 상세위치〉

9) 목간 개요

목간의 연대와 관련해서 제1행에 干支年이 있다. 간지년을 '乙未年'이나 '乙卯年'으로 보는 견해도 있으나 亥자를 세로로 길게 쓴 것으로 보여 '乙亥年'일 가능성이 크다. 목간이 출토된 집수지내 퇴적층 조사에서 6세기 중반 이후 7세기 초의 것으로 편년되는 인화문토기편과 완·호·기와 등이 바닥층에서 확인되어 乙亥年은 555년과 615년에 해당할 가능성이 높은 것으로 판단된다는 견해가 제기되었다. 그러나 보고서는 Ⅷ층 내부에서 '통일신라시대 기와 및 도질토

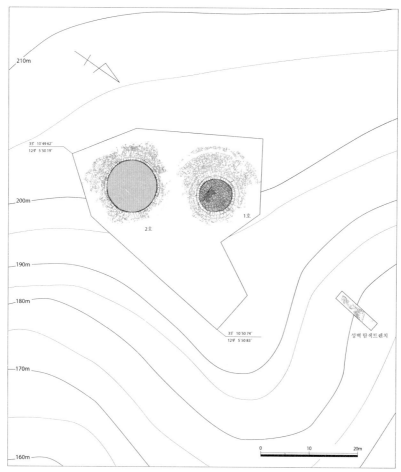

〈부산 배산성 유구 배치와 목간 출토 집수지〉

기가 출토'된 것을 지적하고 목간 설명 부분에서 연대를 615년 혹은 675년으로 보았다.

유적의 성격에 대해 배산성은 居漆山郡의 治所城일 가능성이 크고 목간에 나오는 村도 거칠산군내 촌락 중의 하나로 추정할 수 있다는 견해들이 제기되었는데, 이 또한 앞으로 발굴조사를 통하여 확보되는 자료들을 토대로 결론을 내릴 수 있을 듯하다.

이 목간에서는 "二月一日" "四月一日" "三月一日" "四月一日"의 매월 1일이란 일자가 보이고, 그 때마다 石-斗로 표기된 모종의 곡물 수량이 보이는 듯한데, " …三斗" "一石四斗"가 확인된다. 4월 1일의 경우 수량 앞에 "受"가 보인다. 이와 같은 정황에서 " 大阪□村"(本波舍村이란 판독도 있음) 관련 매월의 곡물 授受 기록일 가능성이 있다.

① 보고서 386(도판 124) : 2호 집수지 VII층 출토
· 「大阪□咨村　失受■今□四　乙亥年　二月一日　□三[ ]　受

朔□□三斗 四月一日受一石三斗 三月一日[ ]　　　　　　　　×

□一尺□　四月一日 上法 用同□村主 只□斗[ ]
· 「□□

$$(31.7+\alpha)×6×0.4(cm)$$

2행4자는 二로 읽는 판독도 있다. 이와 같은 목간의 내용은 일본 정창원 소장 佐波理加盤 부속문서와 유사하다는 점이 주목받았다. 두 자료의 공통점으로 ①村 단위의 곡식 수수 문서라는 점, ②매월 1일을 점검 시점으로 하는 점, ③'失受'라는 독특한 용어를 사용하는 점, ④受와 上이라는 세금 납부 용어가 보이는 점 등이 지적되었다. 이 가운데 '失受'라는 용어는 사하리가반 문서에도 확인되는데 이를 '잘못 받은 것'으로 본다. 이에 창고를 점검하여 지금 잘못 받은 것이 4건이라고 해석하기도 한다. 잘못받은 내용 '失受'는 '受納 기일을 넘긴(놓친) 것' 혹은 받아야 하는데 못 받은 것이라는 구체적 추정도 있다. 이와 같이 기본적인 성격은 촌과 창고 사이 곡물 수수를 기록한 帳簿로 이해되고 있다. 즉 이 목간은 本□舍村의 '失受'를 기록한 기초자료('失受帳簿')이며 이 기초장부를 두루 모아서 별도로 작성한 종합장부가 상정된다.

② 보고서 74(도판 70) : 1호 집수정 1층 출토, 글자 판독 불능

$$8.0 \times 3.1 \times 0.6(㎝)$$

10) 참고문헌

나동욱, 2018, 「부산 배산성지 출토 목간 자료 소개」 『木簡과 文字』 20, 한국목간학회

이수훈, 2018, 「부산 盃山城址 출토 木簡의 검토」 『역사와 세계』 54, 효원사학회

이용현, 2018, 「배산성지 출토 목간과 신라 사회」 『부산의 정체성과 역사쟁점』, 부산박물관 개관 40주년 기념 학술심포지엄

이용현, 2018, 「배산성지 출토 목간과 신라 사회」 『釜山 금석문 역사를 새겨 남기다』, 부산 시립박물관

부산박물관·부산광역시 연제구청, 2019, 『盃山城址 I -2017년 1차 발굴조사 보고서』

박남수, 2019, 「新羅內省毛接文書('佐波理加盤付屬文書')와 신라 內省의 馬政」 『新羅文化』 54, 동국대학교 신라문화연구소

하시모토 시게루, 2021, 「부산 배산성 목간의 기초적 검토-좌파리가반 부속문서와의 비교를 중심으로」 『신라사학보』 52, 신라사학회

강나리, 2021, 「부산 배산성지 목간과 신라의 賑貸」, 신라사학회 월례발표(2021.1.15)

17. 창녕 화왕산성 연지 출토 목간

1) **유적명** : 창녕 화왕산성

2) **유적 소재지** : 경상남도 창녕군 창녕읍 옥천리 산322

3) **유적 유형** : 관방유적

4) **목간점수/주요유물** : 4점(용왕명), 토기, 기와, 동물뼈

5) **시대 및 시기** : 통일신라/9~10세기

6) **발굴기관/발굴기간/보고서 간행** : 경남문화재연구원/2002~2005/2009

7) **소장기관** : 국립가야문화재연구소

8) **유적 개요**

창녕 화왕산성(사적 제64호)은 경남 창녕군 창녕읍 옥천리 화왕산(해발 757m)의 정상부를 에워싸고 있는 삼국시대의 산성으로 알려져 있다. 화왕산성은 화왕산의 남북 두 봉우리를 포함하고 있는데, 둘레 2.7㎞, 면적약56,000평에 달하는 거대한 산성으로 내부에 구천삼지(九泉三池)와 군창이 있다는 기록이 있다. 화왕산의 정상부는 분지형태를 이루고 있으며, 내부에 계곡부가 형성되어 서에서 동으로 완만한 경사를 이루고 있는데, 이 계곡의 아래 부분에 3개의 연지가 있다.

연지들은 퇴적이 이루어져 이미 기능을 상실하고 있으며, 발굴조사는 3개 가운데 일명 용담(용지)으로 불리는 연지를 대상으로 진행되었다. 그 결과 석재를 사용하여 구축된 방형의 집수지이 밝혀졌다. 연지의 평면형태는 방형으로 외연의 규모가 동서 34.5m, 남북 31.9m, 호안석축은 14m, 석축의 높이는 약 2.4m 정도이다. 내부에서는 통일신라시대의 초두, 도기항아리 등과, 조선시대의 상평통보와 수골, 목제품 등이 출토되었다.

목간은 총 7점으로 추정되며, 글자가 어느 정도 판독되는 것은 4점이다. 나머지 목간 3점 중 목간 7(유물번호 115)은 판독이 어려워도 墨書 흔적을 확인할 수 있지만, 다른 것들은 묵서를 확인할 수 없다고 한다. 유물의 편년은 통일신라층의 토기가 9세기 전반~10세기 중반의 것이라고 하며, 목간의 제작 연대도 이 범위 안에서 찾고 있다.

〈창녕 화왕산성의 위치〉

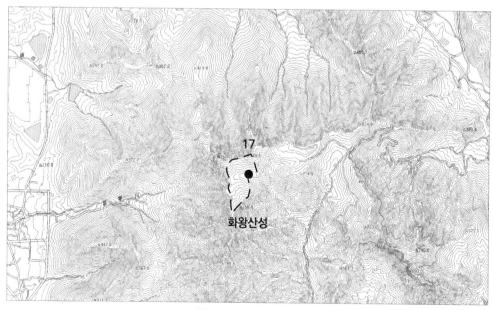

〈창녕 화왕산성 상세위치〉

9) 목간 개요

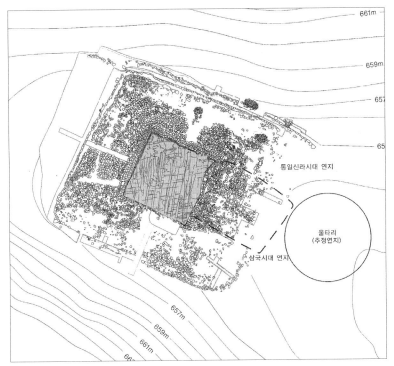

〈창녕 화왕산성 유구 배치와 목간 출토 위치〉

① 보고서 196호(자전-[火]1)

이 목간은 통나무를 다듬어 목과 몸통을 표현하고 여성의 몸과 얼굴을 그려 넣은 인형목간이다. 정수리·목·가슴 양쪽 손 양쪽에 총 6개의 쇠못을 꽂은 구멍이 있고 정수리·왼쪽 가슴·왼손에는 3개의 못이 꽂힌 채로 남아 있어, 보고서 간행 이전부터 주술적 행위에 사용된 유물로 간주되어 주목을 받았다. 목간의 성격에 대해서는 결국 큰 물의 모양을 의미하는 '滇'과 '龍王'이라는 묵서가 있다고 판독한 데 근거하여, 龍王에게 祈雨祭를 지내는 데 사용된 것으로 추정된다.

「□□□仲□□□六□卄九□滇□ 龍王□□ 」

$$49.1 \times 10.6 \times ?(\text{cm})$$

② 보고서 164호(자전–[火]2·3·4)

3점으로 구성된 이 목간은 단경호 내부에서 출토되었는데, 발굴보고서에서는 묵서명 목제품이라 이름 붙이고, 주술적인 행위에 사용된 것으로 추정하였다. 판재 양면에서 묵서가 확인되므로 목간으로 분류할 수 있다.

Ⅰ·「□」
 ·「廣□九□」

$$5.0 \times 1.9 \times 0.4(\text{cm})$$

Ⅱ·「□□□女」
 ·「爲□□□」

$$6.4 \times 1.9 \times 0.4(\text{cm})$$

Ⅲ·「□□」
 ·「□□」

$$5.0 \times 1.9 \times 0.4(\text{cm})$$

③ 보고서 173호(자전–[火]1)

이 목간은 편병(유물번호 172번) 내부에서 동물의 견갑골로 추정되는 수골과 함께 출토되었다. 발굴보고서에서 목제품으로 소개하였으나, 묵서가 확인되므로 목간으로 간주한다. 몸통에 금속제 못(칼)이 2점 박혀 있어, 목간 4(유물번호 196)과 마찬가지로 주술적 행위에 사용하였다고 추정하였다. 편병 속에서 함께 출토된 동물의 견갑골에 주목하여 어떤 제사의 제수품으로 차려졌던 것이라고 볼 수 있으며 같이 들어간 목간 역시 祭物로 바쳐진 犧牲의 부속물로서, 제수품이나 희생물과 관련된 내용이 적혀 있을 것으로 보인다.

. 「   」

$$28.8 \times 6.1 \times ?\text{(㎝)}$$

10) 참고문헌

창녕군·경남문화재연구소, 2009, 『창녕 화왕산성내 연지』

김재홍, 2009, 「창녕 화왕산성 龍池 출토 木簡과 祭儀」 『木簡과 文字』 4, 한국목간학회

박성천·김시환, 2009, 「창녕 화왕산성 蓮池 출토 木簡」 『木簡과 文字』 4, 한국목간학회

김창석, 2010, 「창녕 화왕산성 蓮池 출토 木簡의 내용과 용도」 『木簡과 文字』 5, 한국목간학회

橋本繁, 2011, 「近年出土の韓国木簡について」 『木簡研究』 33, 木簡学会

손환일, 2011, 『한국 목간의 기록문화와 서체』, 서화미디어

이재환, 2013, 「한국 고대 '呪術木簡'의 연구 동향과 展望-'呪術木簡'을 찾아서-」 『木簡과 文字』 10, 한국목간학회

18. 남원 아막성 출토 목간

1) 유적명 : 남원 아막성

2) 유적 소재지 : 전라북도 남원시 아영면 성리 산 83

3) 유적 유형 : 관방유적, 집수지

4) 목간점수/주요유물 : 1점, 동물유체, 토기, 기와

5) 시대 및 시기 : 삼국시대/6~7세기

6) 발굴기관/발굴기간/보고서 간행 : 군산대학교 가야문화연구소/2020.7.16.~12.31./
미간행

7) 소장기관 : 군산대학교 박물관

8) 유적 개요

남원 아막성은 장수군 번암면과 경계를 이루는 봉화산에서 남쪽으로 뻗어 내린 산줄기에 위치한다. 산줄기 정상부와 주변의 계곡을 감싼 포곡식 산성으로 표고 높이는 220m 내외이며, 가야계 수장층 분묘유적인 남원 월산리 고분군과 유곡리·두락리 고분군, 청계리 고분군 등이 주변에 위치한다.

아막성은 가야 명망 이후 백제와 신라 간의 격전이 벌어졌던 곳이다. 산성이 위치한 지역은 백제의 입장에서는 가야 남부지역과 남해안으로 진출하는 요지였으며, 신라의 입장에서는 백제지역으로의 진출과 방어를 위한 교통로 상의 요지였기 때문이다.

602년 8월 백제 무왕은 남강 유역을 차지하기 위해서 군사를 출동시켜 남원에서 함양으로 넘어가는 요충지인 아막성을 공격했으며, 신라 진평왕은 포위된 아막성을 구원하기 위해 수천의 기병을 급파했던 기록이 보인다. 이 전투의 배후에는 고구려·백제·왜 3국의 신라 협공 계획이 있었던 것으로 보이지만, 아막성 전투가 신라의 승리로 귀결되면서 신라는 위기를 극복하였다. 그러나 642년의 합천 대야성 전투에서 백제가 승리하면서 아막성도 일시적으로 백제의 영향권 아래에 놓였을 것으로 생각된다.

아막성은 6세기 중반 이후 신라가 축성한 성이며 성벽은 모두 석재로 축조되었는데 초축 이

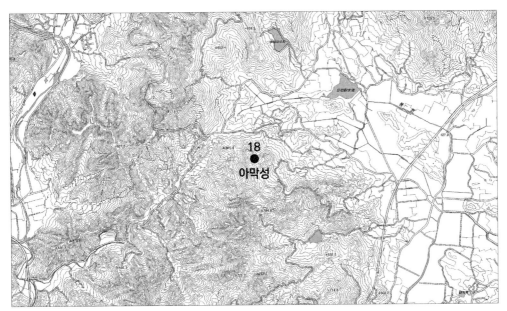

〈남원 아막성의 위치〉

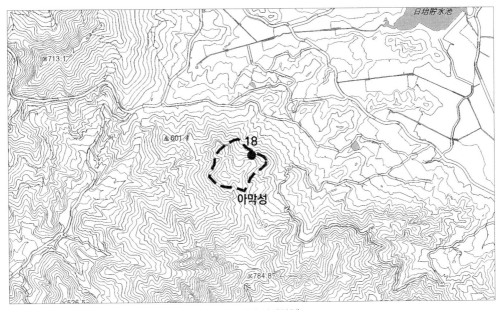

〈남원 아막성 상세위치〉

후 몇 차례에 걸쳐 증개축이 이루어진 것으로 보인다. 성 내부에는 문지 3개소 집수시설 건물지 등이 확인된다. 목간은 북쪽 성벽 안쪽에 바로 만들어진 집수시설에서 출토했는데, 산성 내 지형이 가장 낮은 북쪽 대지에 위치한다.

9) 목간 개요

집수시설의 평면 형태는 동서로 약간 긴 장방형이며 단면은 계단형을 이룬다. 규모는 호안석축의 내측을 기준으로 동서 9.5m, 남북 7.1m 내외이며, 최대 깊이는 2.5m이다.

집수시설의 내부 층위는 대략 4층으로 구성되어 있는데, 내부에서 토기의 경우 신라 토기가 90% 이상의 비율로 출토되었다. 이러한 사실로 보아 아막성의 운영은 신라에 의해 주도적으로

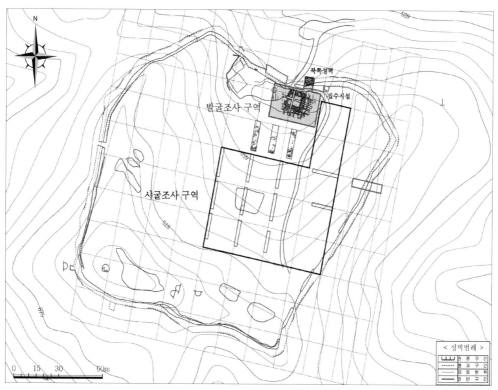

〈남원 아막성 발굴조사 유구와 목간 출토 지점〉

이루어진 것으로 이해된다. 특이하게 칠 원액이 담긴 토기 2점과 철 슬래그 및 노벽편 등이 다수 출토하는데, 칠과 철 생산과 관련한 아막성 지역의 역사성이 반영된 것으로 보인다. 이외에도 곰, 노루, 소 등의 동물 유체들도 다수 출토되었다.

집수시설 내부에서는 문고리, 목제 못, 방망이 등의 나양한 목제 유물들이 출토했는데, 묵흔이 확인되는 목간 1점이 확인되었다. 이외에도 묵서는 확인되지 않지만 목간형 목제품으로 추정되는 것들도 함께 출토되었다.

묵서가 확인되는 것은 1점으로 상하단이 파손된 원주형 목간이다. 발굴기관의 보고에 따르면 두 줄로 묵서한 묵흔이 확인된다. 그러나 현재 공개된 적외선 사진으로는 글자를 판독하기 어려운 실정이다. 집수시설을 비롯한 아막성 발굴이 계속 진행될 예정이므로 추가적인 목간 발굴도 기대할 수 있을 듯하다. 길이는 9㎝, 직경은 2.6㎝라고 한다.

10) 참고문헌

조명일, 2021, 「장수 침령산성·남원 아막성 출토 목간자료 소개」, 한국목간학회 정기발표회
　　자료집

19. 안성 죽주산성 출토 목간

1) 유적명 : 안성 죽주산성

2) 유적 소재지 : 경기도 안성시 죽산면 매산리 산106번지 일원

3) 유적 유형 : 관방유적(산성 집수시설)

4) 목간점수/주요유물 : 2점/토기, 기와

5) 시대 및 시기 : 삼국시대(신라)/6세기 후반~7세기 전반

6) 발굴기관/발굴기간/보고서 간행 : (재)한백문화재연구원/2006~2010/2012

7) 소장기관 : 국립중앙박물관

8) 유적 개요

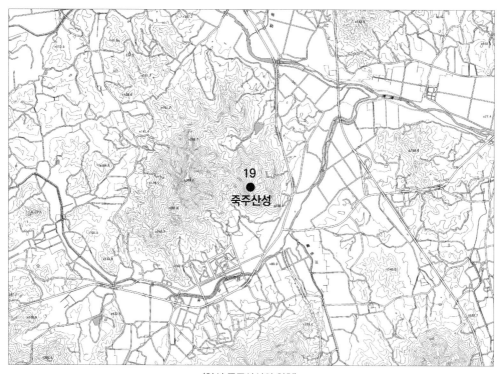

〈안성 죽주산성의 위치〉

죽주산성은 삼국시대부터 조선시대에 이르기까지 사용된 성으로 현재 경기도 기념물 제69호로 지정되어 있다. 이 지역은 내륙 교통의 요지로 고대로부터 군사적 요충지로 주목받았으며, 대몽항쟁의 격전지로 잘 알려져 있다. 이 성 주변으로는 매산리 고분군, 봉업사지, 매산리사지 등이 위치한다.

  목간이 출토한 삼국시대 신라의 집수시설이 확인된 곳은 동문지 안쪽에 형성되어 있는 평탄지이다. 모두 6기의 신라 집수시설이 조사되었다. 근처에는 조선시대 집수시설 2기를 비롯하여 조선시대에 조성된 배수로와 축대, 수혈유구 등도 확인된다.

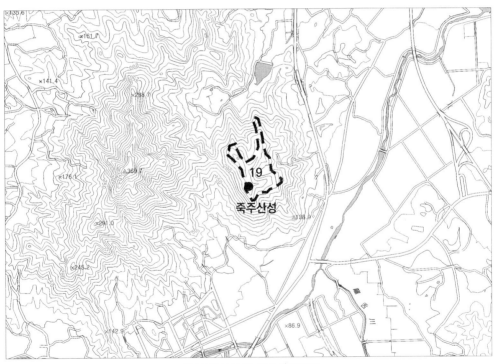

〈안성 죽주산성과 목간 출토지점〉

9) 목간 개요

목간이 출토한 집수시설은 A6집수시설인데, 파손 상태인 이형(異形)의 목제품에 묵서가 남겨진 것과 자로 추정되는 유물에 묵서된 것으로 전체 2점이 확인된다. 1호 목간은 집수시설의

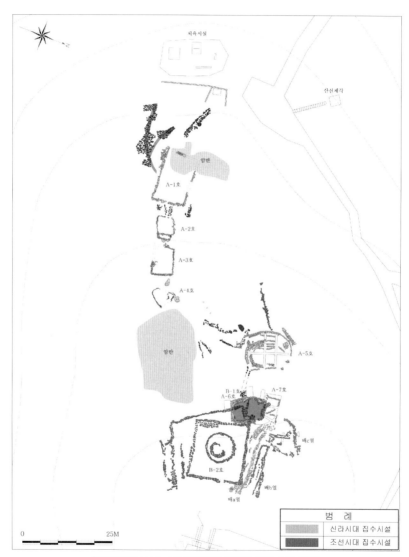

범 례	
	신라시대 집수시설
	조선시대 집수시설

〈안성 죽주산성 2~4차 발굴조사 유구와 목간 출토 위치〉

바닥층에서 출토되었으며, 이형의 목제품이었던 것으로 생각된다. 안쪽 표면에 묵흔이 일부 확인되지만 '下'자 정도만 읽을 수 있을 뿐 나머지 묵흔은 판독이 어렵다. 일부 파손된 형태이며 남아있는 길이는 10㎝ 내외이다.

2호 목간은 바닥위층에서 출토했으며, 1.1~1.2㎝ 정도로 일정한 간격의 눈금이 새겨진 것으로 보아 자로 사용되었다고 추정된다. 모두 5개의 파편 상태이며, 전체 길이는 대략 68㎝이고 폭은 2.1㎝이다. '千□仁'으로 추정되는 묵흔이 확인된다.

10) 참고문헌

강형웅, 2011, 「안성 죽주산성 신라시대 집수시설 발굴 문자자료」 『木簡과 文字』 8, 한국목
      간학회

20. 익산 미륵사지 출토 목간

1) **유적명** : 익산 미륵사지

2) **유적 소재지** : 전북 익산시 금마면 기양리23

3) **유적 유형** : 사찰유적, 원지

4) **목간점수/주요유물** : 2점/토기, 기와

5) **시대 및 시기** : 통일신라/7세기말~8세기초

6) **발굴기관/발굴기간/보고서 간행** : 원광대 마한·백제문화연구소, 문화재연구소, 국립부여문화재연구소/1980~1994/1996

7) **소장기관** : 국립익산박물관

8) **유적 개요**

미륵사지는 미륵산의 남쪽으로 뻗어내린 지맥이 좌우로 병풍처럼 감싸고 있다. 남쪽은 소하천을 낀 넓은 들이 펼쳐져 흡사 배산임수의 지형을 갖추고 있다. 사적 150호로 지정되어 있고, 사역내에는 1980년도부터 발굴조사를 실시한 결과에 따라 건물지 혹은 탑지 등에 주초석을 놓고, 잔디를 심어 보존하고 있다.

사역 서편에는 국보 11호인 미륵사지 석탑이 6층까지 남아 있었다. 이후 보수를 위해 콘크리트를 제거하여 정비를 실시하였다. 향후 석탑부재가 발견될 것을 대비하여 부분 복원을 하였다.

미륵사지에 대한 발굴조사는 1970년대 들어서면서 사찰에 대한 관심이 넓어지고, 가람의 실체를 규명하기 위해 원광대 마한백제문화연구소에 의해 소규모 발굴조사가 이루어졌다. 정부는 1972년이후 연차적으로 미륵사지 일대에 대한 부분적인 토지매입을 진행하고 있는 상태였다.

1978년 문화재관리국에서 중서부고도문화권 정비계획의 일환으로 미륵사지에 대한 발굴조사 계획을 수립한다. 이를 통해 유적보존 및 정비를 추진하고자 한 것이다. 이 계획에 의해 문화재위원회의 검토와 결의가 이루어졌고, 그 결과 1980년 7월 7일 문화재연구소 주관의 발굴조사가 착수하기에 이른 것이다.

발굴조사는 유적의 중요성과 범위로 인해 5개년 단위로 계획을 수립, 연차조사가 기획되었다. 1980년부터 1994년까지 총 15년에 걸쳐 5개년 단위로 3차에 걸쳐 조사를 진행하도록 계획이 수립된 것이다. 그리고 발굴이 종료된 이후 1995년부터는 유물의 정리, 보고서 집필, 출토유물의 국가귀속 작업이 진행되었다.

문화재연구소에 의해 진행된 1~3차 조사의 개요는 다음과 같다. 1차 5개년도에는 사역 중심부를 중심으로 조사가 이루어졌다. 조사결과 백제 가람의 특성 뿐 아니라 한국 최초의 中院, 東院, 西院으로 구성된 三院이 확인되었다. 삼원은 삼개소에 병치된 삼탑삼금당지와 북쪽에는 거대한 강당지, 이들 원들을 독립적으로 구획하는 회랑지 등이 확인되었다. 이러한 백제 가람 배치는 삼국유사 무왕조 "미륵삼존과 會殿, 塔, 廊廡를 각각 세곳에 세우고 액호를 미륵사라 하였다."는 기사와도 부합한다.

확인된 유구는 동탑과 서탑, 그리고 중앙에 목탑이 위치하며 각 탑의 북편에는 금당이 1개소씩 배치된 양상이었다. 중원중금당지 북편 가람의 남북중심축선상에 약 393평 크기의 강당이 동-서로 조영되어 있었다. 그리고 동원의 동회랑지 동편에서 화강암반을 파서 만든 인공배수로를 확인하였고, 당간지주 주변을 확인하여 통일신라시대 동, 서 2기의 당진지주와 함께 후대 남회랑이 조영되었음을 확인하였다.

2차 5개년도에는 사역 외곽 북, 서편 지역에 대한 조사가 이루어졌다. 조사 성과는 중심곽과 연장되어 조성된 사역 서편의 통일신라, 고려시대 건물지를 확인하였다. 그리고 미륵사의 하한을 증명해 줄 조선시대 건물지 십 여기를 확인한 것도 주요한 성과라고 하겠다. 1차 조사 시 미진했던 중심곽 지역의 조사를 보완하였다. 보완조사는 강당지 동편과 목탑지 하부조사를 실시하였다. 조사 결과 강당지의 전체규모와 목탑지 지하의 판축 구조를 확인하였다.

한편 사역 북편에서 고려, 조선시대 조성된 건물지 15기 이상을 확인하였다. 그중 조선 시대 건물지에서 萬曆十五年(1587)명 기와가 확인되어 미륵사지의 하한을 확인할 수 있었고, 이들 유구의 동편 능선에서 조선시대 기와 가마 2기를 조사하였다. 그리고 사역 북편에서는 고려 시대 조성된 건물지 13기 등과 통일신라시대 공방지 1기를 확인하였다. 아울러 사역 동편능선에서는 고려 시대 기와 가마 2기를 조사하였는데 여기서 延祐四年(1317)명 기와가 확인되어 가마의 조업시기를 가늠할 수 있었다. 한편 사역 남편에 위치한 연못에 대해 부분적인 탐색조사를 실시하여 대략적인 전체 규모를 파악할 수 있었다.

　3차 5개년도에는 사역 남측의 연못 즉 연지에 대한 조사가 이루어졌다. 중심지역과 조화되도록 조성된 통일신라시대 동, 서 연지를 확인하였다. 그리고 연지의 규모와 조성 방법 등을 구체적으로 알게 된 것도 주요한 성과라고 할 수 있겠다. 연지를 조사한 결과 후대 남회랑지와 함께 통일신라시대 조성된 동, 서의 양 연지를 확인하였다. 연지의 입수로는 창건 당시 조영된 동원배수로에서 연결되어 동연못의 2곳으로 입수되는 양상이었다. 이 입수로들은 백제 및 통일신라시대 조영되었음을 확인하였다. 입수로의 상층에서는 통일신라시대 와요지 2기가 반지하식 등요의 구조로 확인되었다. 한편 전시관 및 그 부대 시설물 부지에 대해서 탐색 조사한 결과 유구가 없는 것으로 확인되었다.

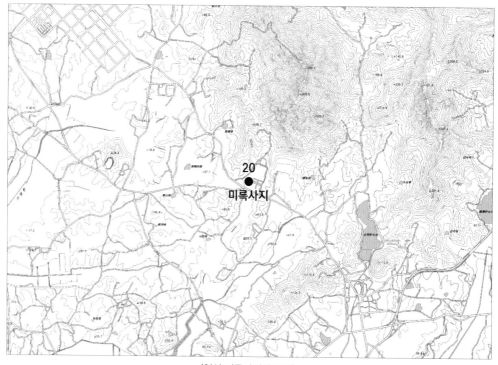

〈익산 미륵사지의 위치〉

15년에 걸쳐 조사된 유구의 면적은 70,180평이며, 출토 유물은 18,710점, 시기는 백제~조선에 이르기까지 꽤 오랜 시간의 유물들이 중첩되어 있다. 미륵사지에서 목간은 서쪽 연못 내부에서 출토되었다.

9) 목간 개요

연지는 당시 사역으로 드나들던 도로를 중심으로 동, 서 양쪽으로 2개소 확인된다. 동쪽 연못은 동-서 너비 49~51m, 남-북 너비 48m, 최대 깊이 120㎝ 이상이며, 서쪽 연지는 동-서 너비 54.5m, 남북 너비 41m, 최대 깊이 160㎝이다. 연지는 동, 남, 북 호안은 점토를 이용하여 호안을 축조하였으나 서쪽 호안은 검은색 점토와 모래를 섞었다. 서쪽 호안의 일부는 호안 조성이전 자연경사면에 30~40㎝ 내외의 할석을 군데군데 박아 조성하였다. 따라서 서측 호안은 일부는 인공을 가해 조성하였지만 통일기 연못 형성 이전의 자연경사면에 약간의 가공을 가한 것으로 판단해 볼 수 있다.

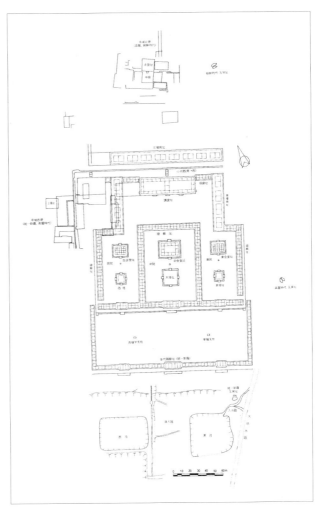

〈익산 미륵사지 유구 배치도〉

유물은 연지 중앙보다 호안 주변의 근거리에서 대부분 출토되었다. 대표적으로 백제 녹유연목와, 수막새, 암키와 등 와전류, 통일신라 암수막새, 평와, 백제, 통일기 토기편, 목간, 인골 등이 출토되었다. 목간은 모두 2점이며, 석간도 1점 확인되었다. 石簡은 최근 개관한 국립익산미륵사지 박물관에서는 조선으로 연대를 정정하였다.

목간 2점은 318번, 319번으로 넘버링 되었고, 이 중 318번 목간은 서쪽 연못 남동쪽 모서리 부근 지표하 260㎝ 내려간 지점에서 인골 2구와 함께 출토되었다. 목간의 길이 17.5㎝, 너비 2.5~5㎝이며, 네면에 걸쳐 '□□山五月二日'이란 명문이 있다. 4면에 묵서가 있지만 한 면은 반대 방향으로 글자를 쓴 것이 특징적이다. 한편 319번 목간은 이 보다 북쪽으로 조금 떨어진 곳에서 수습되었다. 2면에서 묵흔이 확인되지만 판독하기 어렵다. 두 목간 모두 상하단이 결실된 4면의 다면목간이다.

목간의 연대는 연못의 조성시기가 통일신라라는 점, 공반 유물의 하한이 통일기까지 내려간다는 점 등을 고려하여 통일신라 목간으로 보고 있다. 다만 발굴조사 보고서에서는 백제로 보았다.

① 보고서에 없음(자전-[彌]1, 창원-318, 암호-318)
· × □光幽五月二日人　　　　　　　　×
· × □新台㠯日古㠯刀士 矣毛㠯 坐伽第㠯 ×
· × 㠯□□㠯　　　　　　　　　　　×
· × □㠯□㠯　　　　　　　　　　　×

$$(17.5+\alpha)\times(5.0+\alpha)(㎝)$$

② 보고서에 없음(자전-[彌]2, 창원-319, 암호-319)
· ×　　　　　×
· ×　　　　　×
· × 不　　　　×

· ×   ×

$$(8.0+\alpha)\times(3.2+\alpha)(\text{cm})$$

10) 참고문헌

국립부여문화재연구소, 1996, 『미륵사발굴조사보고서Ⅱ』

이승재, 2011, 「彌勒寺址 木簡에서 찾은 古代語 數詞」 『國語學』 62, 국어학회

21. 장수 침령산성 출토 목간

1) 유적명 : 장수 침령산성

2) 유적 소재지 : 전북 장수군 계남면 침곡리 1090-1번지 일원

3) 유적 유형 : 관방유적

4) 목간점수/주요유물 : 1점/명문좌물쇠, 토기, 기와

5) 시대 및 시기 : 통일신라~후삼국/9~10세기

6) 발굴기관/발굴기간/보고서 간행 : 군산대학교 박물관/2016.4.19.~2016.12.20.,
2017.10.25.~2017.12.26./2019

7) 소장기관 : 군산대 박물관

8) 유적 개요

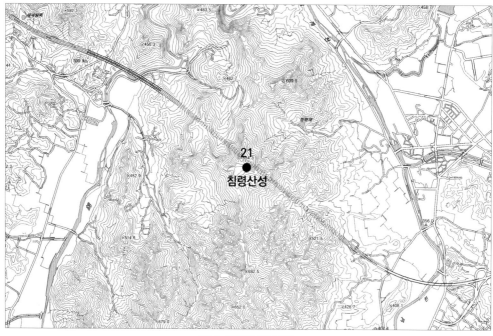

〈장수 침령산성의 위치〉

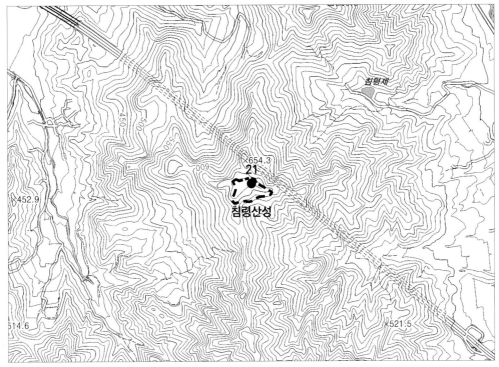

〈장수 침령산성과 목간 출토지점〉

  장수 침령산성은 장수군 장계면 침곡리 사곡마을을 서쪽에는 금남호남정맥의 큰 고갯길인 방아재가 있다. 방아재는 침곡리에 위치한 고개인데, 장수군 장계면과 천천면을 이어주는 동-서방향의 교통로가 육십령으로 이어져 일찍부터 사람들의 왕래가 많았던 곳이다.

  침령산성은 둘레 500m 내외의 테뫼식 석성이다. 성 안에는 계단식으로 조성된 대규모의 건물대지와 집수시설 등이 남아있다. 집수시설은 호남지역 최대의 원형집수시설로 파악되었으며, 바닥면에는 삿자리를 깔아 흙탕물이 생기지 않게끔 조치하였다. 내부에서는 소량의 초기청자와 9~10세기 무렵의 토기편, 기와, 목제유물, 철기 유물 등이 다수 확인되었다. 특히 목간과 '大毘'가 새겨진 열쇠가 출토되어 주목된다.

9) 목간 개요

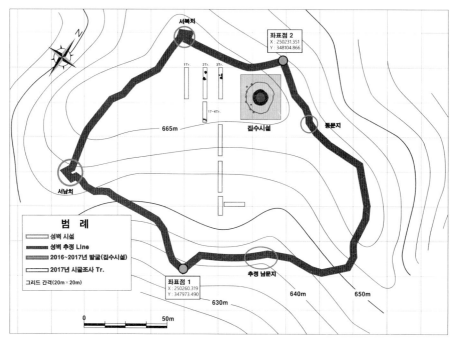

〈장수 침령산성 조사 유구와 목간 출토 위치〉

목간은 잔존길이 30.7㎝, 직경 2.2~2.9㎝이다. 원형이며, 표면에 나무결 방향으로 다듬은 흔적이 선명하게 남아있다. 적외선 촬영결과 표면을 돌려가며 쓴 묵서가 발견되었다고 한다. 일부 글자만 다소 선명하게 읽힌다. 道使는 고구려, 신라, 백제 삼국에 공통적으로 존재하였다. 고구려의 경우 중국의 刺史와 비슷한 지위였지만 백제나 신라의 경우 비교적 급이 낮은 편이었다. 백제는 도사를 성주라 했고, 신라는 지방의 작은 성이나 촌에 파견된 관리였다. 그런 측면에서 신라의 도사는 邏頭와 비슷하거나 다소 지위가 낮은 것으로 볼 수 있다. 다만 道使村이하 부분이 문자의 결락인지 문장의 맺음인지 저간의 사정은 알수 없다. 따라서 도사가 파견된 촌인지, 촌명인지 여부도 판단하기 어렵다. "별도에 있는 도사의 촌" 혹은 "별도에 있는 도사가 촌을 …"이 해석의 선택지가 될 수 있다. 향후 상세한 자료 공개와 정치한 연구를 기다린다.

① 보고서 114(P168 가공목재(묵서) P172–2)

· 「別道中在道使村⬚   ⬚」

30.7 × 2.2~2.9(㎝)

10) 참고문헌

군산대학교 박물관, 2019, 『장수 침령산성Ⅱ』 군산대학교 박물관 학술총서 69

조명일, 2021, 「장수 침령산성·남원 아막성 출토 목간자료 소개」, 한국목간학회 정기발표회
        자료집

22. 대구 팔거산성 출토 목간

1) 유적명 : 대구 북구 팔거산성

2) 유적소재지 : 대구광역시 북구 노곡동 산 1-1번지 일원, 함지산

3) 유적유형 : 산정식 산성

4) 목간점수/주요유물 : 15점(임술년,병인년 기년)/ 용두레형 목제품 등 목곽집수지 목부재, 토기, 와편

5) 시대 및 시기 : 삼국시대~통일신라시대 [유적] / 606년, 608년[목간 기년]

6) 발굴기관/발굴기간/보고서 간행 : 화랑문화재연구원/2020.10.6.~2021.10.15./미간행

7) 소장기관 : 화랑문화재연구원, 국립경주문화재연구소

8) 유적 개요

팔거산성은 금호강의 지류인 팔거천 동쪽에 자리한 함지산(해발 287.7m) 정상에 축조되어 있다. 산성은 함지산의 능선을 따라 축조된 산정식 산성이다. 남북길이 약 370m, 동서길이 200m, 면적 55,101.67㎡이다. 성벽은 급경사인 사면부를 최대한 이용하여 축조하였으며 성벽의 길이는 1136.85m에 달한다. 대구분지 전체를 조망할 수 있고 팔거천과 금호강 수운 및 육로의 요충지다.

팔거산성 북서쪽 구릉에는 대구지역 최대 규모인 신라고분군인 구암동고분군이 있다. 379기의 이 구암동 신라 고분군은 팔거산성과 세트를 이루는 유적으로 칠곡분지 수장세력의 무덤이다.

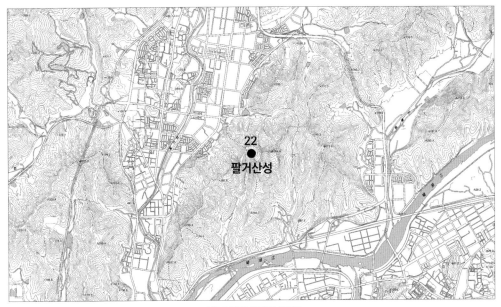

〈대구 팔거산성의 위치〉

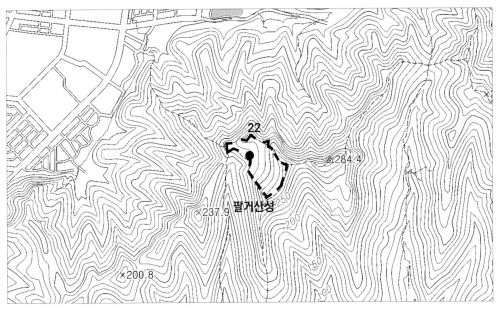

〈대구 북구 팔거산성 상세위치〉

〈조사지역(서남쪽에서 바라봄 : ⓒ 화랑문화재연구원)(---은 성벽)〉

〈팔거산성 목간 ⓒ 화랑문화재연구원〉

9) 목간 개요

성곽시설물은 동문지와 서문지 수구 개소 추정 치 개소가 지표조사에서 확인되었다 2020년
하반기에서 2021년 상반기에 걸쳐서는 팔거산성 수구가 위치한 서남쪽 성벽의 북쪽 구간이 조

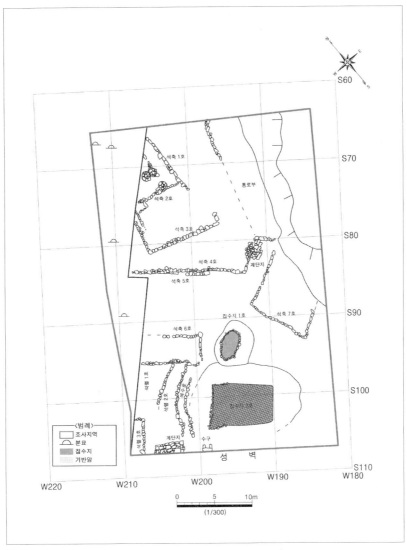

〈대구 팔거산성 조사지역 유구 배치도〉

사되었다. 이 과정에서 삼국시대부터 통일신라시대에 이르는 석축 7기, 집수지 2기, 수구, 석렬 등이 확인되었다. 집수지는 석제 타원형과 목제 장방형이었다. 집수지에서 목간과 목기, 그리고 단경호와 옹을 중심으로 한 토기류가 출토되었다.

목간은 목제 장방형 집수지에서 15점 출토되었다. 15점 중 현재는 7점에서 글자가 확인되었다. 짐꼬리표로 발송처가 기재되어 있다. 그 가운데는 壬戌年과 丙寅年이란 기년이 보이는데, 출토유물과 유적의 상황으로 미루어 602년과 606년으로 추정되고 있다. 함안 성산산성 목간과 비슷하면서도 세부적으로 다른 서식을 보인다. 下麥, 王私가 보이는 점이 특징이다.

목간 발굴은 화랑문화재연구소에 의해서, 출토 이후, 보존처리·사진촬영·판독작업은 국립경주문화재연구소에서 이뤄지고 있다.

① 1호
「壬戌年安居礼甘麻谷 ×

$$16.2 \times 5.5 \times 1.0 (㎝)$$

② 2호
「軓伐 ∨ 」

$$22.0 \times 2.3 \times 1.1 (㎝)$$

③ 3호
× □年王私所利跡閻□□麦石 ∨ 」

$$(22.8 + \alpha) \times 2.5 \times 0.4 (㎝)$$

□年의 □는 卯, 午로 추정하는 견해도 있다. □□麦石의 □□는 앞 자는 走 혹 吏란 안이 나오기도 했고, 두 번 째 자는 伐이란 안도 있다.

④ 4호

「奈奴□積作稻石伐□□ ∨ 」

15.2×3.6×0.7(㎝)

□積의 □는 寃 혹 惠로 읽는 견해도 있다. 마지막 두 자는 각각 食, 軍로 읽는 시안이 제출되어 있다.

⑤ 6호

「丙寅年王私□□□□□ ∨ 」

20.5×2.5×0.4(㎝)

□□□□□의 두 번째 글자는 分, 다섯 번 째 글자는 休란 가설이 제시되어 있다.

⑥ 7호

「丙寅年次谷鄒乙下麦易□石 ∨ 」

18.1×3.3×0.9(㎝)

乙는 工, 기호 ɦ로 보는 견해도 있다. 易□石의 □은 大豆 2자의 합자료 보는 견해가 제시되어 있다.

⑦ 9호

× 夲城□琢□□ ∨ 」

23.3×2.4×0.8(㎝)

城은 伐 혹 代 안이 있다.

⑧ 14호

「 米一石私 ∨ 」

18.1×1.3×0.7(㎝)

⑨ 16호

「 安居利干支□另谷村□□ ∨ 」

27.5×2.9×1.1(㎝)

10) 참고문헌

국립경주문화재연구소, 2021, 「(보도자료)대구 팔거산성에서 대구 최초로 신라 목간 출토 –
　　　　　602년과 606년 제작, 팔거산성의 기능과 위상 추정기능/
　　　　　4.28. 현장설명회 개최–」

김상현, 2021, 「대구 팔거산성 발굴조사 성과」『대구 팔거산성 발굴조사 성과와 의미』, 국립
　　　　　경주문화재연구소·대구광역시북구·화랑문화재연구원

남태광·전경효, 2021, 「대구 팔거산성 발굴조사 성과」『대구 팔거산성 발굴조사 성과와 의
　　　　　미』, 국립경주문화재연구소·대구광역시북구·화랑문화재연구원

전경효, 2021, 「팔거산성 출토 목간의 기초적 검토」(2021년 한국목간학회 하계워크숍 발표문)

화랑문화재연구원, 2021, 「대구 팔거산성 정비사업 부지내 유적」 발굴조사 문화재위원 현지
　　　　　조사자료

화랑문화재연구원, 2021, 『대구 팔거산성 정비사업부지 내 유적 발굴조사 결과 약식보고서』

IV

고 려 高麗

개요

　고려시대 목간은 태안 마도 해역의 침몰선 4개선에서 모두 175점 발견되었다. 태안반도는 유독 물길이 거칠고 암초가 많아 노련한 뱃사람이라도 잠시 한눈을 팔았다가는 순식간에 좌초되기 십상이다. 태안의 서쪽 끝인 신진도와 주변 해협을 安興梁이라 불린다. 이 물길은 진도의 울돌목, 강화도의 손돌목, 항해도의 인당수와 함께 4대 험조처였다. 조선 태조 4년에서 세조 1년에 이르는 60년 동안 안흥량에서 파손 혹은 침몰된 선박은 200척에 달할 정도였다. 이에 안흥량의 악조건을 극복하기 위해 고려시대부터 조선시대에 이르기까지 수시로 운하 건설을 시도하였다. 대표적인 것이 1134년(고려 인종 12)에 시작된 굴포 운하였다.

　태안 대섬에서 발견된 태안선은 12세기 고려시대 선박이며 청자, 도기, 선체 부속구, 목간 등 다양한 유물 23,800여 점이 출수되었다. 하물의 발신지는 강진이었으며 수신지는 개경이었다. 마도 1호선은 13세기 고려시대 선박이며 청자, 도기, 곡물류, 생선뼈, 목간, 죽찰 등 480여 점이 출수되었다. 하물의 발신지는 해남, 나주, 영암, 장흥 등이며, 수신자는 개경에 있는 관직자들이었다. 마도 2호선은 13세기 고려시대 선박이며 청자, 도기, 곡물류, 동물뼈, 철제솥 등 400여 점의 유물이 출수되었다. 하물의 출항지는 고창과 정읍 일대이며 목적지는 개경에 있는 관직자들이었다. 마도 3호선 역시 13세기 고려시대 선박이었다. 청자, 도기, 곡물류, 동물뼈, 목간, 죽찰 등 330여 점이 유물이 출수되었다. 출항지는 여수를 포함한 남부지역이며, 수신지는 고려의 임시수도였던 강화도였다. 수취인은 신윤화, 유천우, 김준 등 무인정권의 실세들이었다. 그리고 도관, 중방, 삼별초 등 관청이 수취인으로 등장하는 것도 특징이다. 이처럼 태안 마도 해역에서 출수된 목간과 죽찰은 청자의 생산과 유통, 개경으로 이어지는 뱃길 등을 알려주는데, 고려 이두의 모습도 보인다.

　고려시대 선박들이 침몰된 곳들은 대부분 조운로이다. 조운은 고려-조선시대 水運을 활용하여 세곡을 운반하는 제도이다. 이러한 조운로 곧 바다길을 통해 서남해안에서 생산된 자기류,

곡식, 해산물 등을 수도인 개경 혹은 강화도로 운반하였다. 태안은 해안선의 길이가 530.8km나 되며 120여 개의 크고 작은 섬들이 있다. 침몰선이 발견된 마도해역은 고려시대 국가에서 설치한 객관인 '안흥정'이 있는 곳이었다. 이곳은 송나라 사신으로 고려에 온 徐兢의 船團이 정박했던 곳이기도 하다. 이 길은 難行梁이라 불릴 만큼 해난 사고가 많았던 곳이다.

하물의 운송장에는 대부분 언제, 누가, 누구에게, 무엇을, 얼마만큼 보내는지에 대한 정보가 기재되어 있다. 침몰선의 목간에도 대부분 이러한 정보들이 기입되어 있다. 배달사고와 중간농간을 막기 위해 일반적인 숫자 외에 갖은자를 사용하기도 하였다. 보내는 사람보다 받는 사람의 신분이 높은 경우 宅上을 써서 "댁에 올림"으로 경어를 사용하였고, 받는 사람이 신분이 낮은 경우 戶付를 써서 구분하였다. 이렇게 기재된 문자는 최종적으로 사인에 해당하는 手決을 남김으로서 종결되었다. 목간을 통해 언제 어디에서 출발하여 어디로 가려고 침몰했는지에 대해 알 수 있다.

〈고려시대 목간 출수 현황〉

구분	태안대섬 침몰선 (태안선)	마도 1호선	마도 2호선	마도 3호선
목간, 죽찰 점수	20	73	47	35
발송지	탐진현	회진현 죽산현 수령현 안노현	장사현 무송현 고부군 고창현	여수현
발송인		향리, 개인	使者	使者, 개인
목적지	개경	개경	개경	江都
난파시기	1131	1208	1197~1213	1265~1268
수취인	개경의 고위관리 하급무관	개경의 관리	개경의 관리	江都의 무인세력, 관청
하물	도자기	곡물, 발효식품	곡물, 발효식품	어류, 곡물, 布
선적인	次知(鄕吏)	次知(鄕吏)	次知(개인)	次知(鄕職)

1976년 신안선이 발굴된 이래 한국의 수중발굴은 25차례에 걸쳐 다양한 선박들이 확인되었다. 신안선에서는 원대의 목간이지만 수중에서 출토된 최초의 목간 자료였다는 점에서 이목이 집중되기 충분하였다. 이후 2007~2008년 태안 대섬 앞바다에서 최초로 고려시대 목간이 출토되었다. 목간을 통해 하물의 선적방법, 수취인별 위치와 공간분할, 하물의 종류 등 다양한 정보들이 밝혀지게 되었다.

1. 태안 대섬 침몰선(태안선) 출수 목간

1) 유적명 : 태안 대섬 앞바다 침몰선(태안선)

2) 유적소재지 : 충남 태안군 근흥면 정죽리 대섬 N36°40'24", E126°10'37"

3) 유적유형 : 침몰선

4) 목간점수/주요유물 : 목간20점/청자

5) 시대 및 시기 : 고려시대/1131년

6) 발굴기관/발굴기간/보고서 간행 : 국립해양문화재연구소/2007.5~2008.6/2009.6.29

7) 소장기관 : 국립태안해양유물전시관

8) 유적 개요

태안선은 태안 대섬 앞바다에서 좌초된 12세기 고려시대 선박이다. 좌초된 지역은 행정구역 상 충남 태안군 근흥면 정죽리의 무인도이며, 2007년 5월부터 2008년 6월까지 수중발굴을 하였다. 태안선에서는 청자, 도기, 선체 부속구, 목간 등 23,000여 점에 달하는 유물이 수습되었다.

예로부터 태안 앞 바다는 선박의 조난사고가 많은 곳이었다. 태안선은 강진에서 청자를 싣고 개경으로 이동하던 중 태안 앞 바다에서 좌초하였다. 인양된 유물은 23,000여 점에 달한다. 구체적으로 선체 6편, 닻장 2점, 호롱편 5점, 청자 2만여점, 목간 20점, 도기 11점, 철제솥 2점, 청동완 2점, 취사용 돌판, 땔감, 기와편 1점, 포장재 등이다.

고려시대에는 浦를 중심으로 漕運을 운영하였고, 성종, 현종 대에는 13개의 漕倉을 설치하였다. 주로 연해안이나 강변에 설치하여 判官 주재하에 물건을 수송하였다. 13개의 조창은 저마다 인근 고을에서 거둔 세곡을 집적하였다가 이듬해 2월부터 수송하기 시작하였다.

출수품 중 목간은 포장용 목재와 같은 방향으로 매몰된 경우는 드물며, 새끼줄·짚·포장용 목재 사이에 매달았던 흔적이 목간 상단의 형태에서 확인되었다. 목간을 통해 밝혀진 태안선의 선적방법은 수취인별로 공간을 달리했다. 동일기형이라도 수취인이 다르면 별도의 공간으로 분할하여 적재하였다. 하물의 뒤섞임을 미연에 방지하고자 수취인별 선적공간을 미리 확보한

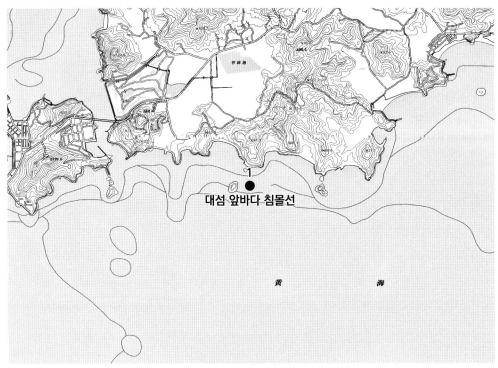

〈태안 대섬(태안선) 목간 출수지점〉

후 하물의 안전성과 적재량을 고려하여 적재하였다.

태안선 목간은 구체적인 출토위치가 적혀 있다. 이점 선박 내 하물의 구체적인 위치를 추적하는데 용이하다. 유물은 안전하게 수습, 기록을 위해 그리드 설치, 제토, 상태기록, 촬영, 유물수습의 전과정에 대한 세부안을 수립한 후 발굴하였다. 그리드는 철제 파이프로 12×8m 크기로 집중매장처를 포함한 구역에 설치하였다. 그리고 이를 다시 세부적으로 1×1m 간격의 세부구역으로 나누어 구역번호(동서 1~12, 남북 A~H)를 매겼다. 목간에 적힌 번호는 그리드 넘버를 나타낸다.

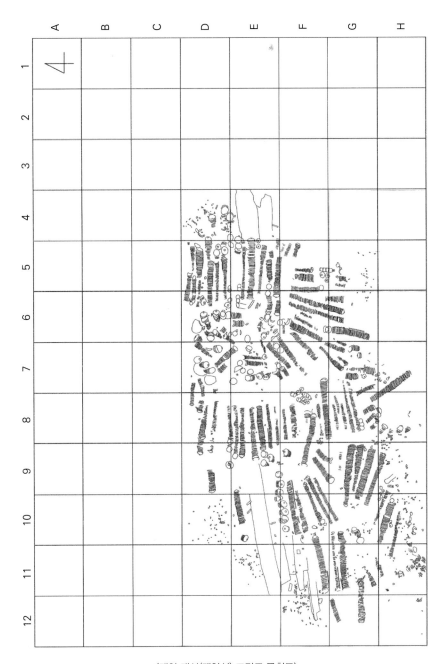

〈태안 대섬(태안선) 그리드 구획도〉

9) 목간 개요

태안선에서는 고려시대 목간 20점이 출수되었다. 목간은 파손된 부분이 많으며, 강진의 옛 지명인 耽津, 安永戸, 崔大卿, 柳將命, 부호 등이 많이 반복된다. 그리고 沙器 혹은 砂器처럼 자기를 가리키는 용어도 확인된다.

목간의 내용을 통해 이 배가 강진을 출발하여 개경으로 이동하려 했던 사실을 알 수 있다. 도자기는 일정한 단위로 묶여 있는데, 목간 묵서 중에는 裏 즉 "꾸러미"가 그와 관련된 것이다. 이 외 八十, 卅七, 卄 등의 포장 단위가 확인된다. 목간은 주로 양질의 청자가 매장된 구역에서 수습되었는데, 일부지만 포장된 도자기 꾸러미의 옆에 매달았음이 확인되었다. 목간 중 하나는 앞면에 '耽津○在京隊正仁'가 적혀 있었고 뒷면에는 '卽式載船進'이 묵서되고, 다른 목간은 '○安永戸付沙器一裏', 뒷면에는 수결이 있다. '崔大卿 宅上'등 수신처도 확인되었다. 한편 수결을 보면 여러 곳에서 동일한 형태가 확인되며, 도자기의 적재와 운반 책임자의 것으로 보인다.

목간 중에는 大卿이나 將命이 보인다. 고려의 정식 관제에는 드러나지 않는 것들이다. 柳將命宅上 중 將命은 이름 혹 관직으로 추정된다. 대경은 정 3품에 해당하는 관직, 장명은 무반직의 이칭으로 추정된다. 이들이 태안선 적재 청자의 최종 소비자들로 고려의 귀족들이다. 12번 목간 편에서 辛亥라는 간지가 확인된다. 태안선 선체 연대분석에 나무의 나이테와 방사선탄소 연대측정법으로 분석하여 1126~1150년(신뢰구간 95.4%) 사이에 벌목한 나무로 선박을 제작한 사실이 드러나게 되었다. 이에 신해년은 1131년이 유력하다. 기존 도자사 연구 편년으로도 태안선 청자 연대를 12세기 전기가 된다. 이 무렵을 목간 제작 연대로 볼 수 있다.

한편, 하찰의 기재 양식은 기존연구에 의하면 다음 5가지로 구분된다.

Ⅰ형식: 발송지+수취인+물품+印+선적인+화압

· 耽津□在京隊正仁守戸付砂器八十

· 卽式載船 長 수결

Ⅱ형식: 연대+(발송지)+수취인+물품

　　　　　　・□□□在京安永戶付沙器一裹

　Ⅲ형식: 수취인+물품+印

　　　　　　・×柳將命宅上砂器印×

　Ⅳ형식: 수취인

　　　　　・崔大卿宅上

　Ⅴ형식: 수량

　　　　　・上卅七下卄×

※ 목간번호는 모두 보고서

① 1호(출수지점 F8–목간)

뒷면은 중간 부분부터 글을 적었다. 仁은 글자를 정정하여 덧씀.

・「耽津□在京隊正仁守戶付砂器八十」
・「　　　　　　　卽氏載船長 수결」

　　　　　　　　　30.5×2.15×0.8(㎝)

② 2호(F8–목간)

　목간 상단은 비스듬한 사선 형태로 결손되었지만, 글자는 온전하게 남아있다. 앞면 기준으로 壹자를 경계로 2조각으로 부서진 채로 수습되었다.

・×■隊正仁守戶付沙器壹畏印」
・×卽氏載船長 수결」

　　　　　　　　　(28.7+α)×3.5×0.6(㎝)

　　　　　　　■ 글자를 지운 흔적

③ 3호(F8~F9–목간)

둥근 머리와 사각형의 몸체가 V자형 홈을 경계로 나누어져 있으며, 하단은 손실되었다.

· 「∨ 耽津□在京隊正×

· 「∨ 卽戌 ×

$$(17.1+\alpha)\times2.1\times0.8(㎝)$$

④ 4호(G7~G10–목간)

목간의 위, 아래 부분이 결손 되었는데, 위쪽은 평행으로, 아래쪽은 사선 형태로 훼손 되어 있다.

· × 津□在京隊 ×

· × 卽戌載 ×

$$(10.55+\alpha)\times3.15\times0.8(㎝)$$

⑤ 5호(F1–목간)

· × 在京隊 ×

· × 卽 ×

$$(8.1+\alpha)\times2.4\times0.55(㎝)$$

⑥ 6호(F8~F9–목간)

· × □在京隊正仁守戶 ×

· × 卽戌載船□ ×

$$(16.3+\alpha)\times2.9\times0.6(㎝)$$

⑦ 7호(F8~F9—목간)

· ×戶付砂器壹㪷×

· × 수결 ×

$$(9.6+\alpha)\times2.4\times0.55(\text{cm})$$

⑧ 8호(G7~G10—목간)

· ×器壹㪷印×

· ×수결×

$$(8.7+\alpha)\times3.4\times0.6(\text{cm})$$

⑨ 9호(E7—목간)

·「□□□在京安永戶付沙器一裏」

$$37.7\times4.4\times0.8(\text{cm})$$

⑩ 10호(F8~F9—목간)

총 3편으로 분리되어 인양되었다.

· ×安永戶付沙器一裏 ×

$$(28.3+\alpha)\times3.7\times0.7(\text{cm})$$

⑪ 11호(E9—목간)

· × 裏 ×

$$(5.5+\alpha)\times2.55\times1(\text{cm})$$

⑫ 12호(F10–목간)

간지 辛亥가 확인된다. 상 하단 모두 결실되었다.

· ×辛亥×

$$(7.7+\alpha)\times3.0\times0.5(\mathrm{cm})$$

⑬ 13호(미상–목간)

· ×在×

$$(5.5+\alpha)\times2.9\times0.9(\mathrm{cm})$$

⑭ 14호(F9–목간)

·「∨崔大卿　宅上 ×

$$(25.6+\alpha)\times3.4\times0.9(\mathrm{cm})$$

⑮ 15호(G5–목간)

· × 崔大卿　宅上 ×

$$(18.6+\alpha)\times2.8\times0.6(\mathrm{cm})$$

⑯ 16호(H9–목간)

· × 卿宅上×

$$(19.1+\alpha)\times3.4\times0.9(\mathrm{cm})$$

⑰ 17호(E~H–목간)

E~H 그리드 제토작업 도중 수습 인양되었다.

・× 柳將命宅上砂器印 ×

$$(15.2+\alpha)\times1.8\times0.8(㎝)$$

⑱ 18호(미상–목간)

목간의 앞면 상단에만 묵서가 있다. 정확한 출토위치 미상

・×□　　×

$$(11.6+\alpha)\times3.5\times0.7(㎝)$$

⑲ 19호(G6–목간)

・「∨上卅七下卄×

$$(29.3+\alpha)\times3.1\times0.8(㎝)$$

⑳ 20호(H9–목간)

×와 ○라는 기호가 있는 것이 특징이다.

・× ×수결○ ×

$$(22.25+\alpha)\times2.9\times0.7(㎝)$$

10) 참고문헌

임경희·최연식, 2008, 「태안 청자운반선 출토 고려 목간의 현황과 내용」『목간과 문자』 창간호, 한국목간학회

손환일, 2008, 「高麗 木簡의 書體 - 忠南 泰安 해저 출토 목간을 중심으로 -」『韓國思想과 文化』 44, 한국사상문화학회

국립해양문화재연구소, 2009, 『고려청자보물선』, 태안대섬 수중발굴조사보고서

橋本繁, 2011, 「近年出土の韓国木簡について」 『木簡研究』 33, 木簡学会

최명지, 2013, 「泰安 대섬 海底 出水 高麗靑磁의 양상과 제작시기 연구」 『미술사학연구』 279·280, 한국미술사학회

한정훈, 2015, 「동아시아 중세 목간의 연구현황과 형태 비교」 『사학연구』 119, 한국사학회

한정훈, 2016, 「고대 목간의 형태 재분류와 고려 목간과의 비교-성산산성 목간을 중심으로」 『木簡과 文字』 16, 한국목간학회

김재홍, 2017, 「고려 출수 목간의 지역별 문서양식과 선적방식」 『木簡과 文字』 19, 한국목간학회

노경정, 2017, 「태안해역 고려 침몰선 발굴과 출수 목간」 『木簡과 文字』 19, 한국목간학회

이건식, 2017, 「태안해역 출토 목간의 어학적 특징」 『木簡과 文字』 19, 한국목간학회

이희관, 2019, 「泰安 대섬 出水 高麗靑瓷의 製作時期 專論」 『한국학연구』 68, 인하대학교 한국학연구소

조진욱, 2020, 「태안선의 제(諸) 문제와 청자 운반 형태」 『도서문화』 55, 국립목포대학교 도서문화연구원

2. 태안 마도 1호선 출수 목간

1) 유적명 : 태안 마도 앞바다 1호선

2) 유적소재지 : 충남 태안 근흥면 정죽리 대섬, N36°41'35", E126°07'63"

3) 유적유형 : 침몰선

4) 목간점수/주요유물 : 목간73점/청자, 발효식품, 곡물류

5) 시대 및 시기 : 고려시대/1208년

6) 발굴기관/발굴기간/보고서 간행 : 국립해양문화재연구소/2008~2010/2010.10.30

7) 소장기관 : 국립태안해양유물전시관

8) 유적 개요

종래 침몰선이 청자운반선이었던데 비해 마도 1호선은 곡물운반선이라는 점에서 특징적이다. 2009년 4월 27일부터 11월 15일까지 마도 Ⅰ구역에 대한 수중 발굴조사를 통해, 고려시대 선박 1척, 곡물, 도자기, 죽제품, 목간, 죽찰 등을 인양하였다.

마도 1호선에서는 다량으로 출토된 목간과 죽찰이 인양되었다. 목간은 나주, 해남, 장흥 등지에서 거둔 곡물과 먹거리를 개경으로 운반하던 선박에 적재된 물품의 하찰이었다. 이 선박은 개경으로 이동하던 중 1208년 안흥량에서 난파하였다. 출수품 중 기년자료가 있어 시기를 특정할 수 있다. 이에 300여 점의 청자 역시 제작 시기를 특정할 수 있어 고려 청자 편년에 절대 기준이 된다.

발굴을 통해서 고려인의 식생활 자료, 당시 무인 정권의 실세들의 식생활도 확보되었다. 이 배에는 벼와 쌀, 콩, 조, 메밀 등의 곡물은 물론 메주와 젓갈류까지 실려있었다. 또 젓갈을 담은 도기도 30점 가량 있었다. 석탄도 50㎏ 정도 인양되었다. 배에서 사용하기 위한 것인지, 하물이 었는지는 판단하기 어렵다. 70여 점에 달하는 닻돌도 실려 있었다.

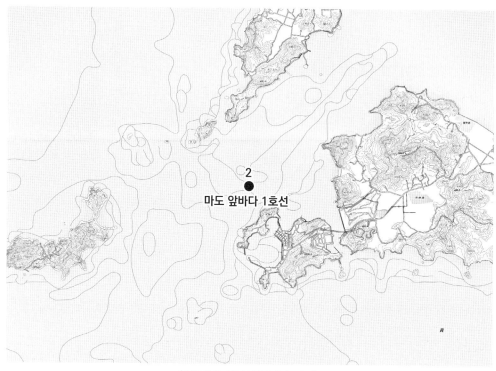

〈태안 마도 1호선 목간 출수 지점〉

9) 목간 개요

태안 마도 1호선에서 출수된 하물 운송표로 쓰인 목간과 죽찰 등 69점이 출토되었다. 수중에 있던 목간과 죽간은 바닷속 갯벌에 묻혀 있었다. 목간에는 배에 실린 하물의 발송지, 발송자, 수취인, 하물의 종류와 수량이 적음 하물의 꼬리표 즉 하찰이다. 이를 통해 마도 1호선의 전모를 알 수 있다. 이 선박은 최충헌의 무신 집권이 공고히 되어가던 무렵인 1207~1208년 전라도 일대에서 貢物을 싣고 개경으로 향하고 있었다. 묵서에는 丁卯, 戊辰 등의 간지와 날짜가 적혀 있어 유물의 연대를 가늠할 수 있게 되었다. 정묘 10월부터 무진 2월 19일까지 하물을 실었다. 하물 발신지는 한 곳이 아니라 남해안의 竹山縣(현 해남), 會津縣(현 나주), 遂寧縣(현 장흥) 등 3곳이 확인된다. 가장 마지막 날짜인 무진년 2월 19일을 기해 개경으로 이동했던 것으로 보인다.

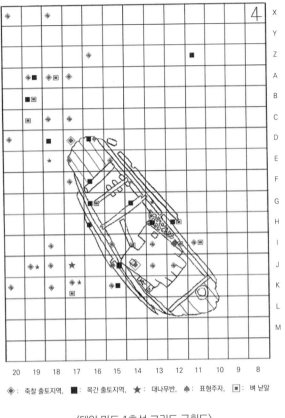

20 19 18 17 16 15 14 13 12 11 10 9 8

◆: 죽찰 출토지역, ■: 목간 출토지역, ★: 대나무반, ▲: 표형주자, ▣: 벼 낟알

〈태안 마도 1호선 그리드 구획도〉

죽찰은 볏섬들 사이에 들어있기도 하고, 도자기류의 유물이 적재된 곳 옆에 매듭을 이용하여 목간을 연결시켜 놓기도 했다. 발신자의 직위와 성명을 구체적으로 적은 것도 있었다. 수신자는 개경에 있는 관료이며, 관직명이 뚜렷이 적혀 있었다. 즉 발신자는 戶長 宋, 長 宋椿 등 지방향리이며, 수신자는 중앙관리로 大將軍 金純永, 別將 權克平, 校尉 尹邦俊, 同正 宋壽梧 등 주로 무반 계급이다. 김순영은 1199년 장군으로 승진한 이력을 가진 최충헌 휘하의 대장군이었다. 목간의 연대는 간지 丁卯年, 戊辰年을 김순영의 활동 시기와 종합하면 각각 1207년과 1208년이 된다. 이를 근거로 1208년을 마도 1호선이 대섬 앞바다에 침몰한 시기로 보고 있다.

목간과 죽찰에 적힌 물품들은 지방에서 개경으로 보내는 벼, 조, 메밀, 콩, 메주 등과 같은 곡물류, 고등어, 게, 젓갈 등의 해산품 등이 확인된다. 醢와 醬은 발효식품의 한 종류이다. '田出' 곡물은 사유지에서 발생하는 地代의 성격이 있다. 수송된 稻類는 수취자에 따라 白米, 米, 中米로 구분되어 발송되었다. 이는 벼의 도정 상태에 따른 구분이다. 그리고 목간과 죽찰에 기재된 곡물에는 석당 斗의 양이 20두·18두·15두·9두 등으로 상이하다. 수조지의 지세가 생산량의 1/10을 수취할 수 있었으므로 지세는 아니다. 더구나 목간에 기재된 발송 곡물의 양이 소량이라, 半丁과 足丁 즉 7~8결 혹은 17결 단위로 분급되었을 수조지로 간주하기 어렵다.

벼가 실려있다는 점에서 배의 출발시기는 가을 추수가 완료된 10월부터 이듬해 2월 말까지 남풍이 불어오는 초봄을 기다렸을 것이다. 순풍을 타고 연안항로를 이용하여 개성으로 향하다가 이곳에서 난파되었음을 짐작할 수 있는 흥미로운 자료가 된다.

목간과 죽찰에 기재된 발송지는 주로 수취자의 본관지나 인근이었을 것이다. 그들은 수도 개경에서 생활하면서 필요한 물품을 본관지에서 공급받았음을 짐작해 볼 수 있다. 이들의 사유지는 노비나 예속민에 의해 경작되었고, 경작의 대가로 지대를 발송하였을 것이다. 지대의 발송에 마름이 그것을 수합하여 발송한 경우도 상정된다. 그리고 본관지에서 원활한 지대 수취 혹은 농간을 미연에 방지하기 위해 家人을 파견하여 통제했을 가능성도 배제할 수 없다.

기존 연구에서 발송지 별로 문장 구성을 기준으로 형식을 구분한 바 있다.

    Ⅰ형식: 회진현, 발송지+수취인+물품

        會津縣在景□光□宅田出太肆石入卅斗

    Ⅱ형식: 죽산현, 연대+물품+印/발송지+수취인+화압

        丁卯十月日田出正租貳拾肆石各入貳拾斗 印

        竹山縣在京典廐同正 宋 수결

    Ⅲ형식: 수령현, 발송지+수취인+물품

        遂寧縣在京別將同正(黃)永脩戶田出白米參拾□□□

    Ⅳ형식: 안노현, 발송지+수취인+물품+화압

        (安老)縣在京宋□宅上□□□各入拾□□ (孝格)

※ 목간번호는 모두 보고서

① 1호(유물번호 0605–출수지점 미상–죽찰)

· × □ □ ×

$$(9.2+\alpha)\times1.8\times?(\text{cm})$$

② 2호(0605–미상–죽찰)

남아 있는 부분 중 아래 2/3 지점에서 부러진 상태로 발굴되었다. 앞과 뒷면 모두 묵흔이 없지만, 대나무를 반으로 쪼개 다듬은 흔적이 있어 죽찰로 판단되고 있다.

· 「⌐   ⌐」

$$16.5\times2\times?(\text{cm})$$

③ 3호(0705–D17–죽찰)

郎中은 정5품의 관직명으로 여러 기관에 설치되어 있었다. 宅上은 이미 태안 대섬 목간에서도 나온 용례로 발송자와 수취인의 관계를 보여주는 용어다. 발송자보다 상위의 신분인 경우 이 용어를 사용하고, 동등하거나 하위 신분에게는 戶付라는 용어를 사용하였다. '崔郎中宅上'은 '낭중 직위에 있는 최 아무개 댁에 올린다.'라고 해석할 수 있다. 魚醢는 물고기로 만든 젓갈을 의미하는데, 정확하게 무슨 물고기인지는 알 수 없다. 醢는 통일신라 월지(안압지) 목간에도 보인다(본서 참조). 마도 1호선에서는 여러 가지 생선뼈가 발굴되어 이를 뒷받침하고 있다. 壹缸은 한 항아리다. 숫자는 갖은자로 적어 위·변조를 방지하였다.

· 「∨崔郎中宅上魚醢壹缸封」

$$19.8\times1.4\times?(\text{cm})$$

④ 4호(0706–C18–목간)

・× 有□」

・× □」

$$(12+\alpha)\times3\times?(\text{cm})$$

⑤ 5호(0725–B19–목간)

하물종류는 米자만 읽히는데, 앞에 한 글자가 더 있는 것으로 보여 白 또는 中자일 가능성이 있다. 수량을 나타내는 한자 壹과 貳拾은 갖은자를 사용하여 위·변조를 방지하고자 하였다. 貳拾 다음에는 글자가 결락되었으나 다른 목간 용례에 비추어 보아 斗가 적혀 있었을 것을 예상할 수 있다. 쌀 한 섬을 20두 단위로 포장하였음을 알려준다.

・× 上□米壹石□入貳拾 ×

$$(17+\alpha)\times3\times?(\text{cm})$$

두께 수치 보고서에 없음

⑥ 6호(0726–A19–죽찰)

'〉〈' 모양의 홈을 경계로 머리와 몸통으로 구분된다. 몸통 부분은 아래 부분은 결락되어진 채로 발굴되었다. 몸통 윗부분에 대나무 마디가 있으며 아래는 3편으로 쪼개져 있다. '〉〈' 모양의 홈은 끈을 사용해 죽찰을 하물에 매달기 위해 일부러 판 것이다. 묵흔이 군데군데 있는 것을 확인할 수 있다.

・「 ∨[   ] ×

$$(19+\alpha)\times3.5\times?(\text{cm})$$

두께 수치 보고서에 없음

⑦ 7호(0728–A19–목간)

위아래 일부 파손되었으나 거의 완형에 가깝다. 회진현은 현재 전라남도 나주시 다시면 회진리 일대의 고려시대 지명으로 수령이 파견되지 않은 屬縣이었다. 가장 주목되는 글자는 畲인데 몇 년 묵힌 것을 다시 일궈 농사를 짓는 토지를 의미한다. 고려시대 陳田과 관련되어 좋은 자료가 될 것이다. 하물 종류는 쌀[白米]이고 총 스물 네 섬을 넣었다[入]라고 하였는데, 入이 納付의 의미를 가지기도 하여 진전에서 나온 쌀을 납부한 것으로 해석할 수있다. 일반적으로 운송표로 쓰인 목간에서는 다른 내용은 모두 생략되더라도 수취인만은 정확하게 적는데 여기에서는 나타나지 않았다.

· ×會津縣畲白米入貳拾肆石×

$$(25+\alpha) \times 1 \times ?(cm)$$

두께 수치 보고서에 없음

⑧ 8호(0729–D16–목간)

묵서는 앞면에만 있다. 오른쪽부터 시작해서 두 줄에 걸쳐 총 21자가 있고, 맨 마지막에는 押이 있다. 두 번째 줄 두 번째 글자는 '木'변의 글자인데 아마도 대나무로 만든 어떤 물건을 의미하는 글자로 보이지만 무슨 글자인지는 알 수 없다. 실제로 이번 태안 마도 해역 발굴에서는 대나무로 만든 빗, 바구니 등이 출토되고 있어 참고할 만하다.

하물의 수취인은 奉御同正 宋壽(오)이고, 하물은 대나무로 만든 어떤 물건 25개이다. 주목되는 부분은 '次知載舡戶長宋'이라고 적힌 부분이다. 次知는 일을 맡아한다는 뜻으로 배에 싣는 것을 맡아한 담당자가 호장 송 아무개임을 알 수 있다.

· ∨奉御同正宋壽梧宅上   ∨」
　　竹□卅五柄次知載舡戶長宋 押

$$25 \times 3 \times ?(cm)$$

두께 수치 보고서에 없음

⑨ 9호(0731-F16-죽찰)

묵서가 앞면과 뒷면 모두 있다. 앞면에는 10글자, 뒷면은 4~7개의 글자가 있다. 뒷면의 묵흔은 매우 뚜렷하지만, 현재까지 판독이 진행 중이다. 3.0705-D17-죽찰과 수취인이 같을 것으로 추정한다. '崔郞中宅上'은 '낭중 직위에 있는 최 아무개 댁에 올린다.'라고 해석할 수 있다.

하물 古道醢는 고등어를 이르는 것으로, 古刀魚라고도 썼다. 古道醢는 고등어로 만든 젓갈이라는 뜻이다.

· 「∨崔郞中宅上古道醢壹缸」
· 「∨□□□□」

18.5×1.5×?(㎝)

⑩ 10호(0810-G16-목간)

51개의 글자가 3줄에 걸쳐 적혀 있으며, 마지막에는 압이 적혀 있다. 6번째 글자인 九자 아래는 작은 삐침이 있는데 日을 표현한 것이다. 마지막에는 押을 적었다.

목간 첫머리의 무진년은 1208년이다. 수취인은 崔光□다. 앞부분은 판독이 되지 않지만 그의 관직을 적은 것으로 생각한다. 최광□에게 전달되는 물건은 조 10석, 메밀 3석, 메주 2석인데 모두 15두씩 담았다. 역시 숫자는 모두 갖은자로 적었다. 발송자는 죽산현의 尹 아무개다.

戊辰二月十九日□□□□□崔光□宅上□□□□□各田出粟拾石木麥
· 「∨　參石末醬貳石各入拾伍斗　印　　　　　　　　　　　　　　」
　　　　　　　□□竹山縣□□尹　押

37.5×4×?(㎝)

⑪ 11호(0813-B17-죽찰)

발송지는 현재 전라남도 장흥군인 수령현이다. 개경에 있는 別將同正 (黃)永脩 집으로 발송하고 있다. 토지에서 나온[田出] 쌀이 하물이다. 參拾 이후의 글자는 현재로서는 판독이 되지 않지만, 다른 목간과 마찬가지로 石과 포장 단위를 적었을 것으로 추정한다. 발송자는 정확하게 나타나지 않는데 역시 수령현의 향리가 아니었을까 한다.

· 「遂寧縣在京別將同正圓永脩戶田出白米參拾□□□」

44×4×?(㎝)

⑫ 12호(0813-H16-목간)

총 41개의 글자가 3열에 걸쳐 있다. 글자들은 두 글자 정도는 붓을 떼지 않고 이어 쓴 것이 많다. 또한 글자 크기도 들쑥날쑥하지만, 특별히 어느 글자를 강조하기 위한 것은 아니라고 생각한다.

정묘년(1207) 12월 28일이라고 적혀 있다. 하물은 현재 전라남도 해남군의 죽산현에서 발송되었고, 수취인은 개경의 檢校大將軍 尹起華다. 마도1호선 목간에 보이는 수취인은 매우 다양하게 나타나 그들의 관직도 여러 가지가 나온다. 한 가지 주목되는 점은 실직에 있는 사람뿐 아니라 同正職이나 檢校職 등 散職 대유자도 많은 수를 차지하고 있다는 점이다. 하물은 토지에서 나온[田出] 조 3석인데, 20두 단위로 포장하였다.

· 「˅丁卯十二月二十八日竹山縣在京檢校大將軍尹起華宅上
田出粟參石各入貳拾斗　　　□□□　□□　□□　　　」

38.7×6.7×?(㎝)

⑬ 13호(0817-G14-목간)

앞의 12.0813-H16-목간과 마찬가지로 檢校大將軍 尹起華에게 보낸 것이다. 하물 내용은 결락되어 알 수 없고, 항아리 단위만 남아있다.

3.0705-D17-죽찰과 9.0731-F16-죽찰에도 항아리 단위로 하물을 명시하였는데, 이 목간에 기록된 하물 역시 항아리에 담을 수 있는 액체류로 추정할 수 있다. 젓갈류가 아닐까 한다. 항아리는 5斗가 들어가는 것이다.

　　　檢校大將軍尹起華宅
　· × 貳缸各入伍斗　　　　　」
　　　　　□□□　□□

$$(15.4+\alpha) \times 4.7 \times ?(\text{cm})$$

⑭ 14호(0817-미상-목간)

監자와 宅上이 있는데, 人名 또는 官職名이 監으로 끝나는 사람 댁에 올린다는 내용이다.

　· × 丿監宅上 ×
　· × □　□ ×

$$(8+\alpha) \times 3 \times ?(\text{cm})$$

⑮ 15호(0828-H12-목간)

'別將權克㣲'에 비해 '宅上'두 글자는 아주 작게 적었다. 宅上 아래로 글을 잇지 않고 왼쪽으로 이동하여 '白米入貳拾斗' 크게 적어 나갔다. 이어 다시 오른쪽으로 옮겨 '□來□' 세 글자는 왼쪽의 '斗'자에 맞춰 적었다.

수취인은 정7품 무반인 별장 권극평이다. 하물은 白米인데 수량은 몇 석인지는 적지 않았고, 20斗 단위로 포장했다. □來□는 무엇을 의미하는지 알 수 없다.

　　　　　　　　　　　□來
　·「∨別將權克㣲宅上白米入貳拾斗　　　　　」

$$30 \times 3.5 \times ?(\text{cm})$$

⑯ 16호(0828-H13-목간)

앞 3글자는 크고 그 아래부터 2줄로 썼다. 상단부 홈에 묶은 노끈이 남아있다. '別將權克平'에 비해 다른 글자들은 좀 더 작게 적혀 있다. 수취인은 15.0828-H12-목간과 마찬가지로 별장 권극평이다. 하물은 말장[末醬] 즉 메주다. 역시 수량은 적지 않았고, 20두 단위로 포장했다는 것이 적혀 있다. 長 宋椿은 발송자로, 지역은 나타나지는 않지만 향리임을 알 수 있다.

·「∨別將權 克平宅上末醬入
　　　　　貳拾斗　長　宋椿 」

$$29 \times 3 \times ?(\text{cm})$$

⑰ 17호(0828-H12-죽찰)

'八' 다음 글자는 윗부분 획만 남아 있어 정확한 글자는 알 수 없지만, 문장구조로 보아 '日'자로 판독하였다. '木' 다음 글자는 현재 유실되었지만 '麥'자가 아닐까 한다.

무진년(1208) 1월 28일이 적혀 있고, 수취인이 적혀 있을 것으로 추정되는 부분은 결락되었다. 하물은 20두 단위로 포장된 것이 있었으나 무엇이었는지, 수량은 얼마였는지를 나타내는 부분 역시 결락되었다.

·「戊辰正月□二十八日 × 石各入
　　貳拾斗木麥 × 수결　　　　　　」

$$29 \times 3 \times ?(\text{cm})$$

⑱ 18호(0829-Z16-죽찰)

대나무 껍질 안쪽에 글자가 씌어 있다. '㬌'은 원래 '京'으로 써야 하는 것을 잘못 쓴 것이다.

발송지는 현재 전라남도 나주의 회진현이고, 수취인은 개경에 거주하고 있는 "□□"이다. 하물은 콩 4석인데 20두 단위로 포장하였다. 일반적으로 마도1호선 목간에는 20은 貳拾이라고 적는데, 여기에서는 卄으로 적었다.

· 「會津縣在景□光□宅田出太貳石入卄斗」

35.6×2.1×?(㎝)

⑲ 19호(0831-II1-죽찰)
대나무 속껍질에 글자가 쓰여 있다.

· 「丁卯十月日田出正租貳拾肆石各入貳拾斗 印
　　　　竹山縣在京典廐同正 宋 수결　　　　」

30.5×3×?(㎝)

⑳ 20호(0831-II2-죽찰)
20은 19와 '典廐同正'과 '典廐□同正'의 차이만 있을 뿐이고 나머지는 모두 같다. 정묘년 (1207) 10월이 적혀 있고, 수취인은 개경에 있는 典廐□同正 宋 아무개로 동일인물이라고 생각한다. 발송지는 竹山縣이다. 하물은 토지에서 나온 正租(벼)이고, 수량은 각 24석씩이고, 20두 단위로 포장하였다.

· 「丁卯十月日田出正租貳拾肆石各入貳拾斗 印
　　　　竹山縣在京典廐□同正 宋 수결　　　　」

30.5×3×?(㎝)

㉑ 21호(0831–Z11–목간)

명문 내용은 먼저 무진년(1208)이 나타나고 그 다음에 수취인이 적혀 있으나 알 수 없다. 하
물은 전출 콩 5석이고, 15두씩 담았다. 두 번째 줄에는 발송인이 적혀 있었을 것이지만 역시 묵
흔은 확인되지만 판독이 진행 중이다. 마지막에는 화압을 적었다.

· ┌戊辰年月日□□□□□宅上田出太伍石入拾伍斗印   」
   □□□□□□□ 押

29×3×?(㎝)

㉒ 22호(0901–E15–죽찰)

대나무 속쪽에 묵서가 있다. 제일 앞 글자는 아랫부분의 획만 남아 있는데 石자다. 포장 단위
가 15두인 것만을 알 수 있다. 역시 숫자는 갖은 자로 적었다. 마지막 두 글자는 大三이다.

× 石入拾伍斗   三」

(21+α)×3×?(㎝)

㉓ 23호(0907–Y16–죽찰1)

중간 부분부터 글자가 보이는데 판독이 진행 중인 글자까지 합하여 총 9자다. 윗쪽에 구멍이
있다.

· ┌○□□□□□□□田出白米拾參石□□」

30.2×3.5×?(㎝)

㉔ 24호(0907–Y16–죽찰2)

수취인의 이름이나 관직이 적혀 있는 부분은 묵흔은 뚜렷하지만 판독이 진행 중이고, 하물종

류는 콩이다. 마도1호선 목간에서 곡식류는 앞에 田出이라고 적혀 있는데 여기에서는 보이지
않는다.

· 「□□□宅上**太**□石入拾伍**斗** 大三」

$$32 \times 3 \times ?\text{(㎝)}$$

㉕ 25호(0907-Y16-죽찰3)
수취인의 이름이나 관직이 적혀 있는 부분은 판독이 진행 중인데, 24.0907-Y16-죽찰2와 동
일하다. 결락된 부분에는 발송자의 이름이나 수결이 있었을 것으로 추정할 수 있다. 하물종류
는 콩인데, 역시 24번 목간과 마찬가지로 田出이라는 글자가 보이지 않는다.

· 「□□□宅上太□石入拾伍斗 ×

$$(23+\alpha) \times 3 \times ?\text{(㎝)}$$

㉖ 26호(0907-Y17-죽찰)
무진년(1208) 2월이 적혀 있다. 하물 종류나 수량은 알 수 없고 15두 단위로 포장된 것을 알
수 있다. 중앙이 파손되었다.

· 「戊辰二月日 × 各入十五斗」

$$23 \times 3 \times ?\text{(㎝)}$$

㉗ 27호(0907-Z17-목간)
3조각으로 나뉘어 있다. 한 면에 2줄로 묵서되어 있다. 수취인의 이름 또는 관직명 한 글자가
남아 있다. 宅上이 아니라 '戶付'라고 적혀 있는 점을 통해 수취인과 발송인의 관계는 동등했거
나 수취인이 하위의 지위에 있었던 사람으로 보인다. 하물의 종류는 백미고 수량이나 포장단위

는 알 수 없다.

· × □戶付田出白米
　　□□長宋 수결　　　」

$$(9+\alpha)\times 3.7\times ?\text{(cm)}$$

㉘ 28호(0908-A18-죽찰)

현재로서는 宅 한 글자만 판독이 가능하다.

·「∨□□□宅□」

$$29.6\times 1.9\times ?\text{(cm)}$$

㉙ 29호(0908-A19-죽찰)

대나무 속쪽에 묵서되었다. 발송지는 현재 전라남도 나주인 회진현이고 하물종류는 田出 벼
다. 수량은 1석이고 15두 단위로 포장하였다. 숫자는 갖은자로 써서 위·변조를 방지하였다.

·「□∨□□宅上會津縣田出租壹石入拾伍斗」

$$28\times 2\times ?\text{(cm)}$$

㉚ 30호(0909-K18-죽찰)

앞부분은 모두 유실되었는데, 대나무 속쪽에 묵서되었다. 종류를 알 수 없는 하물이 15두 단
위로 포장되었다는 사실을 알 수 있다.

· × 入拾伍斗」

$$(14+\alpha)\times 2\times ?\text{(cm)}$$

㉛ 31호(0909-×18-죽찰)

아주 얇게 판 '〉〈'형태의 홈을 경계로 하여 머리와 몸통 부분으로 구분되고, 몸통은 좌우로 길게 두 편으로 갈라졌다.

· 「∨□□□□□□□□□」

$$30.5 \times 2.6 \times ?(\text{cm})$$

㉜ 32호(0909-×18-죽찰)

두 개의 파편으로 발굴되었다. 묵흔은 군데군데 있어 글자가 적혀 있었다는 사실만 알 수 있다.

· × [   ]」

$$(35+\alpha) \times 4.4 \times ?(\text{cm})$$

㉝ 33호(0910-J17-목간)

묵흔은 없지만 하물에 매달기 위한 홈을 판 점과 나무를 평평하게 다듬은 것에 의해 목간으로 쓰기 위해 제작되었다는 점을 알 수 있다.

· 「∨   」

$$35 \times 4.4 \times ?(\text{cm})$$

㉞ 34호(0910-K17-죽찰)

발송지는 현재 전라남도 영암군 금정면의 안로현이고, 수취인은 개경에 있는 宋 아무개다. 하물의 종류는 알 수 없고, 포장단위는 拾자만 보이고 다음 글자는 판독이 진행 중인데 십 오두가 아닐까 한다. 마지막 두 글자는 효격이라고 판독하였으나 수결일 가능성도 있다.

· 「安∨老縣在京宋□宅上□□□各入拾□□　　孝格」

$$32.5 \times 3 \times ?(㎝)$$

㉟ 35호(0911-J19-죽찰)

마도1호선 목간은 간지와 연월, 발송지, 수취인이 문장의 서두에 나오는 것이 골고루 나와 앞부분 내용이 무엇이라고 단정지을 수는 없다. 宅上이 아닌 '戶'가 나오는 것으로 보아 발송인과 수취인의 관계가 대등하거나 하위라는 것을 알 수 있다.

· 「∨□□□□□□戶□田出末醬貳拾貳石各入貳拾伍斗」

$$31.2 \times 2.1 \times ?(㎝)$$

㊱ 36호(0912-I18-죽찰)

남아 있는 글자를 통해 마도 1호선의 목간 구조와 다르지 않다는 것을 확인할 수 있다. 수취인은 발송자와 대등하거나 하위계층인으로 '戶付'라고 표기하였다.

· 「∨戶付 田出 各入」

$$35 \times 2.6 \times ?(㎝)$$

㊲ 37호(0913-I13-죽찰)

발송지는 죽산현이고 개경에 있는 校尉 尹邦俊에게 보낸 것이다. 하물 종류는 게젓갈이다. 蟹자는 '虫' 부수가 아래에 있지 않고 왼쪽에 있어 蠏로 적혀 있다.

· 「∨竹山縣在京校尉尹邦俊宅上蠏醢壹缸入四斗」

$$20.2 \times 1.9 \times ?(㎝)$$

㊳ 38호(0923–A17–죽찰)

하물 수취인은 판독이 진행 중인데, 24번 25번과 38번 39번, 70번, 71번은 모두 동일 인물이다. 하물종류는 전출 豆다. 마도1호선에서 콩을 지칭하는 용어는 太(또는 大)와 豆 두 가지다.

· 「∨□□□宅上田出豆壹石入拾伍斗 大三」

$$36 \times 2.5 \times ?(\text{cm})$$

㊴ 39호(0923–J13–죽찰)

하물 수취인은 판독이 진행 중인데, 24번 25번과 38번 39번, 70번, 71번은 동일한 내용이다. 하물종류와 수량은 콩[太] 1석이다. 마도 1호선에서 콩을 지칭하는 용어는 太(또는 大)와 豆 두 가지다.

· 「∨□□□宅上太□石入拾伍斗 大三」

$$34 \times 3 \times ?(\text{cm})$$

㊵ 40호(0923–A18–죽찰1)

하단은 파손되었지만, 거의 완형에 가깝다. 종류를 알 수 없는 하물 3석과 백미 2석의 하물표다. 백미는 粟으로 판독할 수 있는 가능성도 있으나 현재로서는 白米로 볼 가능성이 더 크다.

· × 參石白米貳石各入 ×

$$(15.6+\alpha) \times 2.4 \times ?(\text{cm})$$

㊶ 41호(0923–A18–죽찰2)

수취인 명은 알 수 없고, '宅'자가 있다. 하물종류는 역시 '田出'이 적혀 있는 것으로 보아 곡물류로 추정할 수 있다.

・「∨□□□宅田出 ×

$$(9.9+\alpha)\times 3.7\times ?(\mathrm{cm})$$

⑫ 42호(0928-ll15-죽찰)

상단이 결락되어 있으나 전체적으로 대나무를 잘 다듬어 글씨를 적었다. 글자는 앞면과 뒷면 모두에 나타난다. 결락부위와 金자 사이에 아랫부분 획이 있지만 정확히 무슨 글자인지는 알 수 없다. 다만 문장 구조상 김사원의 관직명이 적혀 있지 않았을까 추측한다.

・× □金嗣元宅上」
・× 魚醢壹缸」

$$(10.7+\alpha)\times 1.1\times ?(\mathrm{cm})$$

⑬ 43호(0929-D18-목간)

하물의 포장단위로 보이는 15두가 적혀 있다. 수취인이나 발송인, 하물종류는 모두 알 수 없다.

・「∨□ □拾伍斗」

$$25\times 5\times ?(\mathrm{cm})$$

⑭ 44호(1007-D20-죽찰)

묵서는 앞면에만 있으며 총 15자가 남아 있다. 수취인이 적혀 있는 부분은 결락되어 알 수 없다. 하물은 콩 50석이다. 마도1호선 목간의 하물수량 중 가장 많다. 15두 단위로 포장되어 있었음을 알 수 있다. 숫자는 갖은자로 적어 위·변조를 방지하였다. 次知載는 싣는 것을 맡아 했다는 뜻인데, 보통 줄을 바꾸거나 뒷면에 적는데 여기서는 칸을 띠었다.

・× 宅田出太伍拾石各入拾伍斗 次知載 ×

$$(20+\alpha)\times 2\times ?(\text{cm})$$

㊺ 45호(1007-J12-죽찰)

중간이 쪼개지고 상단이 결락된 채 발굴되었다. 전체적인 형태는 알 수 없다.

・×[　]」

$$(38+\alpha)\times 1\times ?(\text{cm})$$

㊻ 46호(1007-J19-죽찰)

수취인은 同正職을 지니고 있던 宋 아무개다. 太 앞 □□는 田出로 추독될 수 있다. 수량은 7석이다.

・「∨□□同正宋□□宅上□□太七石入□□斗印」
・「∨次知載舡□□□□□□□□□□□□□□□수결」

$$34\times 2\times ?(\text{cm})$$

㊼ 47호(1007-D17-죽찰)

수취인을 적고 宅上이라 표기했다.

・「∨□□尹□□宅上」
・「∨□□□□□□□」

$$22\times 2\times ?(\text{cm})$$

㊽ 48호(1011–K20–죽찰)

수취인의 관직은 同正職에 있는 散官이다. 하물 종류는 中米다. 米 다음의 □□□은 □石入으로 추독할 수 있다.

· 「∨□□□同正□□□宅上中米□□□十五斗印」

$$34.2 \times 1.5 \times ?(\text{cm})$$

㊾ 49호(1015–J18–죽찰)

상단과 하단이 결락되어 전체적인 형태는 알 수 없다. 하물 수량은 6석이라는 사실을 알 수 있다.

· × 宅上□□六石入□ ×

$$(55.3+\alpha) \times 3.2 \times ?(\text{cm})$$

㊿ 50호(1015–D17–죽찰)

머리 부분은 특별히 다듬은 흔적은 없다. 죽찰 전체에 걸쳐 좌우로 금이 가 있다.

· 「∨ [   ] 」

$$27.2 \times 2.6 \times ?(\text{cm})$$

㊶ 51호(1015–C17–죽찰)

상단과 하단이 모두 결락되어 전체적인 형태는 알 수 없다. 남아 있는 부분의 한쪽 면에 묵흔이 확인된다.

· × □□□ ×

(9.3+α)×2.9×?(㎝)

(52) 52호(1023-E17-죽찰)

丁卯년(1207) 12월이 적혀 있고, 발송지는 죽산현이다. 수취인은 개경에 거주하고 있는 校尉 尹□□다. 田 아래는 出로 추독된다. 하물의 종류나 수량 등은 결실부분에 적혀 있었을 것이다.

·「V丁卯十二月日竹山縣在京校尉尹□□」

·「V　　　　宅田　　　　　　　　　」

28.5×3.7×?(㎝)

(53) 53호(1024-J15-죽찰)

아래 부분이 결락되어 전체적인 형태는 알 수 없다. 밑 부분에서 두 개로 나눠진 채 발굴되었다. 수취인은 직장동정 尹□이다.

· × 直長同正尹□宅上□ ×

(26+α)×4×?(㎝)

(54) 54호(1024-J15-목간)

총 4개의 편으로 나누어진 상태로 발굴되었다. 수취인은 別將 權克平이다.

· ×別將權克平×

(36+α)×5.1×?(㎝)

⑤⑤ 55호(1025–J15–죽찰1)

· 「[   ]」

$$55.5 \times 3 \times ?(\text{cm})$$

⑤⑥ 56호(1025–J15–죽찰2)

수취인은 개경에 있는 許□本인데 戶付라는 표현으로 보아 맨 마지막에는 나오는 발송자 송지와 동등하거나 하위 계층 사람으로 추정할 수 있다. 하물은 白米이고 4석을 20두 단위로 포장하였다. 발송자는 직책이나 지명 없이 단순히 성명만을 적었다.

· 「∨在京許□本戶付白米四石各入二十斗印宋持」

$$28.5 \times 2 \times ?(\text{cm})$$

⑤⑦ 57호(1025–J15–목간)

상부 일부 파손이나 완형에 가깝다. 수신자는 □□都令 李孝臣이고, 하물은 中米 15斗다.

· × □□都令李孝臣宅上中米二石入十五斗」
· × □□□□   」

$$(31+\alpha) \times 2.2 \times ?(\text{cm})$$

⑤⑧ 58호(1026–J15–죽찰)

수신자는 군인 白□다. 戶付라는 표현을 통해 수취자가 발송자보다 높은 신분이 아니었음을 알 수 다. 하물은 메주 1석이고, 20두 단위로 포장하였다.

· 「∨軍白□戶付竹山縣田出末醬一石入卄斗」

$$38.2 \times 2.5 \times ?(\text{cm})$$

⑤⑨ 59호(1027–J14–죽찰1)

수신인은 大將軍 金純永이며, 하물종류는 벼이고 수량은 6석이다. 김순영 목간이 출토됨으로써 다른 목간에 나타난 정묘와 무진년이 각각 1207년과 1208년임이 밝혀져, 마도 1호선 편년을 확정할 수 있게 된 매우 귀중한 자료다.

· 「∨大將軍金純永宅上田出租陸石」

$$32.9 \times 2.8 \times ?(cm)$$

⑥⓪ 60호(1027–J14–죽찰2)

수신인은 大將軍 金純永이며, 하물종류는 벼이고 수량은 6석이다. 다른 김순영 목간이 田出租라고 하였는데, 여기에서는 田出을 생략하여 적었다.

· 「∨大將軍金純永宅上租陸石」

$$32.9 \times 2.5 \times ?(cm)$$

⑥① 61호(1027–J14–죽찰3)

大자 아래는 대나무 껍질이 벗겨져 글자가 박락되었으나 將자임이 확실하고 軍자는 아래 부분 획만 남았다. 수신인은 대장군 김순영이다.

· ×大將軍金純永宅上田出×

$$(28.4+\alpha) \times 2.5 \times ?(cm)$$

⑥② 62호(1027–J14–죽찰4)

수신인은 김대장군 순영이라고 적혀 있어 다른 목간과 차이가 있다.

・「∨金大將軍純永宅上田出租陸石」

$$33.4 \times 2.6 \times ?(\text{cm})$$

㉓ 63호(1027–J14–죽찰5)

・「∨大將軍金純永宅上田出租陸石」

$$32.9 \times 2.5 \times ?(\text{cm})$$

㉔ 64호(1027–J14–죽찰6)

・「∨大將軍金純永宅上田出租陸石」

$$33.4 \times 2.6 \times ?(\text{cm})$$

㉕ 65호(1029–J14–죽찰)

하물종류는 콩이다. 수량은 壹자 다음이 결락되었으나 '石'자가 있었을 것으로 추정할 수 있다.

・「∨□□宅上太壹 ×

$$(14+\alpha) \times 2.9 \times ?(\text{cm})$$

㉖ 66호(1107–D17–죽찰1)

묵흔은 2자가 보이고 末 다음은 醬으로 추독된다.

・× 末□ ×

$$(8+\alpha) \times 2.5 \times ?(\text{cm})$$

㉖ 67호(1107–D17–죽찰2)

묵서는 앞면에만 있으며 총 11자가 남아 있다. 수신인은 大將軍인데, 이름이 나오지는 않지만 김순영일 가능성이 크다. 하물 종류는 메주로 2석을 보냈고, 십 몇 두를 단위로 포장하였다.

·「∨大將軍宅上末醬貳石入拾 ×

$$29.8 \times 2.8 \times ?(\text{cm})$$

㉘ 68호(1107–I15–죽찰)

묵서는 앞면에만 있으며 총 14자다. 宅上 다음 글자는 잔획으로 보아 木麥 즉 메밀로 보인다.

·「∨□□宅上木麥□□□□拾伍斗」

$$34.1 \times 2.5 \times ?(\text{cm})$$

㉙ 69호(1109–D17–죽찰)

정묘년(1207) 12월이 적혀 있다. 수신인은 郎中同正 金洛中이다. 하물수량이나 종류는 알 수 없다.

· × 丁卯十二月郎中同正金洛中宅上 ×
　　□□□□

$$(20+\alpha) \times 2.4 \times ?(\text{cm})$$

㉚ 70호(2010–0524–A6–죽찰)

·「∨ □□□ ×

$$(7.2+\alpha) \times 2.5 \times ?(\text{cm})$$

㉛ 71호(2010—0526—B4—죽찰)

상단부에 홈이 있다. 하물종류는 太다. 마도1호선에서 콩을 지칭하는 용어는 太(또는 大)와 豆 두 가지다.

・「∨ □□□宅上太壹石入拾伍斗大三」

$$34.7 \times 2.7 \times ?(\text{cm})$$

㉜ 72호(2010—0526—A7—죽찰)

상하단이 결락되고 훼손이 많아 형태를 파악하기 어렵다.

・× □□□ ×

$$(6+\alpha) \times 2.3 \times ?(\text{cm})$$

10) 참고문헌

손환일, 2008, 「高麗 木簡의 書體- 忠南 泰安 해저 출토 목간을 중심으로 -」『韓國思想과 文化』44, 한국사상문화학회

임경희·최연식, 2008, 「태안 청자운반선 출토 고려 목간의 현황과 내용」『목간과 문자』1, 한국목간학회

국립해양문화재연구소, 2010, 『태안마도1호선 수중발굴조사 보고서』

임경희·최연식, 2010, 「태안 마도 수중 출토 목간 판독과 내용」『목간과 문자』5, 한국목간학회

橋本繁, 2011, 「近年出土の韓国木簡について」『木簡研究』33, 木簡学会

신은제, 2012, 「마도 1·2호선 出水 목간·죽찰에 기재된 곡물의 성격과 지대수취」『역사와 경계』84, 부산경남사학회

한정훈, 2015, 「동아시아 중세 목간의 연구현황과 형태 비교」『사학연구』119, 한국사학회

한정훈, 2016, 「고대 목간의 형태 재분류와 고려 목간과의 비교-성산산성 목간을 중심으로」 『木簡과 文字』 16, 한국목간학회

김재홍, 2017, 「고려 출수 목간의 지역별 문서양식과 선적방식」 『木簡과 文字』 19, 한국목간학회

노경정, 2017, 「태안해역 고려 침몰선 발굴과 출수 목간」 『木簡과 文字』 19, 한국목간학회

이건식, 2017, 「태안해역 출토 목간의 어학적 특징」 『木簡과 文字』 19, 한국목간학회

정현숙, 2017, 「태안해역 출수 고려 목간의 서체적 특징 – 마도 1·2·3호선 목간을 중심으로」 『木簡과 文字』 19, 한국목간학회

윤용희 외, 2019, 「마도1호선에서 출수된 목간의 수종과 보존처리」 『목간과 문자』 19, 한국목간학회

김기섭, 2020, 「고려 마도 1·2호선 목간을 통해 본 조(租)의 수취방식과 토지의 성격」 『한국중세사연구』 63, 한국중세사학회

3. 태안 마도 2호선 출수 목간

1) 유적명 : 태안 마도 앞바다 2호선

2) 유적소재지 : 충남 태안군 근흥면 정죽리 N 36°41′23.9″, E 126°08′20.5

3) 유적유형 : 침몰선

4) 목간점수/주요유물 : 목간47점/청자, 식기류, 동물뼈, 곡식류

5) 시대 및 시기 : 고려시대/1197~1213년 사이

6) 발굴기관/발굴기간/보고서 간행 : 국립해양문화재연구소/2010.5.4.~10.20/2011. 11.30

7) 소장기관 : 국립태안해양유물전시관

8) 유적 개요

마도 2호선은 태안 마도 앞바다 N 36°41′23.9″, E 126°08′20.5″지점에서 발견되었다. 이 고려시대 고선박은 그 규모는 길이 12.6m, 폭 4.4m, 깊이 1.2m였다. 이 배는 현재의 전라북도 고창 일대에서 거둬들인 곡물 등을 싣고 개경으로 향하던 중 난파된 고려 시대 곡물운반선이다. 침몰한 지점은 충남 태안군 근흥면 마도 북동쪽 약 400m다.

배 안에는 하물로서 볍씨 등 각종 곡식류, 청자매병, 통형잔 등 도자류, 하물의 물표인 목간과 죽찰, 각종 동물뼈, 선상용품으로서 철제 솥과 청동 숟가락, 청동 그릇, 대나무 젓가락 등 다종 다양한 유물 400여 점이 들어 있었다.

이 선박에서는 고려시대 목간과 죽찰이 47점 출수되었다. 선적된 하물은 벼, 조, 메밀, 들깨, 콩깍지, 때죽나무 등이 있다. 그리고 포유류는 사슴, 돼지, 개, 소, 고라니, 고래 등 6종류가 확인된다. 이 중 사슴과 돼지가 대부분을 차지한다. 어류는 농어, 숭어, 참돔, 상어 등 9종류가 확인되지만 참돔이 대부분을 차지한다. 조류는 닭과 오리가 대부분이다. 이외에 선원들이 즐겼던 장기알도 출수되었다.

선박에 실린 청자는 부안 유천동 요지에서 생산된 것이며, 양질의 청자 꾸러미가 발견되었다. 도기는 젓갈류를 담았지만, 최상급의 상감 및 음각매병에는 죽찰이 매달린 채 발견되었다. 죽찰의 판독결과 매병의 수취인은 중방의 하급 무반이었고, 내용물은 꿀과 참기름이었다.

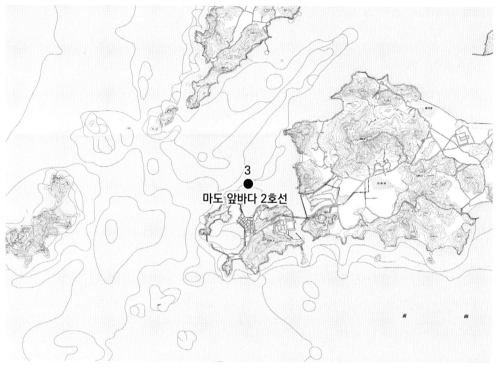

〈태안 마도 2호선 목간 출수지점〉

9) 목간 개요

47점의 고려시대 목간과 죽찰이 출토되었다. 기재 내용은 발송지, 수취인, 하물의 종류와 수량 등으로 전형적 하찰이다. 이 선박은 현재의 전북 고창일대인 고창현, 무송현, 장사현과 고부군에서 수취한 물품을 싣고 개경으로 향하던 운반선이다.

선박의 출항지를 추정할 수 있는 지역명으로 전북 고창군과 정읍 지역인 고창현, 무송현, 장사현, 고부군 등의 지명이 확인된다. 하물의 종류는 白米, 中米 등의 미곡류, 콩을 의미하는 太, 豆, 메주를 의미하는 末醬, 이외에도 알 젓갈, 精蜜, 眞(참기름) 등도 있다. 수취인 중 李克偦는 추밀원부사(1219년)와 평장사(1220년)을 지냈다. 목간에서 郞中으로 기록되어 있어 1219년 이전이 된다. 목간의 내용에 의해 梅甁을 樽이라고 불렀다는 사실과 매병이 술병뿐 아니라 꿀

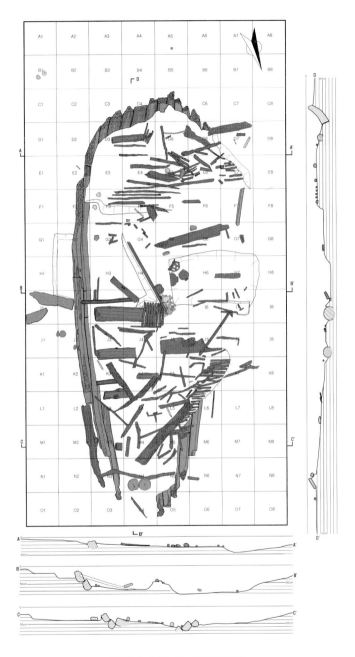

〈태안 마도 2호선 그리드 구획도〉

과 참기름 등 먹거리를 담는 용기였다는 것을 알 수 있게 되었다.

마도 2호선 발굴과정에서 목간과 죽찰로 추정한 것은 총 58점이다. 그 중 11점은 고려시대 하물표 목간의 가장 큰 특징이라고 할 수 있는 묶음 홈이 없으며, 적외선 촬영으로도 묵흔이 보이지 않는다.

마도 2호선 목간의 형식 분류를 지역적 특성에 따라 4개로 구분된다.

> Ⅰ형식: 장사현, 수취인+발송지+물품
>
>   校尉□□□□宅上長沙縣田出太壹石各入拾伍斗
>
> Ⅱ형식: 무송현, 발송지+수취인/발송인(화압)
>
>   茂松縣在京韓宅田出末醬壹石各入貳拾斗
>
>   使者金順
>
> Ⅲ형식: 고부군, 수취인+발송지+물품/선적인
>
>   大卿庾宅上古阜郡田出白米壹石入拾伍斗
>
>   次知果祚
>
> Ⅳ형식: 고창현, 발송지+수취인+물품+印
>
>   高敞縣事審□宅麴一裹入□□斤

※ 목간번호는 모두 보고서

① 1호(0524-F4-목간)
홈이 중간에 있다.

· 「校尉□□□□宅上長∨沙縣田出太壹石各入拾伍斗

　　　　　　　33.9×3.09×?(㎝)

② 2호(0524–K3–죽찰)

• ×脩郞中宅上田出中米壹石各入拾伍斗∨」

$$(30.1+\alpha)\times3.0\times?\text{(cm)}$$

③ 3호(0526–D7–목간)

•「∨□田出大□ 石各入□」

$$33.9\times2.8\times?\text{(cm)}$$

④ 4호(0526–L5–죽찰)

•「∨別將鄭元卿宅上田出末醬壹石各入 □ ×

$$(31.2+\alpha)\times2.8\times?\text{(cm)}$$

⑤ 5호(0526–L5–죽찰)

상단은 파손되기는 했으나, ∨자홈이 있었던 것으로 추정된다.

• ×□□三月日□×

$$(9.8+\alpha)\times2.2\times?\text{(cm)}$$

⑥ 6호(0606–H4–죽찰)

•「□□□」

$$(27.9+\alpha)\times2.5\times?\text{(cm)}$$

⑦ 7호(0606–H4–죽찰)

•「∨茂松縣在京□□ 校尉同正庾□□ 宅上末醬□□」

$$11.2\times3.8\times?\text{(cm)}$$

⑧ 8호(0607–G7–목간)

- ×宅上太壹石入拾伍斗印 閑三」

$$(23.4+\alpha) \times 1.6 \times ?(cm)$$

⑨ 9호(0608–I3–죽찰)

- 「∨典應材戶付田出

$$27.4 \times 2.1 \times ?(cm)$$

⑩ 10호(0609–L4–죽찰)

- 「∨茂松縣□□×

$$(12.8+\alpha) \times 2.7 \times ?(cm)$$

⑪ 11호(0610–E5–죽찰)

- 「∨□　×

$$(16.7+\alpha) \times 3.1 \times ?(cm)$$

⑫ 12호(0610–E5–죽찰)

상단 홈에 묶인 끈이 남아 있다.

- 「∨□宅上□太一石入□」

$$35.9 \times 2.1 \times ?(cm)$$

⑬ 13호(0620–E4–죽찰)

상단 홈에 묶인 끈이 남아 있다.

・「∨李克偐郎中宅上田出 ×

$$(16.3+\alpha)\times2.2\times?(\text{cm})$$

⑭ 14호(0620–E5–죽찰)
・「∨□宅上茂松田出太壹石入□　」

$$35.4\times2.3\times?(\text{cm})$$

⑮ 15호(0620–L5–죽찰)
・「∨茂松在□　」

$$31.9\times3.7\times?(\text{cm})$$

⑯ 16호(0621–J7–목간)
상부는 파손되었으나 ∨자홈 아래부터 살아있는 것으로 보인다.

・×卿庾□　　　」
・×次知果祚　　」

$$(31.6+\alpha)\times4.0\times?(\text{cm})$$

⑰ 17호(0622–J7–목간)
・「∨茂松縣在京別將□□石入十□」

$$34.1\times3.1\times?(\text{cm})$$

⑱ 18호(0622–K7–목간)
상부는 파손되었으나 ∨자홈 아래부터 살아있는 것으로 보인다.

- ×卿庾宅上古阜郡田出中米壹石入拾伍斗」

- ×次知果秭」

$$(30.8+\alpha)\times5\times?(\text{cm})$$

⑲ 19호(0623-I5-죽간)

- 「∨□敝縣事審□宅上麴一裏入□□斤」

$$30.7\times3.4\times?(\text{cm})$$

⑳ 20호(0623-J2-죽찰)

- 「∨高敞縣事審□宅麴一裏入□□斤」

$$25.5\times2.7\times?(\text{cm})$$

㉑ 21호(0623-J7-목간)

- ×縣在京郎將同正林□存宅上中米一石入十五斗

$$(34.2+\alpha)\times2.6\times?(\text{cm})$$

㉒ 22호(0701-J6-죽찰)

- 「∨茂松縣□　□□□同正李作均宅上田出末醬壹石各入拾伍斗」

$$22.0\times1.9\times?(\text{cm})$$

㉓ 23호(0702-F5-죽찰)

- 「∨重房都將校吳文富」

- 「∨宅上眞盛樽封」

$$13.4\times1.4\times?(\text{cm})$$

㉔ 24호(0702−J6−죽찰)

· 「Ｖ茂松在京朴□各入太十八斗印」

$$27 \times 2.2 \times ?㎝$$

㉕ 25호(0704−G5−목간)

· 「Ｖ隊正朴正□各入□」

$$24.9 \times 3.7 \times ?㎝$$

㉖ 26호(0704−H5−목간)

· 「Ｖ奇牽龍宅上卵醢一缸入二斗□」

· 「Ｖ五□使者閑三」

$$19.3 \times 2.0 \times ?㎝$$

㉗ 27호(0707−F5−죽찰)

· 「Ｖ重房都將校吳文富」

· 「Ｖ宅上精蜜盛樽封」

$$14.2 \times 1.6 \times ?㎝$$

㉘ 28호(0707−F6−목간)

· 「Ｖ奇牽龍宅上卵醢一缸入二斗□」

· 「Ｖ五□使者閑三」

$$20.7 \times 2.2 \times ?㎝$$

㉙ 29호(0707−H4−죽찰)

· 「茂松縣在京韓宅田出末醬壹石各入貳拾斗　」

・「使者金順」

$$30.4 \times 2.1 \times ?(\text{cm})$$

㉚ 30호(0708–G6–죽찰)

・「∨□　□」

$$31.9 \times 3.5 \times ?(\text{cm})$$

㉛ 31호(0721–F4–목간)

・「∨大卿庾宅上古阜郡田出大壹石入拾伍斗」

・「∨次知果祚」

$$35.4 \times 3.6 \times ?(\text{cm})$$

㉜ 32호(0807–J8–목간)

・「∨大卿庾宅上古阜郡田出白米壹石入拾伍斗」

・「∨次知果祚」

$$36.4 \times 3.3 \times ?(\text{cm})$$

㉝ 33호(0807–J7–목간)

・「∨茂松縣在□

$$34.7 \times 3.1 \times ?(\text{cm})$$

㉞ 34호(0808–J7–목간)

・ ×□　□×

$$(31.8+a) \times 3.1 \times ?(\text{cm})$$

㉟ 35호(0807–J8–목간)

· 「∨茂松縣在京別將同正尹□精戶付白米一石各入十八斗」

$$35 \times 2.7 \times ?(\text{㎝})$$

㊱ 36호(0814–E4–죽찰)

상하단은 완형이나 측면이 상당 부분 파손되었다.

· 「[　　]」

$$38.4 \times 1.5 \times ?(\text{㎝})$$

㊲ 37호(0815–J9–죽찰)

상단부는 일부 결실되었으나, ∨홈이 결실되었을 뿐 완형에 가깝다.

· ×田出中米壹石」

$$(19.0 + \alpha) \times 2.7 \times ?(\text{㎝})$$

㊳ 38호(0815–J9–목간)

· 「入米九斗」
· 「中米六斗」

$$13.3 \times 2.2 \times ?(\text{㎝})$$

㊴ 39호(0815–J9–목간)

상부 결실이나, 완형에 가깝다.

· ×入米九斗」

・「　　　　　」

$$(12+\alpha) \times 2.8 \times ?(\text{cm})$$

⑭ 40호(0816–J9–죽찰)

・「∨☐　☐×

$$? \times ? \times ?(\text{cm})$$

⑪ 41호(0818–J2–목간)

・「∨在京光世宅上田出☐×

$$(27.3+\alpha) \times 2.7 \times ?(\text{cm})$$

㊷ 42호(0820–F7–목간)

・「∨大卿庚宅上古阜郡田出太壹石入拾伍斗」

・「∨次知☐祚」

$$37.8 \times 4.0 \times ?(\text{cm})$$

㊸ 43호(0916–I18–목간)

・「∨茂松縣在☐　×

$$(11.4+\alpha) \times 2.0 \times ?(\text{cm})$$

㊹ 44호(0929–저판밑부분–목간)

・「牽龍啇宅上☐」

$$37.0 \times 2.3 \times ?(\text{cm})$$

㊺ 45호(1001- I 8-목간)

• 「∨奇牽龍宅上□中米壹石入 ×

$$(20.8+a) \times 1.2 \times ?㎝$$

㊻ 46호(1012-J8-죽찰)

• 「∨別將鄭元卿宅上茂松縣田出中米□石各入□□斗」

$$37.0 \times 3.0 \times ?㎝$$

㊼ 47호(1012-J8-목간)

• 「∨茂松縣在京郎將同正林□存宅上中□」

$$? \times ? \times ?㎝$$

10) 참고문헌

손환일, 2008, 「高麗 木簡의 書體- 忠南 泰安 해저 출토 목간을 중심으로 -」『韓國思想과 文化』 44, 한국사상문화학회

임경희·최연식, 2008, 「태안 청자운반선 출토 고려 목간의 현황과 내용」『목간과 문자』 1, 한국목간학회

임경희, 2010, 「마도2호선 발굴 목간의 판독과 분류」『목간과 문자』 6, 한국목간학회

임경희·최연식, 2010, 「태안 마도 수중 출토 목간 판독과 내용」『목간과 문자』 5, 한국목간학회

橋本繁, 2011, 「近年出土の韓国木簡について」『木簡研究』 33, 木簡学会

국립해양문화재연구소, 2012, 『태안 마도2호선 수중발굴조사보고서』

신은제, 2012, 「마도 1·2호선 出水 목간·죽찰에 기재된 곡물의 성격과 지대수취」『역사와 경계』 84, 부산경남사학회

한정훈, 2015, 「동아시아 중세 목간의 연구현황과 형태 비교」『사학연구』 119, 한국사학회

한정훈, 2016, 「고대 목간의 형태 재분류와 고려 목간과의 비교-성산산성 목간을 중심으로」 『木簡과 文字』 16, 한국목간학회

노경정, 2017, 「태안해역 고려 침몰선 발굴과 출수 목간」 『木簡과 文字』 19, 한국목간학회

김재홍, 2017, 「고려 출수 목간의 지역별 문서양식과 선적방식」 『木簡과 文字』 19, 한국목간학회

이건식, 2017, 「태안해역 출토 목간의 어학적 특징」 『木簡과 文字』 19, 한국목간학회

정현숙, 2017, 「태안해역 출수 고려 목간의 서체적 특징 - 마도 1·2·3호선 목간을 중심으로」 『木簡과 文字』 19, 한국목간학회

김기섭, 2020, 「고려 마도 1·2호선 목간을 통해 본 조(租)의 수취방식과 토지의 성격」 『한국중세사연구』 63, 한국중세사학회

4. 태안 마도 3호선 출수 목간

1) 유적명 : 태안 마도 앞바다 3호선

2) 유적소재지 : 충남 태안군 근흥면 정죽리

3) 유적유형 : 침몰선

4) 목간점수/주요유물 : 목간35점/청자, 곡물류, 어패류, 젓갈류

5) 시대 및 시기 : 고려시대/1265~1268

6) 발굴기관/발굴기간/보고서 간행 : 국립해양문화재연구소/2011.5.6.~2011.10.24./2012.11.10

7) 소장기관 : 국립태안해양유물전시관

8) 유적 개요

태안 마도 해역에서 앞서 마도1호선과 2호선을 인양한 후에도 조사가 지속되었다. 2011년 5월 6일부터 마도 3호선에 대한 조사발굴이 착수되어 10월 24일 완료되었다.

마도3호선이 매장된 곳은 육지로부터 약 300m 가량 떨어진 곳이다. 수심은 약 3~6m로 비교적 얕은 편이며 선박의 규모는 길이 12m, 폭 8m, 선심 2.5m 가량이었다. 선박 보존 상태가 양호해서 선박사 연구에 좋은 자료가 되고 있다. 선체는 가룡을 기준으로 하였을 때 총 6개의 칸으로 구획이 가능하다. 제1칸은 선수재와 외판, 저판이 연결되는 부분이며, 출토유물은 없었다. 제2칸은 원통목들이 선체와 나란한 방향으로 놓여 있어 곡물이 적재되었던 것으로 생각된다. 제3칸은 선체 중앙부로 선원들의 취사행위 등 선상생활이 이루어지는 공간이었으며, 젓갈 등을 담은 도기호들이 이 칸의 북쪽과 우현쪽에 적재되었다. 남쪽 중앙에서는 돛대가 좌현 쪽으로 기울어져 확인되었으며, 청동용기와 청자류 등 선상생활용품과 도기호, 목간 등이 출토되었다. 그리고 제2칸과 4칸에 적재되었던 곡물들이 침몰과정에서 3칸으로 쏟아지면서 다량의 곡물들도 이 칸에서 출토되었다. 제4칸과 5칸은 다수의 원통목들이 정연하게 노출되었으며, 그 상부에서 보리 등의 곡물들이 확인되어 주로 곡물을 적재했던 공간으로 보인다. 제6칸은 선미재와 외판, 저판이 연결되는 부분이며, 도기호와 대나무상자가 출토되었다.

마도 3호선에서는 고려시대의 죽찰 20점, 목간 15점이 발굴되었다. 간지는 확인되지 않았다. 전라남도 여수현과 주변에서 거둬들인 곡물, 전복과 홍합 등의 고급 어패류, 상어 등을 싣고 당시 수도였던 강화도로 향하던 배였다. 수취인 중 한 명은 당대 최고 권력자인 무인집정 金俊이 포함되어 있다. 마도 3호선은 김준과 주변 인물, 중방과 삼별초 등에게 전달하던 물건을 실었던 배였다. 마도 3호선은 1265~1268년의 고려시대 정치·경제 제도로부터 선원들의 일상생활까지 풍부한 역사적 사실을 담고 있다.

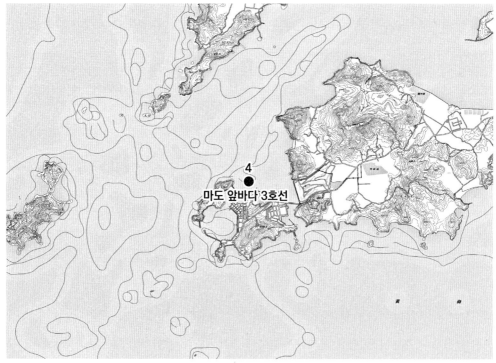

〈태안 마도 3호선 목간 출수 지점〉

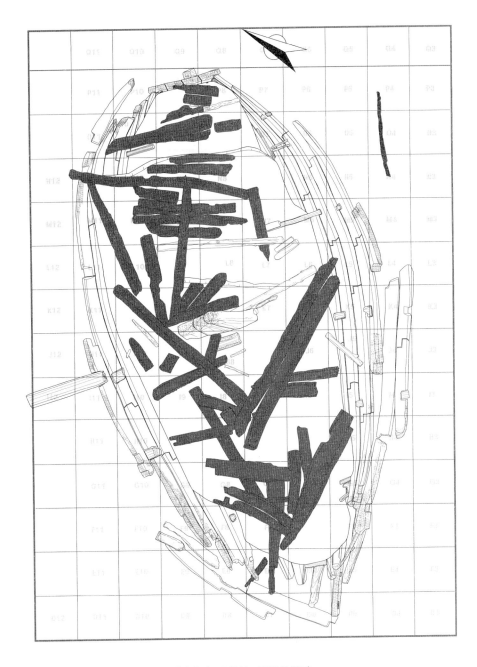

〈태안 마도 3호선 그리드 구획도〉

9) 목간 개요

목간 15점과 죽찰 20점 등 총 35점의 하찰 목간이 발굴되었다. 발송지가 呂水縣(현재 전라남도 여수시)이고 수취인은 辛允和(高麗史에 1260년 將軍으로 나옴), 兪承制(=承宣 兪千遇, 1264~1268년 승선직에 있음), 事審 金令公 등의 관인으로 나온다. 이들 인물의 연대를 근거로 마도3호선은 1265~1268년 사이에 난파된 선박임이 밝혀졌다. 홍합(마른 것, 젓갈), 전복(생것, 젓갈), 육포, 직물, 곡물류 등의 하물을 적재하였으며, 삼별초의 조직과 지휘체계, 지역관할 제도를 알 수 있게 해준다. 고려 조운선의 경우 1,000석을 실을 수 있다는 기록이 있는데 마도 3호선의 경우 길이가 10미터 정도이고 바닥이 평평한 평저선이다. 정기 조운선으로 보기는 어렵고, 배의 규모로 보면 비정기적인 곡물을 중앙에게 운반하기 위한 것이었다고 보인다. 마도 3호선 목간에서 수취인은 田民(전민변정도감)이나 重房, 右三番別抄 등 관청명이 나온다. 기존 연구에서는 목간을 크게 3가지 형식으로 구분하였다.

Ⅰ형식: 발송지+수취인+물품/선적인+화압

　　呂水縣副事審宅田出皮麥柒斗□□□/□□□□

　　次知載船丞同正吳수결

Ⅱ형식: 수취인+물품/발송인+화압

　　房□主宅上生鮑醢/ □□雉三以畚出印□

　　使者善才

Ⅲ형식: 수취인+물품

　　右三番別抄都上

　　乾蛺壹石

※ 목간번호는 모두 보고서

① 1호(유물번호 마도3-93 출수위치 L8(추정))

• × 房□番 ×

$$? \times ? \times ?(\text{cm})$$

② 2호(마도3-94 출수위치 L8(추정))

• □羅□

$$? \times ? \times ?(\text{cm})$$

③ 3호(마도3-95 출수위치 L7)

• 「主□房□主宅上生鮑
　　□□□□□以田出□□□」

• 「使者善才」

$$15.4 \times 2 \times 0.79(\text{cm})$$

④ 4호(마도3-96 출수위치 J10)

• ×□壹缸×

• ×□□×

$$(5.1+\alpha) \times 2.2 \times 0.61(\text{cm})$$

⑤ 5호(마도3-97 출수위치 M7)

• ×主□房□主宅上生鮑肆缸×

　　수결

• ×使者善才×

$$(13.2+\alpha) \times 1.3 \times 1.0 (\text{cm})$$

⑥ 6호(마도3-98 출수위치 M7)

- × 房□主宅上生鮑醢
  □□雉三以畓出印□ ×

- ×使者善才 ×

$$(11.1+\alpha) \times 1.77 \times 0.6 (\text{cm})$$

⑦ 7호(마도3-99 출수위치 L8)

- 「∨副事審宅上缸壹」
- 「∨次知上丞同正吳수결」

$$12.6 \times 1.35 \times 0.67 (\text{cm})$$

⑧ 8호(마도3-100 출수위치 L8)

상·하단 일부 파손되었으나 거의 완형에 가깝다. 상단은 ∨字홈이었을 가능성이 크다.

- 「∨田民上魚油缸」
- 「∨男景池」

$$10.5 \times 2.4 \times 0.65 (\text{cm})$$

⑨ 9호(마도3-101 출수위치 K9. 죽찰)

- 「∨右三番別抄本上」
- 「∨乾蛱壹石」

$$18.3 \times 2.4 \times 0.65 (\text{cm})$$

⑩ 10호(마도3–102 출수위치 K9)

　・「∨□□希宅田出□□壹石入貳拾斗」

37.9×3.5×1.72(㎝)

⑪ 11호(마도3–103 출수위치 K9, 죽찰)

　・「　　　　　　　　　　　」

34.3×3.4×0.48(㎝)

⑫ 12호(마도3–104 출수위치 K9, 죽찰)

　・「∨都官上布拾伍疋」

12.9×1.2×0.17(㎝)

⑬ 13호(마도3–105 출수위치 K9, 죽찰)

　・「∨右三番別抄都上」

　・「∨乾蛦壹石」

21.8×2.3×0.51(㎝)

⑭ 14호(마도3–106 출수위치 K9, 죽찰)

　・× 上布拾疋」

(8.5+α)×1.0×0.18(㎝)

⑮ 15호(마도3–107 출수위치 F6, 죽찰)

　・「∨辛允和侍郎宅上」

　・「∨生鮑醢一缸」

19.0×1.4×0.28(㎝)

⑯ 16호(마도3-108 출수위치 K9, 죽찰)

· 「∨ 重房右番上[布] ×

· 「∨ □

$$(7.5+\alpha)\times1.0\times0.19(\text{cm})$$

⑰ 17호(마도3-109 출수위치 거름망, 죽찰)

· ×貳拾×□□×

· ×　　×　　×

$$(6.2+\alpha)\times2.12\times0.91(\text{cm})$$

⑱ 18호(마도3-110 출수위치 거름망, 죽찰)

· × 石入拾伍斗印×

· × □　　　×

$$(10.5+\alpha)\times1.8\times0.2(\text{cm})$$

⑲ 19호(마도3-111 출수위치 F6, 죽찰)

· 「∨右三番別抄本□上」

· 「∨犭脯小□合盛箱子」

$$11.7\times1.4\times0.3(\text{cm})$$

⑳ 20호(마도3-112 출수위치 F6, 죽찰)

· 「∨右三(番)別抄都領侍郎宅上」

· 「∨沙魚盛箱子一」

$$13.3\times1.5\times0.35(\text{cm})$$

㉑ 21호(마도3-113 출수위치 F6, 죽찰)

· × □　　×

· 　× □　　×

$$(3.3+\alpha)\times1.5\times0.32(\text{cm})$$

㉒ 22호(마도3-114 출수위치 K9, 죽찰)

· × 本□× 布醢 ×

· 　× □□□× □　　×

$$(5.3+\alpha)?\times0.9\times0.2(\text{cm})$$

㉓ 23호(마도3-115 출수위치 K7, 죽찰)

· 「呂水縣副事審宅田出皮麥柒斗□□□ ×
　　　　　　　　　　□□□□

· 「次知載船　丞同正吳　수결　　×

$$(23.2+\alpha)\times(0.7\sim1.62)(\text{cm})$$

㉔ 24호(마도3-116 출수위치 L7, 죽찰)

· 「∨兪承制宅上」

· 「∨生鮑醢古乃只一」

$$20.9\times1.2\times0.32(\text{cm})$$

㉕ 25호(마도3-117 출수위치 G6, 죽찰)

· 「∨事審金令公主宅上」

· 「∨蛦醢生□合伍缸玄礼」

$$12.1\times1.1\times0.22(\text{cm})$$

㉖ 26호(마도3-118 출수위치 K6)

· 「∨田民上魚油缸」

· 「∨男景池」

$$12.4 \times 2.4 \times 0.67(\text{cm})$$

㉗ 27호(마도3-119 출수위치 G6, 죽찰)

· 「∨事審金令公主宅上」

· 「∨蛦醢一缸入三斗玄礼」

$$12.4 \times 1.2 \times 0.25(\text{cm})$$

㉘ 28호(마도3-120 출수위치 K7)

· 「∨兪承制宅上」

· 「∨乾蛦壹石」

$$20.4 \times 2.3 \times 0.58(\text{cm})$$

㉙ 29호(마도3-121 출수위치 H7, 죽찰)

· 「∨奇待郞宅上」

· 「∨次知吳□」

$$15.3 \times 1.7 \times 0.17(\text{cm})$$

㉚ 30호(마도3-122 출수위치 K9, 죽찰)

· ×□旻宅上麥壹石入二十三斗使者□」

$$(14.9+\alpha) \times 1.7 \times 0.37(\text{cm})$$

㉛ 31호(마도3-123 출수위치 선체내부, 죽찰)

- ×□房□主×生鮑醢 ｣
  수결

- ×使者 ｣

$$(6.07+\alpha)\times1.8\times?(\text{cm})$$

㉜ 32호(마도3-124 출수위치 G7, 죽찰)

- ｢∨金侍郎主宅上｣
- ｢∨生鮑一缸入百介玄礼｣

$$22.2\times1.1\times0.21(\text{cm})$$

㉝ 33호(마도3-125 출수위치 L8, 죽찰)

- ｢∨盧□□宅上｣
- ｢∨魚油一缸｣

$$21.9\times1.5\times0.23(\text{cm})$$

㉞ 34호(마도3-126 출수위치 L8, 죽찰)

- ｢∨次知宅上□□　　×
- ｢∨　□□□□　　×

$$(6.7+\alpha)\times0.8\times0.24(\text{cm})$$

㉟ 34호(마도3-127 출수위치 L8)

- ｢∨事審□□宅上｣
- ｢∨魚油一缸□□□｣

$$13.2\times2.2\times0.32(\text{cm})$$

10) 참고문헌

임경희·최연식, 2010, 「태안 마도 수중 출토 목간 판독과 내용」『목간과 문자』 5, 한국목간학회

임경희, 2011, 「마도3호선 목간의 현황과 판독」『목간과 문자』 8, 한국목간학회

국립해양문화재연구소, 2012, 『태안마도 3호선 수중발굴조사보고서』

김병근, 2017, 「마도 4호선 출수 목간」『木簡과 文字』 19, 한국목간학회

김재홍, 2017, 「고려 출수 목간의 지역별 문서양식과 선적방식」『木簡과 文字』 19, 한국목간학회

노경정, 2017, 「태안해역 고려 침몰선 발굴과 출수 목간」『木簡과 文字』 19, 한국목간학회

이건식, 2017, 「태안해역 출토 목간의 어학적 특징」『木簡과 文字』 19, 한국목간학회

정현숙, 2017, 「태안해역 출수 고려 목간의 서체적 특징 – 마도 1·2·3호선 목간을 중심으로」『木簡과 文字』 19, 한국목간학회

한정훈, 2017, 「태안해역 출수 木簡의 비교를 통한 해운활동 고찰 – 마도 4호선을 중심으로」『木簡과 文字』 19, 한국목간학회

5. 울산 반구동 유적 출토 목간

1) **유적명** : 울산 반구동 유적

2) **유적소재지** : 울산광역시 중구 반구동 303번지 일대

3) **유적유형** : 관방유적, 토성, 목책, 도로, 굴립주건물, 우물

4) **목간점수/주요유물** : 목간1점/기와, 토기

5) **시대 및 시기** : 고려시대/13세기

6) **발굴기관/발굴기간/보고서 간행** : (재)울산발전연구원 문화재센터/2006.10.9.~2006. 11.3./2006.12.6.~2007.6.20., 2008.3.14.~2008.5.2./2009.5.15

7) **소장기관** : 울산박물관

8) **유적 개요**

울산 반구동 유적은 청동기시대부터 조선시대에 이르기까지 여러 시기에 걸쳐 다양한 유구와 유물이 조사되었다. 삼국시대 조성된 건물은 7기이며, 연화문 수막새를 사용한 누각 건물이 세워졌다. 건물의 기초는 자연암반을 그대로 사용한 보기드문 구조의 건물이다. 통일신라시대 목책시설과 목조우물, 고려시대 토성, 조선시대의 溝 등의 유구가 확인되었다.

반구동 유적은 삼국시대인 7세기대 건물이 조성된 이래 목책과 토성이 유지된 시기에는 울산지역의 중심지로 추정된다. 목책은 구덩이를 파서 목재를 박아 서로 연결하여 만든 담장형태의 방어시설이다. 이곳에서는 길이 250m에 1-2열 간격이 4m인 이열목책이 확인되었다. 목책의 부속시설인 망루는 1구간에서 3개, 4구간에서 1개가 확인되었다. 반구동 유적의 목책은 항구 보호 및 선박의 접안 시설로, 반구동 유적은 삼국시대 이래 신라의 항구로 대외적인 문물교류의 창구 역할을 담당했던 것으로 보인다. 고려 태조를 도와 고려를 일으켰다는 박윤웅은 반구동 일대로 추정되는 神鶴城에 근거를 둔 울산지역의 호족이었다. 이처럼 지역을 근거로 한 호족과 세력이 존재했다. 반구동 유적 인근에는 1417년(태종 17) 축성한 경상좌도 병마절도사의 營城인 병영성, 1597년(선조 39) 加藤清正이 울산읍성과 병영성을 허물어 축성한 울산왜성 등 군사시설이 자리한다.

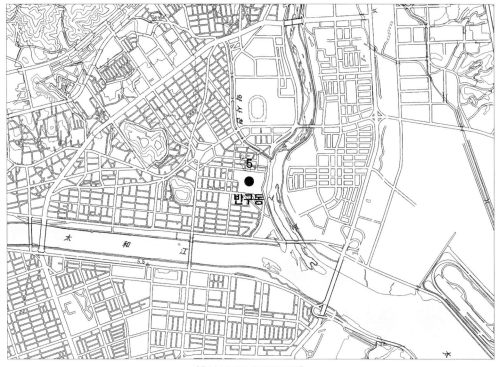

〈울산 반구동 유적의 위치〉

지리적으로 반구동 유적은 울산지역의 정치·행정·경제와 군사의 중심이자, 해상무역과 더불어 달천 철장, 소금생산, 등 경제 관문의 기능을 담당했으며, 관문성을 거쳐 경주로 이어지는 물자와 교통의 루트이기도 했다.

9) 목간개요

목간은 Ⅲ-1호 溝 북쪽부분 바닥에서 출토되었다. 목간이 출토된 부분은 지형이 높은 쪽과 아래 쪽의 레벨 차이가 별로 나지 않는다. 구 내부에는 고운 모래 침전층이 형성되어 있었다. Ⅲ-1호 구에서 출토된 유물은 통일신라~조선시대에 해당하는 것이며, 목간 이외에 뚜껑 1점, 청자 2점, 분청사기 2점, 수키와 8점, 암키와 10점, 원반형 토제품 1점 등이다.

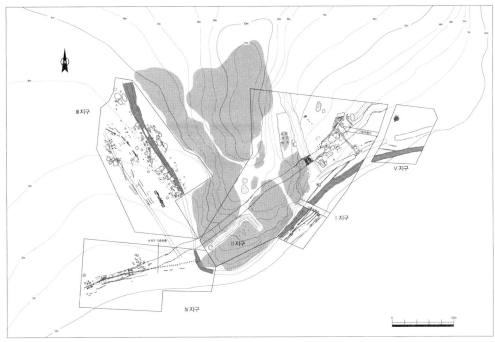

〈울산 반구동 유적 유구와 목간 출토 위치〉

목간은 溝의 바닥 생토면에 눌려져 있는 상태였으며, 내부퇴적토를 완전히 제거한 상태에서 출토되었다. 다만 문제는 목간의 연대를 비정하는데 약간의 혼란이 있다. 출토 위치는 조선시대 溝이지만 정황상 溝 내부는 수혈같은 前代의 유구로 인해 중복이 심하다. 즉 溝 내부에 중복되어 있는 III-7, 15호 수혈은 통일신라 말에서 고려시대에 해당한다. 이 수혈은 조선시대 溝가 조성되기 이전에 형성된 것이다. 따라서 목간은 통일신라 말에서 고려시대일 가능성이 높다.

① 보고서 1034호(도면 187, 도판 323·324)

소나무를 사용하여 윗부분이 뾰족한 圭頭形으로 만들었다. 묵서는 양면 모두에서 확인된다. 둥근 원형의 나뭇가지를 중심에서 반으로 쪼갠 다음 앞면과 뒷면 모두 큰 손질을 하고, 칼로 잔손질을 하여 평평하게 다듬었다. 측면은 가공하지 않은 상태이며 수피가 남아 있는 것으로 볼 때 목간을 제작한 원가지의 지름은 4㎝ 내외이다. 상단을 ∧형으로 마무리한 규두형이며, 하단은 홈 없이 일자로 마무리하였다. 목간 하단이 자연 압력에 의해 갈라졌으나 인위적인 훼손은 없다. 전체적으로 묵서의 상태도 양호하며 앞면 16자, 뒷면 16자로 모두 32자가 확인된다.

- 「　　　　各二幷壹□
　　　□生松連 李眞 奴介別送 信　　　　　　　　」
- 「茊手矣上無良　末仇知 處歲余百士進金」

29.3×1.4×0.9(㎝)

물품을 어떻게 보낸다는 물품의 하찰로 추정된다. 글자 간에 空隔이 확인되며, 글자의 크기가 다른 부분도 확인된다. 목간의 제작시기는 특정하기 어렵지만 출토유구와 李라는 성씨, 이두의 사용 등을 종합해보아 일러도 고려시대로 추정된다. 목간은 토성이라는 공간 안에서 이루어진 어떤 행위의 결과로 폐기된 것으로 보인다. 혹 百士를 장인의 호칭으로 볼 수 있다면 금속과 관련된 물품의 조달과 관련지을 수 있다. 伯士란 표현은 통일신라시대 각종 금석문에서 집중적으로 확인된다. '伯士'를 合字로 해서 1자처럼 썼다. 고려 초에 조성된 고미현 서원종에는 '伯' 대신 일백 '百'자를 쓰고 있다.

10) 참고문헌

김현철, 2009, 「울산 반구동 유적 출토 목간」 『목간과 문자』 4

울산발전연구원 문화재센터, 2009, 『울산 반구동유적』 학술연구총서 제43집

V

조선 朝鮮

개요

　현재까지 알려진 조선시대 목간은 2015년 태안 마도해역에서 출수된 마도 4호선에서 건져 올린 목간이다. 마도 4호선 선체 내부에서는 곡물, 목간, 분청사기, 목제와 석재유물 등이 적재되어 있었다. '內贍'이 찍힌 분청사기는 15세기 초반 제작된 기물임을 통해 그 무렵의 선박과 하물로 추정되고 있다. 나주에서 한양의 광흥창으로 세곡을 싣고 이동하던 조선시대의 조운선이었다. 목간은 선박에 실린 화물의 운송표로 발송처와 수취처, 곡물종류, 수량 등이 적혀 있다.

　한편, 2021년 11월 여주 파사성에서 목간 1점이 발견되었다. 아직 적외선 사진이 촬영되지 않아 정확한 판독은 추후에 이뤄져야 하고, 보고서 간행 역시 시일을 기다려야 하므로, 목간에 대한 정확한 판단은 후일을 기약해야 한다. 다만, 공반 유물, 목간의 형태나 일부 판독 내용을 보면, 조선시대의 목간일 가능성이 높다.

1. 태안 마도 4호선 출수 목간

1) **유적명**: 태안 마도 앞바다 4호선

2) **유적소재지**: 충남 태안군 근흥면 정죽리 앞 바다

3) **유적유형**: 침몰선

4) **목간점수/주요유물**: 목간63점/분청사기, 벼

5) **시대 및 시기**: 조선시대/15세기

6) **발굴기관/발굴기간/보고서 간행**: 국립해양유물전시관/2015.4.22.~10.25/2016

7) **소장기관**: 국립태안해양유물전시관

8) **유적 개요**

2008년 신고를 통한 탐사를 계기로 시작된 충남 태안 마도해역 발굴조사는 매년 연차발굴 중이다. 마도 4호선은 2014년도에 누리안호의 기관 고장으로 우연찮게 발견되었다. 9월부터 11월까지 사전조사가 이뤄졌다. 분청발 2점을 수습했으며, 대략적인 선체 규모가 파악되었다. 2015년 마도 4호선에 대한 본격 발굴을 통해 조선시대 선박임을 확인하였다. 마도4호선의 잔존 규모는 길이 12m, 폭 5m, 선심 약 2m이고, 밑판 3열, 좌현 외판 4단, 우현 외판 11단, 선수·선미재도 일부 남아 있는 平底船이다. 마도 4호선은 상단(갑판)과 좌현 외판의 일부를 제외하고 외형이 잘 보존된 상태로 남아 있었다.

선체 내부를 제토하면서 곡물이 다량 발견되어 세곡운반선일 가능성이 확인되었다. 선체 내부에는 다량의 곡물류와 목간, 분청사기, 목제·석제유물 등이 적재되어 있었다. 총 155점의 분청사기 중 '內贍'이 쓰인 분청접시 3접을 확보했다. 內贍이란 조선시대 궁궐에 물품을 관리하던 內贍寺를 의미한다. 관청명을 분청사기에 집어넣은 것은 1417년(태종 17) 관청의 명칭을 표기하도록 하는 조처와 관련된다. 목간에 묵서된 '羅州廣興倉'도 확인되었다. 광흥창은 조선시대 관료의 녹봉을 지급하던 곳으로 전국에서 출항한 조운선이 도착하는 곳이었다. 마도4호선은 조선시대 선박으로 현재로서는 유일한 조운선 실물자료다. 이를 통해 15세기 초 나주에서 출항하여 당시 수도인 한양의 광흥창에 세곡과 함께 공물을 운반한 조운선으로 마도 해역해역에

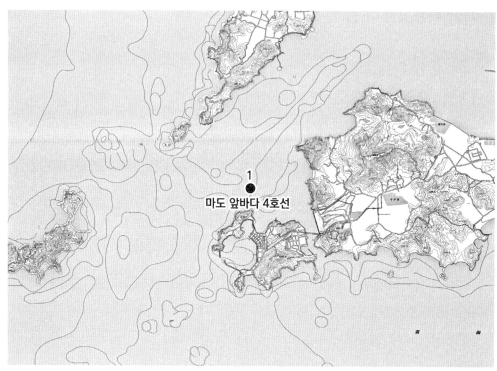

〈태안 마도 4호선 목간 출수지점〉

서 침몰되었음을 알 수 있게 되었다.

9) 목간 개요

선박 내부에서는 목간 43점, 죽찰 20점 도합 63점이 출수되었다. 목간은 56점이 송부처와 수취처가 기재된 '나주광흥창[∧(=羅)州廣興倉]'이란 묵서가 적혀 있고, 나머지 7점은 하물의 종류와 수량을 기재하였다. 수결이 보이는 목간도 2점 보인다.

목간은 전라도 나주에서 한양의 광흥창(지금의 서울 마포)로 보내는 貢納 운송 상황을 전한다. 목간의 출수 양상은 '羅州廣興倉'과 수량단위, 곡물 종류 등이 곡물과 볏섬 사이에서 지속적으로 공반 출수되었다. 목간은 대부분 곡물이 적재된 그리드에서 발굴되었다. 목간은 볏섬에

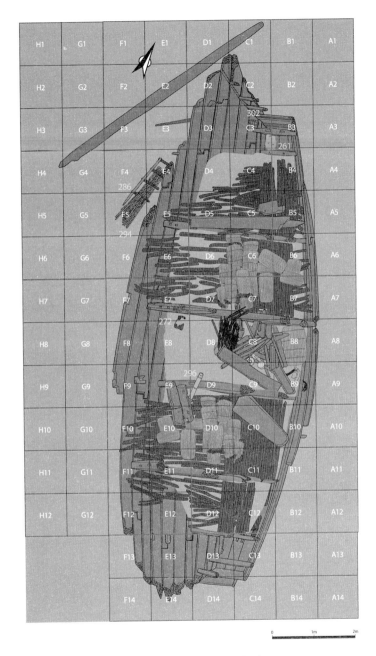

H1 G1 F1 E1 D1 C1 B1 A1
H2 G2 F2 E2 D2 C2 B2 A2
302
H3 G3 F3 E3 D3 C3 B3 A3
261
H4 G4 F4 E4 D4 C4 B4 A4
286
H5 G5 F5 E5 D5 C5 B5 A5
294
H6 G6 F6 E6 D6 C6 B6 A6
H7 G7 F7 E7 D7 C7 B7 A7
272
H8 G8 F8 E8 D8 C8 B8 A8
296
H9 G9 F9 E9 D9 C9 B9 A9
H10 G10 F10 E10 D10 C10 B10 A10
H11 G11 F11 E11 D11 C11 B11 A11
H12 G12 F12 E12 D12 C12 B12 A12
F13 E13 D13 C13 B13 A13
F14 E14 D14 C14 B14 A14

0 1m 2m

〈태안 마도 4호선 그리드 구획도〉

매달거나 꽂아서 곡물을 구분하는 용도로 사용하였다.

　마도 4호선에서 출수된 목간의 크기는 다양하지는 않다. 목간은 대부분 길이 15㎝ 내외이다. 목간의 크기가 30㎝ 이상인 것은 한 점도 없으며, 완형도 대부분 10~15㎝ 크기이다. 이는 마도 1·2·3호선에서 출수된 목간에 비해서 크기가 매우 작다. 이와 관련해서 고려시대의 선박은 私船의 성격이 강하여, 정확한 기록이 필요하였을 것인데 비해 마도 4호선은 官船체계가 강화된 상황 아래서 목간 기재 내용의 간소화와 소형화가 이뤄진 것이라는 해석이 있다. 목간의 재질이나 가공 정도 역시 고려시대 것인 마도1,2,3호선에 비해 조선시대 것인 마도 4호선의 목간은 떨어진다. 나무나 대나무를 벌채한 후 한쪽 면만을 가공하여 글씨를 썼다. 나무나 대나무도 수령이 낮아 가늘고 강도도 뛰어나지 않다.

　※ 목간번호는 보고서에 따름

　① 1호(유물번호 : 마도4-164　출수지점 : 0824-E10-목간)
　화물 발송처는 나주(현재 전라남도 나주)이고 수취처는 광흥창(현재 서울 마포)이다. 상단은 일부 파손되었으나 완형에 가깝다.

　· ×羅州廣興倉」

$$(17.3+\alpha) \times 1.9 \times 1.17 (㎝)$$

　② 2호(마도4-165　0808-D5-목간)
　·「羅州廣興倉」
　·「/」

$$8.9 \times 1.9 \times 0.31 (㎝)$$

③ 3호(마도4-166 0623-C11-죽찰)

· 「羅州廣興倉」

$$16.2 \times 1.6 \times 0.41 (\text{cm})$$

④ 4호(마도4-167 0722-F8-죽찰)

· 「羅州廣興倉」

$$13.5 \times 1.6 \times 0.41 (\text{cm})$$

⑤ 5호(마도4-168 목간)

2점의 파편으로 이뤄져 있다.

· 「羅州廣興×

$$(9.2 + \alpha) \times 3.3 \times 1.3 (\text{cm})$$

⑥ 6호(마도4-169 목간)

· 「仒州廣興倉」

$$9.6 \times 1.6 \times 0.44 (\text{cm})$$

⑦ 7호(마도4-170 0808-C9-목간)

· 「仒州廣興倉」

$$11.3 \times 2.8 \times 0.81 (\text{cm})$$

⑧ 8호(마도4-171 0720-D8-목간)

· 「∨仒州廣興倉×

$$(11.2 + \alpha) \times 1.2 \times 0.78 (\text{cm})$$

⑨ 9호(마도4-172 0805-E8-죽찰)
 •「仐州廣興倉」

$$12.5 \times 1.3 \times 0.3 (\text{cm})$$

⑩ 10호(마도4-173 0811-C8-죽찰)
 •「仐州廣興倉」

$$12.3 \times 1.7 \times 0.34 (\text{cm})$$

⑪ 11호(마도4-174 0720-H8-목간)
 •「仐州廣興倉」

$$9.4 \times 1.2 \times 0.79 (\text{cm})$$

⑫ 12호(마도4-175 0821-C7-목간)
 •「仐州廣興倉」

$$9.4 \times 1.5 \times 0.32 (\text{cm})$$

⑬ 13호(마도4-176 0621-G10-목간)
 •「仐州廣興倉」

$$18.9 \times 2.0 \times 0.88 (\text{cm})$$

⑭ 14호(마도4-177 0705-D4-목간)
 •「仐州廣興倉」

$$9.1 \times 1.4 \times 0.77 (\text{cm})$$

⑮ 15호(마도4-178 0622-G5-목간)
 ·「今州廣興倉」
$$14.6 \times 1.7 \times 0.65 (\text{cm})$$

⑯ 16호(마도4-179 0623-C11-죽찰)
 ·「今州廣興倉」
$$11.7 \times 0.8 \times 0.39 (\text{cm})$$

⑰ 17호(마도4-180 0623-C11-죽찰)
 · ×倉」
$$(8.3 + \alpha) \times 1.1 \times 0.19 (\text{cm})$$

⑱ 18호(마도4-181 0705-E11-죽찰)
 ·「今州廣興倉∨」
$$10.6 \times 1.5 \times 0.31 (\text{cm})$$

⑲ 19호(마도4-182 0708-F9-죽찰)
 · ×今州廣興倉」
$$(11.1 + \alpha) \times 1.6 \times 0.66 (\text{cm})$$

⑳ 20호(마도4-183 0710-G8-목간)
 · ×今州廣興倉」
$$(13.2 + \alpha) \times 2.7 \times 0.59 (\text{cm})$$

㉑ 21호(마도4-184 0711-H10-목간)

· ×今州廣興倉」

$$(8.3+\alpha)\times1.5\times0.58(㎝)$$

㉒ 22호(마도4-185 0720-D8-목간)

· 「今州廣興倉」

$$9.2\times1.2\times0.85(㎝)$$

㉓ 23호(마도4-186 0720-F5-죽찰)

· 「今州廣興倉」

$$13.8\times0.8\times0.31(㎝)$$

㉔ 24호(마도4-187 0721-E6-목간)

· 「今州廣興倉」

$$14\times2.4\times0.75(㎝)$$

㉕ 25호(마도4-188 0721-F9-목간)

· ×今州廣興倉」

$$(11.8+\alpha)\times1.3\times0.41(㎝)$$

㉖ 26호(마도4-189 0723-B5-죽찰)

· 「今州廣興倉」

$$15.7\times1.6\times0.57(㎝)$$

㉗ 27호(마도4-190 0723-E7-목간)

· 「仒州廣興倉」

$$10.6 \times 1.4 \times 0.72 (\text{cm})$$

㉘ 28호(마도4-191 0727-F4-목간)

· 「仒州廣興倉」

$$9.0 \times 4.6 \times 1.06 (\text{cm})$$

㉙ 29호(마도4-192 0810-B6-목간)

· 「仒州廣興倉」

$$10.0 \times 2.0 \times 0.6 (\text{cm})$$

㉚ 30호(마도4-193 0810-C6-죽찰)

· 「仒州廣興倉」

$$10.0 \times 1.5 \times 0.29 (\text{cm})$$

㉛ 31호(마도4-194 0817-D5-목간)

· 「仒州廣興倉」

$$16.1 \times 1.7 \times 0.49 (\text{cm})$$

㉜ 32호(마도4-195 0817-C10-죽찰)

· 「仒州廣興倉」

$$8.4 \times 1.8 \times 0.49 (\text{cm})$$

㉝ 33호(마도4-196 0819-D7-목간)

• 「亽州廣興倉」

$$11.6 \times 1.4 \times 0.87(\text{cm})$$

㉞ 34호(마도4-197 0822-C11-목간)

• 「亽州廣興倉×

$$(8.1+\alpha) \times 1.9 \times 0.62(\text{cm})$$

㉟ 35호(마도4-198 0823-E9-목간)

• 「亽州廣興倉手決」

$$10.1 \times 1.8 \times 0.71(\text{cm})$$

㊱ 36호(마도4-199 0823-E9-죽찰)

• 「亽州廣興倉」

$$12.5 \times 1.3 \times 0.22(\text{cm})$$

㊲ 37호(마도4-200 0902-E9-죽찰)

• 「亽州廣興倉∨」

$$11.5 \times 1.1 \times 0.31(\text{cm})$$

㊳ 38호(마도4-201 0807-D7-목간)

• 「亽州廣興倉」

$$13.7 \times 1.0 \times 0.38(\text{cm})$$

㊴ 39호(마도4-202 0811-D8-목간)

· 「令州廣興倉」

$$12.2 \times 1.9 \times 0.53 (\text{cm})$$

㊵ 40호(마도4-203 0811-C7-목간)

· 「令州廣×

$$(4.3+\alpha) \times 1.0 \times 0.61 (\text{cm})$$

㊶ 41호(마도4-204 0623-C11-죽찰)

· 「令州廣×

$$(5.5+\alpha) \times 1.0 \times 0.16 (\text{cm})$$

㊷ 42호(마도4-205 0822-D10-목간)

· 「令州廣×

$$(4.3+\alpha) \times 1.4 \times 0.67 (\text{cm})$$

㊸ 43호(마도4-206 0721-F5-목간)

· 「令州」

$$12.4 \times 1.2 \times 0.45 (\text{cm})$$

㊹ 44호(마도4-207 0820-E8-목간)

· 「令州×

$$(3.4+\alpha) \times 1.2 \times 0.83 (\text{cm})$$

㊺ 45호(마도4–208 0620–G5, G10 제토 중–목간)

· ×州廣興×

$$(4.0+\alpha)\times1.2\times0.72(\text{cm})$$

㊻ 46호(마도4–209 0812–C7–죽찰)

· ×州廣興倉∨」

$$(9.9+\alpha)\times1.3\times0.4(\text{cm})$$

㊼ 47호(마도4–210 0817–D10–목간)

· ×廣興倉」

$$(8.1+\alpha)\times2.2\times0.86(\text{cm})$$

㊽ 48호(마도4–211 0709–C3–목간)

· ×廣興倉」

$$(7.3+\alpha)\times1.7\times0.35(\text{cm})$$

㊾ 49호(마도4–212 0722–F8–죽찰)

· ×廣興倉」

$$(15.3+\alpha)\times1.7\times0.64(\text{cm})$$

㊿ 50호(마도4–213 0706–C11–목간)

· ×興倉」

$$(6.35+\alpha)\times1.7\times0.37(\text{cm})$$

㉛ 51호(마도4–214 0728–D5–목간)

· ×興倉」

$$(5.2+\alpha) \times 1.5 \times 0.74 (㎝)$$

㉜ 52호(마도4–215 0818–C6–목간)

· ×廣×

$$(3.5+\alpha) \times 2.1 \times 0.37 (㎝)$$

㉝ 53호(마도4–216 0724–D8–목간)

· ×倉」

$$(3.6+\alpha) \times 1.2 \times 0.44 (㎝)$$

㉞ 54호(마도4–217 0722–E9–목간)

· 「∨羅州廣興倉」
· 「白米十五斗∨」

$$11.6 \times 2.4 \times 0.74 (㎝)$$

㉟ 55호(마도4–218 0710–F8–목간)

· 「麥三斗×

$$(8.2+\alpha) \times 2.2 \times 0.39 (㎝)$$

㊱ 56호(마도4–219 0809–D9–목간)

· 「三斗五刀」

$$9.1 \times 1.6 \times 0.35 (㎝)$$

㊲ 57호(마도4-220 0622-G8-목간)

· 「五斗」

$$19.8 \times 1.8 \times 0.58 (\text{cm})$$

㊳ 58호(마도4-221 0720-D8-목간)

· 「十五斗」

$$10.9 \times 1.5 \times 1.05 (\text{cm})$$

㊴ 59호(마도4-222 0705-D11-죽찰)

· 「三斗五刀」

$$17.0 \times 1.5 \times 0.32 (\text{cm})$$

㊵ 60호(마도4-223 0818-C6-목간)

· 「□斗二刀」

$$7.2 \times 1.6 \times 0.48 (\text{cm})$$

㊶ 61호(마도4-224 0710-G7-목간)

· ×九丑×

$$(3.2+\alpha) \times 1.7 \times 0.24 (\text{cm})$$

㊷ 62호(마도4-225 0623-C11-목간)

· ×[　]×

$$(7.9+\alpha) \times 1.7 \times 0.64 (\text{cm})$$

㊳ 63호(마도4-226 0622-F4-죽찰)

·×[ ]×

10×1.2×0.34(㎝)

10) 참고문헌

국립해양문화재연구소, 2016, 『태안마도4호선 수중발굴조사 보고서』

문경호, 2016, 「泰安 馬島 4號船 出水 遺物을 통해 본 朝鮮 初 漕卒의 船上 生活」『도서문화』
    48, 국립목포대학교 도서문화연구원

김병근, 2017, 「마도 4호선 출수 목간」『木簡과 文字』19, 한국목간학회

김재홍, 2017, 「고려 출수 목간의 지역별 문서양식과 선적방식」『木簡과 文字』19, 한국목간
    학회

노경정, 2017, 「태안해역 고려 침몰선 발굴과 출수 목간」『木簡과 文字』19, 한국목간학회

이건식, 2017, 「태안해역 출토 목간의 어학적 특징」『木簡과 文字』19, 한국목간학회

한정훈, 2017, 「태안해역 출수 木簡의 비교를 통한 해운활동 고찰-마도 4호선을 중심으로」
    『木簡과 文字』19, 한국목간학회

2. 여주 파사성 출토 목간

1) 유적명 : 여주 파사성 유적

2) 유적 소재지 : 경기도 여주시 대신면 천서리 산9번지 일원

3) 유적 유형 : 산성, 집수지

4) 목간점수/주요유물 : 1점/통일신라 인화문 토기, 나말여초 기와, 조선시대 자기 및 목기, 동물뼈

5) 시대 및 시기 : 조선시대/16세기 말

6) 발굴기관/발굴기간/보고서 간행 : 한성문화재연구원/2021.6.24.-2021.12.1.-14/미간행

7) 소장기관 : 한성문화재연구원

8) 유적 개요

여주 파사성은 백제시대에서 조선시대에 걸치는 산성이다.

1999년에서 2000년에 걸쳐 첫 발굴을 시작으로 2017년까지 기전문화재연구원, 경기문화재연구원과 한성문화재연구원 3개 기관에 의해 총 8차 발굴이 진행되었다. 이를 통해 체성방식, 성외 구조의 포루, 문지와 우물지, 건물지 등 그 구조를 규명해나가고 있다. 2021년 제9차 발굴에서는 남문지 바로 위 소위 [사]지구 발굴을 진행하여, 집수지 2기와 건물지 4기, 온돌유구 3기, 구상유구 1기, 배수로 1기, 담장 3기를 확인하였다. 집수지는 조사지의 중앙에서 1기(1호 집수지), 서남쪽에서 1기(2호 집수지)가 동서로 나란히 확인되었다. 목간은 지름 8.2m에 깊이 4m의 1호 집수지에서 출토되었다. 집수지 내부에서는 통일신라시대 인화문 토기편과 기와편, 조선시대 백자편, 발편, 확석 등이 출토되었다. 자기편은 집석층과 바닥면에서 출토되었는데, 훼기의 흔적이 보이는 "右"자명 백자 저부편이 확인되었다. 이러한 유형은 16세기 중기 이후 관요에서 제작되는 것으로 알려져 있다. 문헌자료에 의하면, 1592년(선조25) 유성룡의 발의에 따라 승군 義巖이 성을 대대적으로 수리하였다고 전한다.

2 여주
파사성

〈여주 파사성의 위치〉

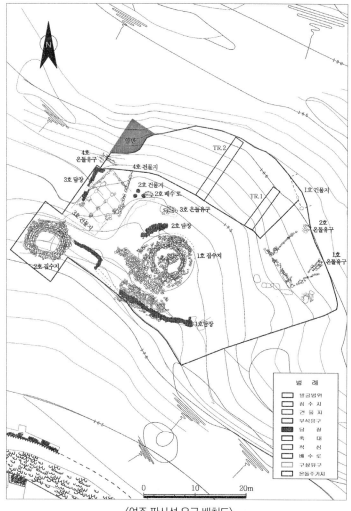

〈여주 파사성 유구 배치도〉

9) 목간 개요

목간은 1호 집수지 동쪽 1단의 입석 사이에서 출토되었다. 세로 길이 19㎝의 장방형 소형 목판에 글씨를 썼다. 양면에 글자가 있는 것으로 보이는데, 정확한 판독은 어려워, 어느 면이 앞면인지 아직 판단할 수 없다. 대체적으로 아래와 같이 판독가능하다.

```
「  ◎

    □舍直　金□潤　」
      □□□江

          19×8×1(㎝)
```

金□潤은 사람 이름인 듯하다. "☒舍直인 金□潤"으로 볼 수 있다. 直은 관리담당자를 가리킨다. 목간의 외형은 삼국시대의 목간과는 매우 다르다. 아울러 내용으로 보아 조선시대 목간일 가능성이 크다. 공반된 조선 백자와 산성 개축 문헌 기록에 비추어 16세기 말이 유력해 보인다.

10) 참고문헌

한성문화재연구원, 2021, 「여주 파사성 9차 문화재 발굴조사 2차 학술자문회의 자료집」
김인성, 2021, 「여주 파사성 9차 조사와 목간」, 한국목간학회 발표요지(2021.1.21)

VI

신안선 新安船

개요

신안선은 중국 慶元(지금의 永寶)을 출발하여 최종 목적지인 일본의 博多港으로 항해를 하다 신안 앞바다에 좌초되었다. 이 배가 고려를 경유하여 일본으로 항해하였는지에 대한 명확한 증거는 없다. 다만 인양된 유물 가운데 慶元路가 새겨진 청동추는 출항지를 밝히는 근거가 된다.

배는 길이 28.4m, 너비 6.6m의 규모이며, 갑판 아래 7개의 칸막이를 설치하여 짐을 실었다. 물품은 대부분 송, 원대의 도자기이며, 동남아시아산 향신료와 약재와 저울, 금속제품의 소재인 주석, 문방구인 벼루와 먹 등이 있다. 침몰선의 매몰 상태는 右舷으로 약 15° 기울어져 있었고, 우현에 큰 구멍이 나 있었다. 당시 신안선은 외판을 보호하는 包板材가 덧대어진 최첨단의 배였다. 선체에 구멍이 나더라도 隔壁 사이의 汚水路를 막으면 다른 칸으로 물이 넘지 못하는 구조였다. 그럼에도 선체에 난 구멍은 암초에 부딪혀 커다란 충격을 받고 표류를 하다 침몰된 사실을 보여준다. 1976년 문화재관리국 신안해저유물발굴조사단에 의해 22,007점의 유물이 인양되었다. 도자기는 龍泉窯 계통의 청자와 景德鎭窯 계통의 백자가 가장 많았고, 釣窯 계통의 자기 등 여러 가마에서 생산된 제품을 함께 실었다. 한편 동전은 배 밑 부분에서 약 28만톤(추정치 800만닢)이 발견되었다. 도자기와 함께 신안선에서 중요한 물품 가운데 하나였음이 짐작된다.

신안선은 목간의 기록을 통해 1323년 4월 하순에서 6월 초순에 걸쳐 화물을 실었고, 물건을 발주한 측은 일본 나라의 東福寺였다. 행선지 가운데는 오사카의 명성 높은 신사인 筥崎八幡宮과 후쿠오카에 소재한 釣寂庵의 이름도 보인다. 신안선에 실린 하물은 생약재의 일부와 자단목 등 동남아산 물품들이다. 13~14세기대 일본의 큰 사찰들은 무역선을 중국에 자주 파견하였고, 출항지가 바로 하카다항[博多巷]이었다. 상품을 구입해 온 하물주인들은 일본인과 일본에 있는 기관들의 대리인 등으로 운영되었고, 재일 중국인들은 이 주변에 거주하면서 무역의 편의를 도모하였다. 이러한 사실은 동전과 함께 발견된 목간의 묵서를 통해 알 수 있다. 신안선의 출현으로 14세기 동아시아 국제교역의 역동적인 모습을 생생하게 그려낼 수 있었다.

〈한국 수중문화재 발굴조사 현황(1976~2017)〉   굵은 글씨는 목간 출토 선박

발굴유적	발굴연도	발굴기관	유물 내역
신안선	1976~1984	문화재관리국·해군 합동	중국 원대 무역선 1척, 동전 28톤, 도지기 22,000점, 목간
제주 신창리	1980, 1983, 1996	문화재관리국·제주대박물관 (합동)	12~13세기 금제장신구류, 중국 도자기 등
태안반도	1981~1987	문화재관리국·해군 합동	고려청자 40여점, 조선백자 등 14~17세기 유물
완도 어두리 완도선	1983~1984	문화재관리국	고려선박 1척, 도자기 3만여점, 선원생활용품
진도 벽파리 진도선	1991~1992	국립해양유물전시관	13~14세기 중국 통나무배 1척
무안 두리포	1995~1996	국립해양유물전시관·해군 합동	고려청자 638점
목포 달리도선	1995	국립해양유물전시관	13~14세기 고려선박 1척
군산 십이동 파도선	2003~2004	국립해양유물전시관	12세기 고려선박 1척, 고려청자 등 8,122점
보령 원산도	2004~2005	국립해양유물전시관	13세기 자향로편 등
신안 안좌도선	2005	국립해양유물전시관	14세기 고려선박 1척, 상감청자 등 4점
군산 야미도	2006~2009	국립해양유물전시관	고려청자 4,547점
안산 대부도1호선	2006	국립해양유물전시관	12~13세기 선체편 일괄수습
태안 대섬 태안선	2007~2008	국립해양유물전시관	12세기 고려선박 1척, 고려청자 등 25,043점, 목간 20점

발굴유적	발굴연도	발굴기관	유물 내역
태안 마도 1호선	2008~2010	국립해양문화재연구소 2009년 명칭변경	13세기 고려선박 1척, 고려청자 등 940점, 목간 69점
태안 마도 2호선	2009~2010	국립해양문화재연구소	13세기 고려선박 1척, 고려청자 등 974점, 목간 47점
태안 원안해역	2010	국립해양문화재연구소	12~13세기 고려청자 531점
태안 마도 3호선	2011	국립해양문화재연구소	13세기 고려청자 336점, 목간 35점
태안 마도해역	2011~2012	국립해양문화재연구소	고려청자 등 667점
인천 영흥도선	2010, 2012~2013	국립해양문화재연구소	통일신라시대 선박 1척, 고려청자 등 723점
진도명량 대첩로해역 (1~3차)	2012~2014	국립해양문화재연구소	고려청자, 총통 등 589점
태안 마도해역	2014	국립해양문화재연구소	고려청자, 백자 등 289점
태안 마도 4호선	2015	국립해양문화재연구소	조선시대 조운선, 분청사기 등 400점, 목간 63점
안산 대부도 2호선	2015	국립해양문화재연구소	선박 1척, 고려청자 등 79점
진도명량 대첩로해역 (4차)	2016	국립해양문화재연구소	고려청자 등 137점
진도명량 대첩로해역 (5차)	2017	국립해양문화재연구소	고려청자, 백자 등 128점
태안 당암포해역 (1·2차)	2017~2018	국립해양문화재연구소	고려청자 등

1. 신안 도덕도 신안선 출수 목간

1) 유적명 : 신안 도덕도 앞바다 신안선

2) 유적소재지 : 전남 신안군 증도면 방축리 도덕도 앞바다, N35°01′15″ E126°5′06″

3) 유적유형 : 침몰선

4) 목간점수/주요유물 : 목간364점/청자, 동전, 자단목

5) 시대 및 시기 : 元대, 고려시대/1323년

6) 발굴기관/발굴기간/보고서 간행 : 국립해양문화재연구소/1976.10.26.~1984.9.17./ 1983, 1984, 1985, 1988

7) 소장기관 : 국립태안해양유물전시관

8) 유적 개요

신안 해저 유물은 우연한 기회에 어느 어부가 원대의 청자 화병 7점을 인양한 것이 계기가 되어 그 후로 문화재 관리국의 주관 하에 1976년 10월부터 1984년 9월까지 약 9년간 10차례에 걸쳐 신안군 증도면 방축리 도덕도 앞바다에서 신안선의 유물 인양 작업이 실시되었다. 이는 한국 수중고고학의 서막을 올리는 계기가 되었다.

신안선 선체의 길이는 28.4m, 폭은 6.6m였다. 인양된 유물은 총 22,000여 점에 달하는데, 청자가 가장 많고 그 다음이 금속제품이며, 이밖에 목제품, 석제품 등이 있다. 도자기는 대다수가 중국 도자기이며 이중에는 고려 청자 7점과 일본의 세또산 甁 2점이 있다. 중국 도자기는 전체의 반 이상이 중국 浙江省 龍川窯 청자이며, 그 다음으로는 江西省의 景德鎭窯의 백자가 1/3 정도를 차지한다. 한편 침몰선에서 인양된 銅錢은 28톤에 달한다. 동전 가운데 연대가 가장 늦은 것이 '至大通寶'로 1310(元 武宗 至大 3)에 주조된 것이다. 신안선연대의 상한이 된다. 船倉에 적재되었던 紫檀木 1,017本과 선체편 445편도 수습되었다.

신안 해저선의 침몰 연대는 우리나라 제주도를 경유 일본으로 향하려던 무역선으로 목간의 연대로 인해 1324년으로 특정되었다. 침몰 지점 2㎞ 밖에서부터 배가 표류하면서 선적상품을 떨어뜨리면서 서서히 침몰했다. 그런 까닭에 신안선의 화물은 내부 화물칸에 대부분 남았을 가

〈신안선 출수 원대 목간 출수지점〉

능성이 높다. 화물의 적재 방법은 크게 3가지로 나눌 수 있는데, 첫째 나무상자로 포장한 도자기류, 둘째 그 아래 위치한 자단목과 동전, 그리고 나머지는 화물칸과 갑판 위 혹은 선실 등 여러 곳에 적재되었을 식량과 식수, 생활도구와 항해 도구이다. 화물은 동전을 제외하면 부피가 크고 더구나 선체의 최하부에 실렸기 때문에 유실이 크지 않았다.

화물을 적재할 때 하부에 동전을 깔아 밸러스트로 삼고 자단목을 깔아 화물을 담은 나무상자를 올렸으며, 나무상자의 뚜껑을 끈으로 잡아매어 완충과 고박을 위한 화물 결박장치를 하였음을 알 수 있다. 선박의 척추에 해당하는 용골에서는 보수孔 즉 구멍이 있었다. 용골의 보수공은 중국 푸젠 일대에서 선박 건조 전통이다. 신안선의 국적과 건조 지역을 특정하는 또 하나의 기준이 된다.

한편 일본 가마쿠라계 유물도 상당히 많이 출토되었다. 대표적인 것이 장기알(桂馬, 禁將, 步兵, 香車, 玉將, 金)과 동경(靑銅製双鶴文方鏡, 靑銅製双鶴丸文鏡, 靑銅製社殿双雀文鏡), 나막신, 漆椀, 漆杯, 甁子(청유매병, 청유음인각모란문매병), 죽제삿갓, 칼(금속제 칼집, 철제 칼집, 도검 병부, 동제표, 표) 등이다. 貨主나 船客도 탑승했음을 짐작할 수 있다. 동경, 칠기와 같은 생활도구와 칼 등이 선미에서 발견되고 있어서 높은 지위를 가진 인물의 활동 공간으로 보고 있다. 신안선에는 고려 청자와 청동 숟가락 등 고려 유물로 있다. 고려청자는 선박 사용과 적재시점 이 고려 무인집권기보다 이전인 고려 전기의 것으로 당시 시점에서는 골동품으로 여겨지고 있다. 이 점에서 고려에서 구입한 것이 아니라 영파 등 중국에서 구입해 적재된 것으로 해석하고 있다. 선박에서 상당히 이격된 외곽에서 출수된 점을 들어 신안선과 연결짓는 데 회의적인 시각도 있다. 고려계 숟가락의 경우 선미쪽에서 확인되었는데, 선미에 객실이 위치했다는 점에서 숟가락을 사용한 인물은 선원 보다는 선객이었을 가능성이 높다.

9) 목간 개요

신안선에서는 목간 364점이 출수되었다. 출수 그리드와 점수는 다음과 같다.

1982년 (328점)	II구역	138
	III구역	130
	IV구역	55
	X구역	5
1983년 (36점)	VI구역	19
	VII구역	12
	VII, VIII구역	3
	IX구역	1
	우현외부	1

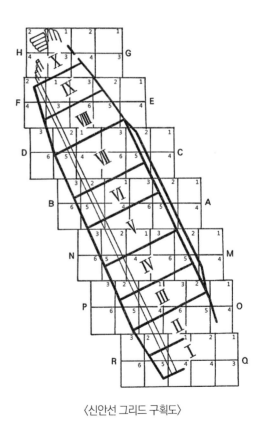

〈신안선 그리드 구획도〉

목간의 길이는 10~20㎝, 너비 2~3㎝, 두께 0.5~1㎝ 내외이며, 대부분 15㎝ 전후이다. 끈으로 묶기 위해 상단부에 절입부가 있다. 至治三年이란 절대연대가 있는 목간이 8점 확인되었다. 이로써 신안선의 침몰연대가 1323년임을 알 수 있게 되었다.

목간에 기록된 날짜는 4월 20일 1점, 4월 23일 6점, 5월 11일 37점, 6월 1일 1점, 6월 2일 9점, 6월 3일 58점이다. 선적에 석달이 걸쳐 있다. 특히 6월 3일은 상품을 집중적으로 선적한 날이다. 364점의 목간 중 16%에 해당하는 58종의 상품이 이날 선적되었다. 목간은 개인의 이름이 20여 명 확인된다. 화주의 이름으로 일본인이 분명한 경우도 있고, 승려나 중국인으로 추정되는 이름도 있다. 승려로 짐작되는 이름은 12가지가 확인된다. 일본 사찰이나 신사 세 군데의 이름을 포함하면 25~26명이 등장한다. 이 무역선에 타고 있던 승려는 최소 13명이 넘고, 화주 혹은 그 대리인이 20명 이상 승선하였을 것으로 추정된다. 이들을 분석해보면 승려, 貨主, 화주 대리인만 최소 33명, 배의 운항에 필요한 선원을 합치면 50~60명의 인원이 승선하였을 것으로 추정된다.

이외 東福寺, 釣寂庵, 筥崎(宮)과 같은 사찰, 신사의 이름도 보인다. 綱司라는 직명도 확인된다. 사찰의 관리직을 맡던 승려를 가리킨다. 화폐의 수량 표시로서 동전의 한 종류를 나타내는 大錢이란 용어도 보인다.

※ ❀는 화압

유형 (총 점수)	묵서	수량 288	목간번호(보고서)
1. 綱司형 (109점)	・「綱司私❀」・「五月十一日」	36	3,7,9,10,11,15,16,17,24,27,28,29, 36,38,39,40,41,42,46,47,56,58,195, 201,204,206,208,214,215,263,264, 324,326,327
	・「綱司私❀」・「五□□□□」	1	20
	・「綱司私❀六月三日」・「七十三包六百內」	46	69,81,82,83,85,97,149,152,153,154, 157,159,162,163,164,166,190,196,

유형 (총 점수)	묵서	수량 288	목간번호(보고서)
			198,200,221,231,232,235,236,238, 239,242,244,245,246,254,256,257, 258,270,273,303,304,305,306,319, 320
	·「綱司私❀」·「七十二包六百內」	1	182
	·「綱司私❀六月三日」·「七十三包內」	1	52
	·「綱司私❀六月三日」·「藥五種八十」	1	79
	·「綱司私❀六月三日」·「二包內行妙」	1	249
	·「綱司私❀」·「□□□□」	20	4,25,37,43,48,53,54,57,73,88,89,90, 94,95,129,150,158,188,205,262
	·「綱□□ □□」·「□□ □□」	2	26,202
2. 東福寺형 (41점)	·「東福寺足」·「十貫公用❀」	15	68,77,104,107,114,120,121,124,126, 213,220,261,274,275,309
	·「東福寺足」·「□□ □□」	1	175
	·「東福寺公用❀」·「十貫足」	4	123,173,176,311
	·「東福寺」·「十貫足」	1	300
	·「東福寺」·「十貫公用❀」	5	112,116,125,250,310
	·「東福寺公物」·「十貫六月二日」	7	70,141,174,181,224,253
	·「東福寺公物」·「十貫□□ □□」	1	177
	·「東福寺公物」·「大錢五貫六月二日」	6	99,100,102,127,271,313
	·「東福寺公用❀」·「□□ □□」	1	210
	·「東福寺」·「六月二日大錢六[貫]」	1	199
3. 至治형 (8점)	·「寶至治參年六月一日❀」·「大錢捌貫釣 寂庵□□」	1	67
	·「寶至治參年□□ □□❀」·「釣寂庵□ □ □□❀」	1	227
	·「寶至治參年六月×」·「釣寂庵□□×」	1	228?

유형 (총 점수)	묵서	수량 288	목간번호(보고서)
	・「寶至治三年六月□□ □□」・「大錢捌貫 釣寂庵❀」	1	147
	・「至治三年六月一日❀×」・×貫文□□ ❀×	1	122
	・「至治三年□□ □□」・「十二貫子□❀」	1	131
	・「寶至治三年×・「□□□×」	1	220
	・×寶至治三年五月×/・×陳皮伍拾伍斤 ×	1	2
4. 教仙형 (7점)	・「拾貫文教仙 勤進聖」・「筥崎奉加錢❀ ⊕」	1	272
	・「□□ □□ 勤進聖」・「筥崎奉加錢❀⊕」	1	212
	・「聖教仙□皮」・「筥崎奉加錢❀⊕」	1	139
	・「一包教仙分」・「一包教仙❀⊕」	1	216
	・「一包教仙分」・「一包教仙❀」	1	18
	・「⊕教仙分❀」・「十貳貫文❀」	1	314
	・「⊕教仙❀」・「十貳貫❀」	1	293
5. 一田早米 (15점)	・「一田早米❀」・「十貫文❀」	6	14,19,51,140,144,184
	・「一田早米❀」・「十貫□□ □□」	1	168
	・「一田早米❀」・「大錢六貫文❀」	2	170,228
	・「一田六貫文❀」・「大錢早米❀」	1	226
	・「一田早米❀」・「大錢×	1	145
	・「一田早米❀」・「大錢五貫文❀」	1	214
	・「一田早米❀」・「大錢六貫□□」	1	142
	・「一田早米❀」・「大錢□□□□❀」	1	230
	・「一田早米❀」・「大錢□□ □□」	1	178

유형 (총 점수)	묵서	수량 288	목간번호(보고서)
6. 八郎 (19점)	·「八郎❀」·「　　　」	16	61,62,74,169,277,278,279,280,281, 282,283,284,285,286,294,296
	·「八郎❀大錢」·「　　　」	3	63,292,297
7. 松 菊得 (6점)	·「松 菊得」·「拾貳貫❀」	4	72,80,115,117
	·「松 菊得」·「伍貫伯貳文❀大錢」	1	108
	·「松 菊得」·「□□ □□」	1	317
8. 菊一 (9점)	·「菊一❀」·「六月二日」	5	8,255,269,301,302
	·「菊一❀」·「六月□□ □□」	1	156
	·「拾貫菊一❀」·「□月□日」	1	325
	·「菊一□□」·「自分九百」	2	151,237
9. 道阿方尒 (4점)	·「十貫文道阿方尒分」·「四月廿日九十貫 內」	1	148
	·「十貫文道阿方尒分」·「四月廿三日九十 貫內」	2	86,87
	·「十貫文道阿方尒分」·「四月廿三日九十 □□ □□」	1	252
10. 秀忍 (2점)	·「秀忍❀」·「拾貳文」	1	194
	·「×貫秀忍❀」·「四月廿三日秀忍」	1	187
11. 隨忍 (5점)	·「隨忍❀」·「❀」	5	21,96,110,128,203
12. 本とう二 郎 (2점)	·「本とう二郎」·「本とう二郎」	2	32,260
13. とう二郎 (8점)	·「とう二郎❀」·「　　　」	5	66,91,288,289,295
	·「とう二郎❀」·「　　　」 大錢	2	65,287
	·「とう二郎❀」·「　　　」 「六貫七百文	1	64

유형 (총 점수)	묵서	수량 288	목간번호(보고서)
14. いや二郎 (2점)	・「いや二郎」・「十一□□ □□」	1	71
	・「いや二郎」・「□□ □□」	1	323
15. 福 四斗 (10점)	・「福 四斗」・「　　　」	9	193,233,240,241,243,248,265,266
	・「福□□ □□」・「　　　」	1	268
16. 인명 (13점)	・「子哲❀」・「十壹貫❀」	1	13
	・「妙行」・「十貫□□」	1	161
	・「□行」・「十八貫內」	1	321
	・「得法□」・「❀十貫文」	1	186
	・「元仁❀」・「□□」	2	44,45
	・「ㅇ守中❀」・「六月三日」	1	183
	・「ㅇ守中❀」・「六月一日」	1	75
	・「陳皮廿七斤 正悟❀」	1	118
	・「甘草四郎❀」・「　　　」	3	31
	・「衛門次郎」・「□□ □□」	3	76,291,307
	・「又三郎」・「千□□ □□❀」	1	315
17. 기타 날짜 (8점)	・「□□□□❀」・「十貳貫四月廿三日」	1	137
	・「□□ □□」・「十貫六月二日」	1	172
	・「伍貫文❀×」・「六月三日❀×	1	130
	・「大錢五貫□□❀」・「六月三日❀」	1	132
	・「拾貫大錢」・「六月三日□□ □□」	1	229
	・「□□ □□」・「六月三日」	1	312
	・「□□ □□」・「□□ □□六月三日」	1	218
	・「□□ □□」・「六月□□ □□」	1	160
18. 기타 (16점)	「貫」이나「大錢」	16	5,12,34,50,59,106,111,135,136,165, 167,171,223,267,299

유형 (총 점수)	묵서	수량 288	목간번호(보고서)
19. 기타 (6점)	・「釣寂庵拾貳文」・「四月廿三日□□❀」	1	103
	・「北米七斗[教正]□□ □□」・「□□ □□」	1	247
	・「北米七斗·□□ □□」・「□□ □□」	1	251
	・「阿□□ □□」・「□□ □□」	1	22
	・「敬□❀」・「□□ □□」	1	192
	・「正❀」・「正❀」	1	276

10) 참고문헌

국립중앙박물관, 1977, 『신안해저문물 국제학술대회 주제발표(요지문)』

文化財管理局, 1983, 『新安海底遺物』 資料篇 I

文化財管理局, 1984, 『新安海底遺物』 資料篇 II

윤무병, 1984, 「木牌」 『신안해저유물 II』, 문화재관리국

文化財管理局, 1985, 『新安海底遺物』 資料篇 III

西谷正, 1985, 「新安海底發見のに木簡ついて」 『朝鮮史研究論文集』 30, 九州大九州文化研究所

西谷正, 1986, 「新安海底發見のに木簡ついて」 『朝鮮史研究論文集』 31, 九州大九州文化研究所

전라남도, 1986, 『문화유적총람』

岡內三眞, 1987, 「新案沈船出土の木簡 東アジアの考古と歴史 上」 『岡崎敬先生退官記念集』, 岡崎敬先生退官記念事業會 編, 同朋舍出版.

龜井明德, 1987, 「日元陶磁貿易の樣態:新安沈沒船をめぐって」 『日本貿易陶磁史の研究』, 同朋舍出版

배종무, 1987, 「신안지방의 역사유적」『신안군의 문화유적』

金元東, 1988, 「新安에서 沈沒된 元代 木船의 沈沒 年月과 引揚된 陶磁의 編年에 관한 硏究」 『美術資料』 42, 국립중앙박물관

文化財管理局, 1988, 『新安海底遺物』 綜合篇

김위현, 1990, 「려·원간 물화교류고」『인문과학연구논총』 7, 명지대학교 인문과학연구소

이용현, 2002, 「신안 해저발견 목간의 형식과 선적」『고려 조선의 대외교류』(국립중앙박물관 특별전 도록)

이원식, 2003, 「全南 新安郡 荏子島 近海에서 引揚한 元代 交易船 : 俗稱-新安船」『대한조선학회지』 40(2), 대한조선학회

국립해양유물전시관, 2004, 『신안선 보존·복원 보고서』

국립해양유물전시관, 2004, 『신안선 보존과 복원, 그 20년사』

김병근, 2004, 「수중고고학에 의한 동아시아 무역관계 연구」, 건국대학교 대학원 박사학위 논문

고미경, 2005, 「신안해저 출토 용천요 청자 연구」, 명지대학교 대학원 박사학위 논문

국립중앙박물관, 2005, 『신안선과 도자기 길』

국립해양유물전시관, 2006, 『14세기 아시아의 해상교역과 신안 해저 유물』

이용현, 2006, 『韓國木簡基礎硏究』, 신서원

국립해양유물전시관, 2007, 『신안선의 금속 공예』

이진한, 2007, 「고려시대 송상무역의 재조명」『역사교육』 104, 역사교육연구회

국립해양유물전시관, 2008, 『동아시아전통선박과 조선기술(국제학술대회 발표자료집)』

국립해양유물전시관, 2008, 『고려청자 보물선-강진, 태안 그리고…』

주영선, 2010, 「고선박의 화물포장과 적재방법에 대한 고찰」, 목포대학교 대학원 석사학위 논문

국립해양박물관, 2016, 『한국의 보물선 타임캡슐을 열다』, 공명

秦大樹, 2016, 「원대 해상무역과 신안선 관련 문제」『신안해저선 발굴 40주년 국제학술대

회』, 국립중앙박물관·국립중앙박물관회

조진욱, 2017, 「신안선 유물 출수 위치의 고고학적 검토-신안선 선체·고려·일본계 유물을
중심으로-」『중앙고고연구』 24, 중앙문화재연구원

조진욱, 2017, 「신안선의 무역모델과 의미-신안선의 고려 기항 여부와 목적을 중심으로」
『동북아역사논총』 55, 동북아역사재단

김도현, 2018, 『수중고고학의 역사』, 한국학술정보

부록 1
한국 목간 연구 논문 목록

1) 발굴보고서 및 도록

(재)부여군문화재보존센터, 2012, 『부여 구아리319 부여중앙성결교회 유적발굴조사보고서』

(재)신라문화유산연구원, 2018, 『皇龍寺 廣場과 都市-황룡사 대지와 후대 유구-Ⅰ』

(재)화랑문화재연구원, 2021, 「경산지식산업지구 진입도로 개설공사부지 내 2구역 발굴조사 부분완료 약식보고서」

광진구·한강문화재연구원, 2013, 『아차산성 종합정비계획』

국립가야문화재연구소, 2007, 『함안 성산산성 출토목간 의의』

국립가야문화재연구소, 2011, 『韓國木簡字典』

국립가야문화재연구소, 2011, 『함안 성산산성 발굴조사 보고서Ⅳ』

국립가야문화재연구소, 2012, 『함안 성산산성Ⅰ-고대환경복원연구 결과보고서-』

국립가야문화재연구소, 2014, 『함안 성산산성 발굴조사 보고서Ⅴ』

국립가야문화재연구소, 2017, 『韓國의 古代木簡Ⅱ』

국립가야문화재연구소, 2017, 『함안 성산산성 발굴조사보고서Ⅵ』

국립가야문화재연구소·국립김해박물관, 2012, 『나무, 사람 그리고 문화 - 함안 성산산성 출토 목기』

국립가야문화재연구소·국립부여박물관, 2009, 『고대의 목간, 그리고 산성』

국립경주문화재연구소, 2002, 『연보』12

國立慶州文化財研究所, 2004, 『月城 地表調査報告書』

國立慶州文化財研究所, 2004, 『月城垓子 發掘調査報告書Ⅱ(본문·사진)』

國立慶州文化財研究所, 2006, 『月城垓子 發掘調査報告書Ⅱ(고찰)』

국립경주문화재연구소, 2011, 『월성해자 발굴조사보고서Ⅲ(4호 해자)-본문-』, 『월성해자 발굴조사보고서Ⅲ(4호 해자)-사진-』

국립경주문화재연구소, 2012, 『월성해자 발굴조사보고서Ⅳ(5호 해자)』

국립경주문화재연구소, 2013, 『전인용사지 발굴조사보고서1·2』

국립경주문화재연구소, 2015, 『월성해자 발굴조사보고서Ⅴ(라구역)』

국립경주문화재연구소, 2017,『경주 월성 동문지·동성벽 시·발굴조사 보고서』

국립경주문화재연구소, 2018,『신라 왕궁 월성』도록

국립경주문화재연구소, 2018,『프로젝트展 월月:성城』도록

국립경주문화재연구소, 2019,『한성에서 만나는 신라 월성』도록

國立慶州博物館, 2002,『국립경주박물관부지내 발굴조사보고서-미술관부지 및 연결통로부지-』

國立慶州博物館, 2002,『文字로 본 新羅-新羅人의 記錄과 筆跡-』

國立慶州博物館, 2011,『우물에 빠진 통일신라 동물들』

국립김해박물관 편, 2018,『가야문화권의 문자자료』

국립나주문화재연구소, 2010,『나주 복암리유적Ⅰ-1~3차 발굴조사보고서-』

國立扶餘文化財硏究所, 1996,『彌勒寺 發掘調查報告書Ⅱ』

國立扶餘文化財硏究所, 1999,『宮南池 發掘調查報告書』

국립부여문화재연구소, 2001,『宮南池Ⅱ-現宮南池西北便一帶-』발굴조사보고서

국립부여문화재연구소, 2007,『宮南池Ⅲ-남편일대-』발굴조사보고서

국립부여문화재연구소, 2007,『부여 능산리사지 10차 발굴조사 현장설명회자료』

국립부여문화재연구소, 2009,『부여 관북리백제유적 발굴조사보고서』

국립부여문화재연구소, 2009,『부여관북리백제유적발굴보고Ⅲ-2001~2007년 조사구역 백제유적편-』, 문화재청

국립부여문화재연구소, 2009,『부여관북리백제유적발굴보고Ⅳ-2008년 조사구역-』, 문화재청

국립부여문화재연구소, 2011,『부여관북리백제유적발굴보고Ⅴ-2001~2007년 조사구역 통일신라시대 이후 유적편-』

국립부여박물관, 2000,『능사-부여 능산리사지 발굴조사 진전보고서』, 유적조사보고서 제8책

국립부여박물관, 2002,『제8차 부여능산리사지 현장설명회자료』

국립부여박물관, 2003,『백제의 문자』, 전시도록, 하이센스

국립부여박물관, 2007,『宮南池』

국립부여박물관, 2007, 『능사-부여 능산리사지 6~8차 발굴조사보고서』

國立扶餘博物館, 2008, 『백제목간-소장품조사자료집』

국립부여박물관·국립가야문화재연구소, 2009, 『나무 속 암호, 목간』

국립부여박물관·충청남도 역사문화원, 2007, 『그리운 것들은 땅속에 있다』

國立歷史民俗博物館, 2002, 『古代日本 文字のある風景』, 朝日新聞社

國立中央博物館 편, 1980, 『雁鴨池; 雁鴨池出土遺物 特別展』, 國立中央博物館

국립중앙박물관, 2003, 『통일신라』

국립중앙박물관, 2005, 『신안선과 도자기 길』

국립중앙박물관, 2011, 『문자, 그 이후』

국립창원문화재연구소, 1998, 『함안 성산산성』

國立昌原文化財研究所, 2004, 『韓國의 古代木簡』

국립창원문화재연구소, 2004, 『함안 성산산성 II』

국립창원문화재연구소, 2004, 『함안 성산산성 III』

국립창원문화재연구소, 2006, 『(개정판)韓國의 古代木簡』

국립청주박물관, 2000, 『한국 고대의 문자와 기호유물』

국립해양문화재연구소, 2009, 『고려청자보물선(태안대섬 수중발굴조사보고서)』

국립해양문화재연구소, 2010, 『태안마도1호선(수중발굴조사 보고서)』

국립해양문화재연구소, 2011, 『태안마도2호선(수중발굴조사 보고서)』

국립해양문화재연구소, 2011, 『태안마도해역 탐사보고서』

국립해양문화재연구소, 2012, 『태안마도3호선(수중발굴조사 보고서)』

국립해양문화재연구소, 2016, 『태안마도4호선(수중발굴조사 보고서)』

국립해양박물관, 2016, 『한국의 보물선 타임캡슐을 열다』, 공명

국립해양유물전시관, 2004, 『신안선 보존·복원 보고서』

국립해양유물전시관, 2004, 『신안선 보존과 복원, 그 20년사』

국립해양유물전시관, 2006, 『14세기 아시아의 해상교역과 신안 해저 유물』

국립해양유물전시관, 2007, 『신안선의 금속 공예』

국립해양유물전시관, 2008, 『고려청자 보물선-강진, 태안 그리고...』

국립해양유물전시관, 2008, 『동아시아전통선박과 조선기술』, 국제학술대회 발표자료집

군산대학교 박물관, 2019, 『장수 침령산성Ⅱ』, 군산대학교 박물관 학술총서 69

금강문화유산연구원, 2017, 『부여 석목리 143-7번지 농협 농산물 산지유통센터 증축공사부지 내 유적 발굴조사 약보고서』

大韓民国文化部文化財管理局, 1993, 『雁鴨池 - 本文編·図版編 - 発掘調査報告書』, 学生社

동국대학교 경주캠퍼스 박물관, 2002, 『경주 황남동 376 통일신라시대 유적』

동방문화재연구원, 2013, 『부여 사비119 안전센터 신축부지 내 쌍북리 173-8번지 유적』

문화공보부 문화재관리국, 1978, 『雁鴨池 발굴조사보고서』

文化財管理局, 1983, 『新安海底遺物』資料篇Ⅰ

文化財管理局, 1984, 『新安海底遺物』資料篇Ⅱ

文化財管理局, 1985, 『新安海底遺物』資料篇Ⅲ

文化財管理局, 1988, 『新安海底遺物』綜合篇

文化財研究所 慶州古蹟發掘調査團, 1985, 『月城垓子試掘調査報告書』

文化財研究所 慶州古蹟發掘調査團, 1990, 『月城垓字 發掘調査報告書Ⅰ(본문)』

백제고도문화재단, 2014, 『부여 쌍북리 154-10번지 사비 공방구 유적』

백제고도문화재단, 2014, 『부여 쌍북리 184-11유적(부여 사비119안전센터부지)』

백제고도문화재단, 2019, 『부여 석목리 143-16번지 백제유적』

백제문화재연구원, 2008, 『부여 쌍북리 280-5번지 창고신축부지내 발굴조사 현장설명회 자료』

부산광역시립박물관 복천분관, 1997, 『유물에 새겨진 고대문자』

부산대학교 박물관, 2007, 『金海 鳳凰洞 低濕地遺蹟』

부산박물관·부산광역시 연제구청, 2019, 『盃山城址Ⅰ-2017년 1차 발굴조사 보고서』

선문대학교 고고연구소, 2008, 『계양산성발굴조사보고서』

울산발전연구원 문화재센터, 2009, 『울산반구동유적』

울산발전연구원 문화재센터, 2018, 『부여 쌍북리(56번지) 사비한옥마을 조성사업 부지내 유적 결과보고서』

윤무병, 1985, 『扶餘官北里百濟遺蹟發掘報告(Ⅰ)』, 忠南大學校博物館·忠淸南道廳

윤무병, 1999, 『扶餘官北里百濟遺蹟發掘報告(Ⅰ)』, 忠南大學校博物館·忠淸南道廳

早稻田大学朝鮮文化研究所·大韓民国国立加耶文化財研究所, 2009, 『日韓共同研究資料集 咸安城山山城木簡』, 雄山閣

朝鮮古蹟研究會, 1934, 『樂浪彩篋冢』

창녕군·경남문화재연구소, 2009, 『창녕 화왕산성내 연지』

忠南大學校博物館, 2013, 『扶餘 雙北里遺蹟Ⅱ』, 忠南大學校博物館 叢書 第31輯

忠南大學校博物館·忠淸南道廳, 1985, 『扶餘官北里百濟遺蹟發掘報告(Ⅰ)』

충남역사문화연구원, 부여군, 2007, 『부여 충화면 가화리유적, 부여 동남리 216-17번지유적』

충청남도역사문화원, 2007, 『동남리 702번지유적』

충청남도역사문화원·금산군, 2007, 『금산 백령산성 1·2차발굴조사 보고서』

충청문화재연구원, 2008, 『부여 쌍북리 두시럭골 유적』

忠淸文化財研究院, 2009, 『扶餘 雙北里 현내들·北浦遺蹟 : 백제큰길 連結道路 建設工事 區間 (I-1 3區間)內』

한국고고환경연구소, 2020, 『아차산성-남벽 및 배수구-』

한국문화재보호재단, 2013, 『2011년도 소규모 발굴조사 보고서Ⅲ-6. 부여 쌍북리 328-2번지 유적』

한국문화재재단, 2015, 『2012년도 소규모 발굴조사 보고서Ⅴ-1. 부여 쌍북리 201-4번지 유적』

한림대학교박물관·문화재연구소, 1990, 『양주대모산성 발굴조사보고서』

漢陽大學校·京畿道, 1991, 『二城山城 三次發掘調査報告書』

漢陽大學校博物館, 1987, 『이성산성 발굴조사 중간보고서』

漢陽大學校博物館, 1988, 『이성산성 2차발굴조사 중간보고서』

漢陽大學校博物館, 1991, 『二聖山城 3차발굴조사보고서』

漢陽大學校博物館, 1992, 『이성산성 4차발굴조사보고서』

漢陽大學校博物館, 1999, 『이성산성 6차발굴조사보고서』

漢陽大學校博物館, 2000, 『이성산성 7차발굴조사보고서』

漢陽大學校博物館, 2000, 『이성산성 8차발굴조사보고서』

漢陽大學校博物館, 2006, 『(이성산성발굴20주년기념특별전)二聖山城』

2) 저서

KBS영상사업단, 2004, 『역사 스페셜 7-종이로 만든 보물창고-』, 효형출판

橋本繁, 2014, 『韓国古代木簡の研究』, 吉川弘文館

国立歴史民俗博物館·平川南 編, 2014, 『古代日本と古代朝鮮の文字文化交流』, 大修館書店

국립해양문화재연구소, 2016, 『한국의 보물선 타임캡슐을 열다』, 공명

권인한·김경호·윤선태, 2015, 『한국고대문자자료연구: 백제(상)』, 주류성

권인한·김경호·윤선태, 2015, 『한국고대문자자료연구: 백제(하)』, 주류성

권인한·김경호·이승률 편, 2011, 『죽간 목간에 담긴 고대 동아시아』, 성균관대학교 출판부

김경호 편, 2012, 『지하(地下)의 논어, 지상(紙上)의 논어』, 성균관대학교 출판부

김도현, 2018, 『수중고고학의 역사』, 한국학술정보

김창석, 2020, 『왕권과 법 - 한국 고대 법제의 성립과 변천』, 지식산업사

김창호, 2018, 『古新羅 金石文과 木簡』, 주류성

김창호, 2020, 『韓國 古代 木簡』, 주류성

戴卫红, 2017, 『韩国木简研究』, 廣西师範大学出版社

백제학회 한성백제연구모임, 2020, 『목간으로 백제를 읽다』, 사회평론아카데미

서동인, 김병근, 2014, 『신안 보물선의 마지막 대항해』, 주류성

손환일, 2011, 『한국 목간의 기록문화와 서체』, 서화미디어

윤선태, 2007, 『목간이 들려주는 백제 이야기』, 주류성

이경섭, 2013, 『신라 목간의 세계』, 경인문화사

李基東, 1984, 『新羅骨品制社會와 花郎徒』, 一潮閣

李基白 編, 1987, 『韓國上代古文書資料集成』, 一志社

이남규 외, 2015, 『고려시대 역연대 자료집』, 학연문화사

이승재, 2013, 『漢字音으로 본 백제어 자음체계』, 태학사

이승재, 2017, 『木簡에 기록된 古代 韓國語』, 일조각

이용현, 2006, 『韓國木簡基礎研究』, 신서원

정현숙, 2016, 『신라의 서예-신라인이 금석과 목간에 쓴 글씨』, 다운샘

정현숙, 2018, 『삼국시대 서예』, 일조각

정현숙 외, 2017, 『한국서예사』, 미진사

早稲田大学 朝鮮文化研究所 編, 2007, 『韓國出土木簡の世界』, 雄山閣

주보돈, 2002, 『금석문과 신라사』, 지식산업사

주보돈, 2018, 『한국 고대사의 기본 사료』, 주류성

한국목간학회, 2019, 『문자와 고대 한국 1 - 기록과 지배』, 주류성

한국목간학회, 2019, 『문자와 고대 한국 2 - 교류와 생활』, 주류성

홍보식 외, 2013, 『통일신라시대 역연대 자료집』, 학연문화사

3) 논문

(재)성림문화재연구원, 2020, 「경주 낭산 일원 내 추정 고분지 정비 유적 4차」 현장설명회 자료

(재)화랑문화재연구원, 2019, 「경산지식산업지구 진입도로 개설공사부지내 2구역(소월리유물산포지2) 발굴조사」 현장설명회 자료

賈麗英, 2020, 「韓國木簡《論語》觚考論」 『鄭州大學學報(哲學社會科學版)』 53

Nari Kang, 2017, 「A Study of Past Research on Sŏngsan Fortress Wooden Tablets and an Examination of Exacavated Wooden Tablet Documents」 『International Journal of Korean History』 Vol.22 No.2

강나리, 2019, 「신라 중고기의 '代法'과 역역동원체계-함안 성산산성 출토 218호 목간을 중심

으로」『韓國古代史研究』93, 한국고대사학회

강나리, 2020, 「함안 성산산성 출토 '壬子年' 목간과 신라의 부세 감면제」『先史와 古代』63, 韓國古代學會

岡內三眞, 1987, 「新案沈船出土の木簡 東アジアの考古と歷史 上」『岡崎敬先生退官記念集』, 岡崎敬先生退官記念事業會 編, 同朋舍出版

姜鍾元, 2009, 「扶餘 東南里와 錦山 栢嶺山城 出土 文字資料」『목간과 문자』3, 한국목간학회

강형웅, 2011, 「안성 죽주산성 신라시대 집수시설 발굴 문자자료」『목간과 문자』8, 한국목간학회

고경희, 1993, 「신라 월지 출토 유물에 대한 명문 연구」, 동아대학교 사학과 석사학위논문

고광의, 2004, 「高句麗 古墳壁畵에 나타난 書寫 관련 내용 검토」『한국고대사연구』34, 한국고대사학회

고광의, 2008, 「6~7세기 新羅 木簡의 書體와 書藝史的 의의」『목간과 문자』1, 한국목간학회

高光儀, 2011, 「樂浪郡 初元 四年 戶口簿 재검토」『목간과 문자』7, 한국목간학회

橋本繁, 2004, 「金海出土『論語』木簡と新羅社會」『朝鮮學報』193, 朝鮮學會

橋本繁, 2007, 「慶州雁鴨池木簡と新羅內廷」『韓國出土木簡の世界』, 朝鮮文化硏究所編, 雄山閣

橋本繁, 2007, 「金海出土『論語』木簡について」『韓國出土木簡の世界』, 朝鮮文化硏究所編, 雄山閣

橋本繁, 2007, 「東アジアにおける文字文化の傳播-朝鮮半島出土『論語』木簡の檢討を中心に-」『古代東アジアの社會と文化』, 福井重雅先生古稀·退職記念論集, 汲古書院

橋本繁, 2007, 「雁鴨池 木簡 判讀文의 再檢討」『신라문물연구』1, 국립경주박물관

橋本繁, 2008, 「韓国木簡のフィールド調査と古代史研究—咸安·城山山城木簡の共同調査より」『史滴』30, 早稲田大学東洋史懇話会

橋本繁, 2009, 「城山山城木簡と六世紀新羅の地方支配」『東アジア古代出土文字資料の研究』, 工藤元男·李成市編, 雄山閣

橋本繁 譯, 2009, 「平壤出土'樂浪郡初元四年縣別戶口簿'研究」『中国出土資料研究』13, 中国出

土資料學會

橋本繁, 2009, 「韓国木簡研究の現在」『歴史評論』 715, 歴史科学協議会

橋本繁 譯, 2010, 「平壌貞柏洞三六四号墳出土竹簡『論語』について」『中国出土資料研究』 14, 中国出土資料學會

橋本繁, 2010, 「韓国木簡のデータベース」『日本歴史』 740, 日本歴史学会

橋本繁, 2011, 「近年出土の韓国木簡について」『木簡研究』 33, 木簡学会

橋本繁, 2014, 「韓国木簡論ー漢字文化の伝播と受容」『岩波講座日本歴史 第20巻』, 岩波書店

橋本繁, 2018, 「韓国・咸安城山山城木簡研究の最前線」『古代文化』 70-3, 古代学協会

橋本繁, 2019, 「'시각목간(視覺木簡)'의 정치성」『문자와 고대한국 1 기록과 지배』, 한국목간학회 편, 주류성

橋本繁, 2020, 「古代朝鮮の出土文字史料と「東アジア文化圏」」『唐代史研究』 23, 唐代史研究会

권인한, 2008, 「고대 지명 형태소 '本波/本彼'에 대하여」『목간과 문자』 2, 한국목간학회

권인한, 2008, 「함안 성산산성 목간 속의 고유명사 표기에 대하여」『史林』 31, 수선사학회

권인한, 2010, 「금석문·목간 자료를 활용한 국어학계의 연구동향과 과제」『한국고대사연구』 57

KWON In-han, 2010, 「The Evolution of Ancient East Asian Writing Systems as Observed through Early Korean and Japanese Wooden Tablets」『Korea Journal』 50(2)

權仁瀚, 2010, 「목간을 통해서 본 고대 동아시아의 문자문화」『목간과 문자』 6, 한국목간학회

權仁瀚, 2012, 「한일 초기 목간을 통해서 본 한문어법의 선택적 수용과 변용」『일본연구』 13, 부산대 일본연구소

權仁瀚, 2013, 「고대 한국 습서 목간의 사례와 그 의미」『목간과문자』 11, 한국목간학회

權仁瀚, 2013, 「목간을 통해서 본 신라 사경소의 풍경」『진단학보』 119, 진단학회

權仁瀚, 2015, 「古代 東아시아의 合文에 대한 一考察」『木簡과 文字』 14, 한국목간학회

권인한, 2017, 「3.목간 자료(1편 신라의 언어 1장 신라어 연구 자료)」『신라 천년의 역사와 문화 연구 총서 16 신라의 언어와 문학』, 경상북도문화재연구원

權仁瀚, 2018, 「신출토 함안 목간에 대한 언어문화사적 연구」『木簡과 文字』 21, 한국목간학회

權仁瀚, 2019, 「부여 관북리 출토 "하천상(下賤相)"목간 단상」『문헌과 해석』 통권85호, 문헌과 해석사

權仁瀚, 2019, 「부여 쌍북리 논어목간에 대한 몇가지 생각」『木簡과 文字』 23, 한국목간학회

權仁瀚, 2020, 「함안 성산산성 목간의 고유명사 표기자 분석」『木簡과 文字』 25, 한국목간학회

權仁瀚, 2021, 「각필과 구결」『접경과 변경, 그리고 문자생활』, 한국목간학회, RCZZ 공동주최 국제학술대회 발표자료집

권주현, 2014, 「신라의 발효식품에 대하여-안압지 출토 목간을 중심으로-」『목간과 문자』 12, 한국목간학회

權兌遠, 1988, 「百濟의 木簡과 陶硯에 대하여」『蕉雨黃壽永博士古稀紀念 美術史學論叢』

권택장, 2010, 「경주 傳仁容寺址 유적 발굴조사와 木簡 출토」『木簡과 文字』 6, 한국목간학회

近藤浩一, 2004, 「扶餘 陵山里 羅城築造 木簡의 硏究」『백제연구』 39, 충남대학교 백제연구소

近藤浩一, 2005, 「扶餘 陵山里出土木簡と泗沘都城關聯施設」『東アジアの古代文化』 125, 東京:古代學硏究所

近藤浩一, 2008, 「扶餘 陵山里 羅城築造 木簡 再論」, 『韓國古代史硏究』 49, 한국고대사학회

기경량, 2014, 「扶餘 宮南池 출토 목간의 새로운 판독과 이해」『木簡과 文字』 13, 한국목간학회

김경호, 2009, 「韓國 古代木簡에 보이는 몇 가지 형태적 특징-中國 古代木簡과의 비교를 중심으로」『史林』 33, 수선사학회

김경호, 2010, 「한·중·일 동아시아 3국의 목간 출토 및 연구 현황」『한국고대사연구』 59, 한국고대사학회

金勤英, 2016, 「羅州 伏岩里 출토 목간으로 본 사비시대 豆肹」『백제학보』 18, 백제학회

김기섭, 2005, 「5세기 무렵 백제 渡倭人의 활동과 문화 전파」『한일관계사연구논집』 2, 경인문화사

김기섭, 2020, 「고려 마도 1·2호선 목간을 통해 본 조(租)의 수취방식과 토지의 성격」『한국중세사연구』 63, 한국중세사학회

김도영, 2021, 「함안 성산산성 출토 목간의 제작 유형과 제작 단위」『木簡과 文字』 26, 한국목간학회

김병근, 2004, 『수중고고학에 의한 동아시아 무역관계 연구』, 건국대학교 대학원 박사학위논문

김병근, 2017, 「마도 4호선 출수 목간」『木簡과 文字』 19, 한국목간학회

金炳菫, 2018, 「韓国朝鮮時期的漕船馬島4号船及其木簡的考察」『海交史研究』 2, 中国海外交通史研究会·泉州海外交通史博物館

김병준, 2008, 「樂浪郡 初期의 編戶過程과 '胡漢稍別'-「樂浪郡 初元四年 縣別戶口多少□□」목간을 단서로-」『木簡과 文字』 1, 한국목간학회

金秉駿, 2009, 「楽浪郡初期の編戶過程-楽浪郡初元四年戶口統計木簡を端緒として」『古代文化』 61-2, 古代學協會

김병준, 2018, 「월성 해자 2호 목간 다시 읽기」『木簡과 文字』 20, 한국목간학회

김상현, 2021, 「경산 소월리 유적 발굴조사 성과」『동서인문』 16, 경북대 인문학술원

金聖範, 2009, 「羅州 伏岩里 유적 출토 백제목간과 기타 문자 관련 유물」『목간과 문자』 3, 한국목간학회

김성범, 2009, 「羅州 伏岩里 유적 출토 백제목간과 기타 문자 관련 유물」『백제학보』 1, 백제학회

金聖範, 2010, 「羅州 伏岩里 木簡의 判讀과 釋讀」『목간과 문자』 5, 한국목간학회

김성범, 2010, 「羅州 伏岩里 出土 百濟木簡의 考古學的 研究」, 공주대학교 박사학위논문

김성범, 2010, 「우리나라 木簡의 樹種分析과 意味」『한국학논총』 34, 국민대학교 한국학연구소

김성식·한지아, 2018, 「부여 쌍북리 56번지 사비한옥마을 조성부지 유적 출토 목간」『木簡과 文字』 21, 한국목간학회

김성아, 2015, 「新安船 出水 倣古銅器의 기형과 용도」『미술사학』 29, 한국미술사교육학회

김영심, 2005, 「백제 5方制 하의 수취체제」『歷史學報』 185, 역사학회

김영심, 2007, 「백제의 지방통치에 관한 몇 가지 재검토-木簡, 銘文瓦 등의 문자자료를 통하여-」『한국고대사연구』 48, 한국고대사학회

김영심, 2009, 「扶餘 陵山里 출토 '六 卩 五方' 목간과 백제의 術數學」『목간과 문자』 3, 한국목

　　　간학회

김영심, 2015, 「백제의 지방 통치기구와 지배의 양상 - 〈陳法子墓誌銘〉과 나주 복암리 목간을
　　　통한 접근 -」『한국고대사탐구』 19, 한국고대사탐구학회

김영욱, 2008, 「西河原森ノ内遺跡址의 '椋直'木簡에 對한 語學的 考察」『木簡과 文字』 창간호,
　　　한국목간학회

김영욱, 2009, 「고대 한국목간에 대하여」『구결연구』 11, 구결학회

김영욱, 2011, 「삼국시대 이두에 대한 기초적 논의」『구결연구』 27, 구결학회

김영욱, 2011, 「傳仁容寺址 木簡에 대한 어학적 접근」『木簡과 文字』 7, 한국목간학회

김영욱, 2017, 「2장 문자생활」『신라 천년의 역사와 문화 연구 총서 16 신라의 언어와 문학』,
　　　경상북도문화재연구원

金元東, 1988, 「新安에서 沈沒된 元代 木船의 沈沒 年月과 引揚된 陶磁의 編年에 관한 硏究」
　　　『美術資料』 42, 국립중앙박물관

김재호, 2021, 「조선 후기 금호강 유역의 농업과 수리시설」『동서인문』 17, 경북대학교 인문학
　　　술원

김재홍, 2005, 「함안 성산산성 목간과 촌락사회의 변화」『국사관논총』 106, 국사편찬위원회

김재홍, 2009, 「창녕 화왕산성 龍池 출토 木簡과 祭儀」『木簡과 文字』 4, 한국목간학회

金在弘, 2016, 「태안 침몰선 고려 목간의 문서양식과 운송체계」『한국중세사연구』 47, 한국중
　　　세사학회

김재홍, 2017, 「고대 목간, 동아시아의 문자 정보 시스템」『내일을 여는 역사』 67, 내일을 여는
　　　역사재단

김재홍, 2017, 「고려 출수 목간의 지역별 문서양식과 선적방식」『木簡과 文字』 19, 한국목간학회

김재홍, 2019, 「함안 성산산성과 출토 목간의 연대」『木簡과 文字』 22, 한국목간학회

김재홍, 2021, 「금호강 유역 신라 소월리 목간의 '堤'와 水利碑의 '塢'·'堤'」『동서인문』 16, 경
　　　북대 인문학술원

김정문, 2008, 「사진 : 락랑유적에서 나온 목간」『조선고고연구』

金昌錫, 2001, 「皇南洞 376유적 출토 木簡의 내용과 용도」『신라문화』 19, 한국목간학회

金昌錫, 2008, 「大阪 桑津 유적 출토 百濟系 木簡의 내용과 용도」『목간과 문자』 1, 한국목간학회

김창석, 2009, 「新羅 中古期의 奴人과 奴婢」『한국고대사연구』 54, 한국고대사학회

김창석, 2010, 「창녕 화왕산성 蓮池 출토 木簡의 내용과 용도」『木簡과 文字』 5, 한국목간학회

김창석, 2011, 「7세기 초 榮山江 유역의 戶口와 農作-羅州 伏岩里 木簡의 분석-」『백제학보』 6, 백제학회

김창석, 2011, 「나주 복암리 출토 목간 연구의 쟁점과 과제」『백제문화』 45, 공주대학교 백제 문화연구소

김창석, 2016, 「함안 성산산성 木簡을 통해 본 新羅의 지방사회 구조와 수취」『백제문화』 54, 공주대학교 백제문화연구소

김창석, 2017, 「咸安 城山山城 17차 발굴조사 출토 四面木簡(23번)에 관한 試考」『한국사연구』 177, 한국사연구회

김창석, 2020, 「부여 雙北里 출토 木簡을 통해 본 泗沘都城의 官府 공간과 儒教」『百濟學報』 32, 백제학회

김창호, 1992, 「二聖山城 출토의 木簡 年代 問題」『한국상고사학보』 10, 한국상고사학회

김창호, 1998, 「咸安 城山山城 出土 木簡에 대하여」『咸安 城山山城Ⅰ』

김창호, 2018, 「함안 성산산성 목간(1)」『古新羅 金石文과 木簡』, 주류성

김창호, 2018, 「함안 성산산성 목간(2)」『古新羅 金石文과 木簡』, 주류성

김창호, 2018, 「咸安 城山山城 木簡의 新考察」『문화사학』 49, 한국문화사학회

김창호, 2020, 「월성해자 목간 新1호의 제작 시기」『韓國 古代 木簡』, 주류성

김창호, 2020, 「월성해자 출토 목간 몇 예」『韓國 古代 木簡』, 주류성

김창호, 2020, 「함안 성산산성 목간의 성촌명」『韓國 古代 木簡』, 주류성

김창호, 2020, 「함안 성산산성의 城下麥 목간」『韓國 古代 木簡』, 주류성

김창호, 2020, 「함안 성산산성 목간의 성격」『韓國 古代 木簡』, 주류성

김창호, 2020, 「함안 성산산성 목간으로 본 신라의 지방 통치 체제」『韓國 古代 木簡』, 주류성

김창호, 2020, 「성산산성 목간의 本波·阿那·末那 등에 대하여」『韓國 古代 木簡』, 주류성

김창호, 2020, 「부여 궁남지 출토 315호 목간」『韓國 古代 木簡』, 주류성

김창호, 2020, 「월지 출토 목간 몇 예」『韓國 古代 木簡』, 주류성

김창호, 2020, 「월지 출토 185호 목간의 해석」『韓國 古代 木簡』, 주류성

김창호, 2020, 「경주 황성동 376번지 출토 목간의 재검토」『韓國 古代 木簡』, 주류성

김현철, 2009, 「울산 반구동 유적 출토 목간」『목간과 문자』4, 한국목간학회

김혜정, 2016, 「나주 복암리 목간 출토의 고고학적 의의」『문화재』72, 국립문화재연구소

김희만, 2007, 「咸安 城山山城 出土 木簡과 新羅의 外位制」『경주사학』26, 동국대학교사학회

나동욱, 2018, 「부산 배산성지 출토 목간」『목간과 문자』20, 한국목간학회

羅衛東, 2015, 「出土与传世『论语』异文及相关问题研究 : 以平壤貞柏洞出土竹简《论语》为考查范围」『漢字漢文教育』36, 한국한자한문교육학회

羅衛東·戴衛紅, 2019, 「東亞視角下百濟部巷制研究」『동서인문』12, 경북대학교 인문학술원

남태광, 전경효, 2021, 「대구 팔거산성 출토 추정집수지와 목간」『대구 팔거산성 발굴조사 성과와 의미』학술대회 발표자료집, 국립경주문화재연구소

남호현, 2009, 「부여 관북리 백제유적의 성격과 시간적 위치 -2008년 조사구역을 중심으로」『백제연구』51, 충남대학교 백제연구소

노경정, 2017, 「태안해역 고려 침몰선 발굴과 출수 목간」『木簡과 文字』19, 한국목간학회

노중국, 2009, 「백제의 救恤·賑貸 정책과 '佐官貸食記' 목간」『백산학보』83, 백산학회

노중국, 2010, 「금석문·목간 자료를 활용한 한국고대사 연구 과제와 몇 가지 재해석」『한국고대사연구』57, 한국고대사학회

单承彬, 2014, 「平壤出土西汉《论语》竹简校勘记」『文献』, 国家图书馆

戴卫红, 2017, 「东亚简牍文化的传播-以韩国出土"椋"字木简为中心的探讨」『文史哲』359, 山东大学

戴卫红, 2017, 「百济地方行政体制初探-以出土资料为中心」『延边大学学报(社会科学版)』, 延边大学

戴卫红, 2020, 「中韓日 삼국 出土 九九簡과 기층 사회의 術數 學習」『중앙사론』 52, 중앙대학교 중앙사학연구소

渡辺晃宏, 2018, 「月城垓字 출토 木簡과 日本 古代木簡의 비교」『木簡과 文字』 20, 한국목간학회

藤本幸夫, 1996, 「古代朝鮮の言語と文字文化」『日本の古代』 14, 中央公論社

蘭德, 2021, 「從出土文獻研究早期中國的防洪和灌溉系統」『東西人文』, 慶北大 人文學術院

劉思孟 譯, 2011, 「平壤貞柏洞三六四号墓出土竹簡『論語』」『出土文獻研究』 10, 中華書局

凌文超, 2021, 「走馬樓吳簡"隱核波田簿"的析分與綴連」『東西人文』 16, 慶北大 人文學術院

문경호, 2011, 「泰安 馬島 1號船을 통해 본 高麗의 漕運船」『한국중세사연구』 31, 한국중세사학회

문경호, 2016, 「泰安 馬島 4號船 出水 遺物을 통해 본 朝鮮 初 漕卒의 船上 生活」『도서문화』 48, 국립목포대학교 도서문화연구원

문동석, 2010, 「2000년대 백제의 신발견 문자자료와 연구동향」『한국고대사연구』 57, 한국고대사학회

박경도, 2002, 「부여 능산리사지 8차 발굴조사 개요」『동원학술논문집』 5, 국립중앙박물관

박남수, 2017, 「신라 법흥왕대 '及伐尺'과 성산산성 출토 목간의 '役法'」『신라사학보』 40, 신라사학회

Dae-Jae Park, 「A New Approach to the Household Register of Lelang Commandery」, International Journal of Korean History(IJKH) Vol.22 No.2 2017

박민경, 2009, 「百濟 宮南池 木簡에 대한 재검토」『목간과 문자』 4, 한국목간학회

朴相珍, 2000, 「출토 목간의 재질분석-함안 성산산성 출토목간을 중심으로-」『한국고대사연구』 19, 한국고대사학회

박상진·강애경, 2004, 「城山山城 出土 木簡의 樹種」『한국의 고대목간』, 국립창원문화재연구소

박성천, 김시환, 2009, 「창녕 화왕산성 蓮池 출토 木簡」『목간과 문자』 4, 한국목간학회

박성현, 2008, 「신라 城址 출토 문자 자료의 현황과 분류」『목간과 문자』 2, 한국목간학회

박정재, 2018, 「경주 월성 해자 조사 성과와 목간」『목간과 문자』 20, 한국목간학회

朴鍾益, 2000, 「咸安 城山山城 發掘調査와 木簡」『한국고대사연구』 19, 한국목간학회

박종익, 2002, 「咸安 城山山城 出土木簡의 性格 檢討」『韓國考古學報』 48, 한국고고학회

박종익, 2008, 「함안 성산산성 출토 負銘 木簡의 검토」『고인쇄문화』 15, 청주고인쇄박물관

朴仲煥, 2002, 「扶餘 陵山里發掘 木簡 豫報」『한국고대사연구』 28, 한국고대사학회

朴仲煥, 2002, 「韓國 古代木簡의 形態的 特性」『국립공주박물관기요』 2, 국립공주박물관

박지현, 2013, 「백제목간의 형태분류 검토」『목간과 문자』 11, 한국목간학회

박찬흥, 2017, 「2.의약(2편 과학과 기술 1장 과학)」『신라 천년의 역사와 문화 연구 총서 11 신라의 학문과 교육·과학·기술』, 경상북도문화재연구원

박태우, 2009, 「木簡資料를 통해 본 泗沘都城의 空間構造-"外椋部"銘 木簡을 中心으로」『백제학보』 1, 백제학회

朴泰祐, 2009, 「雙北里遺蹟과 百濟都城」『백제 좌관대식기의 세계』, 국립부여박물관

朴泰祐·鄭海濬·尹智熙, 2008, 「扶餘 雙北里 280-5番地 出土 木簡 報告」『목간과 문자』 2, 한국목간학회

朴賢淑, 1996, 「宮南池 出土 百濟 木簡과 王都 5部制」『韓國史研究』 92, 한국사연구회

박현숙, 2018, 「백제 호적문서 관련 목간의 재검토」『百濟硏究』 67, 충남대학교 백제연구소

박현정, 2018, 「함안 성산산성 목간의 개요」『木簡과 文字』 21, 한국목간학회

方国花, 2010, 「古代朝鮮半島と日本の異体字研究-「部」の異体字を中心に-」『いくさの歴史と文字文化』, 遠山一郎·丸山裕美子編, 三弥井書店, 2010

方国花, 2010, 「扶餘 陵山里 출토 299호 목간」『목간과 문자』 6, 한국목간학회

方国花, 2012, 「古代東アジア各国における「カギ」の漢字表記(上)-「鑰」·「鎰」-」『愛知県立大学大学院国際文化研究科論集』 13(日本文化専攻編 第3号)

方国花, 2013, 「古代東アジア各国における「カギ」の漢字表記(下)-「鎖」「鍵」「匙」「鉤」-」『愛知県立大学大学院国際文化研究科論集』 14(日本文化専攻編 第4号)

方国花, 2013, 「門構えの略体の用例からみた古代東アジアにおける漢字文化の受容と定着」『国語と国文学』 90(12), 明治書院

方国花, 2014, 「「岡」の使用法から見た古代東アジア諸国の漢字文化」『国語文字史の研究』 14, 和泉書院

方国花, 2014, 「古代東アジア諸国におけるクラの用字」『説林』 62, 愛知県立大学国文学会

方国花, 2017, 「いわゆる国字について」『古代文学と隣接諸学 4 古代の文字文化』, 犬飼隆編, 竹林舎

방국화, 2020, 「고대 동아시아 목간자료를 통해 본 "參"의 이체자와 그 용법」『목간과 문자』 25, 한국목간학회

방국화, 2020, 「동아시아 출토 문자 자료로 본 한자의 전파 과정-"岡" 용례의 재검토-」『대동문화연구』 112, 성균관대학교 동아시아학술원

방국화, 2021, 「부여 부소산성 출토 토기 명문의 검토 – 동아시아 문자자료와의 비교 –」『목간과 문자』 26, 한국목간학회

방국화, 2021, 「신라·백제 문자문화와 일본 문자문화의 비교연구– 출토문자자료를 중심으로-」『영남학』 77, 경북대 영남문화연구원

白石南花, 2010, 「漢書地理志にみる楽浪郡の改革-楽浪郡初元四年戸口統計木簡による考察」

백종오, 2020, 「한국고대 산성의 집수시설과 용도」『東아시아 '論語'의 전파와 桂陽山城』 계양산성박물관·경북대학교 HK+사업단·한국목간학회 공동 학술대회 발표자료집

謝桂華, 2000, 「중국에서 출토된 魏晋代 이후의 漢文簡紙文書와 城山山城 출토 木簡」『한국고대사연구』 19, 한국고대사학회

森博達, 2010, 「『日本書紀』에 보이는 古代韓國 漢字文化의 影響」『목간과 문자』 6, 한국목간학회

森博達, 2011, 「『日本書紀』에 보이는 古代韓國의 漢字文化의 影響(續篇)」『목간과 문자』 8, 한국목간학회

三上喜孝, 2006, 「文書樣式「牒」の受容をめぐる一考察」『山形大學 歷史地理·人類學論集』 7

三上喜孝, 2006, 「日韓木簡学の現状とその整理状況」『唐代史研究』 9

三上喜孝, 2007, 「慶州·雁鴨池出土の藥物名木簡について」『韓國出土木簡の世界』, 雄山閣

三上喜孝, 2007, 「日本古代木簡の系譜」(韓国古代木簡と古代東アジア世界の文化交流), 한국

목간학회 심포지엄

三上喜孝, 2007, 「일본고대목간에서 본 함안 성산산성 목간의 특징」『함안 성산산성 출토목간
　　　의의』, 국립가야문화재연구소

三上喜孝, 2007, 「韓国出土木簡と日本古代木簡-比較研究の可能性をめぐって-」『韓国出土
　　　木簡の世界』, 雄山閣

三上喜孝, 2009, 「百演「佐官貸食記」木簡と日本古代の出擊制」『백제 좌관대식기의 세계』, 국
　　　립부여박물관

三上喜孝, 2010, 「고고자료로서의 목간」『한국고대사연구』 57, 한국고대사학회

三上喜孝, 2015, 「城山山城出土新羅木簡の性格」『古代における文字文化形成過程の総合的研
　　　究』国立歴史民俗博物館研究報告 第194集

三上喜孝, 2020, 「古代 日本 論語 木簡의 特質 -한반도 출토 論語 木簡과의 비교를 통해서-」
　　　『木簡과 文字』 25, 한국목간학회

三上喜孝, 2021, 「한일 목간에서 본 고대 동아시아의 의약문화」『동서인문』 17, 경북대학교 인
　　　문학술원

西谷正, 1985, 「新安海底發見のに木簡ついて」『朝鮮史研究論文集』 30

西谷正, 1986, 「新安海底發見のに木簡ついて」『朝鮮史研究論文集』 31

서길수, 2009, 「백제의 좌관대식기와 이자」『백제 좌관대식기의 세계』, 국립부여박물관

서봉수, 2020, 「계양산성의 발굴과 문자자료」『東아시아 '論語'의 전파와 桂陽山城』, 계양산성
　　　박물관, 경북대학교 HK+사업단, 한국목간학회 공동 학술대회 발표자료집

서봉수·박종서·박햇님 외 1명, 2010, 「인천 계양산성 출토 기와와 문자자료에 대하여」『목간
　　　과 문자』 6, 한국목간학회

徐榮敎, 2002, 「雁鴨池 出土 鐵戈의 用途」『東國史學』 37, 東國史學會

徐榮敎, 2017, 「阿羅 波斯山 신라 城의 위치와 城山山城 축조시기」『韓國古代史探究』 26, 韓國
　　　古代史探究學會

손영종, 2006, 「낙랑군 남부지역(후의 대방군지역)의 위치-'낙랑군 초원4년 현별호구 다소' 통

계자료를 중심으로」『력사과학』198, 사회과학원 력사연구소

손영종, 2008, 「낙랑군의 호구통계 및 기타자료」『조선단대사 고구려사 5』, 과학백과사전출판사

손호성, 2011, 「부여 쌍북리 119안전센터부지 출토 목간의 내용과 판독」『목간과 문자』7, 한국목간학회

손환일, 2004, 「咸安 城山山城 출토 木簡의 書體에 대한 고찰」『한국의 고대목간』, 국립창원문화재연구소

손환일, 2008, 「高麗 木簡의 書體 -忠南 泰安 해저 출토 목간을 중심으로-」『韓國思想과 文化』44, 한국사상문화학회

孫煥一, 2008, 「百濟 木簡『佐官貸食記』의 分類體系와 書體」『韓國思想과 文化』43, 한국사상문화학회

孫煥一, 2010, 「百濟木簡 「支藥兒食米記」와 「佐官貸食記」의 文體와 書體」『신라사학보』18, 신라사학회

손환일, 2012, 「한국 목간에 사용된 주제별 용어 분류」『신라사학보』26, 신라사학회

손환일, 2016, 「百濟九九段의 記錄體系와 書體-〈扶餘雙北里出土九九段木簡〉과 〈傳大田月平洞山城收拾九九段蓋瓦〉를 중심으로 -」『한국사학사학보』33, 한국사학사학회

孫煥一, 2017, 「한국 고대의 유교경전 기록과 목간의 서체」『한국사상과 문화』87, 한국사상문화학회

손환일, 2017, 「함안 성산산성 출토 목간의 의미와 서체」『한국사학사학보』35, 한국사학사학회

손환일, 2018, 「한국 고대 목간의 기록과 서체」『한국사학사학보』37, 한국사학사학회

손환일, 2020, 「경산 소월리 출토 목간의 내용과 서체」『한국고대사탐구』34, 한국고대사탐구학회

송기호, 2002, 「고대의 문자생활-비교와 시기구분-」『강좌 한국고대사』5, 가락국사적개발연구원

市大樹, 2008, 「慶州月城垓字出土の四面墨書木簡」『日韓文化財論集 I』, 奈良文化財研究所 編

市大樹, 2019, 「일본 7세기 목간에 보이는 한국목간」『木簡과 文字』22, 한국목간학회

신광섭, 2006, 『백제 사비시대 능사 연구』, 중앙대학교 박사학위논문

신은제, 2012, 「마도 1·2호선 出水 목간·죽찰에 기재된 곡물의 성격과 지대수취」『역사와 경계』 84, 부산경남사학회

신종국, 2017, 「도기를 통한 태안 마도3호선의 출항지 연구」『도서문화』 50, 국립목포대학교 도서문화연구원

신종국, 2018, 「고려 침몰선 출수 도기의 생산과 해상유통 – '완도선유형' 도기를 중심으로 –」『도서문화』 52, 국립목포대학교 도서문화연구원

申昌秀·李柱憲, 2004, 「韓國の古代木簡出土遺跡について-城山山城木簡の出土樣相と意味-」『古代文化』 56-11

심상육, 2013, 「백제 사비도성 출토 문자유물」『목간과 문자』 11, 한국목간학회

심상육, 2013, 「부여 쌍북리 184-11 유적 목간 신출 보고」『목간과 문자』 10, 한국목간학회

심상육, 김영문, 2013, 「부여 구아리 319유적 출토 편지목간」『새로 만난 文物 다시 보는 文物』, 제2회 정기학술대회 발표문, 문문

심상육·김영문, 2015, 「부여 구아리 319 유적 출토 편지목간의 이해」『木簡과 文字』 15, 한국목간학회

심상육·성현화, 2012, 「扶餘羅城 청산성 구간 발굴조사 성과와 '夫餘 北羅城 銘文石' 보고」『목간과 문자』 9, 한국목간학회

심상육·이미현·이효중, 2011, 「부여 '중앙성결교회유적' 및 '뒷개유적' 출토 목간 보고」『목간과 문자』 7, 한국목간학회

심상육·이화영, 2019, 「부여 석목리 143-16번지 유적 문자자료 소개」『木簡과 文字』 22, 한국목간학회

深津行德, 2006, 「古代東アジアの書体·書風」『文字と古代日本』 5, 吉川弘文館

안경숙, 2013, 「평양 석암리 194호 출토 竹簡 고찰」『목간과 문자』 10, 한국목간학회

安部総一郎, 2015, 「〔研究ノート〕韓国城山山城木簡と中国居延漢簡の比較研究」『古代における文字文化形成過程の総合的研究』国立歴史民俗博物館研究報告 第194集

양석진·민경선, 2015, 「함안 성산산성 출토 목간 신자료」『木簡과 文字』14, 한국목간학회

楊振紅·尹在碩, 2010, 「韓半島出土簡牘與韓國慶州, 扶餘木簡釋文補正」『簡帛研究二○○七』, 廣西師範大學出版社

楊華·王謙, 2021, 「簡牘所見水神與禁祭」『東西人文』16, 慶北大 人文學術院

여호규, 2010, 「목간과 함께 한 일본 고대 도성 답사기」『목간과 문자』6, 한국목간학회

여호규, 2011, 「고구려의 한자문화 수용과 변용」『고대 동아시아의 문자교류와 소통』, 동북아 역사재단

연민수, 2005, 「고대일본의 한반도계 씨족과 역할」『한일관계사연구논집』3, 경인문화사

鈴木靖民, 2005, 「新羅の文字文化の伝播」『日本歴史』685

鈴木靖民, 2009, 「七世紀の百済と倭國の交流 - 佛教·貸食(出擊)を中心として」『백제 좌관대식기의 세계』, 국립부여박물관

오승연·김상현, 2020, 「투각 인면문 옹형 토기가 출토된 경산 소월리 유적」『2019 한국 고고학 저널』, 국립문화재연구소

오택현, 2020, 「나뭇조각에 아로새긴 '공자님 말씀'」『달콤 살벌한 한·중 관계사』, 서해문집

袁延胜, 2018, 「出土木牘《户口簿》比较研究」『秦汉简牍户籍资料研究』, 人民出版社

유병흥, 1992, 「고고학 분야에서 이룩한 성과」『조선고고연구』199-2, 사회과학원 고고학연구소

유우식, 2020, 「사진 이미지분석을 통한 문자해독과 목간사진 촬영을 위한 제안」『목간과 문자』24, 한국목간학회

유우식, 2021, 「고대 문자자료 연구를 위한 이미지 촬영과 분석에 관한 제안」『동서인문』16, 경북대 인문학술원

尹武炳, 1982, 「扶餘雙北里遺蹟發掘調査報告書」『百濟研究』13, 충남대학교 백제연구소

윤무병, 1984, 「木牌」『신안해저유물Ⅱ』, 문화재관리국

윤상덕, 2015, 「咸安 城山山城 築造年代에 대하여」『木簡과 文字』14, 한국목간학회

윤선태, 1999, 「咸安 城山山城 出土 新羅木簡의 用途」『진단학보』88, 진단학회

尹善泰, 2000, 「新羅 統一期 王室의 村落支配-新羅 古文書와 木簡의 分析을 中心으로-」, 서울

대학교 국사학과 박사학위논문

윤선태, 2002, 「新羅의 文書行政과 木簡-牒式文書를 중심으로-」『강좌 한국고대사』 5, 가락국
　　사적개발연구원

윤선태, 2004, 「부여 능산리 출토 백제목간의 재검토」『동국사학』 40, 동국사학회

윤선태, 2004, 「한국 고대 목간의 출토현황과 전망」『韓國의 古代木簡』, 국립창원문화재연구소

윤선태, 2005, 「월성해자 출토 신라 문서목간」『역사와 현실』 56, 한국역사연구회

윤선태, 2006, 「百濟 泗沘都城과 '嵎夷'-木簡으로 본 泗沘都城의 안과 밖-」『東亞考古論壇』 2,
　　충청문화재연구원

윤선태, 2006, 「안압지 출토 '門號木簡'과 新羅 東宮의 警備」『한국고대사연구』 44, 한국고대
　　사학회

윤선태, 2007, 「목간 연구의 현황과 과제」『한국 고대사 연구의 새 동향』, 한국고대사학회 편,
　　서경문화사

윤선태, 2007, 「木簡으로 본 新羅 王京人의 文字生活」『신라문화제학술논문집』 28, 동국대학
　　교 신라문화연구소

尹善泰, 2007, 「百濟의 文書行政과 木簡」『한국고대사연구』 48, 한국고대사학회

尹善泰, 2007, 「月城垓字出土新羅木簡に対する基礎的檢討」『韓国古代木簡の世界』, 雄山閣

윤선태, 2007, 「한국고대목간의 형태와 종류」『역사와 현실』 65, 한국역사연구회

윤선태, 2008, 「목간으로 본 한자문화의 수용과 변용」『신라문화』 32, 동국대학교 신라문화연
　　구소

윤선태, 2008, 「신라의 문자자료에 보이는 부호와 공백」『구결연구』 21, 구결학회

윤선태, 2010, 「백제의 한문 수용과 문자생활」『백제논총』 9, 백제문화개발연구원

尹善泰, 2010, 「新出木簡からまた百濟の文書行政」『朝鮮學報』 215, 朝鮮學會

윤선태, 2010, 「한사군의 역사지리적 변천과 '낙랑군 초원 4년 현별 호구부'」『낙랑군 호구부
　　연구』, 동북아역사재단

윤선태, 2012, 「나주 복암리 출토 백제 목간의 판독과 용도분석 -7세기 초 백제의 지방지배와

　　　관련하여」『백제연구』 56, 충남대학교 백제연구소

윤선태, 2012, 「咸安 城山山城 出土 新羅 荷札의 再檢討」『사림』 41, 수선사학회

윤선태, 2013, 「백제목간의 연구현황과 전망」『백제문화』 49, 공주대학교 백제문화연구소

尹善泰, 2013, 「新出資料로 본 百濟의 方과 郡」『한국사연구』 163, 한국사연구회

尹善泰, 2014, 「新羅 中古期 六部의 構造와 그 起源」『신라문화』 44, 동국대 신라문화연구소

윤선태, 2016, 「百濟의 '九九段' 木簡과 術數學」『木簡과 文字』 17, 한국목간학회

윤선태, 2016, 「신라 초기 외위 체계와 '급벌척'」『동국사학』 61, 동국역사문화연구소

윤선태, 2016, 「한국 고대목간의 연구현황과 과제」『신라사학보』 38, 신라사학회

윤선태, 2017, 「「新羅村落文書」 중 '妻'의 書體」『木簡과 文字』 18, 한국목간학회

윤선태, 2017, 「한자·한문의 사용과 지식인의 확대」『신라 천년의 역사와 문화 연구 총서 11 신라의 학문과 교육·과학·기술』, 경상북도문화재연구원

윤선태, 2017, 「함안 성산산성 출토 신라목간의 연구 성과와 전망」『한국의 고대목간 2』, 국립 가야문화재연구소

윤선태, 2018, 「월성 해자 목간의 연구 성과와 신출토 목간의 판독」『木簡과 文字』 20, 한국목 간학회

윤선태, 2019, 「신라 동궁의 위치와 동궁관 기구」『신라사학보』 46, 신라사학회

윤선태, 2019, 「한국 多面木簡의 발굴 현황과 용도」『목간과 문자』 23, 한국목간학회

윤선태, 2020, 「한국 고대 木簡 및 金石文에 보이는 固有漢字의 양상과 구성 원리」『동양학』 80, 단국대학교 동양학연구원

尹龍九, 2007, 「새로 발견된 樂浪木簡-樂浪郡 初元四年 縣別戶口簿-」『한국고대사연구』 46, 한 국고대사학회

尹龍九, 2009, 「平壤出土 「樂浪郡初元四年縣別戶口簿」 研究」『목간과 문자』 3, 한국목간학회

尹龍九, 2010, 「낙랑·대방지역 신발견 문자자료와 연구동향」『한국고대사연구』 57, 한국고대 사학회

尹龍九, 2010, 「낙랑군 초기의 군현 지배와 호구 파악」『낙랑군 호구부 연구』, 동북아역사재단

윤용구, 2012, 「평양 출토 《논어》죽간의 기재방식과 異文表記」 『地下의 논어, 紙上의 논어』, 성균관대학교 출판부

윤용구, 2016, 「'낙랑군 호구부'의 발견 : 100년 낙랑고고학의 최대 수확」 『내일을 여는 역사』 63, 내일을 여는 역사재단

윤용구, 2019, 「'낙랑군 호구부'의 연구동향」 『역사문화연구』 71, 한국외대 역사문화연구소

윤용구, 2021, 「북위대 낙랑·고구려계 유민-출토문자 자료를 중심으로」 『동서인문』 17, 경북대학교 인문학술원

윤용희 외, 2019, 「마도1호선에서 출수된 목간의 수종과 보존처리」 『목간과 문자』 19, 한국목간학회

윤재석, 2011, 「한국·중국·일본 출토 논어목간의 비교 연구」 『동양사학연구』 114, 동양사학회

이건무, 1992, 「茶戶里遺蹟出土 붓(筆)에 대하여」 『고고학지』 4, 한국고미술연구소

이건식, 2017, 「태안해역 출토 목간의 어학적 특징」 『木簡과 文字』 19, 한국목간학회

이경섭, 2004, 「咸安 城山山城 木簡의 硏究現況과 課題」 『신라문화』 23, 신라사학회, 동국대학교 신라문화연구소

이경섭, 2005, 「城山山城 출토 荷札木簡의 製作地와 機能」 『한국고대사연구』 37, 한국고대사학회

이경섭, 2007, 「함안 성산산성 출토 제첨축과 고대 동아시아세계의 문서표지 목간」 『역사와 현실』 65, 한국역사연구회

이경섭, 2008, 「新羅 月城垓子 木簡의 출토상황과 月城 周邊의 景觀 변화」 『한국고대사연구』 49, 한국고대사학회

이경섭, 2009, 「古代 韓日의 文字文化 交流와 木簡」 『新羅文化』 34, 동국대 신라문화연구소

이경섭, 2009, 「신라 월성해자에서 출토한 '2호 목간'에 대하여」 『한국 고대사 연구의 현단계』, 주류성

이경섭, 2009, 「新羅 中古期 木簡의 硏究」, 동국대학교 박사학위논문

이경섭, 2010, 「'百濟木簡'의 가능성에 대한 豫備的 考察」 『백제논총』 9, 백제문화개발연구원

이경섭, 2010, 「宮南池 출토 木簡과 百濟社會」『한국고대사연구』 57, 한국고대사학회

이경섭, 2010, 「안압지 목간과 신라 宮廷의 日常」『신라문화』 35, 동국대 신라문화연구소

이경섭, 2011, 「문자자료와 고대사연구」『역사와 현실』 81, 한국역사연구회

이경섭, 2011, 「성산산성 출토 신라 짐꼬리표 목간의 地名 문제와 제작 단위」『신라사학보』 23, 신라사학회

이경섭, 2011, 「이성산성 출토 문자유물을 통해서 본 신라 지방사회의 문서행정」『역사와 현실』 81, 한국역사연구회

이경섭, 2011, 「한국 고대 목간문화의 기원에 대하여」『진단학보』 113, 진단학회

이경섭, 2012, 「新羅의 奴人-城山山城 木簡과〈蔚珍鳳坪碑〉를 중심으로-」『한국고대사연구』 68, 한국고대사학회

이경섭, 2013, 「고대 동아시아 세계의 목간을 통해서 본 한국 목간의 형태와 내용 분류에 대한 연구」『신라사학보』 27, 신라사학회

이경섭, 2013, 「新羅 木簡文化의 전개와 특성」『민족문화논총』 54, 영남대학교 민족문화연구소

이경섭, 2013, 「新羅木簡의 출토현황과 분류체계 확립을 위한 試論」『신라문화』 42, 동국대 신라문화연구소

이경섭, 2013, 「함안 城山山城 출토 新羅木簡 연구의 흐름과 전망」『木簡과 文字』 10, 한국목간학회

이경섭, 2014, 「신라·백제목간의 비교 연구」『新羅文化』 44, 동국대 신라문화연구소

이경섭, 2016, 「6~7세기 한국 목간을 통해서 본 일본 목간문화의 기원」『新羅史學報』 37, 신라사학회

이경섭, 2018, 「금석문과 목간으로 본 6세기 신라의 촌락 구조」『사학연구』 132, 한국사학회

이경섭, 2020, 「성산산성 목간과 신라사 연구」『한국고대사연구』 97, 한국고대사학회

이경섭, 2021, 「신라 문서목간의 話者와 書者」『신라사학보』 51, 신라사학회

이경섭, 2021, 「한국 고대 목간의 용도와 형태 분류」『民族文化論叢』 77, 영남대학교 민족문화연구소

李均明, 2008, 「韓中簡牘 비교연구」 『목간과 문자』 1, 한국목간학회

이근우, 2004, 「왕인의 『천자문』·『논어』 일본전수설 재검토」 『역사비평』 69, 역사문제연구소

李基東, 1979, 「雁鴨池에서 出土된 新羅木簡에 대하여」 『경북사학』 1, 경북사학회

李基東, 1982, 「雁鴨池から出土した新羅木簡について」 『國學院雜誌』 83-6, 國學院大學

李基東, 2002, 「百濟史와 新羅史 연구의 새로운 進展」 『동국사학』 37, 동국역사문화연구소

이기동, 2009, 「문자와 동아시아의 문화교류」 『고대문자자료로 본 동아시아의 문화 교류와 소통』, 동북아역사재단

李道學, 1993, 「二聖山城 出土 木簡의 檢討」 『한국상고사학보』 12, 한국상고사학회

이동주, 2009, 「월성해자 출토 목간의 제작기법」 『목간과 문자』 4, 한국목간학회

이동주, 2021, 「신라의 창고 관리와 운영」 『신라문화』 58, 동국대 신라문화연구소

이동주, 2021, 「경산 소월리 출토 목간과 유구의 성격」 『동서인문』 16, 경북대 인문학술원

李文基, 2005, 「雁鴨池 출토 木簡으로 본 新羅의 宮廷業務」 『韓國古代史研究』 39, 한국고대사학회

이문기, 2012, 「안압지 출토 木簡으로 본 新羅의 洗宅」 『한국고대사연구』 65, 한국고대사학회

李炳鎬, 2008, 「扶餘 陵山里 出土 木簡의 性格」 『목간과 문자』 1, 한국목간학회

이병호, 2020, 「부여 쌍북리 목간의 기초적 검토」 『사비시대 백제의 통치양상』, 충남대 국사학과 2020년 국립대학육성사업 백제학술세미나 발표자료집

李成珪, 2003, 「韓國 古代 國家의 形成과 漢字 受容」 『韓國古代史研究』 32, 한국고대사학회

이성배, 2004, 「百濟書藝와 木簡의 書風」 『百濟研究』 40, 충남대학교 백제연구소

이성배, 2011, 「百濟木簡의 書體에 대한 一考」 『목간과 문자』 7, 한국목간학회

李成市, 1996, 「新羅と百濟の木簡」 『木簡が語る古代史』 上, 吉川弘文館

李成市, 1997, 「韓國出土木簡について」 『木簡研究』 19, 木簡學會

李成市, 2000, 「韓國木簡연구의 현황과 咸安城山山城 출토의 木簡」 『한국고대사연구』 19, 한국고대사학회

李成市, 2002, 「古代朝鮮の文字文化と日本」 『國文學』 47-4

李成市, 2005, 「古代朝鮮の文字文化」『古代日本文字の来た道』平川南編, 大修館書店

李成市, 2005, 「朝鮮の文書行政-六世紀の新羅-」『文字と古代日本』2, 吉川弘文館

李成市, 2009, 「초창기 한국목간연구에 관한 覺書」『목간과 문자』4, 한국목간학회

李成市, 2009, 「韓國木簡研究の現在」『東アジア古代出土文字資料の研究』, 雄山閣

李成市, 2010, 「목간을 통해 본 백제와 일본(倭國)의 관계」『충청학과 충청문화』11

李成市, 2010, 「한일 고대사회에서의 나주 복암리 목간의 위치」『6~7 영산강 유역과 백제』, 국립나주문화재연구소

李成市, 2012, 「卷頭言 : 平壤出土《論語》竹簡の消息」『史滴』33, 早稻田大學東洋史懇話會

李成市, 2015, 「〔研究ノート〕平壤楽浪地区出土『論語』竹簡の歴史的性格」『古代における文字文化形成過程の総合的研究』, 国立歴史民俗博物館研究報告 第194集

李成市, 2021, 「Contact Zone과 헌강왕 12년의 '묵서15자'」『접경과 변경, 그리고 문자생활』, 한국목간학회, RCCZ 공동주최 국제학술대회

李成市·山田章人, 2021, 「동아시아의 문자 교류와 논어 - 한반도 논어 목간을 중심으로 -」『木簡과 文字』26, 한국목간학회

李成市·尹龍九·金慶浩, 2009, 「平壤 貞柏洞364號墳출토 竹簡『論語』에 대하여」『목간과 문자』4, 한국목간학회

이성준, 2007, 「함안 성산산성 목간 집중 출토지 발굴조사 성과」『함안 성산산성 출토 목간』, 국립가야문화재연구소

李銖勳, 2004, 「咸安 城山山城 出土 木簡의 稗石과 負」『지역과 역사』15, 부경역사연구소

이수훈, 2007, 「新羅 中古期 행정촌·자연촌 문제의 검토 -城山山城 木簡과 冷水里碑를 중심으로-」『韓國古代史研究』48, 한국고대사학회

이수훈, 2010, 「城山山城 木簡의 本波와 阿那·末那」『역사와 세계』38, 효원사학회

이수훈, 2012, 「城山山城 木簡의 '城下麥'과 輸送體系」『지역과 역사』30, 부경역사연구소

이수훈, 2014, 「6세기 新羅 奴人의 성격-〈蔚珍鳳坪新羅碑〉와 〈城山山城木簡〉을 중심으로」『한국민족문화』52, 부산대학교 한국민족문화연구소

이수훈, 2017, 「함안 성산산성 출토 4면 목간의 '代'」『역사와 경계』 105, 경남사학회

이수훈, 2018, 「부산 盃山城址 출토 木簡의 검토」『역사와 세계』 54, 효원사학회

이수훈, 2019, 「신라 왕경 출토 유물의 '辛·辛審·辛番'銘과 郊祀 - 안압지와 국립경주박물관 (남측부지) 출토 유물을 중심으로 -」『역사와 경계』 113, 경남사학회

이수훈, 2020, 「김해 양동산성 출토 목간의 검토」『역사와 세계』 58, 효원사학회

이승재, 2008, 「吏讀 解讀의 方法과 實際」『한국문화』 44, 규장각한국학연구소

이승재, 2011, 「彌勒寺址 木簡에서 찾은 古代語 數詞」『國語學』 62, 국어학회

李丞宰, 2013, 「新羅木簡과 百濟木簡의 표기법」『진단학보』 117, 진단학회

이승재, 2013, 「함안 성산산성 221호 목간의 해독」『한국문화』 61, 규장각한국학연구소

이승재, 2017, 「경주 月城垓子 2호 목간과 20호 목간」『木簡에 기록된 古代 韓國語』, 일조각

이승재, 2017, 「경주 (傳)仁容寺址 1호 목간」『木簡에 기록된 古代 韓國語』, 일조각

이승재, 2017, 「경주 月地 20호 목간, 憂辱歌」『木簡에 기록된 古代 韓國語』, 일조각

이승재, 2017, 「국립경주박물관 미술관 터 1호 목간, 万身歌」『木簡에 기록된 古代 韓國語』, 일조각

李泳鎬, 2010, 「新羅의 新發見 文字資料와 研究動向」『韓國古代史研究』 57, 韓國古代史學會

李泳鎬, 2018, 「文字資料로 본 新羅王京」『大丘史學』 132, 大丘史學會

李泳鎬, 2019, 「月城垓子 2號 木簡에 보이는 尊稱語 '足下'에 대하여」『嶺南學』 71, 慶北大學校 嶺南文化研究院

이용현, 1999, 「부여 궁남지 출토 목간의 연대와 성격」『궁남지 발굴조사보고서』, 국립부여문화재연구소

李鎔賢, 1999, 「統一新羅の伝達体系と「北海通」 - 韓国慶州雁鴨池出土の15号木簡の解釈 -」『朝鮮学報』 171, 朝鮮学会

이용현, 2001, 「경주 황남동 376유적 출토 목간의 형식과 복원」『新羅文化』 19, 동국대학교 신라문화연구소

이용현, 2002, 「韓國古代木簡研究」, 고려대학교 박사학위논문

이용현, 2002, 「함안 성산산성 출토 목간과 6세기 신라의 지방경영」『동원학술논문집』5, 한국
　　　고고미술연구소

이용현, 2002, 「신안 해저발견 목간의 형식과 선적」『고려 조선의 대외교류(특별전 전시도
　　　록)』, 국립중앙박물관

李鎔賢, 2003, 「경주 안압지(月池) 출토 목간의 기초적 검토」『국사관논총』101, 국사편찬위원회

이용현, 2004, 「咸安城山山城 出土 木簡」『韓國의 古代木簡』, 국립창원문화재연구소

이용현, 2005, 「함안 성산산성 출토 목간의 성격론 -2차 보고분을 중심으로-」『고고학지』14,
　　　한국고고미술연구소

이용현, 2007, 「목간」『百濟文化史大系 硏究叢書』12(百濟의 文化와 生活), 충청남도 역사문화
　　　연구원

이용현, 2007, 「목간으로 본 신라의 문자·언어 생활」『구결연구』18, 구결학회

李鎔賢, 2007, 「新羅木簡の形状と規格」『韓国出土木簡の世界』

이용현, 2007, 「안압지 목간과 동궁 주변」『역사와 현실』65, 한국역사연구회

이용현, 2007, 「안압지와 東宮 庖典」『新羅文物硏究』창간호, 국립경주박물관

이용현, 2007, 「월성해자 목간2의 해석 모색」, 제97회 한국고대사학회 정기발표회 발표문

李鎔賢, 2007, 「韓国における木簡研究の現状」『韓国出土木簡の世界』, 雄山閣

이용현, 2007, 「함안성산산성 출토 목간의 負, 本波, 奴人 시론」, 신라사학회 제67차 학술발표
　　　회 발표문

이용현, 2008, 「좌관대식기와 백제대식제」『백제목간』, 국립부여박물관

이용현, 2009, 「佐官貸食記와 百濟貸食制」『백제 좌관대식기의 세계』, 국립부여박물관

이용현, 2009, 「부여 관북리 출토 목간 분석」『부여관북리백제유적발굴보고Ⅲ-2001~2007년
　　　조사구역 백제유적편-』

이용현, 2013, 「나주 복암리 목간 연구 현황과 전망」『목간과 문자』10, 한국목간학회

이용현, 2015, 「律令 제정 전후의 新羅 官等-중고 초기 문자자료를 통해」『목간과 문자』15, 한
　　　국목간학회

이용현, 2015, 「함안 성산산성 출토 목간 221호의 국어학적 의의」 『구결연구』 34, 구결학회

이용현, 2018, 「배산성지 출토 목간과 신라 사회」 『釜山 금석문 역사를 새겨 남기다』, 부산시립박물관

이용현, 2018, 「배산성지 출토 목간과 신라 사회」 『부산의 정체성과 역사쟁점(부산박물관 개관 40주년 기념 학술심포지엄)』, 부산광역시립박물관

李鎔賢, 2019, 「咸安 城山山城 出土 文書木簡 가야5598의 檢討 - 周邊 文字資料와의 多角的 比較를 通해 -」 『木簡과 文字』 23, 한국목간학회

이용현, 2020, 「함안 성산산성 목간의 연대 - 壬子年 해석을 중심으로 -」 『신라사학보』 50, 신라사학회

이용현, 2021, 「慶山 所月里 文書 木簡의 성격 -村落 畓田 木簡 文書-」 『목간과 문자』 27, 한국목간학회

이용현, 2021, 「경산 소월리 유적 출토 人面透刻土器와 목간의 기능」 『동서인문』 16, 경북대 인문학술원

이용현, 2021, 「城山山城 木簡으로 본 新羅의 地方經營과 物流-城下麥 서식과 本波·喙 분석을 중심으로-」 『동서인문』 17, 경북대학교 인문학술원

이원식, 2003, 「全南 新安郡 荏子島 近海에서 引揚한 元代 交易船 : 俗稱-新安船」 『대한조선학회지』 40(2), 대한조선학회

이장웅, 2018, 「百濟 法華信仰과 占察懺悔-부여 능산리사지 '宿世結業' 목간을 중심으로」 『한국고대사연구』 92, 한국고대사학회

이재철, 2014, 「錦山 栢嶺山城 遺蹟 出土 文字 資料와 懸案」 『木簡과 文字』 13, 한국목간학회

이재환, 2011, 「傳仁容寺址 출토 '龍王' 목간과 우물·연못에서의 제사의식」 『木簡과 文字』 7, 한국목간학회

이재환, 2013, 「한국 고대 '呪術木簡'의 연구 동향과 展望-'呪術木簡'을 찾아서-」 『목간과 문자』 10, 한국목간학회

이재환, 2014, 「扶餘 陵山里寺址 유적 출토 목간 및 삭설」 『목간과 문자』 12, 한국목간학회

이재환, 2016, 「목간 분류와 정리방법 비교연구」 『선사와 고대 목기·목간의 최신 연구현황과 과제』, 국립가야문화재연구소·복천박물관

이재환, 2018, 「新羅의 宦官 官府에 대한 試論-洗宅(중사성)의 성격에 대한 재검토」 『木簡과 文字』 21, 한국목간학회

이재환, 2018, 「함안 성산산성 출토 신라 荷札의 성격에 대한 새로운 접근」 『韓國史硏究』 182, 한국사연구회

이재환, 2019, 「함안 성산산성 출토 문서목간과 力役 동원의 문서 행정」 『木簡과 文字』 22, 한국목간학회

이재환, 2020, 「고대 한반도의 목간문화 변용과 다면목간의 '편철'」 『중앙사론』 52, 중앙사학연구소

이재환, 2021, 「월지 출토 문자자료와 신라 궁중의 삶」 『한국고대사를 바라보는 다양한 시선』, 진인진

이주헌, 2015, 「함안 성산산성 부엽층과 출토유물의 검토」 『목간과 문자』 14, 한국목간학회

이준혁, 2021, 「13세기 마도 수중발굴유물을 통해 본 뱃사람[船人]과 船上생활」 『역사와 경계』 119, 부산경남사학회

이판섭·윤선태, 2008, 「扶餘 雙北里 현내들·北浦유적의 조사 성과」 『목간과 문자』 1, 한국목간학회

李解民, 2009, 「中國 日用類簡牘의 형태와 관련한 몇 가지 문제」 『목간과 문자』 3, 한국목간학회

李海燕, 2009, 「韩国出土新罗木简研究——以庆州雁鸭池与咸安城山山城出土木简为主」, 復旦大学硕士论文

李浩炯, 2013, 「扶餘雙北里173-8番地遺蹟木簡의 出土現況 및 檢討」 『목간과 문자』 11, 한국목간학회

이희관, 2019, 「泰安 대섬 出水 高麗靑瓷의 製作時期 專論」 『한국학연구』 68, 인하대학교 한국학연구소

임경희, 2010, 「마도2호선 발굴 목간의 판독과 분류」 『목간과 문자』 6, 한국목간학회

임경희, 2011, 「마도3호선 목간의 현황과 판독」 『목간과 문자』 8, 한국목간학회

林敬熙, 2014, 「高麗沈沒船貨物票木簡」 『古代日本と古代朝鮮の文字文化交流』, 大修館書店

임경희·최연식, 2008, 「태안 청자운반선 출토 고려 목간의 현황과 내용」 『목간과 문자』 1, 한국목간학회

임경희·최연식, 2010, 「태안 마도 수중 출토 목간 판독과 내용」 『목간과 문자』 5, 한국목간학회

Dongmin Lim, 2019, 「Advanced Technology of the Fourth Industrial Revolution and Korean Ancient History - Study on the use of artificial intelligence to decipher Wooden Tablets and the restoration of ancient historical remains using virtual reality and augmented reality -」 『International Journal of Korean History』 24-2

임혜경, 2014, 「彌勒寺址 출토 백제 문자자료」 『木簡과 文字』 13, 한국목간학회

장미애, 2017, 「목간을 통해 본 사비도성의 구조와 기능」 『사림』 61, 수선사학회

전경효, 2018, 「신출토 경주 월성 해자 묵서 목간 소개」 『木簡과 文字』 20, 한국목간학회

전경효, 2020, 「경산 소월리 목간의 기초적 검토」 『목간과 문자』 24, 한국목간학회

전덕재, 2007, 「중고기 신라의 지방행정체계와 郡의 성격」 『한국고대사연구』 48, 한국고대사학회

전덕재, 2007, 「함안 성산산성 목간의 내용과 중고기 신라의 수취체계」 『역사와 현실』 65, 한국역사연구회

전덕재, 2008, 「함안 성산산성 목간의 연구현황과 쟁점」 『신라문화』 31, 동국대 신라문화연구소

전덕재, 2009, 「함안 성산산성 출토 신라 하찰목간의 형태와 제작지의 검토」 『木簡과 文字』 3, 한국목간학회

전덕재, 2012, 「한국의 고대목간과 연구동향」 『木簡과 文字』 9, 한국목간학회

전덕재, 2017, 「중고기 신라의 대(代)와 대법(代法)에 대한 고찰」 『역사와 현실』 105, 한국역사연구회

전라문화유산연구원, 2020, 「정읍 고사부리성(사적 제494호 성벽 정밀발굴조사(8차) 약보고서」

田中史生, 2019, 「屯倉과 韓國木簡-倭國史에서의 韓國木簡의 가능성-」『木簡과 文字』 22, 한국
　　　　목간학회

鄭　威, 2016, 「汉帝国空间边缘的伸缩 : 以乐浪郡的变迁为例」『社会科学』, 上海社会科学院

鄭桂玉, 2004, 「함안 성산산성 출토 목간에 대하여」『新羅史學報』 1, 신라사학회

정　광, 2003, 「韓半島에서 漢字의 受容과 借字表記의 變遷」『구결연구』 11, 구결학회

정동준, 2009, 「「佐官貸食記」 목간의 제도사적 의미」『목간과 문자』 4, 한국목간학회

정동준, 2014, 「백제 대식제(貸食制)의 실상과 한계」『역사와 현실』 91, 한국역사연구회

정동준, 2020, 「동아시아의 典籍交流와 『論語』 목간」『목간과 문자』 24, 한국목간학회

정선화, 2018, 「『한국사』 교과서 속의 고대 목간 자료의 활용-『日本史B』 교과서와의 對較를 중
　　　　심으로 -」『木簡과 文字』 21, 한국목간학회

정선화, 2018, 「중학교 역사교과서 속 고대 목간 자료의 검토와 활용」『歷史敎育』 145, 역사교
　　　　육연구회

정인태, 2018, 「함안 성산산성 축조기법의 특징」『木簡과 文字』 21, 한국목간학회

鄭在永, 2008, 「月城垓子 149號 木簡에 나타나는 吏讀에 대하여」『목간과 문자』 1, 한국목간학회

정현숙, 2015, 「용도로 본 통일신라 목간의 서풍」『한국학논집』 61, 계명대학교 한국학연구소

정현숙, 2017, 「태안해역 출수 고려 목간의 서체적 특징 -마도 1·2·3호선 목간을 중심으로」
　　　　『木簡과 文字』 19, 한국목간학회

정현숙, 2017, 「통일신라 목간의 서풍」『영남서예의 재조명』, 계명대학교 출판부

정현숙, 2017, 「함안 성산산성 목간의 서체 연구」『한국의 고대목간 2』, 국립가야문화재연구소

정현숙, 2018, 「고대 동아시아 서예자료와 월성 해자 목간」『목간과 문자』 20, 한국목간학회

정현숙, 2020, 「백제 부여목간과 나주목간의 서풍」『木簡과 文字』 24, 한국목간학회

정현숙, 2021, 「경산 소월리 목간의 서예사적 고찰」『동서인문』 16, 경북대 인문학술원

정훈진, 2016, 「부여 쌍북리 국비조사 유적 출토 목간 사례」, 한국목간학회 제23회 정기발표회

정훈진, 2016, 「부여 쌍북리 백제유적 출토 목간의 성격-201-4번지 및 328-2번지 출토 목간
　　　　을 중심으로」『木簡과 文字』 16, 한국목간학회

정훈진 외, 2012, 「부여 쌍북리 201-4번지 농업시설(창고시설) 신축부지 내 유적」 『제 26회 호서고고학회 학술대회 호서지역 문화유적 발굴성과』, 湖西考古學會

정훈진 외, 2012, 「부여 쌍북리 328-2번지 단독주택 신축부지 내 유적」 『제26회 호서고고학회 학술대회 호서지역 문화유적 발굴성과』, 湖西考古學會

조명일, 2021, 「장수 침령산성·남원 아막성 출토 목간자료 소개」, 한국목간학회 정기발표회 자료집

조진욱, 2017, 「신안선 유물 출수 위치의 고고학적 검토-신안선 선체·고려·일본계 유물을 중심으로-」 『중앙고고연구』 24, 중앙문화재연구원

조진욱, 2017, 「신안선의 무역 모델과 의미 : 신안선의 고려 기항 여부와 목적을 중심으로」 『동북아역사논총』 55, 동북아역사재단

조해숙, 2006, 「백제 목간기록 '숙세결업'에 대하여」 『관악어문연구』 31, 서울대학교

鐘江宏之, 2019, 「大寶律令 施行에 따른 일본사회의 변용과 한국목간」 『木簡과 文字』 22, 한국목간학회

朱甫暾, 1991, 「二聖山城 出土의 木簡과 道使」 『경북사학』 14, 경북사학회

주보돈, 2000, 「咸安 城山山城 出土 木簡의 基礎的 檢討」 『韓國古代史硏究』 19, 한국고대사학회

주보돈, 2008, 「한국 목간 연구의 현황과 전망」 『木簡과 文字』 1, 한국목간학회

주보돈, 2018, 「月城과 垓字 출토 木簡의 의미」 『木簡과 文字』 20, 한국목간학회

秦大樹, 2016, 「원대 해상무역과 신안선 관련 문제」 『신안해저선 발굴 40주년 국제학술대회』, 국립중앙박물관·국립중앙박물관회

채미하, 2021, 「신라의 유가 교육과 『논어』」 『木簡과 文字』 26, 한국목간학회

崔孟植·金容民, 1995, 「扶餘 宮南池內部 發掘調査槪報」 『한국상고사학보』 20, 한국상고사학회

최명지, 2013, 「泰安 대섬 海底 出水 高麗青磁의 양상과 제작시기 연구」 『미술사학연구』 279·280, 한국미술사학회

최상기, 2013, 「함안 성산산성 출토 목간의 정리현황 검토」 『목간과 문자』 11, 한국목간학회

최연식, 2016, 「新羅의 變格漢文」 『木簡과 文字』 17, 한국목간학회

최인건, 2018, 「아차산성 발굴성과 및 목간 소개」『木簡과 文字』21, 한국목간학회

최장미, 2017, 「함안 성산산성 제17차 발굴조사 출토 목간 자료 검토」『木簡과 文字』18, 한국
목간학회

콘도 고이치, 2008, 「扶餘 陵山里 羅城築造 木簡 再論」『한국고대사연구』49, 한국고대사학회

平川 南, 2004, 「早稲田大学朝鮮文化研究所 21 世紀 COE プログラム関連シンポジウム」
『韓国出土木簡の世界』パネリスト, 早稲田大学文学部

平川 南, 2005, 「古代における道の祭祀-道祖信仰の源流を求めて-」『やまなしの道祖神祭
り-どうそじん・ワンダーワールド』山梨県立博物館開館企画展示図録, 山
梨県立博物館

平川 南, 2005, 「百済と古代日本における道の祭祀-陽物木製品の検討を中心に-」, 第 14 回
文化財研究

平川 南, 2005, 「百済泗沘時期文化の再照明」韓国国立扶餘文化財研究所, 研究発表

平川 南, 2006, 「古代日本と百済における道の祭祀-陽物木製品の検討を中心に」『韓国出土
木簡の世界Ⅲ』早稲田大学朝鮮文化研究所 21 世紀COE プログラム関連シ
ンポジウム, 研究報告, 早稲田大学戸山キャンパス

平川 南, 2007, 「木簡研究の視点と展開」, 韓国木簡学会設立総会記念講演, ソウル市立大学

平川 南, 2007, 「韓国出土木簡と日本古代史研究」『韓国出土木簡 30 年』早稲田大学 21 世紀
COE プログラム関連シンポジウム, 講演, 早稲田大学戸山キャンパス

平川 南, 2007, 「함안 성산산성 출토 목간」『함안 성산산성 출토 목간』, 국립가야문화재연구소

平川 南, 2008, 「古代日本と朝鮮の文化交流 注目！韓国木簡」, 創立 20 周年記念の集い館長特
別講演会, 国立歴史民俗博物館

平川 南, 2008, 「古代日本と朝鮮の文化交流-韓国木簡調査から-」, 土曜教養講座講演会, 慶応
あるびよんくらぶ主催

平川 南, 2008, 「韓国の出土情報」, 『墨』191, 芸術新聞社

平川 南, 2009, 「古代朝鮮と日本を結ぶ木簡学」『国文学解釈と教材の研究』54-6, 学燈社

平川 南, 2009,「百濟の都出土の〈連公〉木簡-韓國扶餘双北里遺跡一九九八年出土付札」『國立歴史民俗博物館研究報告』153, 國立歷史民俗博物館

平川 南, 2009,「扶餘双北里遺跡出土木簡について」「【準備研究】古代における文字文化の形成過程の基礎的研究」第 3 回研究会報告, 国立歴史民俗博物館

平川 南, 2009,「史料紹介百済の都出土の「那尔波連公」木簡」『木簡研究』32, 木簡学会

平川 南, 2009,「正倉院佐波理加盤付属文書の再検討-韓国木簡調査から-」『日本歴史』750, 日本歴史学会

平川 南, 2009,「注目！古代朝鮮木簡-新たな古代日本·朝鮮の交流史-」, 朝日カルチャーセンター·新宿公開講座

平川 南, 2009,「韓国·城山山城木簡」, 付篇「慶州·雁鴨池木簡, 扶餘·陵山里木簡」(共同執筆)『アジア研究機構叢書人文学篇3 日韓共同研究資料集 咸安·城山山城木簡』早稲田大学朝鮮文化研究所·韓国国立加耶文化財研究所, 雄山閣

平川 南, 2009,「韓国木簡の語るもの-古代日本にもたらされた政治と文化-」, 韓国国立扶餘文化財研究所·国立加耶文化財研究所主催, 国際学術大会, 韓国·咸安文化会館

平川 南, 2010,「일본 고대의 지방목간과 나주목간」『6~7 영산강 유역과 백제』, 국립나주문화재연구소

平川 南, 2010,「日本古代の地方木簡と羅州木簡」, (国立歴史民俗博物館共同研究「古代における文字文化形成過程の総合的研究」·科学研究費(基盤研究(A)「古代における文字文化形成過程の総合的研究」共同開催 第 2 回研究会報告), 国立歴史民俗博物館

平川 南, 2012,「扶餘·東南里遺跡出土「宅教」木簡」, (国立歴史民俗博物館共同研究「古代における文字文化形成過程の総合的研究」·科学研究費(基盤研究(A)「古代における文字文化形成過程の総合的研究」共同開催 第 3 回研究会報告), 国立歴史民俗博物館

平川 南, 2021,「古代人の開発と死への恐れ·祈り」『東西人文』16, 慶北大 人文學術院

하시모토 시게루(橋本繁), 2012, 「한국에서 출토된 『논어』 목간의 형태와 용도」 『지하(地下)의 논어, 지상(紙上)의 논어』, 김경호 편, 성균관대학교 출판부

하시모토 시게루(橋本繁), 2020, 「월성해자 신 출토 목간과 신라 外位」 『木簡과 文字』 24, 한국목간학회

하시모토 시게루, 2020, 「월지(안압지) 출토 목간의 연구 동향 및 내용 검토」 『韓國古代史硏究』 100, 한국고대사학회

하시모토 시게루, 2021, 「釜山 盃山城木簡의 기초적 검토 -佐波理加盤付屬文書와의 비교를 중심으로」 『신라사학보』 52, 신라사학회

하시모토 시게루, 2021, 「新羅 文書木簡의 기초적 검토 -신 출토 월성해자 목간을 중심으로」 『영남학』 77, 경북대 영남문화연구원

하시모토 시게루, 2021, 「한국 출토 『論語』 목간의 원형 복원과 용도」 『木簡과 文字』 26, 한국목간학회

한국문화재보호재단, 2011, 「부여 쌍북리 328-2번지 단독주택 신축부지내 유적 국비지원 발굴조사 약보고서」

한국문화재보호재단, 2012, 「부여 쌍북리 201-4번지 농업시설(창고시설) 신축부지 내 유적 국비지원 발굴조사 약보고서」

한국전통문화학교, 2005, 「부여 능산리사지 9차 발굴조사 현장설명회자료」

한성문화재연구원, 2021, 「여주 파사성(9차) 정비사업부지내 유적」(전문가 검토회의 자료)

한정훈, 2015, 「동아시아 중세 목간의 연구현황과 형태 비교」 『사학연구』 119, 한국사학회

한정훈, 2016, 「고대 목간의 형태 재분류와 고려 목간과의 비교-성산산성 목간을 중심으로」 『木簡과 文字』 16, 한국목간학회

한정훈, 2017, 「태안해역 출수 木簡의 비교를 통한 해운활동 고찰-마도 4호선을 중심으로」 『木簡과 文字』 19, 한국목간학회

함순섭, 2007, 「국립경주박물관 소장 안압지 목간의 새로운 판독」 『신라문물연구』 1, 국립경주박물관

홍기승, 2009, 「신라 지방지배 방식의 변화와 '村'」『한국고대사연구』 55, 한국고대사학회

홍기승, 2013, 「경주 월성해자·안압지 출토 신라목간의 연구 동향」『목간과 문자』 10, 한국목
간학회

홍기승, 2019, 「함안 성산산성 목간으로 본 6세기 신라 촌락사회와 지배방식」『木簡과 文字』
22, 한국목간학회

홍승우, 2009, 「「佐左官貸食記」에 나타난 百濟의 量制와 貸食制」『목간과 문자』 4, 한국목간학회

홍승우, 2013, 「부여 지역 출토 백제 목간의 연구 현황과 전망」『목간과 문자』 10, 한국목간학회

홍승우, 2015, 「목간 자료로 본 백제의 籍帳 문서와 수취제도」『한국고대사연구』 80, 한국고대
사학회

홍승우, 2018, 「함안 성산산성 목간의 물품 기재방식과 성하목간의 서식」『木簡과 文字』 21,
한국목간학회

홍승우, 2019, 「함안 성산산성 출토 부찰목간의 지명 및 인명 기재방식과 서식」『목간과 문자』
22, 한국목간학회

홍승우, 2021, 「경산 소월리 목간의 내용과 성격」『동서인문』 16, 경북대 인문학술원

홍승우, 2021, 「신라목간과 부역제도」『한국고대사를 바라보는 다양한 시선』, 진인진

부록 2
한국 출토 목간 일람표

〈낙랑 목간 현황〉

구분	유적명	시기	점수	소재·내용	조사기관/소장기관
1	평양 석암리 194호분	기원전 1세기	1	죽간, 불명	조선고적연구회 평양 출토
2	평양 남정리 116호분	3세기 전후	1	목간, 名謁 賻儀 贈方	조선고적연구회 평양 출토
3	평양 정백동 3호분	기원전 1세기	3	목간, 불명	사회과학원 고고연구소 평양 출토
4	평양 락랑동 1호분	1세기 전반	6	목간, 불명	사회과학원 고고연구소 평양 출토
5	평양 정백동 364호분	기원전 45년 이후	120여 점	목간·죽간, 호구부, 논어	사회과학원 고고연구소 평양 출토
계			131여		

〈백제 목간 현황〉

구분	유적명	시기	점수	내용	조사기관/소장기관
1	부여 구아리 319 (중앙성결교회)	7세기	8	꼬리표	부여군문화재보존센터 /국립부여박물관
2	부여 관북리 (관북리 33 일원)	7세기	7	문서	충남대 박물관 /충남대 박물관, 국립부여문화재연구소
3	부여 궁남지 (동남리 117)	7세기	3	문서	국립부여문화재연구소 /국립부여박물관
4	부여 능산리사지 (능산리 391)	6세기	30 (+부스러기 125)	문서, 꼬리표, 습서	국립부여박물관 /국립부여박물관
5	부여 쌍북리 뒷개 (쌍북리 15)	7세기	2	문서	부여군문화재보존센터 /국립부여박물관
6	부여 쌍북리 현내들 (쌍북리 192-5)	6~7세기	9	문서	부여군문화재보존센터 /국립부여박물관

구분	유적명	시기	점수	내용	조사기관/소장기관
7	부여 쌍북리 56 (사비한옥마을)	7세기	5	논어목간, 문서, 습서	울산 발전연구원 /국립부여박물관
8	부여 쌍북리 102	7세기	2	문서	충남대박물관 /국립부여박물관
9	부여 쌍북리 173-8 (119안전센터)	6・7세기	3	문서	동방문화재연구원 /국립부여박물관
10	부여 쌍북리 184-11	6~7세기	1	문서	백제고도문화재단 /국립부여박물관
11	부여 쌍북리 280-5	7세기	3	좌관대식기, 문서	백제문화재연구원 /국립부여박물관
12	부여 쌍북리 201-4	6~7세기	2	문서	한국문화재재단 /국립부여박물관
13	부여 쌍북리 328-2	7세기	3	구구단, 문서	한국문화재재단 /국립부여박물관
14	부여 석목리 143-16	7세기	2	문서	백제고도문화재단 /국립부여박물관
15	금산 백령산성	6세기?	1	불명	충남역사문화연구원 /국립부여박물관
16	나주 복암리	7세기초	13	문서	국립나주문화재연구소 /국립나주문화재연구소, 국립나주박물관
17	정읍 고사부리성	7세기 중엽	1	불명	전라문화유산연구원 /국립부여문화재연구소
18	부여 동남리 216-17	백제? 신라?	1	문서	충남역사문화연구원 /국립부여박물관
합계			96점 +125편		

〈참고〉

	서울 몽촌토성	460~540 고구려? 백제?	1	제첨?	한성백제박물관 /한성백제박물관

〈신라 목간 현황〉

구분	유적명	시기	점수	내용	조사기관/소장기관
	왕경 출토 목간				
1	경주 월성해자	신라6~7	33	문서	국립경주문화재연구소/국립경주문화재연구소
2	경주 월지(안압지)	통일신라	61	문서, 꼬리표, 습서	문화재관리국/국립경주문화재연구소
3	경주 황남동 376	통일신라	3	문서	동국대 경주캠퍼스 박물관/국립경주문화재연구소
4	경주 傳인용사지	통일신라	1	주술(용왕)	국립경주문화재연구소/국립경주박물관
5	국립경주박물관 미술관	통일신라	2	주술(용왕)	국립경주박물관/국립경주박물관
6	국립경주박물관 남측부지	통일신라	2	불명	(재)신라문화유산연구원/국립경주박물관
7	경주 황룡사 남측 도로	통일신라	1	불명	(재)신라문화유산연구원/국립경주박물관
8	경주 傳황복사지	통일신라	1	승려이름	성림문화재연구원
소계			104		
	지방 출토 목간				
9	함안 성산산성	6세기	245	짐꼬리표, 문서	국립가야문화재연구소/국립가야문화재연구소 국립김해박물관 국립진주박물관 함안박물관
10	경산 소월리	6세기	1	문서·주술	화랑문화재연구원/국립경주문화재연구소
11	하남 이성산성	7세기	14	문서, 기타	한양대학교 박물관/한양대학교 박물관
12	서울 아차산성	6~7세기	1	불명	한국고고환경연구소/한성백제박물관
13	김해 양동산성	6~7세기	3	짐꼬리표, 불명	대성동고분박물관/대성동고분박물관

구분	유적명	시기	점수	내용	조사기관/소장기관
14	김해 봉황동	8세기	1	논어	부산대학교 박물관/국립가야문화재연구소
15	인천 계양산성	통일신라?	2	논어	선문대 고고연구소/계양산성박물관
16	부산 배산성	7세기	1	문서	부산박물관/부산박물관
17	창녕 화왕산성 연지	9~10세기	5	주술	경남문화재연구원/국립가야문화재연구소
18	남원 아막성	6~7세기	1	불명	군산대학교 가야문화연구소/군산대학교 박물관
19	안성 죽주산성	6세기 후반~7세기 전반	2	불명	한백문화재연구원/국립중앙박물관
20	익산 미륵사지	7세기 말~8세기 초	2	불명	원광대 마한·백제문화 연구소 문화재연구소 국립부여문화재연구소/국립익산박물관
21	장수 침령산성	통일신라	1	상부상항	군산대학교 가야문화연구소/군산대학교 박물관
22	대구 팔거산성	7세기 초	15	짐꼬리표	화랑문화재연구원/국립경주문화재연구소
소계			294		
합계			398		

〈고려 · 조선 · 신안선 목간 현황〉

구분	유적명	시기	점수	내용	조사기관/소장기관
1	태안 대섬 침몰선 (태안선)	12세기	20	화물 꼬리표	국립해양문화재연구소/태안보존센터

구분	유적명	시기	점수	내용	조사기관/소장기관
2	태안 마도 1호선	1208년	69	화물 꼬리표	국립해양문화재연구소 /태안보존센터
3	태안 마도 2호선	13세기	47	화물 꼬리표	국립해양문화재연구소 /태안보존센터
4	태안 마도 3호선	1265~68년	35	화물 꼬리표	국립해양문화재연구소 /태안보존센터
5	울산 반구동	고려 말	1	미상	울산발전연구원 문화재센터 /울산박물관
6	태안 마도 4호선	15세기	63	화물 꼬리표	국립해양문화재연구소 /태안보존센터
7	여주 파사성	16세기	1	미상	한성문화재연구원
소계			236		
8	신안선	1323년	364	화물 꼬리표, 貨主	국립해양문화재연구소 /국립해양유물전시관 ·국립중앙박물관
합계			600		

부록 3
한국 목간 연표

연대 _ 유적(점수) : 국적·시대

BC 2C _ 평양 남정리 116호분 목독(1점) : 낙랑

BC 1C 전반 _ 평양 락랑동 1호분 낙랑 목간(6점) : 낙랑

BC 45 _ 평양 정백동 364호분(낙랑호구부) 간독(3매 1조) : 낙랑

BC 45 이전 _ 평양 정백동 364호분(논어) 간독(120매 내외) : 낙랑

BC 1C 후반 _ 평양 석암리 194호분 죽간(1점) : 낙랑

　　　　　후반 _ 평양 정백동 3호분 목간(3점) : 낙랑

460~540 _ 서울 몽촌토성 목간(1점) : 고구려(또는 백제)

6C 후반(567년 전후) _ 부여 능산리사지 목간(29점, 삭편125편) : 백제

538~660[백제 사비기] _ 부여 쌍북리 현내들 목간(13점) : 백제

　　　　　　　　　　_ 부여 쌍북리 56번지(사비한옥마을) 목간(17점) : 백제

583 _ 김해 양동산성 계묘년 목간(1점) : 신라

6C 후반, 592 _ 함안 성산산성 목간(245점) : 신라

6C 후반~7C 초 _ 김해 양동산성 목간(2점) : 신라

6C 말~7C 초 _ 부산 배산성 목간(1점) : 신라

6C 후반~7C 전반 _ 안성 죽주산성 목간(2점) : 신라

6C~7C 중엽 _ 경주 월성해자 목간(33점) : 신라

6C~7C _ 경산 소월리 목간(1점) : 신라

　　　　_ 남원 아막성 목간(1점) : 신라

6C~7C _ 하남 이성산성 목간(12점) : 신라(고구려 설 1점 있음)

　　　　_ 서울 아차산성 목간(1점) : 신라

6C~9C 중엽 _ 경주 황룡사 남측 도로 목간(1점) : 신라

608 _ 하남 이성산성 무진년 목간(1점) : 신라

615 _ 부산 배산성 을해년 목간(1점) : 신라

7C 초 _ 부여 구아리 319번지(중앙성결교회) 목간(13점) : 백제

　_ 부여 쌍북리 280-5번지(신성전기창고) 목간(3점) : 백제

7C 전·중엽 _ 부여 관북리 목간(7점) : 백제

　_ 부여 궁남지 목간(3점) : 백제

　_ 부여 쌍북리 뒷개 목간(1점) : 백제

　_ 부여 쌍북리 102번지(쌍북아파트) 목간(2점) : 백제

　_ 부여 쌍북리 173-8번지(119안전센터) 목간(4점) : 백제

　_ 부여 쌍북리 184-11번지(부여 사비 119 안전센터) 목간(2점) : 백제

　_ 부여 쌍북리 201-4번지(농업시설) 목간(2점) : 백제

　_ 부여 쌍북리 328-2번지(단독주택) 목간(3점) : 백제

　_ 부여 석목리 143-16번지 목간(2점) : 백제

　_ 부여 동남리 216-17번지(개인주택) 목간(1점) : 백제

　_ 금산 백령산성 목간(1점) : 백제

　_ 나주 복암리 목간(13점) : 백제

　_ 정읍 고사부리성 목간(1점) : 백제

7C _ 인천 계양산성 목간(2점) : 신라(백제 4C설도 있음)

7C 말~8C 초 _ 익산 미륵사지 목간(2점) : 신라

7C~9C 중엽 _ 경주 황남동 376번지 목간(3점) : 신라

8C _ 경주 傳인용사지 목간(1점) : 신라

8C~9C 초 _ 경주 傳황복사지 목간(1점) : 신라

8C~10C 초 _ 경주 월지(안압지) 목간(66점) : 신라

_ 경주 국립경주박물관 미술관 목간(2점) : 신라

_ 경주 국립경주박물관 남측부지 목간(2점) : 신라

_ 창녕 화왕산성 연지 목간(4점) : 신라

9C~10C _ 장수 침령산성 목간(1점) : 신라

1131 _ 태안 대섬 침몰선(태안선) 목간(20점) : 고려

1197~1213 _ 태안 마도 2호선 목간(47점) : 고려

1208 _ 태안 마도 1호선 목간(73점) : 고려

1265~1268 _ 태안 마도 3호선 목간(35점) : 고려

13C _ 울산 반구동 목간(1점) : 고려

1323 _ 신안 도덕도 신안선 목간(364점) : 원대

15C _ 태안 마도 4호선 목간(63점) : 조선

16C _ 여주 파사성 목간(1점) : 조선

부록 4
목간번호 조견표

【1. 경주 월성해자】

> 보고서 : 國立慶州文化財硏究所, 2006, 『月城垓子 發掘調査報告書Ⅱ(고찰)』
> 자전 : 국립가야문화재연구소, 2011, 『한국목간자전』, 예맥
> 창원 : 國立昌原文化財硏究所, 2004, 『韓國의 古代木簡』
> 고대목간(개정판) : 國立昌原文化財硏究所, 2006, 『韓國의 古代木簡』(개정판)
>   **창원과 개정판은 번호가 같음
> 암호 : 국립부여박물관·국립가야문화재연구소, 2009, 『나무 속 암호, 목간』
> 경주연 심포 : 국립경주문화재연구소, 2017, 『동아시아 고대 도성의 축조의
>   례와 월성해자 목간』(학술대회 자료집) 전경효·윤선태 발표문

일련번호/해당보고서 번호(자전 등 기타자료에서의 번호)

1. 월성해자-1호, 보고서-1 (자전-[月]1, 창원-150, 암호-150)

2. 월성해자-2호, 보고서-2 (자전-[月]2, 창원-149, 암호-149)

3. 월성해자-3호, 보고서-3 (자전-[月]3, 창원-163, 암호-163)

4. 월성해자-4호, 보고서-4 (자전-[月]4, 창원-156, 암호-156)

5. 월성해자-5호, 보고서-5 (자전-[月]5, 창원-173, 암호-173)

6. 월성해자-6호, 보고서-6 (자전-[月]6, 창원-154)

7. 월성해자-9호, 보고서-9 (자전-[月]8, 창원-151, 암호-151)

8. 월성해자-10호, 보고서-10 (자전-[月]9, 창원-148, 암호-148)

9. 월성해자-11호, 보고서-11 (자전-[月]10, 창원-152, 암호-152)

10. 월성해자-12호, 보고서-12 (자전-[月]11, 창원-153, 암호-153)

11. 월성해자-13호, 보고서-13 (자전-[月]12, 창원-161, 암호-161)

12. 월성해자-14호, 보고서-14

13. 월성해자-15호, 보고서-15 (자전-[月]13, 창원-160, 암호-160)

14. 월성해자-16호, 보고서-16 (자전-[月]14, 창원-157)

15. 월성해자-17호, 보고서-17 (자전-[月]15, 창원-174, 암호-174)

16. 월성해자-18호, 보고서-18 (자전-[月]16, 창원-155)

17. 월성해자-19호, 보고서-19 (자전-[月]17, 창원-168 암호-168)

18. 월성해자-20호, 보고서-20 (자전-[月]18, 창원-169 암호-169)

19. 월성해자-21호, 보고서-21 (자전-[月]19)

20. 월성해자-22호, 보고서-22 (자전-[月]20, 창원-158 암호-158)

21. 월성해자-23호, 보고서-23 (자전-[月]21, 창원-167, 암호-167)

22. 월성해자-26호, 보고서-26 (자전-[月]23, 창원-164)

23. 월성해자-88호, 보고서-88

24. 월성해자-105호, 보고서-105

〈경주 월성해자 신출토 목간 (경주연 심포)〉

1. 월성해자-신출토 1호, 임069목간

2. 월성해자-신출토 2호, 임392목간

3. 월성해자-신출토 3호, 임418목간

4. 월성해자-신출토 4호, 임001목간

5. 월성해자-신출토 5호, 임071목간

6. 월성해자-신출토 6호, 임098목간

7. 월성해자-신출토 7호, 임023목간

8. 월성해자-신출토 8호

【2. 경주 월지(안압지)】

보고서 : 문화공보부 문화재관리국, 1978, 『雁鴨池 발굴조사보고서』

자전 : 국립가야문화재연구소, 2011, 『한국목간자전』, 예맥

창원 : 國立昌原文化財研究所, 2004, 『韓國의 古代木簡』

개정판 : 國立昌原文化財研究所, 2006, 『韓國의 古代木簡』(개정판)

　　**창원과 개정판은 번호가 같음

암호 : 국립부여박물관·국립가야문화재연구소, 2009, 『나무 속 암호, 목간』

일련번호/해당보고서 번호(자전 등 기타자료에서의 번호)

1. 안압지-1호, 보고서-35 (자전-[雁]12, 창원-193)

2. 안압지-2호, 보고서-24 (자전-[雁]14, 창원-195, 암호-195)

3. 안압지-3호, 보고서-28 (자전-[雁]15, 창원-196)

4. 안압지-4호 (고대목간-197, 197)

5. 안압지-5호, 보고서-31 (자전-[雁]28, 창원-214)

6. 안압지-6호, 보고서-10 (자전-[雁]30, 창원-216)

7. 안압지-7호, 보고서-8 (자전-[雁]35, 창원-221)

8. 안압지-8호, 보고서-6 (자전-[雁]13, 창원-194, 암호-194)

9. 안압지-9호, 보고서-7 (자전-[雁]24, 창원-210, 암호-210)

10. 안압지-10호, 보고서-25 (자전-[雁]7, 창원-188, 암호-188)

11. 안압지-11호, 보고서-38 (자전-[雁]8, 창원-189)

12. 안압지-12호 (자전-[雁]25, 창원-211)

13. 안압지-13호 (자전-[雁]26, 창원-212, 암호-212)

14. 안압지-14호, 보고서-12 (자전-[雁]29, 창원-215)

15. 안압지-15호, 보고서-11 (자전-[雁]36, 창원-222, 암호-222)

16. 안압지-16호, 보고서-34 (자전-[雁]2, 창원-183, 암호-183)

17. 안압지-17호, 보고서-15 (자전-[雁]4, 창원-185, 암호-185)

18. 안압지-18호, 보고서-28 (자전-[雁]15, 창원-196)

19. 안압지-19호, 보고서-26 (자전-[雁]23, 창원-209)

20. 안압지-20호, 보고서-16 (자전-[雁]11, 창원-192, 암호-192)

21. 안압지-21호, 보고서-13 (자전-[雁]27, 창원-213)

22. 안압지-22호, 보고서-9 (자전-[雁]34, 창원-220)

23. 안압지-23호, 보고서-17 (자전-[雁]5, 창원-186, 암호-186)

24. 안압지-24호, 보고서-1

25. 안압지-25호, 보고서 도판-454, 455 (자전-[雁]16, 창원-198, 암호-198)

26. 안압지-26호, 보고서-4 (자전-[雁]1, 창원-182, 암호-182)

27. 안압지-27호, 보고서-3 (자전-[雁]3, 창원-184, 암호-184)

28. 안압지-28호, 보고서-18 (자전-[雁]6, 창원-187, 암호-187)

29. 안압지-29호 (자전-[雁]9, 창원-190, 190, 암호-190)

30. 안압지-30호, 보고서-2 (자전-[雁]10, 창원-191, 암호-191)

31. 안압지-31호, 보고서-42 (자전-[雁]18, 창원-200)

32. 안압지-32호 (자전-[雁]17, 창원-199·223, 암호-199·223)

33. 안압지-33호, 보고서-19 (자전-[雁]19, 창원-205, 암호-205)

34. 안압지-34호, 보고서-14 (자전-[雁]20, 창원-206, 암호-206)

35. 안압지-35호 (자전-[雁]21, 창원-207, 암호-207)

36. 안압지-36호, 보고서-23 (자전-[雁]22, 창원-208, 암호-208)

37. 안압지-37호 (자전-[雁]31, 창원-217)

38. 안압지-38호, 보고서-30 (자전-[雁]32, 창원-218)

39. 안압지-39호 (자전-[雁]33, 창원-219)

40. 안압지-41호 (자전-[雁]37, 창원-224)

41. 안압지-42호 (창원-225)

42. 안압지-43호, 보고서-39 (창원-226)

43. 안압지-44호 (자전-[雁]39, 창원-229, 암호-229)

44. 안압지-45호 (창원-231)

45. 안압지-46호 (창원-232)

46. 안압지-47호 (자전-[雁]41·42, 창원-233·236)

47. 안압지-48호 (자전-[雁]43, 창원-237)

48. 안압지-49호, 보고서-20

49. 안압지-50호, 보고서-21

50. 안압지-51호, 보고서-22

【3. 경주 황남동 376번지】

보고서 : 동국대학교 경주캠퍼스 박물관, 2002, 『경주 황남동 376 통일신라
시대 유적』

자전 : 국립가야문화재연구소, 2011, 『한국목간자전』, 예맥

창원 : 國立昌原文化財硏究所, 2004, 『韓國의 古代木簡』

개정판 : 國立昌原文化財硏究所, 2006, 『韓國의 古代木簡』(개정판)

**창원과 개정판은 번호가 같음

암호 : 국립부여박물관·국립가야문화재연구소, 2009, 『나무 속 암호, 목간』

일련번호/해당보고서 번호(자전 등 기타자료에서의 번호)

1. 황남동-1·2호 (자전-[皇]1·2, 창원-281·282, 암호-281)

【4. 경주 전인용사지】

보고서 : 국립경주문화재연구소, 2013, 『전인용사지 발굴조사보고서1·2』

자전 : 국립가야문화재연구소, 2011, 『한국목간자전』, 예맥

일련번호/해당보고서 번호(자전 등 기타자료에서의 번호)

1. 인용사지-1호 (자전-[仁]1)

【5. 경주 국립경주박물관 미술관부지】

보고서 : 國立慶州博物館, 2002, 『국립경주박물관부지내 발굴조사보고서-
　　　　미술관부지 및 연결통로부지-』

자전 : 국립가야문화재연구소, 2011, 『한국목간자전』, 예맥

창원 : 國立昌原文化財研究所, 2004, 『韓國의 古代木簡』

개정판 : 國立昌原文化財研究所, 2006, 『韓國의 古代木簡』(개정판)
　　　**창원과 개정판은 번호가 같음

암호 : 국립부여박물관·국립가야문화재연구소, 2009, 『나무 속 암호, 목간』

일련번호/해당보고서 번호(자전 등 기타자료에서의 번호)

1. 박물관-1호 (자전-[博]1, 창원-279, 암호-279)

2. 박물관-2호 (자전-[博]2, 창원-280, 암호-280)

【6. 함안 성산산성】

보고서 : 1998(성산산성Ⅰ), 2004(성산산성Ⅱ), 2011(성산산성Ⅳ), 2014(성
산산성Ⅴ) 모두 국립창원문화재연구소/국립가야문화재연구소 (상
세는 부록 참고문헌·유적별 참고문헌 참조)

현장설명회 : 2007(제12차), 2017(제17차)의 국립가야문화재연구소 현장
설명회 자료

자전 : 국립가야문화재연구소, 2011, 『한국목간자전』, 예맥

창원 : 國立昌原文化財硏究所, 2004, 『韓國의 古代木簡』

고대목간Ⅱ : 국립가야문화재연구소, 2017, 『韓國의 古代木簡Ⅱ』

개정판 : 國立昌原文化財硏究所, 2006, 『韓國의 古代木簡』(개정판)
　　**창원과 개정판은 번호가 같음

출토목간 : 국립가야문화재연구소, 일본 와세다대학 조선문화연구소 공동
연구 자료집, 2007, 『함안 성산산성 출토목간』.
早稻田大學朝鮮文化硏究所·大韓民國國立加耶文化財硏究所,
2009, 『日韓共同硏究資料集 咸安城山山城木簡』

암호 : 국립부여박물관·국립가야문화재연구소, 2009, 『나무 속 암호, 목간』

귀속 : 국가 귀속 번호

일련번호/해당보고서 번호(자전 등 기타자료에서의 번호)

1. 성산산성-1호 (자전-[城]28, 성산산성Ⅱ-사진57, 출토목간-28, 창원-28, 귀속-가야27)

2. 성산산성-2호 (자전-[城]29, 성산산성Ⅱ-사진58, 출토목간-29, 창원-29, 귀속-가야28)

3. 성산산성-3호 (자전-[城]30, 성산산성Ⅱ-사진59, 출토목간-30, 창원-30, 귀속-가야29)

4. 성산산성-4호 (자전-[城]31, 성산산성Ⅱ-사진60, 출토목간-31, 창원-31, 귀속-가야30)

5. 성산산성-5호 (자전-[城]32, 성산산성Ⅱ-사진61, 출토목간-32, 창원-32, 귀속-가야31)

6. 성산산성-6호 (자전-[城]33, 성산산성Ⅱ-사진62, 출토목간-33, 창원-33, 귀속-가야32)

7. 성산산성-7호 (자전-[城]34, 성산산성Ⅱ-사진63, 출토목간-34, 창원-34, 귀속-가야33)

8. 성산산성-8호 (자전-[城]35, 성산산성Ⅱ-사진64, 출토목간-35, 창원-35, 귀속-가야34)

9. 성산산성-9호 (자전-[城]36, 성산산성Ⅱ-사진65, 출토목간-36, 창원-36, 귀속-가야35)

10. 성산산성-10호 (자전-[城]37, 성산산성Ⅱ-사진66, 출토목간-37, 창원-37, 귀속-가야36)

11. 성산산성-11호 (자전-[城]38, 성산산성Ⅱ-사진67, 출토목간-38, 창원-38, 귀속-가야37)

12. 성산산성-12호 (자전-[城]39, 성산산성Ⅱ-사진68, 출토목간-39, 창원-39, 귀속-가야38)

13. 성산산성-13호 (자전-[城]40, 성산산성Ⅱ-사진69, 출토목간-40, 창원-40, 귀속-가야39)

14. 성산산성-14호 (자전-[城]41, 성산산성Ⅱ-사진70, 출토목간-41, 창원-41, 귀속-가야40)

15. 성산산성-15호 (자전-[城]42, 성산산성Ⅱ-사진71, 출토목간-42, 창원-42, 귀속-가야41)

16. 성산산성-16호 (자전-[城]43, 성산산성Ⅱ-사진72, 출토목간-43, 창원-43, 귀속-가야42)

17. 성산산성-17호 (자전-[城]44, 성산산성Ⅱ-사진73, 출토목간-44, 창원-44, 귀속-가야43)

18. 성산산성-18호 (자전-[城]45, 성산산성Ⅱ-사진74+104-2, 출토목간-45+95, 창원-45, 귀속-가야44)

19. 성산산성-19호 (자전-[城]46, 성산산성Ⅱ-사진75, 출토목간-46, 창원-46, 귀속-가야45)

20. 성산산성-20호 (자전-[城]47, 성산산성Ⅱ-사진76, 출토목간-47, 창원-47, 귀속-가야46)

21. 성산산성-21호 (자전-[城]48, 성산산성Ⅱ-사진77, 출토목간-48, 창원-48, 귀속-가야47)

22. 성산산성-22호 (자전-[城]49, 성산산성Ⅱ-사진78, 출토목간-49, 창원-49, 귀속-가야48)

23. 성산산성-23호 (자전-[城]50, 성산산성Ⅱ-사진79, 출토목간-50, 창원-50, 귀속-가야49)

24. 성산산성-24호 (자전-[城]51, 성산산성Ⅱ-사진80, 출토목간-52, 창원-52, 귀속-가야50)

25. 성산산성-25호 (자전-[城]52, 성산산성Ⅱ-사진81, 출토목간-53, 창원-53, 귀속-가야51)

26. 성산산성-26호 (자전-[城]53, 성산산성Ⅱ-사진82, 출토목간-54, 창원-54, 귀속-가야52)

27. 성산산성-27호 (자전-[城]54, 성산산성Ⅱ-사진83, 출토목간-55, 창원-55, 귀속-가야53)

28. 성산산성-28호 (자전-[城]55, 성산산성Ⅱ-사진84, 출토목간-56, 창원-56, 귀속-가야54)

29. 성산산성-29호 (자전-[城]56, 성산산성Ⅱ-사진85, 출토목간-57, 창원-57, 귀속-가야55)

30. 성산산성-30호 (자전-[城]57, 성산산성Ⅱ-사진86, 출토목간-59, 창원-59, 귀속-가야56)

31. 성산산성-31호 (자전-[城]58, 성산산성Ⅱ-사진87-1, 출토목간-60, 창원-60, 귀속-가야 57)

32. 성산산성-32호 (자전-[城]59, 성산산성Ⅱ-사진87-2+94-2+102-1, 출토목간-61+75+90, 창원-61+75+90, 귀속-가야58)

33. 성산산성-33호 (자전-[城]60, 성산산성Ⅱ-사진88-1+90-1, 출토목간-62+66, 창원-62+66, 귀속-가야59)

34. 성산산성-34호 (자전-[城]61, 성산산성Ⅱ-사진88-2, 출토목간-63, 창원-63, 귀속-가야 60)

35. 성산산성-35호 (자전-[城]62, 성산산성Ⅱ-사진89-1, 출토목간-64, 창원-64, 귀속-가야 61)

36. 성산산성-36호 (자전-[城]63, 성산산성Ⅱ-사진89-2, 출토목간-65, 창원-65, 귀속-가야 62)

37. 성산산성-37호 (자전-[城]64, 성산산성Ⅱ-사진90-2, 출토목간-67, 창원-67, 귀속-가야 63)

38. 성산산성-38호 (자전-[城]65, 성산산성Ⅱ-사진91-1, 출토목간-68, 창원-68, 귀속-가야 64)

39. 성산산성-39호 (자전-[城]66, 성산산성Ⅱ-사진91-2, 출토목간-69, 창원-69, 귀속-가야 65)

40. 성산산성-40호 (자전-[城]67, 성산산성Ⅱ-사진92-1, 출토목간-70, 창원-70, 귀속-가야 66)

41. 성산산성-41호 (자전-[城]68, 성산산성Ⅱ-사진92-2, 출토목간-71, 창원-71, 귀속-가야 67)

42. 성산산성-42호 (자전-[城]69, 성산산성Ⅱ-사진93-1, 출토목간-72, 창원-72, 귀속-가야 68)

43. 성산산성-43호 (자전-[城]70, 성산산성Ⅱ-사진93-2, 출토목간-73, 창원-73, 귀속-가야 69)

44. 성산산성-44호 (자전-[城]71, 성산산성Ⅱ-사진94-1, 출토목간-74, 창원-74, 귀속-가야 70)

45. 성산산성-45호 (자전-[城]72, 성산산성Ⅱ-사진95-1, 출토목간-76, 창원-76, 귀속-가야 71)

46. 성산산성-46호 (자전-[城]73, 성산산성Ⅱ-사진95-2, 출토목간-77, 창원-77, 귀속-가야 72)

47. 성산산성-47호 (자전-[城]74, 성산산성Ⅱ-사진96-1, 출토목간-78, 창원-78, 귀속-가야 73)

48. 성산산성-48호 (자전-[城]75, 성산산성Ⅱ-사진96-2, 출토목간-79, 창원-79, 귀속-가야 74)

49. 성산산성-49호 (자전-[城]76, 성산산성Ⅱ-사진97-1, 출토목간-80, 창원-80, 귀속-가야 75)

50. 성산산성-50호 (자전-[城]77, 성산산성Ⅱ-사진97-2, 출토목간-81, 창원-81, 귀속-가야 76)

51. 성산산성-51호 (자전-[城]78, 성산산성Ⅱ-사진98-1, 출토목간-82, 창원-82, 귀속-가야 77)

52. 성산산성-52호 (자전-[城]79, 성산산성Ⅱ-사진98-2, 출토목간-83, 창원-83, 귀속-가야 78)

53. 성산산성-53호 (자전-[城]80, 성산산성Ⅱ-사진99-1, 출토목간-84, 창원-84, 귀속-가야 79)

54. 성산산성-54호 (자전-[城]81, 성산산성Ⅱ-사진99-2, 출토목간-85, 창원-85, 귀속-가야 80)

55. 성산산성-55호 (자전-[城]82, 성산산성Ⅱ-사진100-1, 출토목간-86, 창원-86, 귀속-가야

81)

56. 성산산성-56호 (자전-[城]83, 성산산성Ⅱ-사진100-2, 출토목간-87, 창원-87, 귀속-가야 82)

57. 성산산성-57호 (자전-[城]84, 성산산성Ⅱ-사진101-1, 출토목간-88, 창원-88, 귀속-가야 83)

58. 성산산성-58호 (자전-[城]85, 성산산성Ⅱ-사진101-2, 출토목간-89, 창원-89, 귀속-가야 84)

59. 성산산성-59호 (자전-[城]86, 성산산성Ⅱ-사진102-2, 출토목간-91, 창원-91, 귀속-가야 85)

60. 성산산성-60호 (자전-[城]87, 성산산성Ⅱ-사진103-1, 출토목간-92, 창원-92, 귀속-가야 86)

61. 성산산성-61호 (자전-[城]89, 성산산성Ⅱ-사진104-1, 출토목간-94, 창원-94, 귀속-가야 88)

62. 성산산성-62호 (자전-[城]90, 성산산성Ⅱ-사진104-3, 출토목간-96, 창원-96, 귀속-가야 89)

63. 성산산성-63호 (자전-[城]91, 성산산성Ⅱ-사진104-4, 출토목간-97, 창원-97, 귀속-가야 90)

64. 성산산성-64호 (자전-[城]100, 성산산성Ⅳ-사진104-479, 제12차 현장설명회-2006-w1, 암호-06-w1, 귀속-가야1590)

65. 성산산성-65호 (자전-[城]115, 성산산성Ⅳ-사진111-494, 제12차 현장설명회-2006-w3, 암호-06-w3, 귀속-가야1592)

66. 성산산성-66호 (자전-[城]101, 성산산성Ⅳ-사진104-480, 제12차 현장설명회-2006-w4, 암호-06-w4, 귀속-가야1593)

67. 성산산성-67호 (자전-[城]104, 성산산성Ⅳ-사진106-483, 제12차 현장설명회-2006-w10, 귀속-가야1594)

68. 성산산성-68호 (자전-[城]119, 성산산성IV-사진113-498, 제12차 현장설명회-2006-w11, 암호-06-w11, 귀속-가야1595)

69. 성산산성-69호 (자전-[城]116, 성산산성IV-사진112-495, 제12차 현장설명회-2006-w5, 귀속-가야1596)

70. 성산산성-70호 (자전-[城]102, 성산산성IV-사진105-481, 제12차 현장설명회-2006-w6, 암호-06-w6, 귀속-가야1597)

71. 성산산성-71호 (자전-[城]117, 성산산성IV-사진112-496, 제12차 현장설명회-2006-w7, 암호-06-w7, 귀속-가야1598)

72. 성산산성-72호 (자전-[城]103, 성산산성IV-사진105-482, 제12차 현장설명회-2006-w8, 암호-06-w8, 귀속-가야1599)

73. 성산산성-73호 (자전-[城]118, 성산산성IV-사진113-497, 제12차 현장설명회-2006-w9, 암호-06-w9, 귀속-가야1600)

74. 성산산성-74호 (자전-[城]105, 성산산성IV-사진106-484, 제12차 현장설명회-2006-w12, 암호-06-w12, 귀속-가야1601)

75. 성산산성-75호 (자전-[城]127, 성산산성IV-사진118-507, 제12차 현장설명회-2006-w40, 암호-06-w40, 귀속-가야1602)

76. 성산산성-76호 (자전-[城]110, 성산산성IV-사진109-489, 제12차 현장설명회-2006-w15, 귀속-가야1605)

77. 성산산성-77호 (자전-[城]106, 성산산성IV-사진107-485, 제12차 현장설명회-2006-w16, 암호-06-w16, 귀속-가야1606)

78. 성산산성-78호 (자전-[城]120, 성산산성IV-사진114-499, 제12차 현장설명회-2006-w17, 암호-06-w17, 귀속-가야1607)

79. 성산산성-79호 (자전-[城]107, 성산산성IV-사진107-486, 제12차 현장설명회-2006-w19, 암호-06-w19, 귀속-가야1609)

80. 성산산성-80호 (자전-[城]121, 성산산성IV-사진114-500, 제12차 현장설명회-2006-w24,

암호-06-w24, 귀속-가야1613)

81. 성산산성-81호 (자전-[城]108, 성산산성Ⅳ-사진108-487, 제12차 현장설명회-2006-w25, 암호-06-w25, 귀속-가야1614)

82. 성산산성-82호 (자전-[城]122, 성산산성Ⅳ-사진115-501, 제12차 현장설명회-2006-w26, 귀속-가야1615)

83. 성산산성-83호 (자전-[城]109, 성산산성Ⅳ-사진108-488, 제12차 현장설명회-2006-w27, 귀속-가야1616)

84. 성산산성-84호 (자전-[城]112, 성산산성Ⅳ-사진110-491, 제12차 현장설명회-2006-w28, 귀속-가야1617)

85. 성산산성-85호 (자전-[城]125, 성산산성Ⅳ-사진116-504, 제12차 현장설명회-2006-w35, 귀속-가야1618)

86. 성산산성-86호 (자전-[城]113, 성산산성Ⅳ-사진110-492, 제12차 현장설명회-2006-w36, 귀속-가야1619)

87. 성산산성-87호 (자전-[城]126, 성산산성Ⅳ-사진117-505, 제12차 현장설명회-2006-w37, 귀속-가야1620)

88. 성산산성-88호 (자전-[城]114, 성산산성Ⅳ-사진111-493, 제12차 현장설명회-2006-w29, 귀속-가야1622)

89. 성산산성-89호 (자전-[城]123, 성산산성Ⅳ-사진115-502, 제12차 현장설명회-2006-w30, 암호-06-w30, 귀속-가야1623)

90. 성산산성-90호 (자전-[城]111, 성산산성Ⅳ-사진109-490, 제12차 현장설명회-2006-w31, 귀속-가야1624)

91. 성산산성-91호 (자전-[城]124, 성산산성Ⅳ-사진116-503, 제12차 현장설명회-2006-w32, 암호-06-w32, 귀속-가야1625)

92. 성산산성-92호 (자전-[城]128, 성산산성Ⅳ-사진117-506, 제12차 현장설명회-2007-w1, 암호-07-w1, 귀속-가야1982)

93. 성산산성-93호 (자전-[城]129, 성산산성IV-사진119-508, 제12차 현장설명회-2007-w4, 귀속-가야1985)

94. 성산산성-94호 (자전-[城]130, 성산산성IV-사진119-509, 제12차 현장설명회-2007-w5, 귀속-가야1986)

95. 성산산성-95호 (자전-[城]131, 성산산성IV-사진120-510, 제12차 현장설명회-2007-w6, 귀속-가야1987)

96. 성산산성-96호 (자전-[城]132, 성산산성IV-사진120-511, 제12차 현장설명회-2007-w7, 귀속-가야1988)

97. 성산산성-97호 (자전-[城]133, 성산산성IV-사진121-512, 제12차 현장설명회-2007-w8, 귀속-가야1989)

98. 성산산성-98호 (자전-[城]134, 성산산성IV-사진121-513, 제12차 현장설명회-2007-w9, 귀속-가야1990)

99. 성산산성-99호 (자전-[城]135, 성산산성IV-사진122-514, 제12차 현장설명회-2007-w10, 귀속-가야1991)

100. 성산산성-100호 (자전-[城]136, 성산산성IV-사진122-515, 제12차 현장설명회-2007-w11, 암호-07-w11, 귀속-가야1992)

101. 성산산성-101호 (자전-[城]137, 성산산성IV-사진123-516, 제12차 현장설명회-2007-w12, 귀속-가야1993)

102. 성산산성-102호 (자전-[城]138, 성산산성IV-사진123-517, 제12차 현장설명회-2007-w13, 귀속-가야1994)

103. 성산산성-103호 (자전-[城]139, 성산산성IV-사진124-518, 제12차 현장설명회-2007-w14, 귀속-가야1995)

104. 성산산성-104호 (자전-[城]140, 성산산성IV-사진124-519, 제12차 현장설명회-2007-w15, 암호-07-w15, 귀속-가야1996)

105. 성산산성-105호 (자전-[城]141, 성산산성IV-사진125-520, 제12차 현장설명

회-2007-w16, 귀속-가야1997)

106. 성산산성-106호 (자전-[城]142, 성산산성Ⅳ-사진125-521, 제12차 현장설명
회-2007-w17, 귀속-가야1998)

107. 성산산성-107호 (자전-[城]143, 성산산성Ⅳ-사진126-522, 제12차 현장설명
회-2007-w18, 귀속-가야1999)

108. 성산산성-108호 (자전-[城]144, 성산산성Ⅳ-사진126-523, 제12차 현장설명
회-2007-w19, 귀속-가야2000)

109. 성산산성-109호 (자전-[城]145, 성산산성Ⅳ-사진127-524, 제12차 현장설명
회-2007-w20, 귀속-가야2001)

110. 성산산성-110호 (자전-[城]146, 성산산성Ⅳ-사진127-525, 제12차 현장설명
회-2007-w21, 귀속-가야2002)

111. 성산산성-111호 (자전-[城]147, 성산산성Ⅳ-사진128-526, 제12차 현장설명
회-2007-w22, 귀속-가야2003)

112. 성산산성-112호 (자전-[城]148, 성산산성Ⅳ-사진128-527, 제12차 현장설명
회-2007-w23, 암호-07-w23, 귀속-가야2004)

113. 성산산성-113호 (자전-[城]149, 성산산성Ⅳ-사진129-528, 제12차 현장설명
회-2007-w24, 암호-07-w24, 귀속-가야2005)

114. 성산산성-114호 (자전-[城]150, 성산산성Ⅳ-사진129-529, 제12차 현장설명
회-2007-w25, 귀속-가야2006)

115. 성산산성-115호 (자전-[城]151, 성산산성Ⅳ-사진130-530, 제12차 현장설명
회-2007-w26, 귀속-가야2007)

116. 성산산성-116호 (자전-[城]152, 성산산성Ⅳ-사진130-531, 제12차 현장설명
회-2007-w27, 귀속-가야2008)

117. 성산산성-117호 (자전-[城]153, 성산산성Ⅳ-사진131-532, 제12차 현장설명
회-2007-w28, 귀속-가야2009)

118. 성산산성-118호 (자전-[城]154, 성산산성Ⅳ-사진131-533, 제12차 현장설명회-2007-w29, 암호-07-w29, 귀속-가야2010)

119. 성산산성-119호 (자전-[城]155, 성산산성Ⅳ-사진132-534, 제12차 현장설명회-2007-w30, 귀속-가야2011)

120. 성산산성-120호 (자전-[城]156, 성산산성Ⅳ-사진132-535, 제12차 현장설명회-2007-w31, 귀속-가야2012)

121. 성산산성-121호 (자전-[城]157, 성산산성Ⅳ-사진133-536, 제12차 현장설명회-2007-w32, 귀속-가야2013)

122. 성산산성-122호 (자전-[城]158, 성산산성Ⅳ-사진133-537, 제12차 현장설명회-2007-w33, 암호-07-w33, 귀속-가야2014)

123. 성산산성-123호 (자전-[城]159, 성산산성Ⅳ-사진134-538, 제12차 현장설명회-2007-w34, 암호-07-w34, 귀속-가야2015)

124. 성산산성-124호 (자전-[城]160, 성산산성Ⅳ-사진134-539, 제12차 현장설명회-2007-w35, 귀속-가야2016)

125. 성산산성-125호 (자전-[城]161, 성산산성Ⅳ-사진135-540, 제12차 현장설명회-2007-w36, 귀속-가야2017)

126. 성산산성-126호 (자전-[城]162, 성산산성Ⅳ-사진135-541, 제12차 현장설명회-2007-w37, 암호-07-w37, 귀속-가야2018)

127. 성산산성-127호 (자전-[城]163, 성산산성Ⅳ-사진136-542, 제12차 현장설명회-2007-w38, 귀속-가야2019)

128. 성산산성-128호 (자전-[城]164, 성산산성Ⅳ-사진136-543, 제12차 현장설명회-2007-w39, 귀속-가야2020)

129. 성산산성-129호 (자전-[城]165, 성산산성Ⅳ-사진137-544, 제12차 현장설명회-2007-w40, 귀속-가야2021)

130. 성산산성-130호 (자전-[城]166, 성산산성Ⅳ-사진137-545, 제12차 현장설명

회-2007-w41, 귀속-가야2022)

131. 성산산성-131호 (자전-[城]167, 성산산성Ⅳ-사진138-546, 제12차 현장설명
회-2007-w42, 귀속-가야2023)

132. 성산산성-132호 (자전-[城]168, 성산산성Ⅳ-사진138-547, 제12차 현장설명
회-2007-w43, 귀속-가야2024)

133. 성산산성-133호 (자전-[城]169, 성산산성Ⅳ-사진139-548, 제12차 현장설명
회-2007-w44, 귀속-가야2025)

134. 성산산성-134호 (자전-[城]170, 성산산성Ⅳ-사진139-549, 제12차 현장설명
회-2007-w45, 암호-07-w45, 귀속-가야2026)

135. 성산산성-135호 (자전-[城]171, 성산산성Ⅳ-사진140-550, 제12차 현장설명
회-2007-w46, 암호-07-w46, 귀속-가야2027)

136. 성산산성-136호 (자전-[城]172, 성산산성Ⅳ-사진140-551, 제12차 현장설명
회-2007-w47, 암호-07-w47, 귀속-가야2028)

137. 성산산성-137호 (자전-[城]173, 성산산성Ⅳ-사진141-552, 제12차 현장설명
회-2007-w48, 귀속-가야2029)

138. 성산산성-138호 (자전-[城]174, 성산산성Ⅳ-사진141-553, 제12차 현장설명
회-2007-w49, 귀속-가야2030)

139. 성산산성-139호 (자전-[城]175, 성산산성Ⅳ-사진142-554, 제12차 현장설명
회-2007-w50, 귀속-가야2031)

140. 성산산성-140호 (자전-[城]176, 성산산성Ⅳ-사진142-555, 제12차 현장설명
회-2007-w51, 귀속-가야2032)

141. 성산산성-141호 (자전-[城]177, 성산산성Ⅳ-사진143-556, 제12차 현장설명
회-2007-w52, 암호-07-w52, 귀속-가야2033)

142. 성산산성-142호 (자전-[城]178, 성산산성Ⅳ-사진143-557, 제12차 현장설명
회-2007-w53, 귀속-가야2034)

143. 성산산성-143호 (자전-[城]179, 성산산성Ⅳ-사진144-558, 제12차 현장설명회-2007-w54, 암호-07-w54, 귀속-가야2035)

144. 성산산성-144호 (자전-[城]180, 성산산성Ⅳ-사진144-559, 제12차 현장설명회-2007-w55, 귀속-가야2036)

145. 성산산성-145호 (자전-[城]181, 성산산성Ⅳ-사진145-560, 제12차 현장설명회-2007-w56, 암호-07-w56, 귀속-가야2037)

146. 성산산성-146호 (자전-[城]182, 성산산성Ⅳ-사진145-561, 제12차 현장설명회-2007-w57, 암호-07-w57, 귀속-가야2038)

147. 성산산성-147호 (자전-[城]183, 성산산성Ⅳ-사진146-562, 제12차 현장설명회-2007-w58, 암호-07-w58, 귀속-가야2039)

148. 성산산성-148호 (자전-[城]186, 성산산성Ⅳ-사진147-565, 제12차 현장설명회-2007-A, 암호-07-A1, 귀속-가야2042)

149. 성산산성-149호 (자전-[城]187, 성산산성Ⅳ-사진148-566, 제12차 현장설명회-2007-B, 귀속-가야2043)

150. 성산산성-150호 (성산산성Ⅳ-사진174-616, 제12차 현장설명회-2007-C, 귀속-가야2044)

151. 성산산성-151호 (자전-[城]188, 성산산성Ⅳ-사진148-567, 제12차 현장설명회-2007-D, 귀속-가야2045)

152. 성산산성-152호 (자전-[城]189, 성산산성Ⅳ-사진149-568, 제12차 현장설명회-2007-E, 귀속-가야2046)

153. 성산산성-153호 (자전-[城]190, 성산산성Ⅳ-사진149-569, 제12차 현장설명회-2007-F, 귀속-가야2047)

154. 성산산성-154호 (자전-[城]191, 성산산성Ⅳ-사진150-570, 제12차 현장설명회-2007-G, 귀속-가야2048)

155. 성산산성-155호 (자전-[城]192, 성산산성Ⅳ-사진150-571, 제12차 현장설명회-2007-H,

귀속-가야2049)

156. 성산산성-156호 (자전-[城]193, 성산산성Ⅳ-사진151-572, 제12차 현장설명회-2007-I, 귀속-가야2050)

157. 성산산성-157호 (자전-[城]184, 성산산성Ⅳ-사진146-563, 제12차 현장설명회-2007-w61, 암호-07-w30, 귀속-가야2051)

158. 성산산성-158호 (성산산성Ⅳ-사진174-617, 제12차 현장설명회-2007-w62, 귀속-가야2052)

159. 성산산성-159호 (자전-[城]185, 성산산성Ⅳ-사진147-564, 제12차 현장설명회-2007-w64, 암호-07-w64, 귀속-가야2054)

160. 성산산성-160호 (자전-[城]196, 성산산성Ⅳ-사진152-575, 귀속-가야2055)

161. 성산산성-161호 (자전-[城]194, 성산산성Ⅳ-사진151-573, 귀속-가야2056)

162. 성산산성-162호 (자전-[城]195, 성산산성Ⅳ-사진152-574, 귀속-가야2057)

163. 성산산성-163호 (자전-[城]197, 성산산성Ⅳ-사진153-576, 제12차 현장설명회-T304, 암호-07-w304, 귀속-가야2058)

164. 성산산성-164호 (자전-[城]198, 성산산성Ⅳ-사진153-577, 제12차 현장설명회-T370, 암호-07-w370, 귀속-가야2060)

165. 성산산성-165호 (자전-[城]199, 성산산성Ⅳ-사진154-578, 귀속-가야2390)

166. 성산산성-166호 (자전-[城]200, 성산산성Ⅳ-사진154-579, 귀속-가야2391)

167. 성산산성-167호 (자전-[城]201, 성산산성Ⅳ-사진155-580, 귀속-가야2641)

168. 성산산성-168호 (자전-[城]202, 성산산성Ⅳ-사진155-581, 귀속-가야2618)

169. 성산산성-169호 (자전-[城]203, 성산산성Ⅳ-사진156-582, 귀속-가야2619)

170. 성산산성-170호 (자전-[城]204, 성산산성Ⅳ-사진156-583, 귀속-가야2620)

171. 성산산성-171호 (자전-[城]207, 성산산성Ⅳ-사진158-586, 귀속-가야2624)

172. 성산산성-172호 (자전-[城]224, 성산산성Ⅳ-사진166-602, 귀속-가야2625)

173. 성산산성-173호 (자전-[城]208, 성산산성Ⅳ-사진158-587, 귀속-가야2627)

174. 성산산성-174호 (자전-[城]209, 성산산성Ⅳ-사진159-588, 귀속-가야2628)

175. 성산산성-175호 (자전-[城]210, 성산산성Ⅳ-사진159-589, 귀속-가야2629)

176. 성산산성-176호 (자전-[城]211, 성산산성Ⅳ-사진160-590, 귀속-가야2630)

177. 성산산성-177호 (자전-[城]212, 성산산성Ⅳ-사진160-591, 귀속-가야2631)

178. 성산산성-178호 (자전-[城]213, 성산산성Ⅳ-사진161-592, 귀속-가야2632)

179. 성산산성-179호 (자전-[城]214, 성산산성Ⅳ-사진161-593, 귀속-가야2633)

180. 성산산성-180호 (자전-[城]215, 성산산성Ⅳ-사진162-594, 귀속-가야2635)

181. 성산산성-181호 (자전-[城]216, 성산산성Ⅳ-사진162-595, 귀속-가야2636)

182. 성산산성-182호 (자전-[城]217, 성산산성Ⅳ-사진163-596, 귀속-가야2637)

183. 성산산성-183호 (자전-[城]218, 성산산성Ⅳ-사진163-597, 귀속-가야2639)

184. 성산산성-184호 (자전-[城]219, 성산산성Ⅳ-사진164-598, 귀속-가야2640)

185. 성산산성-185호 (자전-[城]220, 성산산성Ⅳ-사진164-599, 귀속-가야2641)

186. 성산산성-186호 (자전-[城]221, 성산산성Ⅳ-사진165-600, 귀속-가야2645)

187. 성산산성-187호 (자전-[城]222, 성산산성Ⅳ-사진166-601, 귀속-가야2954)

188. 성산산성-188호 (자전-[城]223, 성산산성Ⅳ-사진167-603, 귀속-가야2956)

189. 성산산성-189호 (성산산성Ⅴ-사진88-163, 귀속-가야4685)

190. 성산산성-190호 (성산산성Ⅴ-사진88-164, 귀속-가야4686)

191. 성산산성-191호 (성산산성Ⅴ-사진88-165, 귀속-가야4687)

192. 성산산성-192호 (성산산성Ⅴ-사진88-166, 귀속-가야4688)

193. 성산산성-193호 (성산산성Ⅴ-사진88-167, 귀속-가야4689)

194. 성산산성-194호 (성산산성Ⅴ-사진89-169, 귀속-가야4691)

195. 성산산성-195호 (성산산성Ⅴ-사진89-170, 귀속-가야4692)

196. 성산산성-196호 (성산산성Ⅴ-사진89-171, 귀속-가야4693)

197. 성산산성-197호 (성산산성Ⅴ-사진89-172, 귀속-가야4694)

198. 성산산성-198호 (성산산성Ⅴ-사진89-173, 귀속-가야4695)

199. 성산산성-199호 (성산산성Ⅴ-사진89-174, 귀속-가야4696)

200. 성산산성-200호 (성산산성Ⅴ-사진90-175, 귀속-가야4697)

201. 성산산성-201호 (17차 발굴조사-2, 귀속-가야5581)

202. 성산산성-202호 (17차 발굴조사-3, 귀속-가야5582)

203. 성산산성-203호 (17차 발굴조사-5, 귀속-가야5583)

204. 성산산성-204호 (17차 발굴조사-7, 귀속-가야5584)

205. 성산산성-205호 (17차 발굴조사-6, 귀속-가야5585)

206. 성산산성-206호 (17차 발굴조사-8, 귀속-가야5586)

207. 성산산성-207호 (17차 발굴조사-11, 귀속-가야5587)

208. 성산산성-208호 (17차 발굴조사-12, 귀속-가야5588)

209. 성산산성-209호 (17차 발굴조사-10, 귀속-가야5589)

210. 성산산성-210호 (17차 발굴조사-13, 귀속-가야5590)

211. 성산산성-211호 (17차 발굴조사-14, 귀속-가야5591)

212. 성산산성-212호 (17차 발굴조사-15, 귀속-가야5592)

213. 성산산성-213호 (17차 발굴조사-16, 귀속-가야5593)

214. 성산산성-214호 (17차 발굴조사-18, 귀속-가야5594)

215. 성산산성-215호 (17차 발굴조사-17, 귀속-가야5595)

216. 성산산성-216호 (17차 발굴조사-19, 귀속-가야5596)

217. 성산산성-217호 (17차 발굴조사-20, 귀속-가야5597)

218. 성산산성-218호 (17차 발굴조사-1, 귀속-가야5598)

219. 성산산성-219호 (17차 발굴조사-21, 귀속-가야5599)

220. 성산산성-220호 (17차 발굴조사-22, 귀속-가야5600)

221. 성산산성-221호 (17차 발굴조사-23, 귀속-가야5601)

222. 성산산성-222호 (자전-[城]1, 성산산성Ⅰ-사진39-1, 출토목간-3, 창원-3, 귀속-진주 1263)

223. 성산산성-223호 (자전-[城]2, 성산산성Ⅰ-사진39-2, 출토목간-24, 창원-24, 귀속-김해 1264)

224. 성산산성-224호 (자전-[城]3, 성산산성Ⅰ-사진39-3, 출토목간-23, 창원-23, 귀속-김해 1265)

225. 성산산성-225호 (자전-[城]6, 성산산성Ⅰ-사진39-5, 출토목간-10, 창원-10, 귀속-진주 1268)

226. 성산산성-226호 (자전-[城]7, 성산산성Ⅰ-사진39-6, 출토목간-6, 창원-6, 귀속-김해 1269)

227. 성산산성-227호 (자전-[城]8, 성산산성Ⅰ-사진39-7, 출토목간-11, 창원-11, 귀속-김해 1270)

228. 성산산성-228호 (자전-[城]9, 성산산성Ⅰ-사진39-8, 출토목간-12, 창원-12, 귀속-김해 1271)

229. 성산산성-229호 (자전-[城]10, 성산산성Ⅰ-사진40-1, 출토목간-7, 창원-7, 귀속-김해 1272)

230. 성산산성-230호 (자전-[城]11, 성산산성Ⅰ-사진40-2, 출토목간-8, 창원-8, 귀속-진주 1273)

231. 성산산성-231호 (자전-[城]12, 성산산성Ⅰ-사진40-3, 출토목간-18, 창원-18, 귀속-김해 1274)

232. 성산산성-232호 (자전-[城]13, 성산산성Ⅰ-사진40-4, 출토목간-1, 창원-1, 귀속-김해 1275)

233. 성산산성-233호 (자전-[城]14, 성산산성Ⅰ-사진40-5, 출토목간-9, 창원-9, 귀속-김해 1276)

234. 성산산성-234호 (자전-[城]15, 성산산성Ⅰ-사진40-6, 출토목간-17, 창원-17, 귀속-김해 1277)

235. 성산산성-235호 (자전-[城]16, 성산산성Ⅰ-사진41-1, 출토목간-19, 창원-19, 귀속-김해

1278)

236. 성산산성-236호 (자전-[城]17, 성산산성Ⅰ-사진40-7, 출토목간-2, 창원-2, 귀속-진주 1279)

237. 성산산성-237호 (자전-[城]18, 성산산성Ⅰ-사진41-2, 출토목간-16, 창원-16, 귀속-김해 1280)

238. 성산산성-238호 (자전-[城]20, 성산산성Ⅰ-사진41-3, 출토목간-13, 창원-13, 귀속-김해 1282)

239. 성산산성-239호 (자전-[城]21, 성산산성Ⅰ-사진41-4, 출토목간-20, 창원-20, 귀속-진주 1283)

240. 성산산성-240호 (자전-[城]22, 성산산성Ⅰ-사진41-5, 출토목간-22, 창원-22, 귀속-김해 1284)

241. 성산산성-241호 (자전-[城]23, 성산산성Ⅰ-사진41-6, 출토목간-15, 창원-15, 귀속-김해 1285)

242. 성산산성-242호 (자전-[城]24, 성산산성Ⅰ-사진41-7, 출토목간-14, 창원-14, 귀속-김해 1286)

243. 성산산성-243호 (자전-[城]25, 성산산성Ⅰ-사진42-1, 출토목간-4, 창원-4, 귀속-김해 1287)

244. 성산산성-244호 (자전-[城]26, 성산산성Ⅰ-사진42-2, 출토목간-5, 창원-5, 귀속-진주 1288)

245. 성산산성-245호 (자전-[城]27, 성산산성Ⅰ-사진42-3, 출토목간-21, 창원-21, 귀속-김해 1289)

【7. 하남 이성산성】

보고서 : 한양대학교 박물관, 2000, 『二聖山城』 7차 발굴보고서

자전 : 국립가야문화재연구소, 2011, 『한국목간자전』, 예맥

창원 : 國立昌原文化財研究所, 2004, 『韓國의 古代木簡』

개정판 : 國立昌原文化財研究所, 2006, 『韓國의 古代木簡』(개정판)

　　**창원과 개정판은 번호가 같음

암호 : 국립부여박물관·국립가야문화재연구소, 2009, 『나무 속 암호, 목간』

일련번호/해당보고서 번호(자전 등 기타자료에서의 번호)

1. 이성산성-1호 (자전-[二]1, 창원-118, 암호-118)

【8. 김해 봉황동】

보고서 : 부산대학교 박물관, 2007, 『金海 鳳凰洞 低濕地遺蹟』

일련번호/해당보고서 번호(자전 등 기타자료에서의 번호)

1. 봉황동-1호 (자전-[鳳]1, 창원-147, 암호-147)

【9. 인천 계양산성】

보고서 : 선문대학교 고고연구소, 2008, 『계양산성발굴조사보고서』

일련번호/해당보고서 번호(자전 등 기타자료에서의 번호)

1. 계양산성-1호 (자전-[桂]1, 암호-계1)

【10. 창녕 화왕산성 목간】

보고서 : 창녕군·경남문화재연구소, 2009, 『창녕 화왕산성내 연지』

일련번호/해당보고서 번호(자전 등 기타자료에서의 번호)

1. 화왕산성-1호 (자전-[火]1)

2. 화왕산성-2호 (자전-[火]2·3·4)

【11. 익산 미륵사지 목간】

보고서 : 국립부여문화재연구소, 1996, 『미륵사발굴조사보고서Ⅱ』

일련번호/해당보고서 번호(자전 등 기타자료에서의 번호)

1. 미륵사지-1호 (자전-[彌]1, 창원-318, 암호-318)

2. 미륵사지-2호 (자전-[彌]2, 창원-319, 암호-319)

부록 5
한국 목간 시대별 지도

삼국시대 목간 출토지

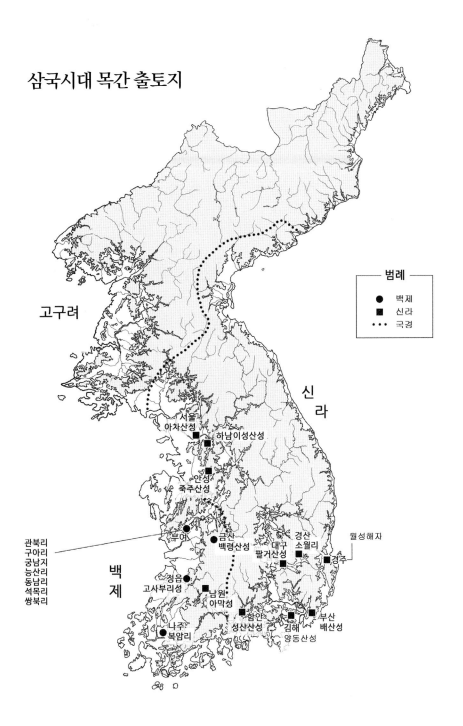

고구려

신
라

범례
- ● 백제
- ■ 신라
- ⋯⋯ 국경

서울
아차산성
하남이성산성

안성
죽주산성

관북리
구아리
궁남지
능산리
동남리
석목리
쌍북리

부여

금산
백령산성

경산
소월리

대구
팔거산성

월성해자

경주

백
제

정읍
고사부리성

남원
아막성

함안
성산산성

김해
양동산성

부산
배산성

나주
복암리

통일신라시대 목간 출토지

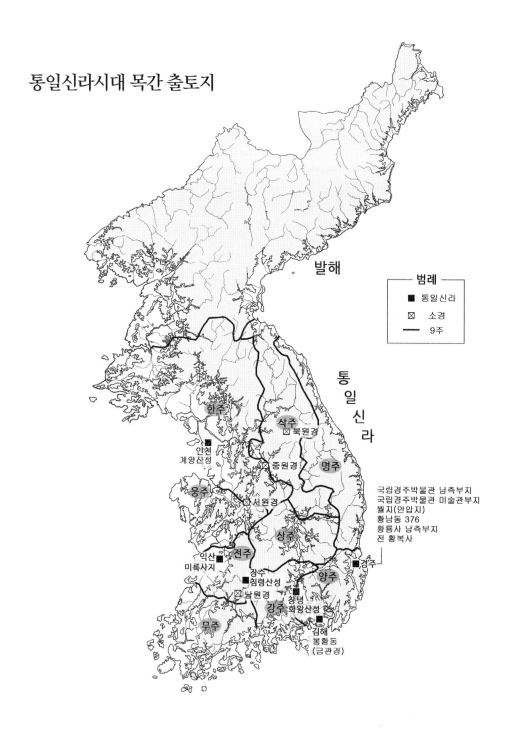

발해

통일신라

범례
- ■ 통일신라
- ⊠ 소경
- ─ 9주

한주

삭주
⊠ 북원경

명주

인천
계양산성

중원경

웅주

서원경

국립경주박물관 남측부지
국립경주박물관 미술관부지
월지(안압지)
황남동 376
황룡사 남측부지
전 황복사

상주

익산
미륵사지

전주

장수
침령산성

양주

경주

⊠ 남원경

창녕
화왕산성

강주

무주

김해
봉황동
(금관경)

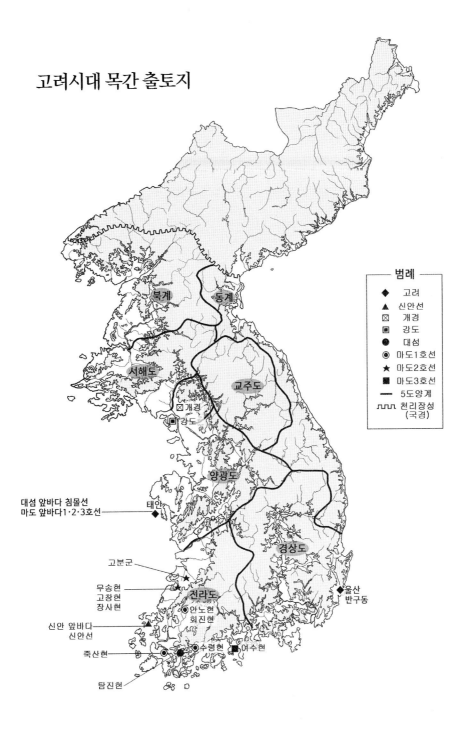

고려시대 목간 출토지

범례
- ◆ 고려
- ▲ 신안선
- ⊠ 개경
- ▣ 강도
- ● 대섬
- ◉ 마도1호선
- ★ 마도2호선
- ■ 마도3호선
- ── 5도양계
- ⌁ 천리장성 (국경)

북계

동계

서해도

교주도

⊠개경
▣강도

양광도

대섬 앞바다 침몰선
마도 앞바다1·2·3호선 ── ◆ 태안

경상도

고분군

무송현
고창현
장사현

전라도

◆울산
반구동

◉안노현
회진현

신안 앞바다
신안선 ── ▲

죽산현 ── ◉ ★수령현 ■여수현

탐진현

조선시대 목간 출토지

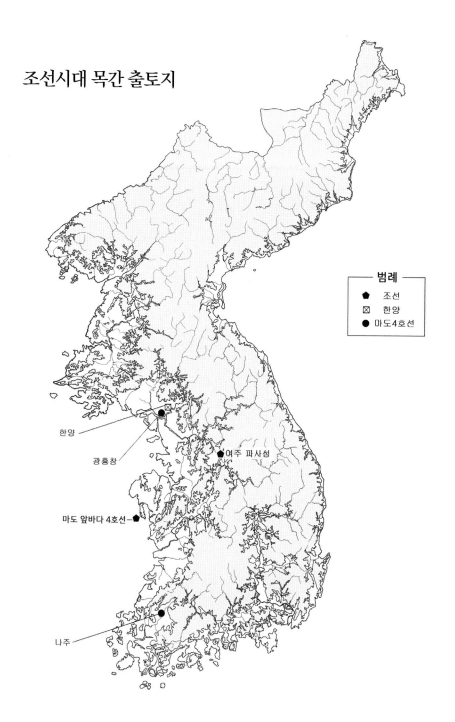

한양

광흥창

여주 파사성

마도 앞바다 4호선—

나주

범례
- 조선
- 한양
- 마도4호선

편저자

———

윤재석   중국고대사 전공
尹在碩   현 경북대학교 사학과 교수, 인문학술원장 겸 인문한국플러스지원사업(HK+) 사업단장
         中國社會科學院 簡帛硏究中心 객원연구원, 河北師範大學 歷史文化學院 객원교수 겸 학술고문

논저   『睡虎地秦墓竹簡譯註』(소명출판사, 2010)
         「東アジア木簡記錄文化圈の硏究」(『木簡硏究』第43號, 2021), 「秦漢《日書》所見"序"和住宅及家庭結構再探」(『簡帛』
         第8期, 2013), 「秦漢初의 戶籍制度」(『中國古中世史硏究』第26輯, 2011), 韓國·中國·日本 出土 論語木簡의 비교 연
         구(『東洋史學硏究』第114輯, 2011), 「睡虎地秦簡日書所見‘室’的結構與戰國末期秦의 家族類型」(『中國史硏究』第67期,
         1995) 등

저자

———

윤용구   한국고대사 전공
尹龍九   현 경북대학교 인문학술원 HK교수

논저   『낙랑군 호구부 연구』(공저, 동북아역사재단, 2010), 『譯註 翰苑』(공저, 동북아역사재단, 2018)
         「평양출토 竹簡《論語》의 계통과 성격」(『목간과 문자』27, 2021), 「北魏代 樂浪·高句麗系 移住民」(『동서인문』17,
         2021), 「《翰苑》의 편찬과 蕃夷部」(『백산학보』120, 2021)

———

이용현   한국고대사, 고대한일관계사, 목간, 고대 금석문 전공
李鎔賢   현 경북대학교 인문학술원 HK연구교수
         국립박물관(경주, 부여, 중앙, 대구, 춘천) 학예연구사, 고려대 민족문화연구원 연구교수 역임

논저   『한국목간기초연구』(신서원, 2000), 『문자와 고대한국2』(공저, 주류성, 2000)
         『목간이 말해주는 일본의 고대』(토노 하루유키東野治之 저, 주류성, 2000: 역서)
         「城山山城 木簡에 보이는 신라의 지방경영과 곡물·인력 관리 - 城下麥 서식과 本波, 喙의 분석을 중심으로 - 」(『동서
         인문』17, 2021), 「慶山 所月里 文書 木簡의 성격 - 村落 畓田 基礎 文書 - 」(『목간과 문자』27, 2021), 「경산 소월리 유
         적 출토 人面透刻土器와 목간의 기능 - 목간의 기능과 농경의례 - 인면투각토기의 성격」(『동서인문』16, 2021), 「함안
         성산산성 목간의 연대」(『신라사학보』50, 2020), 「忠州 高句麗碑 ‘믄’·‘共’의 재해석」(『한국사학보』80, 2020), 「己
         汶·帶沙의 위치와 그 위상」(『전북사학』59, 2020), 「咸安 城山山城 出土 文書木簡 가야5598의 檢討 - 周邊 文字資料
         와의 多角的 比較를 通해 - 」(『木簡과 文字』23, 2019) 등

———

이동주   한국고대사, 신라왕경 전공
李東柱   현 경북대학교 인문학술원 HK연구교수
         성림문화재연구원 조사연구원 역임

논저   『문자로 본 가야』(공저, 사회평론, 2020), 『신라 왕경 형성과정 연구』(경인문화사, 2019), 『설총과 문자 그리고 신라
         의 유학』(공저, 삼성현역사문화관, 2018), 『문헌으로 보는 신라의 왕경과 월성』(공저, 경주문화재연구소, 2017), 「신
         라 왕경 사찰의 분포와 추이」(『신라문화』59, 2021), 「경산 소월리 출토 목간과 유구의 성격」(『동서인문』16, 2021),
         「신라의 창고 관리와 운영」(『신라문화』58, 2021), 「신라 동궁의 구조와 범위」(『한국고대사연구』100, 2020), 「高麗
         彰聖寺 眞覺國師碑 음기의 人間關係網」(『한국학논집』81, 2020), 「新羅의 文書行政과 印章」(『영남학』75, 2020) 등